Diskurs der Daten

Sprache und Wissen

Herausgegeben von
Ekkehard Felder

Wissenschaftlicher Beirat

Markus Hundt, Wolf-Andreas Liebert,
Thomas Spranz-Fogasy, Berbeli Wanning,
Ingo H. Warnke und Martin Wengeler

Band 38

Diskurs der Daten

Qualitative Zugänge
zu einem quantitativen Phänomen

Herausgegeben von
Pamela Steen und Frank Liedtke

DE GRUYTER

Publiziert mit freundlicher Unterstützung der Fritz Thyssen Stiftung

ISBN 978-3-11-073645-8
e-ISBN (PDF) 978-3-11-060910-3
e-ISBN (EPUB) 978-3-11-060742-0
ISSN 1864-2284

Library of Congress Control Number: 2018965308

Bibliografische Information der Deutschen Nationalbibliothek
Die Deutsche Nationalbibliothek verzeichnet diese Publikation in der Deutschen
Nationalbibliografie; detaillierte bibliografische Daten sind im Internet
über http://dnb.dnb.de abrufbar.

Inhalt

Frank Liedtke und Pamela Steen
Einführung

Der Forschungsbereich der Digitalen Daten ist, abgesehen vom Bereich der Digital Humanities, in den qualitativ arbeitenden Geisteswissenschaften bislang kaum erschlossen.[1] Dabei erleben wir in der eigenen Forschungspraxis seit Jahren Veränderungen: Qualitative Forschungen werden durch quantitative angereichert oder gar abgelöst. Das Erfassen von Primärdaten, also sinnlich wahrnehmbarer, unter zeitlicher und räumlicher Kopräsenz der Diskursteilnehmenden hergestellter Daten, findet immer weniger statt. Stattdessen erfolgt ein einfacher Zugriff auf bereits zur Verfügung stehende digitale Daten, zum Beispiel in Form großer Textkorpora. Wir haben Teil daran, wenn die Gesellschaft in ihrer digitalen Erscheinung analysiert wird, und diese Arbeitsweisen verändern auch die forschenden Subjekte selbst. Kaum jemand kann heute noch ernsthaft Wissenschaft betreiben ohne E-Mail, Suchmaschinen, digitale Datenbanken oder Analyse-Software. In der einen oder anderen Form verwandeln sich alle Wissenschaften in Digital Humanities. Es reicht nicht mehr aus, sein Handwerk zu verstehen; ein digitaler Intellekt ist gefordert, so der Medienwissenschaftler David Berry (2014). Es ist daher auch die Aufgabe der Geistes- und Kulturwissenschaften, ihre Rolle bei der Wissenskonstruktion auf einer Meta-Ebene datenkritisch und medienhistorisch zu reflektieren, denn diese Veränderungen haben eine tiefgreifende kulturelle Dimension.

1 Big Data

In Alltag und Forschung ist die neue digitale Ära dadurch gekennzeichnet, dass es keine neutralen Kommunikationstechnologien gibt. Sie schaffen neue Netzwerke und Diskurse und verändern dabei Akteure und Akteurinnen und ihre Gesellschaft (vgl. Reichert 2014: 9). Unter dem populären Schlagwort *Big Data* versammelt sich eine neue Form der Kommunikation in Gestalt der Nutzung und des Austauschs elektronischer Daten, die räumlich als Erweiterung des ei-

1 Aufgrund der aktuellen Bedeutung, die digitale Massendaten für die globalisierte Welt haben, fand vom 5.–6. Februar 2016 an der Universität Leipzig eine interdisziplinäre, von der Fritz Thyssen Stiftung sowie von der AG Sprache in der Politik e. V. geförderte Tagung statt. Der vorliegende Sammelband, der ebenfalls durch die Fritz Thyssen Stiftung finanziell gefördert wurde, umfasst Beiträge, die auf der Tagung basieren und weiterentwickelt wurden, und wurde zudem durch weitere, aktuelle Beiträge ergänzt.

https://doi.org/10.1515/9783110609103-001

genen Aktionsradius, zeitlich als Beschleunigung von Such- und Kommunikationsvorgängen erlebt wird. Aber große Datensammlungen bedeuten möglicherweise große Risiken, die für ihre Nutzer_innen[2] im Einzelnen noch nicht abzusehen sind. So stehen sich bisweilen im Diskurs um Big Data ein konstruiertes Unbehagen und postulierte, nie dagewesene Möglichkeiten der gesellschaftlichen Transformation gegenüber: „Wir verstehen von Big Data eher Null als Eins" – konstatierte DIE WELT in einem Bericht vom 23. 12. 2014. „Wenn Ungewissheit und Autonomie (der Technologien, Anm. P. S.) zusammenkommen, ist es schon angebracht, sich ein paar Gedanken darüber zu machen, was passieren könnte," empfiehlt der italienische Philosoph Luciano Floridi (2015) angesichts eines immer stärker vernetzten Lebens. Dagegen sehen Vertreter_innen der Post-Privacy-Theorie neue gesellschaftliche Möglichkeiten in einem unbeschränkten Informationsfluss. Nicht Abschottung, Datensicherheit und Privatsphäre stehen aus dieser Sicht im Vordergrund, sondern die Möglichkeiten, die die Bürger_innen durch die Internet-Nutzung im Allgemeinen, aber auch durch Daten-Transparenz gewinnen – einer Transparenz, die die Individuen mit ihren Veröffentlichungen im Netz auch bewusst und selbstbestimmt herstellen wollen. Nicht die Überwachungsgesellschaft mit ihrem staatlichen Datenmonopol ist aus dieser Sicht die Zukunft, sondern, so die Hoffnung, eine zunehmende Demokratisierung und Pluralisierung: Transparenz als Schutz vor der einseitigen Wissensmacht des Staates (vgl. Heller 2011).

Unabhängig davon, wie die Expansion der Massendaten bewertet wird, als Kolonialisierung der Lebenswelten oder als demokratisches Machtmittel, wäre es nicht sinnvoll,

> die Diskussion über die digitale Zukunft wenigen Spezialisten zu überlassen, Informatikern, Nerds oder – naja – auch den Datenschützern. Vor allem aber dürfen wir nicht dem Irrtum erliegen, der Weg in die Überwachungsgesellschaft sei ein unbeeinflussbares Schicksal. (Schaar 2015)

2 Stationen des Datendiskurses

Die gegenwärtige Debatte über Datenschutz und Transparenz findet allerdings nicht im luftleeren Raum statt. Sie hat eine beachtliche Diskursgeschichte, die

---

2 Die Autor_innen dieses Sammelbandes entscheiden selbst, ob und in welcher Form sie in ihren Beiträgen sprachlich gendern; es sei an dieser Stelle jedoch darauf hingewiesen, dass die männliche Sprachform im Sinne der sprachlichen Vereinfachung als geschlechtsneutral zu verstehen ist.

schon seit fünf Jahrzehnten die Auseinandersetzung mit Möglichkeiten und Risiken der Datennutzung begleitet. So kann die Verabschiedung des ersten Datenschutzgesetzes in Hessen auf das Jahr 1970 datiert werden. In Hinblick auf die Verwendung des Wortes ‚Datenschutz' ist hier sogleich eine Besonderheit zu bemerken, denn es geht in den Anfängen um den Schutz der Daten selbst vor Missbrauch oder Diebstahl und nur in zweiter Linie um den Schutz von Einzelpersonen vor unkontrollierter Datenerhebung. So bedurfte es in dieser Frühphase noch einzelner Stimmen wie derjenigen des Juristen Ulrich Seidel, der 1972 den Begriff des materiellen Datenschutzes eingebracht und somit erst auf die Situation derjenigen aufmerksam gemacht hatte, deren Daten erhoben werden. Dieser Wandel im Gebrauch des Datenschutzbegriffs und damit verbunden des öffentlichen Bewusstseins zum Stellenwert schützenswerter Freiheitsrechte spiegelte sich im Duktus des Bundesdatenschutzgesetzes wider, das 1977 verabschiedet wurde und in seinen Bestimmungen den Anwendungsbereich des Datenschutzes erheblich ausweitete. Hier ist sehr konkret von unterschiedlichen datenschutzrelevanten Vorgängen die Rede, nämlich vom Erheben (dem Beschaffen), Verarbeiten (dem Speichern, Verändern, Übermitteln, Sperren und Löschen) und Nutzen personenbezogener Daten.

Als nachfolgende Stationen der Diskursgeschichte lässt sich das weitreichende Volkszählungsurteil des Bundesverfassungsgerichts von 1983 nennen, dem eine breite und in dieser Intensität neue Debatte um die Legitimität der Datenerhebung durch staatliche Stellen voranging. Im Jahre 1990 wiederum wurde das Bundesdatenschutzgesetz durch den Bund neu gefasst und somit dem Wandel des Datenschutzbegriffs Rechnung getragen. 1995 wurde die Entwicklung einer europäischen Datenschutzrichtlinie initiiert, die in der Folge zu einem Vertragsverletzungsverfahren gegen die Bundesrepublik wegen mangelnder Umsetzung geführt hatte. Eine internationale Dimension erhielt der Verlauf des Datendiskurses im Jahre 2000 durch die ‚Echelon'-Debatte, in deren Verlauf die umfassenden Abhör-Aktivitäten auch in Bezug auf wirtschaftliche und technische Entwicklungen öffentlich sichtbar wurden. In der damaligen Berichterstattung war noch der Optimismus vorherrschend, dass durch die elektronische Datenübertragung über Glasfaser das Abhören nahezu ausgeschlossen sei. Die Entwicklung neuer Übertragungstechniken wird inzwischen allerdings nicht mehr als Garant für die Abhörsicherheit gesehen – was aber lange Zeit der übliche Tenor der Berichterstattung war.

Im Jahre 2005 wurde die europäische Richtlinie für die ‚Vorratsdatenspeicherung' vom Europäischen Gerichtshof für nichtig erklärt. Das Bundesverfassungsgericht wiederum stellte 2008 die Verfassungswidrigkeit der Vorschriften zur ‚Online-Durchsuchung' fest. Es ergibt sich also im Verlaufe der Diskursgeschichte eine Häufung von institutionellen Konflikten, in denen die Judikative immer wieder Entscheidungen der Legislative oder auch der Exekutive korrigieren musste. Die Presse und andere Medien spielten dabei durchaus die Rolle der ‚vierten Gewalt'. Begleitet wurden diese Konflikte regelmäßig von „semantischen Kämpfen" (Felder 2006), in deren Verlauf um die positive oder negative Deontik der Bezeichnungen gerungen wurde. Aktuell kann hier auf den schon erwähnten Begriff der ‚Big Data' verwiesen werden, der für die einen unerschöpfliche Möglichkeiten der Datenerhebung und -erforschung impliziert, für die anderen eine ebenso große Gefahr des Kontrollverlustes. Im Mai/Juni des Jahres 2013 kam es durch die Enthüllungen des ehemaligen NSA-Mitarbeiters Edward Snowden über das Netzwerk Wikileaks zu einer öffentlichen Debatte über die massive Datenabschöpfung durch britische und US-amerikanische Geheimdienste. Im Zusammenhang damit wurde die mögliche Nutzung der Daten durch deutsche Geheimdienste diskutiert. Die offiziellen Verhandlungen zwischen der Europäischen Union und den USA über den Schutz von Daten im Rahmen der Vereinbarungen ‚Safe Harbour' oder ‚Privacy Shield', die 2016 geführt wurden, standen im Zeichen dieser Irritationen.

Am 23.05.2018 schließlich wurde die Europäische Datenschutz-Grundverordnung für ‚anwendbar' erklärt. Diese Verordnung des Europäischen Parlaments und des Rates wurde schon am 27.04.2016 verabschiedet, trat aber erst gut zwei Jahre später in Kraft. Sie führte zu Veränderungen in der Praxis der Datennutzung, beispielsweise durch die sozialen Medien, die zu einer stärkeren Transparenz ihrer Nutzungsbedingungen gezwungen wurden. Ob sich dadurch ein Datenmissbrauch vermeiden lässt, wie er sich im sogenannten Facebook-Datenskandal vom Frühjahr 2018 zeigte – im Zuge dessen Daten von bis zu 85 Millionen Nutzer_innen an die Datenfirma Cambridge Analytics weitergeleitet wurden – wird sich zeigen müssen.

3 Untersuchungen zum Datendiskurs

Nimmt man die gegenwärtigen Veröffentlichungen zum Thema des Datendiskurses in den Blick, so fällt auf, dass sich bisher nur wenige sprachwissenschaftliche Arbeiten mit diskurslinguistischer, politolinguistischer oder sprachgeschichtlicher Ausrichtung finden lassen. Andererseits liegen Untersuchungen zu Datensicherheit und informationeller Selbstbestimmung aus soziologischer, politologischer, juristischer und medienwissenschaftlicher Perspektive vor, die wiederum die sprachliche Verfasstheit des Datendiskurses selten ansprechen. Die einzige ausführliche Arbeit, die in diesem Sinne als einschlägig angesehen werden kann, ist die Dissertation von Friedemann Vogel ‚Linguistik rechtlicher Normgenese – Theorie der Rechtsnormdiskursivität am Beispiel der Online-

Durchsuchung' von 2012 (siehe auch Vogel 2011). Auch wenn die Untersuchung nicht in diachronischer Perspektive über die gesamte Zeit von den siebziger Jahren an verfasst ist, so stellt sie doch eine ausführliche Rekonstruktion des Zeitabschnitts von 2004 bis 2008 vor, der sich von den ersten Überlegungen der Sicherheitsbehörden, die Voraussetzungen zur Online-Durchsuchung zu schaffen, über die Entscheidung des Bundesverfassungsgerichts zur Nichtigkeit des NRW-Gesetzes zu Online-Durchsuchungen im Februar 2008, bis hin zur Verabschiedung des einschlägigen Bundesgesetzes im Bundestag im Dezember 2008 erstreckt.

Als eine weitere sprachwissenschaftliche Studie in synchroner Perspektive lässt sich der Aufsatz ,Performatisierung und Verräumlichung von Diskursen. Zur soziomateriellen Herstellung von ,Sicherheit' an öffentlichen Orten' von Stefan Habscheid und Nadine Reuther von 2013 nennen. Hier wird die komplexe semiotische Struktur öffentlicher Orte in Form von Aufschriften und Bildern zum Thema der Sicherheit untersucht (siehe auch Habscheid, Thörle & Wilton 2013). In dem 2014 erschienenen Sammelband über *Datenflut und Informationskanäle* sind Beiträge zur politischen Social-Media-Kommunikation (Klemm, Michel & Wiesinger 2014) sowie zu kognitionswissenschaftlichen und linguistischen Aspekten der Datenflut (Ortner et al. 2014) enthalten. Die Medienwissenschaftler_innen Bernhard Pörksen und Hanne Detel wiederum gehen in ihrem 2012 erschienenen Buch *Der entfesselte Skandal. Das Ende der Kontrolle im digitalen Zeitalter* der Frage nach, welche Faktoren für die Verbreitung und die permanente Anwesenheit skandalisierter Verhaltensweisen im Netz verantwortlich sind. In seiner Abhandlung *Die Matrix des Datenschutzes* (2014) analysiert der Rechtswissenschaftler Kai von Lewinski den Begriff des Datenschutzes und seiner Komponenten mit dem Ziel eines Rechtsvergleichs Europa/USA. Auch wenn seine Untersuchung aus juristischer Perspektive vorgenommen wurde, reicht sie doch in den Bereich semantischer Begriffsanalyse hinein und ist daher von hoher linguistischer Relevanz.

Aus medienwissenschaftlicher Perspektive sind die Arbeiten von Ramón Reichert zu nennen. In seiner Monographie ,Die Macht der Vielen' (2013) vertritt Reichert die These, dass der Alltagsgebrauch der Sozialen Medien eine neuartige Beteiligungs- und Vernetzungskultur hervorgebracht hat – mit einer Vielzahl von partizipativen und kollaborativen Projekten, die sowohl ökonomisch verwertbar als auch normativ aufgeladen sind. Im darauffolgenden Sammelband ,Big Data – Analysen zum digitalen Wandel von Wissen, Macht und Ökonomie' (2014) geht es darum, eine differenzierte Auseinandersetzung mit dem datenbasierten Medienumbruch der Gegenwart zu leisten, wobei in der Möglichkeit, mit Big Data, also bisher ungekannten Datenmengen, zu operieren, eine ,tektonische Verschiebung von Wissen, Medien, Macht und Ökonomie' (Reichert 2014:

0) gesehen wird. Hier sind vor allem die Analysen von Lev Manovich und Ramón Reichert selbst zu nennen.

Medientheoretisch ist die schon angesprochene Kontroverse zwischen Vertreter_innen der Post-Privacy-These einerseits und der Kritik an der Transparenzgesellschaft andererseits thematisch einschlägig. Postuliert der schon erwähnte Autor Christian Heller in seinem Buch *Post Privacy – Prima leben ohne Privatsphäre* (2011), die besagte Privatsphäre sei ein Auslaufmodell, so führt Byung-Chul Han in seiner Schrift *Transparenzgesellschaft* (2015) aus, dass die Ideologie der ‚Post-Privacy‘ naiv sei, weil sie in einer totalen Preisgabe der Privatsphäre den Weg zu einer durchsichtigen Kommunikation sehe. Die Transparenzgesellschaft sei jedoch die „Hölle des Gleichen" (Han 2015: 6). Gegen die Post-Privacy-These stellt sich auch der ehemalige Bundesdatenschützer Peter Schaar in seinem Buch über *Das Ende der Privatsphäre* (2007).

Die Soziologen Zygmunt Bauman und David Lyon sehen das rasche Anwachsen riesiger Datenmengen unter dem Aspekt der Überwachung. Diese sei nicht mehr so organisiert, dass wie in einem Panoptikum ein Überwacher von einem zentralen Ort das Geschehen sowie die Menschen um ihn herum überwache, sondern vielmehr so, dass der Überwacher selbst dezentral, die Überwachung also post-panoptisch sei (Bauman & Lyon 2013). Mit Haggerty & Ericson (2000) halten sie fest, dass in der digitalen Überwachung der menschliche Körper als Datensatz erfasst sei und damit zu einem fluiden ‚digitalen Double‘ gemacht worden sei (siehe Bauman & Lyon 2013: 14). Dies wird in anderen Zusammenhängen auch als ‚Datenschatten‘ benannt.

4 Zum Diskursbegriff

Ebenso vielschichtig und schillernd wie der Begriff der *Daten*, ist der des *Diskurses*, den wir ebenfalls im Titel dieses Bandes führen. Je nach wissenschaftlichem Paradigma verlagern sich die Bedeutungskomponenten des Begriffs sowie der methodologische Hintergrund, vor dem er verwendet wird (zur ausführlichen Begriffsgeschichte von *Diskurs* siehe Wrana et al. 2014; Niehr 2014). So bedeutet *Diskurs* in der Funktionalen Pragmatik eine an das „aktionale Hier und Jetzt gebundene Form sprachlichen Handelns" im Gegensatz etwa zu *Text* als einer situationsentbundenen Sprechhandlung (Wrana et al. 2014: 81; vgl. Zifonun, Hoffmann & Strecker 1997: 161; Ehlich 2007: 493). In pragmatischen, anthropologischen und soziolinguistischen Konzeptionen wird also der Handlungscharakter von *Diskurs* in tatsächlich stattfindender Interaktion hervorgehoben.

Im Titel des vorliegenden Bandes kommt ein anderer Diskursbegriff zum Tragen. Er wird in sehr allgemeiner Weise in folgender Definition von Kirsten Adamzik umrissen: „Ein Diskurs ist ... eine prinzipiell offene Menge von thematisch zusammenhängenden und aufeinander bezogenen Äußerungen." (Adamzik 2004: 254). Hier sind nicht nur mündliche, sondern auch medial schriftliche Erzeugnisse berücksichtigt, deren Produktion und Rezeption sich über einen längeren Zeitraum bis hin zu mehreren Jahren erstrecken können. Im Laufe dieses Prozesses entstehen jeweils textübergreifende Verweiszusammenhänge, die sich in Form „transtextueller Sprachstrukturen" ausbilden (siehe Spitzmüller & Warnke 2011: 25). In ausführlicher Weise wird Diskurs von Andreas Gardt definiert, der auf die Eigenschaften der *Thematizität*, der *Gruppenspezifik* sowie auf die *Spiegelung* von und *Konstitutivität* für gesellschaftliche Wirklichkeit abhebt:

> Ein Diskurs ist eine Auseinandersetzung mit einem Thema, die sich in Äußerungen und Texten der unterschiedlichsten Art niederschlägt, von mehr oder weniger großen gesellschaftlichen Gruppen getragen wird, das Wissen und die Einstellungen dieser Gruppen zu dem betreffenden Thema sowohl spiegelt als auch aktiv prägt und dadurch handlungsleitend für die zukünftige Gestaltung der gesellschaftlichen Wirklichkeit in Bezug auf dieses Thema wirkt. (Gardt 2007: 27–52)

Über real vollzogene Äußerungen und Texte hinaus geht Sylvia Bendel Larcher in ihrem Einführungsbuch, indem sie einen weiten von einem engen Diskursbegriff unterscheidet. Der weite Diskursbegriff umfasst alles, was zu einer bestimmten historischen Zeit zu einem gesellschaftlichen Thema gesagt und gedacht werden könnte, weil es in bestehende Wissensbestände und Denkschemata passt, der enge hingegen nur das, was konkret gesagt oder geschrieben wird (siehe Bendel Larcher 2015: 15). Zwischen dem engen und dem weiten Diskursbegriff besteht der methodisch relevante Unterschied, dass man es einerseits mit real vollzogenen Äußerungen, andererseits mit nicht vollzogenen, aber potenziellen und mit bestehenden Denkschemata kommensurablen Äußerungen zu tun hat. Vertreter_innen des weiten Diskursbegriffs begegnen dann der Schwierigkeit, dass die bestehenden Denkschemata definitionsgemäß als *Resultate* eines Diskurses aufgefasst werden, sodass sie vorher und unabhängig von diesem nicht bestehen können. Die Bestimmung des Möglichkeitsraumes, des nach M. Foucault Sagbaren, und allemal des Unsagbaren stellt somit eine deutliche methodische Herausforderung dar, die in der Formulierung eines nicht-zirkulären Verhältnisses zwischen Diskurs und Denkschema besteht. In der konkreten diskurslinguistischen Arbeit beziehen sich die meisten Studien daher auf den engen Diskursbegriff, indem sie real vorkommende Äußerungen/Texte in ihrer spiegelnden wie konstituierenden Funktion für gesellschaftliche Wirklichkeit untersuchen.

5 Zum vorliegenden Band

Wie positioniert sich der vorliegende Sammelband im Kontext der vorgestellten Untersuchungen? Der Datendiskurs kann zunächst als eine Auseinandersetzung mit dem Thema der Datensicherheit und der informationellen Selbstbestimmung aufgefasst werden, die sich unter anderem in Äußerungen und Texten wie den Stellungnahmen der Datenschutzbeauftragten, in Datenschutzgesetzen und -verordnungen sowie den zu ihrer Verabschiedung hinführenden Debatten, sowie in Medienberichten und -kommentaren manifestieren. Die Gesamtheit der heuristisch zum Datendiskurs zusammengefassten Äußerungen/Texte wird als Teil dessen aufgefasst, was als gesellschaftliches Wissen zu diesem Thema gelten kann, wobei dieses ergänzt wird durch die gruppenspezifischen und teils konkurrierenden Einstellungen und Bewertungen zur Datensicherheit und informationellen Selbstbestimmung. Die Konstitutiva des Datendiskurses beeinflussen wiederum den Umgang mit Daten, indem beispielsweise eine größere Sensibilität für die Probleme und Gefahren der Datennutzung erreicht wird und als allgemeine Haltung der Nutzer_innen im Sinne eines reflektierten und umsichtigen Umgangs mit Daten etabliert werden kann. Eine solche – intendierte – Einstellungsänderung kann man mit dem Stichwort eines kultivierten Gebrauchs von Daten, einer wachsenden *Datenkultur* umreißen.

Die in diesem Band vorliegenden Beiträge verfolgen einerseits das Ziel, dass sie zum Thema *Digitale Massendaten* auf der sprachlichen Meta-Ebene „semantische Kämpfe" (Felder 2006) analysieren, indem sie beispielsweise Ideologien enthüllen, die u. a. durch die Verwendung von Metaphern (z. B. „gläserner Staat") bei der kommunikativen Aneignung des Digitalen in verschiedenen Gesellschaftsbereichen entstehen. In den Dialog treten diese Ansätze mit solchen, die an ausgewählten Beispielen untersuchen, wie die Nutzer_innen der digitalen Medien (Twitter, Kommentarforen) in actu mit dem Digitalen umgehen. Ergänzend dazu werden theoretische Reflexionen angestoßen, die die vielfältigen Zusammenhänge der digitalen Massendaten mit den Begriffen der Macht, des Subjekts und der Programmierung, der Selbstbestimmung und Algorithmisierung, des Erkenntnispotenzials und des potenziellen Nichtwissens betreffen. Im Einzelnen widmen sich die Autor_innen folgenden Themen:

Peter Schaar gibt in seinem Beitrag *Dialog der Daten: Datenschutz – ein veraltetes Konzept?* auf diese Frage eine dezidiert verneinende Antwort. Nach einem historischen Einblick in die Entwicklung des Datenschutzes von den Anfängen in den USA bis zur gegenwärtigen, von den technischen Möglichkeiten von Big Data geprägten Situation plädiert er für eine Sensibilität auch gegenüber algorithmischer Diskriminierung. Der Beitrag resultiert in der Forderung, dass jegliche Diskriminierung aufgrund statistischer Wahrscheinlichkeiten zu unterbleiben hat.

In seinem Beitrag über *Resilienz und Mediennutzungsstrategien angesichts des informationellen Kontrollverlusts* thematisiert Thilo Hagendorff aus medientheoretischer Perspektive mit Nähe zur Post-Privacy-Bewegung, wie angesichts des postulierten digitalen Kontrollverlustes gesellschaftliche Anpassungsprozesse an neue Verbreitungsmedien, insbesondere an digitale Technologien der Massenverdatung, erfolgreich oder doch zumindest weniger konfliktreich geleistet werden können. In vielen Ländern der Welt sind die mit hoher Geschwindigkeit weiterentwickelten digitalen Techniken und Netze fester Bestandteil unterschiedlichster Lebensbereiche.

Was aber sagen uns Daten nicht? Welche Prozesse und Informationen bleiben verdeckt, und was bedeutet das für die einschlägige Auseinandersetzung? Dieser Frage geht Martin Roth in seinem Beitrag *Was Daten uns nicht sagen können* anhand einschlägiger Vorarbeiten (Richard Rogers, Felix Stalder, etc.) und eigener empirischer Beispiele zu Japan nach. Im Mittelpunkt steht dabei die Frage, inwiefern die ‚Verschleierung' selbst regionalwissenschaftliche Implikationen hat, d. h. inwiefern sie die Dominanz bestimmter Blickwinkel begünstigt und dabei spezifische kulturelle, politische oder geografische Regionen verdeckt.

Tanja Gnosa diskutiert unter dem Titel *MachtDaten. Strategien digitaler Verdatung aus foucault'scher Perspektive* unter anderem die Sinnhaftigkeit der Panopticon-Metapher, die häufig für die Datensituation im Internet verwendet wird. Gnosa argumentiert dafür, dass die Metapher, die ein einseitiges Machtdispositiv beschreibt, nicht aufgeht. Das Spiel der Macht mit algorithmisierten Daten verliert die grundsätzliche soziale Komponente, die beispielsweise in Foucaults Ausführungen zum Panopticon noch angelegt ist. Dort hat das Subjekt noch Handlungsmacht; im Internet ist es aber einer Verobjektivierung durch Algorithmisierung ausgesetzt, der es durch Selbstdarstellungstrategien in sozialen Netzwerken zu entkommen versucht.

Caja Thimm erarbeitet in ihrem medienwissenschaftlichen Aufsatz *Diskurspraktiken in algorithmisierten Welten – Zur Entwicklung einer Mediengrammatik digitaler Plattformen* ein Konzept der Beziehung zwischen Oberfläche und Konstituenz: Die Oberflächengrammatik, die sich aus sichtbaren und zugänglichen Elementen auf der Benutzeroberfläche zusammensetzt, wird durch die Konstituentengrammatik, also den Programmcode und die Algorithmen, hergestellt. Mit ihrem Beitrag tritt Thimm dem „Mythos Algorithmus" mit einer für Geisteswissenschaftler_innen angemessenen Terminologie entgegen.

Eine Metapher, die den medialen Diskurs der Daten mitbestimmt, ist die der „Transparenz". In seinem diskurslinguistischen Beitrag *Die Ideologie der*

Transparenz. Werte- und Bewertungskonflikte im Diskurs über Transparenz, gläserne Menschen und Überwachung vor dem Hintergrund internet-geprägter Lebensformen widmet sich Georg Weidacher diesem Fahnenwort und macht verschiedene Transparenzideologien sichtbar, die, abhängig vom Zugriff auf die Daten, von der Angst vor dem „gläsernen Menschen" bis zur Forderung nach einem „gläsernen Staat" reichen.

Der Beitrag *„Jesus ist keine App". Das Konzept des ‚Computers' im theologischen Fach- und Fachlaiendiskurs aus korpuspragmatischer Perspektive* von Friedemann Vogel untersucht mit korpuspragmatischen Methoden, wie der mediale ‚Diskurs der digitalen Daten' beschaffen ist, z. B. welche Metaphern zur Beschreibung des Digitalen verwendet werden. Der besondere Fokus liegt dabei auf der Aneignung und Reflexion des ‚Digitalen' bzw. seines prototypischen Artefakts – des ‚Computers' – in der Theologie.

Pamela Steen untersucht in dem Beitrag *‚Daten-Charisma' als Ideen-Charisma – Edward Snowden und die Prism-Affäre aus diskurslinguistischer Perspektive*, wie ‚Big Data' als abstrakte Idee, als Element eines „magischen Digitalismus" (Sascha Lobo) charismatisiert wird. So wird der personalisierte Wissensträger und IT-Experte Snowden nach seinen Enthüllungen zur Prism-Affäre diskursiv in ein Helden-Verräter-Schema eingeordnet, wird eine neue „Ära der Aufklärung" konstatiert und überlagern sich sprachlich Realität und Fiktion, sodass schließlich ‚Big Data' als ein wichtiges gesellschaftliches Konstrukt in einem totalen Relevanzsystem erscheint, das jedoch für niemanden, außer für die IT-Expert_innen dieser Welt, zugänglich ist.

Der Beitrag *Grenzgänge zwischen Fakten und Fiktion bei der Inszenierung virtueller Figuren am Beispiel von Online-Omi Renate Bergmann* von Joan Kristin Bleicher behandelt aus medientheoretischer Sicht die Ununterscheidbarkeit von Faktizität und Fiktionalität im Internet am Beispiel der fiktiven, nur digital existierenden „Online-Omi Renate Bergmann". Der Autor der Figur und die Nutzer_innen gehen einen impliziten Authentisierungspakt ein, der die fiktive Figur mit ihrer inszenierten Authentizität als reale Kommunikationspartnerin konstituiert. Dabei zeigt sich ein hohes Empathiepotenzial in der Interaktion der Nutzer_innen mit virtuellen Figuren.

Den vielerorts diskutierten Mangel an Empathie im Bereich der digitalen Kommunikation thematisiert Wolf-Andreas Liebert in seinem Beitrag *Digitale Empathie*. Es geht ihm um die Beantwortung der Frage, wie sich Digitalisierung auf empathische Praktiken auswirkt, aber auch darum, wie Empathie zum Bestandteil von Digitalem werden kann. Unter anderem geht er der Frage nach, ob Maschinen empathisch sein können, steckt für eine Linguistik des Digitalen das Forschungsfeld zur Empathie im Digitalen ab und klärt dabei grundlegende terminologische Unterschiede zwischen Empathie, Einfühlung, kognitiver Empathie und Nachahmung.

Digitale Öffentlichkeiten sind geprägt durch ihre Interaktivität und Vernetzung, sodass die Grenzen zwischen ‚kleinen‘ (persönlichen) und ‚großen‘
(massenmedialen) Öffentlichkeiten vor allem im Social Web zunehmend verschwimmen. In ihrem Beitrag *Digitale Öffentlichkeiten und ihre sprachlich-interaktionalen Manifestationen am Beispiel von Kommentarforen* zeigen Steffen Pappert und Kersten Sven Roth, inwieweit die konkreten Realisationsbedingungen
spezifische thematische und strukturelle Charakteristika hervorrufen, deren Erfassung und Beschreibung in Relation sowohl zur Face-to-face- als auch zur
massenmedialen Kommunikation es ermöglicht, die verschwommenen Öffentlichkeitsgrenzen empirisch sichtbar zu machen.

Thomas Niehr behandelt in seinem Beitrag *Von „allgemein zugänglichen
Quellen" und „nachrichtendienstlichen Mitteln" – zur Semantik von Verfassungsschutzberichten* die Textsorte „Tätigkeitsbericht des Verfassungsschutzes". Die
wie Geschäftsberichte aufgebauten Berichte werden vorrangig zur Legitimation
des Verfassungsschutzes verfasst. Der Beitrag fokussiert dabei u. a. die Verwendung des Daten-Begriffs, der durch den neutralen Begriff der Eintragung ersetzt
wird.

Frank Liedtke betrachtet unter dem Titel *Das Gesicht des Überwachers –
Facebook und die Transparenz* die Nutzungsbedingungen und die Datenrichtlinie dieses sozialen Mediums. Es stellt sich heraus, dass entgegen den Beteuerungen der Betreiber von Privatsphäre nicht die Rede sein kann. Facebook-
Nutzer_innen erfahren eine Transformation zu einem Kunstwesen, das aus Präferenzen bezüglich seiner Beziehungen und seiner Konsumgewohnheiten besteht – reduziert auf die Funktion, Adressat von personalisierter Werbung zu
sein. Die Person dahinter hat sich, mit Zygmunt Bauman gesprochen, verflüssigt und interessiert lediglich als Lieferant von Zutaten für das präferenzielle
Kunstwesen.

Der Blogger Michael Seemann hält *Informationelle Selbstzertrümmerung* in
Deutschland für eine heilige Kuh. Sie ist so heilig, dass ihre unbedingte Durchsetzung zum Selbstzweck geworden sei, ohne dass noch jemand fragt, wer dadurch wie geschützt wird. Bei genauerem Hinsehen ergebe sich aber das Bild
eines kollektiven, gegenseitigen Abnickens von Datenverarbeitungsverfahren,
die niemand mehr durchschaut – Hauptsache, es liegt eine Einwilligung vor.

Insgesamt gesehen liegt mit den genannten Beiträgen ein Geflecht von diskurslinguistischen, medientheoretischen und soziologischen Analysen vor, die
das Thema der digitalen (Massen-)Daten jeweils aus unterschiedlichen Blickwinkeln fokussieren. Dadurch werden, auch aufgrund der ihnen innewohnenden Methodenvielfalt, einander ergänzende Zugänge sichtbar, die in das diskursive und technische ‚Labyrinth‘ der Massendaten hineinführen.

Literaturverzeichnis

Adamzik, Kirsten (2004): *Sprache: Wege zum Verstehen.* Tübingen: Francke.

Bauman, Zygmunt & David Lyon (2013): *Daten, Drohnen, Disziplin. Ein Gespräch über flüchtige Überwachung.* Frankfurt a. M.: Suhrkamp.

Bendel Larcher, Sylvia (2015): *Linguistische Diskursanalyse. Ein Lehr- und Arbeitsbuch.* Tübingen: Gunter Narr.

Berry, David M. (2014): Die Computerwende – Gedanken zu den Digital Humanities. In Ramón Reichert (Hrsg.), *BIG DATA. Analysen zum digitalen Wandel von Wissen, Macht und Ökonomie,* 47–64. Bielefeld: transcript.

Ehlich, Konrad (2007): *Sprache und sprachliches Handeln (Bd. 3). Narration – Diskurs – Text – Schrift.* Berlin: de Gruyter.

Felder, Ekkehard (2006): *Semantische Kämpfe. Macht und Sprache in den Wissenschaften.* Berlin, New York: de Gruyter.

Gardt, Andeas (2007): Diskursanalyse. In Ingo H.Warnke (Hrsg.), *Diskurslinguistik nach Foucault. Theorie und Gegenstände,* 27–52. Berlin: de Gruyter.

Habscheid, Stephan & Nadine Reuther (2013): Performatisierung und Verräumlichung von Diskursen. Zur soziomateriellen Herstellung von ‚Sicherheit‘ an öffentlichen Orten. In Ekkehard Felder (Hrsg.), *Faktizitätsherstellung in Diskursen. Die Macht des Deklarativen,* 127–145. Berlin, New York: de Gruyter.

Habscheid, Stephan, Britta Thörle & Antje Wilton (2013): Sicherheit im öffentlichen Raum: Eine sprach- und kulturvergleichende Diskursanalyse am Beispiel des Körperscanners (2009–2012). *Zeitschrift für Angewandte Linguistik (ZfAL)* 58, 99–132.

Haggerty, Kevin & Richard Ericson (2000): The surveillant assemblage. *British Journal of Sociology* 54/1, 605–622.

Han, Byung-Chul (2015): *Transparenzgesellschaft.* Berlin: Matthes & Seitz.

Heller, Christian (2011): *Post-Privacy. Prima leben ohne Privatsphäre.* München: C. H. Beck.

Klemm, Michael & Sascha Michel (2014): Big Data – Big Problems? Zur Kombination qualitativer und quantitativer Methoden bei der Erforschung politischer Social-Media-Kommunikation. In Heike Ortner et al. (Hsg.), *Datenflut und Informationskanäle,* 83–98. Innsbruck: innsbruck university press.

Lewinski, Kai von (2014): *Die Matrix des Datenschutzes.* Tübingen: Mohr Siebeck.

Niehr, Thomas (2014): *Einführung in die linguistische Diskursanalyse.* Darmstadt: WBG.

Ortner, Heike et al. (Hrsg.) (2014): *Datenflut und Informationskanäle.* Innsbruck: innsbruck university press.

Pörksen, Bernhard & Hanne Detel (2012): *Der entfesselte Skandal. Das Ende der Kontrolle im digitalen Zeitalter.* Köln: Herbert von Halem.

Reichert, Ramón (2013): *Die Macht der Vielen: Über den neuen Kult der digitalen Vernetzung.* Bielefeld: transcript.

Reichert, Ramón (2014): Einführung. In Ramón Reichert (Hrsg.), *BIG DATA. Analysen zum digitalen Wandel von Wissen, Macht und Ökonomie,* 9–31. Bielefeld: transcript.

Schaar, Peter (2007): *Das Ende der Privatsphäre. Der Weg in die Überwachungsgesellschaft.* München: Bertelsmann.

Seidel, Ulrich (1972): *Datenbanken und Persönlichkeitsrecht, unter besonderer Berücksichtigung der amerikanischenComputer Privacy.* Köln: Schmidt.

Spitzmüller, Jürgen & Ingo Warnke (2011): *Diskurslinguistik. Eine Einführung in Theorien und Methoden der transtextuellen Sprachanalyse.* Berlin, Boston: de Gruyter.

Vogel, Friedemann (2011): Gefechtsspuren im gesetzgebenden Diskurs: Die Debatte um Normierung von „Online-Durchsuchungen" aus rechtslinguistischer Perspektive. *Sprachreport* 3, 7–14.

Vogel, Friedemann (2012): *Linguistik rechtlicher Normgenese. Theorie der Rechtsnorm-diskursivität am Beispiel der Online-Durchsuchung.* Berlin, New York: de Gruyter.

Wiesinger, Andreas (2014): Politische Kommunikation im Social Web – eine Moment-aufnahme im Datenstrom. In Heike Ortner et al. (Hrsg.), *Datenflut und Informations-kanäle*, 195–208. Innsbruck: innsbruck university press.

Wrana, Daniel et al. (Hrsg.) (2014): *DiskursNetz. Wörterbuch der interdisziplinären Diskursforschung.* Frankfurt a. M.: Suhrkamp.

Zifonun, Gisela, Ludger Hoffmann & Bruno Strecker (1997): *Grammatik der deutschen Sprache* (Bd. 1). Berlin: de Gruyter.

Onlinequellen

DIE WELT, 23. 12. 2014: Warum Massendaten-Business unser Leben verbessert. (http://welt.de/135872512), zuletzt abgerufen am 27. 5. 2017.

FAZ.de/Luciano Floridi, 7. 10. 2015: Im Gespräch: Luciano Floridi, Wir brauchen eine neue Definition der Realität. (http://www.faz.net/-gqz-88ocs), zuletzt abgerufen am 27. 5. 2017.

Peter Schaar: Datenschutz? Ist mir doch egal!; Peter Schaar, der Blog. (23. 7. 2015) (http://www.eaid-berlin.de/?p=726), zuletzt abgerufen am 27. 5. 2017.

Peter Schaar

Dialog der Daten:
Datenschutz – ein veraltetes Konzept?

1 Wurzeln des Datenschutzrechts

1890 veröffentlichten die amerikanischen Anwälte Samuel Warren und Louis
D. Brandeis den bahnbrechenden Aufsatz „The Right to Privacy" (Warren &
Brandeis 1890). Darin leiteten sie aus den Rechtsgrundsätzen des Schutzes der
Person und des Eigentums ein „Right to be left alone" ab, also das Recht eines
jeden Menschen, von anderen in Ruhe gelassen zu werden. Diese Betrachtun-
gen über ein Recht, allein gelassen zu werden, standen in engem Zusammenhang mit dem technischen Fortschritt, genauer gesagt mit der Fotografie. Sie
ermöglichte es, Menschen und Gegenstände – auch in privaten Räumlichkei-
ten – abzubilden und die Abbildungen zu vervielfältigen und zu verbreiten. Im
Mittelpunkt der Überlegungen von Warren und Brandeis stand die Wahrung der
Privatsphäre, die Abwehr des Eindringens in diesen geschützten Raum durch
Übertragung von Grundsätzen des common law über den Schutz der Person –
habeas corpus – und des Eigentums.

Die Anfang der 1960er Jahre von der Kennedy-Administration geplante Einrichtung einer nationalen Datenbank mit einer Vielzahl von Informationen über
jeden US-Bürger führte zu einer ersten breiten Debatte über die Auswirkungen
des Computereinsatzes auf die Privatsphäre. Dabei wurden die von der staatlichen Überwachung ausgehenden Gefahren ebenso kritisch diskutiert wie die
Risiken einer missbräuchlichen Datenverarbeitung durch Unternehmen. Der
US-Kongress klammerte in dem 1974 verabschiedeten „Privacy Act" jedoch die
Wirtschaft aus, weil er nicht in den Wettbewerb eingreifen wollte.

In der Folge zeigten sich die Schwächen dieses beschränkten Ansatzes:
Wenn Unternehmen sich ungestraft durch einen besonders aggressiven oder
ausufernden Umgang mit personenbezogenen Daten einen wirtschaftlichen
Vorteil verschaffen können, führt die Marktlogik nicht automatisch zu einem
besseren Datenschutz. Dies bedeutet im Umkehrschluss jedoch nicht, dass jeder
Versuch, eine gute Datenschutzpraxis auch über den Markt durchzusetzen, von
vornherein zum Scheitern verurteilt ist. Allerdings müssen dafür Rahmenbedingungen gesetzt werden, die einen verantwortungsbewussten Umgang mit personenbezogenen Daten wirtschaftlich belohnen. Problematisch war auch die
Entscheidung des US-Senats gegen eine unabhängige Datenschutzkontrolle.

Die Auseinandersetzung mit den Schwächen des US-Ansatzes trug dazu bei,
dass Europa auch die von der US-Gesetzgebung ausgeklammerten Bereiche be-

https://doi.org/10.1515/9783110609103-002

rücksichtigte. Das Bundesdatenschutzgesetz von 1977 enthielt Vorgaben für den öffentlichen und den nicht-öffentlichen Sektor. Die Datenschutzkonvention des Europarats von 1981[1] bezog den nicht-öffentlichen Sektor ein, genauso wie die EG-Datenschutzrichtlinie von 1995.[2] Die seit dem 25. Mai 2018 anzuwendende EU-Verordnung zum Schutz natürlicher Personen bei der Verarbeitung personenbezogener Daten und zum freien Datenverkehr und zur (Datenschutz-Grundverordnung)[3] vertieft diesen Ansatz, indem sie ein weitgehend harmonisiertes, in allen EU-Mitgliedsstaaten direkt anwendbares Datenschutzrecht schafft, das sowohl für Unternehmen und andere nicht-öffentliche Stellen als auch für weite Bereiche des öffentlichen Sektors gilt.

2 Informationelle Selbstbestimmung

Das sogenannte „Volkszählungsurteil" des Bundesverfassungsgerichts vom 15. Dezember 1983,[4] mit dem das Gericht einer Verfassungsbeschwerde gegen das Volkszählungsgesetz stattgab, war ein weiterer Meilenstein bei der Weiterentwicklung und Stärkung des Datenschutzes. Das Bundesverfassungsgericht verwendete in diesem Urteil erstmalig den Begriff „Grundrecht auf informationelle Selbstbestimmung":

> Unter den Bedingungen der modernen Datenverarbeitung wird der Schutz des Einzelnen gegen unbegrenzte Erhebung, Speicherung, Verwendung und Weitergabe seiner persönlichen Daten von dem allgemeinen Persönlichkeitsrecht des Art. 2 Abs. 1 GG in Verbindung mit Art. 1 Abs. 1 GG [der Menschenwürde] umfasst. Das Grundrecht gewährleistet insoweit die Befugnis des Einzelnen, grundsätzlich selbst über die Preisgabe und Verwendung seiner persönlichen Daten zu bestimmen.

Das Urteil hatte erhebliche Auswirkungen auf die Regelungen zum Umgang mit personenbezogenen Daten. Wenn der Einzelne davor geschützt werden muss, dass seine persönlichen Daten unbegrenzt „erhoben, gespeichert, verwendet

---

1 Übereinkommen zum Schutz des Menschen bei der automatischen Verarbeitung personenbezogener Daten (Konvention Nr. 108) vom 28. Januar 1981.
2 Richtlinie 95/46/EG des Europäischen Parlaments und des Rates vom 24. Oktober 1995 zum Schutz natürlicher Personen bei der Verarbeitung personenbezogener Daten und zum freien Datenverkehr.
3 Verordnung (EU) 2016/679 des Europäischen Parlaments und des Rates vom 27. April 2016 zum Schutz natürlicher Personen bei der Verarbeitung personenbezogener Daten, zum freien Datenverkehr und zur Aufhebung der Richtlinie 95/46/EG (Datenschutz-Grundverordnung).
4 Band 65 der Entscheidungssammlung des Bundesverfassungsgerichts (BVerfGE 65, 1, S. 1).

und weitergegeben werden", dann galt dieser Verfassungsgrundsatz fortan für jede staatliche Datenverarbeitung. Damit nicht genug: Dieser Verfassungsgrundsatz entfaltet seine Wirkung auch auf den Umgang von Unternehmen mit personenbezogenen Daten, wenn auch nur indirekt, über die Datenschutzgesetze.

Bei der Verarbeitung personenbezogener Daten müssen die jeweiligen Missbrauchsrisiken berücksichtigt werden. Dabei können auch Daten, die für sich genommen als belanglos erscheinen, in anderen Zusammenhängen durchaus bedeutsam werden. Deshalb gäbe es „unter den Bedingungen der automatischen Datenverarbeitung [...] insoweit kein belangloses Datum mehr", so das Gericht. Damit räumte das Verfassungsgericht mit der falschen Vorstellung auf, es gäbe „freie" Daten, die nicht schützenswert wären und deshalb frei von allen Datenschutzregeln genutzt werden dürften. Das Gericht erinnerte daran, dass der Missbrauch von Daten, die wenig sensibel erscheinen, in bestimmten Kontexten die Persönlichkeitsrechte erheblich beeinträchtigen könnte. In einer Vielzahl weiterer Entscheidungen hat das Bundesverfassungsgericht das anfangs umstrittene Recht auf informationelle Selbstbestimmung bestätigt, weiter ausgebaut und verfeinert.

3 Big Data

Nach den von Gordon Moore 1965 formulierten Erkenntnissen wächst die Verarbeitungskapazität elektronischer Komponenten seit der Erfindung der Computertechnik in den 1940er Jahren exponentiell („Moore'sches Gesetz") bei unveränderten Komponentenkosten (vgl. Moore 1965: 114–117). Empirisch hat sich diese These bestätigt. So verdoppeln sich die Speicherkapazitäten von Festplatten, USB-Sticks und sonstigen Speichermedien alle 18 bis 24 Monate bei unverändertem oder sogar sinkendem Preis. Ebenso schnell beschleunigt sich die Verarbeitungsgeschwindigkeit von Prozessoren, und ähnlich verhält es sich mit den Übertragungskapazitäten in Netzwerken. Das anhaltend schnelle digitale Wachstum hat dramatische Folgen: Informationen werden heute fast durchgängig digital erfasst, gespeichert, übertragen und ausgewertet. Die digitale Verarbeitung ermöglicht nicht nur die schnelle Erschließung und Auswertung der erfassten Inhalte. Bei digitalen Transaktionen entstehen ‚Metadaten', die das Umfeld der jeweiligen Aktivität beschreiben: Datenart, Uhrzeit, Dauer, Ort, Urheber, Beteiligte usw. Diese Metadaten fallen nebenbei an, als Bedingung oder direkte Folge der digitalen Verarbeitung. Neuen Schub gewinnt die Digitalisierung mit dem Einbau von Informationstechnik in alle möglichen Gegenstände. Damit verschwimmen die Grenzen zwischen der virtuellen und der realen Welt.

Im ‚Internet der Dinge' kommunizieren Geräte, Fahrzeuge, Verpackungsmaterialien und Kleidungsstücke mit ihrer technischen Umwelt. Sie können aus dem Netz identifiziert, geortet und gesteuert werden.

Stand zunächst – bis etwa vor zehn Jahren – das einzelne Datum, der jeweilige Prozess oder die zu erfüllende Aufgabe im Mittelpunkt des Interesses („Small Data"), änderte sich die Perspektive mit den riesigen, jederzeit verfügbaren Datenmengen dramatisch. „Big Data" steht wie kein anderer Begriff für den Übergang zu einem neuen Modell des Umgangs mit Informationen. Es geht um den Umgang mit riesigen Datenmengen, „die zumeist im Rahmen einer Zweitverwertung zusammengeführt, verfügbar gemacht und ausgewertet werden." (Weichert 2013: 133) Bisweilen wird auch von den „3 V's" gesprochen: "high volume, high velocity and high variety information assets".[5] Die vielfältigen, aus verschiedenen Quellen stammenden Daten generieren neue Erkenntnisse. Durch Korrelation riesiger Datenmengen können Zusammenhänge sichtbar werden, die sonst niemals aufgefallen wären.

4 Algorithmische Klassifizierung

Bei der automatisierten Informationsverarbeitung werden Daten nach in der Hard- und Software implementierten Regeln verarbeitet, sogenannten Algorithmen. Die klassischen Small Data-Algorithmen orientieren sich an der jeweiligen Aufgabe. Letztlich geht es dabei um möglichst effiziente Verfahren, mit denen sich eine Arbeit erledigen lässt – etwa die Abwicklung der Gehaltszahlung für eine Beschäftigtengruppe. Welche Daten erforderlich sind, ergibt sich aus der jeweiligen Aufgabe. Niemand wäre auf die Idee gekommen, zur Gehaltsberechnung Daten über das Wetter, das Verkehrsaufkommen in einer Hauptstraße oder den Verlauf der letzten Grippeepidemie heranzuziehen. Auch das in seinen Grundzügen aus den 1970er Jahren stammende Datenschutzrecht orientiert sich an derartigen Lösungsmechanismen, indem es die Grundsätze der Erforderlichkeit und der Zweckbindung zu den entscheidenden Maßstäben für die Zulässigkeit der Verarbeitung erklärte.

Heute richtet sich das Interesse immer stärker auf Big Data-Algorithmen, die sich nicht deterministisch an einer Aufgabe orientieren. Bei ihnen stehen Korrelationen, also statistische Zusammenhänge im Mittelpunkt, aus denen allerdings vielfach individualisierte Schlussfolgerungen gezogen werden. Die

---

5 Vgl. President's Council of Advisors on Science and Technology (PCAST), BIG DATA AND PRIVACY: A TECHNOLOGICAL PERSPECTIVE (2014: 2).

meisten kommerziell erfolgreichen Internetangebote verwenden solche Verfahren, um zielgerichtete, personalisierte Werbung ohne die bei den klassischen Massenmedien unvermeidlichen hohen Streuverluste auszuliefern. Big Data-Algorithmen liefern auch die Grundlage für immer mehr Entscheidungen, die für unser Leben von existenzieller Bedeutung sind: ob wir einen Kredit erhalten und wenn ja zu welchen Konditionen, ob wir in eine Versicherung aufgenommen werden und wie viel Prämie wir dafür zu zahlen haben. Anstelle einheitlicher Preisangaben treten individualisierte Angebote, die sich an der (vermuteten) finanziellen Leistungsfähigkeit und Zahlungsbereitschaft orientieren. So müssen Apple-Nutzer damit rechnen, für ihre Internet-Bestellungen mehr zu zahlen als die Verwender anderer Computersysteme (vgl. Washingtonpost.com, 3. 11. 2014). Algorithmen schlagen vor, ob wir bei der Bewerbung auf einen Arbeitsplatz zum Vorstellungsgespräch eingeladen werden sollen, wer für eine Beförderung in Frage kommt und wer ein Entlassungskandidat ist. Auch im Gesundheitswesen nimmt die Bedeutung von Big Data dramatisch zu: Die Verknüpfung einer Vielzahl von Vitaldaten ermöglicht die frühzeitige Erkennung von Krankheiten. Daten aus Anfragen bei der Internet-Suche geben Hinweise auf Epidemien und ermöglichen schnelle Gegenmaßnahmen zu deren Eindämmung.

Ein zentrales Merkmal der auf Big Data basierenden algorithmischen Steuerung ist die Klassifizierung, d. h. die Zuordnung von Datenelementen zu bestimmten Gruppen. Die Zuordnung erfolgt im Regelfall mittels – an sich nicht neuer – statistischer Verfahren. Versicherungen arbeiten seit eh und je mit Wahrscheinlichkeiten, etwa bei der Berechnung des Schadensfreiheitsrabatts in der Kfz-Versicherung.

Auch Sicherheitsbehörden verwenden inzwischen Big Data-Algorithmen, um verdächtiges von unverdächtigem Verhalten zu unterscheiden und risikoträchtige Personen oder Regionen zu identifizieren (Predictive Policing). In den USA und einer zunehmenden Zahl weiterer Staaten werden als möglicherweise gefährlich klassifizierte Fluggäste gründlicher überprüft oder sie werden gänzlich abgewiesen. Bei der automatisierten Überwachung des Internetverkehrs werden verdächtige Kommunikationsvorgänge selektiert und entsprechende Kommunikationsinhalte längerfristig gespeichert und gesondert ausgewertet. Voraussetzung für derartige Klassifikationen ist dabei stets, dass prinzipiell jede Interaktion erfasst und auf Muster untersucht wird, die bei der Bewertung herangezogen werden. Von Big Data zum Generalverdacht führt also ein ziemlich kurzer Weg.

Besonders problematisch ist die algorithmische Klassifikation, wenn sie diskriminierende Folgen hat. Der Schutz vor Diskriminierung gehört zu den grundlegenden Menschenrechten (Art. 2 AERK). Niemand darf wegen seiner Rasse,

Hautfarbe, des Geschlechts, der Sprache, der Religion, politischer oder sonstiger Anschauungen, nationaler oder sozialer Herkunft, Vermögen, Geburt oder sonstigem Stand benachteiligt werden. Allerdings stellt nicht jede unterschiedliche Behandlung eine Diskriminierung dar. So heißt es etwa in § 20 des Allgemeinen Gleichbehandlungsgesetzes:

> Eine Verletzung des Benachteiligungsverbots ist nicht gegeben, wenn für eine unterschiedliche Behandlung wegen der Religion, einer Behinderung, des Alters, der sexuellen Identität oder des Geschlechts ein sachlicher Grund vorliegt.

Die Frage ist allerdings, was unter einem „sachlichen Grund" zu verstehen ist. Es liegt auf der Hand, dass bei einer einzelfallbezogenen Betrachtung nachvollziehbare, auf das konkrete Individuum bezogene Gründe für eine unterschiedliche Behandlung nachzuweisen sind. Dagegen liefern Big Data-Analysen nur anscheinend objektive Gründe für die Ungleichbehandlung, bei denen es sich letztlich um nichts anderes als um Schlussfolgerungen aus Wahrscheinlichkeiten handelt. Wenn eine Person nicht nach ihrem tatsächlichen Verhalten, ihren Fähigkeiten und Eigenschaften, sondern nur gemäß einer derartigen statistisch ermittelten Klassifikation beurteilt wird, ist das Ergebnis zwangsläufig kein gerechtes Urteil, sondern eine besondere Form des Vorurteils. Anders als bei der als solche unmittelbar feststellbaren „klassischen" Diskriminierung, etwa durch den Türsteher, der Angehörige mit bestimmten Merkmalen nicht durchlässt, erscheinen algorithmische Entscheidungen rational begründet und insofern objektiv. Dass letztlich auch bei solchen datenbasierten Entscheidungen dieselben Personen(gruppen) außen vor bleiben wie beim Türsteherbeispiel, wird dadurch verdeckt.

Problematisch wirken sich auch Bewertungssysteme aus, die allein oder überwiegend auf Informationen beruhen, die in sozialen Netzwerken und anderen Internet-Foren verfügbar sind. Derartige Verfahren zur Beurteilung etwa des persönlichen Einflusses (vgl. Gaffney & Puschmann 2015), der Leistungsfähigkeit und Zuverlässigkeit eines Job-Kandidaten oder der Kreditwürdigkeit beinhalten ein hohes Diskriminierungspotenzial. Je nach Präferenz des Betreibers eines solchen Dienstes können in den ermittelten Scorewert alle möglichen Informationen einfließen, etwa zum Alter, zur Gewerkschaftszugehörigkeit, zur politischen Einstellung, zur sexuellen Ausrichtung, zum Gesundheitszustand, zur Religionszugehörigkeit oder zum ethnischen Hintergrund der bewerteten Person. Es ist anzunehmen, dass etwa potenzielle Arbeitgeber auf diesem Weg an Informationen gelangen, die sie legal ansonsten nicht erhalten würden, etwa im Hinblick auf eine mögliche Schwangerschaft einer Bewerberin.

5 Selbstbestimmung 2.0

Technische Systeme lassen sich gestalten – diese geschichtlich vielfach belegte Binsenweisheit darf angesichts der verbreiten digitalen Technikgläubigkeit nicht vergessen werden. Ausgangspunkt jeglicher politisch-rechtlicher Gestaltung ist eine Analyse des jeweiligen Problems und der möglichen Verfahren zu seiner Bearbeitung, welche die Risiken nicht ausblendet. Dort, wo Fehlentwicklungen festzustellen oder zu befürchten sind, müssen Regeln entwickelt und technisch implementiert werden, die den negativen Praktiken entgegenwirken.

Das Datenschutzrecht folgt einem solchen Regulierungsansatz, beschränkt sich dabei jedoch auf die Verarbeitung personenbezogener Daten. Anonyme oder aggregierte Daten, statistische Werte, Korrelationen gehören nicht zum traditionellen Anwendungsbereich des Datenschutzrechts, weil kein Personenbezug vorliegt. Trotzdem darf nicht vergessen werden, dass auch diese Daten sehr häufig sogar in doppelter Weise im Zusammenhang mit der personalisierten Datenverarbeitung stehen:

- Big Data-Algorithmen werten eine Vielzahl personenbezogener Daten aus. Die festgestellten Korrelationen und die daraus gezogenen Schlussfolgerungen wären nicht möglich, wenn keine personenbezogenen Daten erhoben und ausgewertet würden, und zwar in großem Umfang.
- Die Ergebnisse werden personalisiert, etwa in Form von Scorewerten. Die Zuordnung der Scores oder anderer Wahrscheinlichkeitswerte zu bestimmten natürlichen Personen hat zur Folge, dass die Scorewerte zu personenbezogene Daten dieser Personen werden.

Von zentraler Bedeutung ist, dass die in Big Data-Analysen einfließenden Angaben frühestmöglich anonymisiert werden, also so verändert, dass der Rückschluss auf die Person nicht mehr möglich ist. Zu den datenschutztechnischen Schutzvorkehrungen gehört auch die Verwendung von Pseudonymen. Dabei werden die Namen und ähnliche persönliche Identifikationsmerkmale durch andere Merkmale ersetzt, die zumindest den direkten Rückschluss auf die betroffene Person verhindern. Die Pseudonymisierung, die für vielfältige Forschungsansätze in Frage kommt – etwa für Längsschnittanalysen, bei denen Daten über einen längeren Zeitraum zusammengeführt werden oder bei der Zusammenführung von Daten aus unterschiedlichen Quellen – führt jedoch vielfach nicht zu einer faktischen Anonymität, der Personenbezug der Daten wird nicht aufgehoben mit dem Ergebnis, dass auch diese Daten weiterhin dem Datenschutzrecht unterliegen. Gleichwohl kommt solchen technischen Verfahren der Datenminimierung gerade angesichts immer umfangreicherer Datenmengen zunehmende Bedeutung zu.

Zunehmende Bedeutung bekommt auch die Transparenz. Informationspflichten und Auskunftsrechte dürfen sich nicht darauf beschränken, dass die betroffene Person erfährt, welche Daten über sie gespeichert sind. Sie hat darüber hinaus auch das Recht zu erfahren, auf welchen Grundlagen etwa Scorewerte berechnet wurden und welcher Verarbeitungslogik die dabei verwendeten Verfahren folgen. Außerdem hat sie den grundsätzlichen Anspruch (den etwa die EU-Datenschutzgrundverordnung enthält), nicht Gegenstand automatisierter Entscheidungen zu werden, die zu ihrem Nachteil getroffen werden.

Von zunehmender Bedeutung ist schließlich die Frage, wie sich eine algorithmische Diskriminierung verhindern lässt. Ein Beispiel hierfür kommt aus der Versicherungsbranche: Bis vor wenigen Jahren unterschieden sich die Versicherungstarife – insbesondere in der Kranken-, Renten- und Lebensversicherung – nach dem Geschlecht des Versicherungsnehmers. Nach einem Urteil des Europäischen Gerichtshofes (EuGH)[6] darf das Geschlecht, im Gegensatz zu anderen Faktoren, nicht mehr berücksichtigt werden. Unter Bezugnahme auf die Gleichbehandlungs-Richtlinie der EU[7] entschied das Gericht, dass Unisex-Tarife für neue Versicherungsverträge verpflichtend sind. Dieser Ansatz sollte auf andere Bereiche übertragen werden: Jede allein auf Grund von statistischen Wahrscheinlichkeiten erfolgende ethnische, religiöse, altersmäßige oder rassische Diskriminierung hat zu unterbleiben. Entsprechende gesetzliche Klarstellungen wären wünschenswert.

6 Fazit

Die zentralen Prinzipien des Datenschutzes (Erforderlichkeit, Zweckbindung, Transparenz, informationelle Selbstbestimmung) haben auch im Big Data-Zeitalter ihre Berechtigung. Das Datenschutzrecht muss jedoch stärker als bisher technische Gestaltungsansätze in den Blick nehmen. Privacy by Design, d. h. die frühzeitige Berücksichtigung datenschutzrechtlicher Anforderungen bei der Entwicklung informationstechnischer Systeme, gewinnt dabei an Bedeutung. Dies gilt insbesondere für Verfahren zur wirksamen Anonymisierung und Pseudonymisierung personenbezogener Daten. Zudem muss der Verwendung der Ergebnisse der Informationsverarbeitung mehr Aufmerksamkeit gewidmet wer-

---

6 EuGH, Urteil v. 01. 03. 2011 – C-236/09.
7 Richtlinie 2004/113/EG v. 13. 11. 2004.

den, um dem Diskriminierungs- und Ausgrenzungsrisiko zu begegnen, das mit Big Data-Algorithmen verbunden ist.

Literaturverzeichnis

Moore, Gordon E. (1965): Cramming more components onto integrated circuits. *Electronics* 38 (8), 114–117.

Warren, Samuel D. & Louis D. Brandeis (1890): The Right to Privacy. *Harvard Law Review* 4 (5) (15.12.1890), 193–220.

Weichert, Thilo (2013): Big Data – eine Herausforderung für den Datenschutz. In Geiselberger, Heinrich & Tobias Moorstedt (Hrsg.), *Big Data – Das neue Versprechen der Allwissenheit*, 131–148, Berlin: Suhrkamp.

Onlinequellen

Gaffney, Devin & Cornelius Puschmann (2015): Game or measurement? Algorithmic transparency and the Klout score, (https://www.researchgate.net/publication/276974372_Game_or_measurement_Algorithmic_transparency_and_the_Klout_score), zuletzt abgerufen am 19.6.2018.

President's Council of Advisors on Science and Technology (PCAST), BIG DATA AND PRIVACY: A TECHNOLOGICAL PERSPECTIVE, Mai 2015, 2., (https://bigdatawg.nist.gov/pdf/pcast_big_data_and_privacy_-_may_2014.pdf), zuletzt abgerufen am 20.6.2018.

Washington Post, 3.11.2014, "If you use a Mac or an Android, e-commerce sites may be charging you more", (https://www.washingtonpost.com/posteverything/wp/2014/11/03/if-you-use-a-mac-or-an-android-e-commerce-sites-may-be-charging-you-more/), zuletzt abgerufen am 20.6.2018.

Thilo Hagendorff

Resilienz und Mediennutzungsstrategien angesichts des informationellen Kontrollverlusts

1 Einleitung

Private Endnutzer digitaler Kommunikationstechnologien und Plattformen verfügen in der Regel nur äußerst eingeschränkt über Möglichkeiten, die Erhebung, Verarbeitung und Verbreitung personenbezogener Daten und Informationen zu kontrollieren. Für sie ergeben sich Kontrollmöglichkeiten nur bedingt, vermittelt über Benutzerschnittstellen. Sie agieren an einer Oberfläche technischer Artefakte, deren „Maschinenräume" sie in der Regel nie einsehen, geschweige denn verstehen werden. Der digitale Kontrollverlust gibt daher Anlass für eine Reihe „medienpanischer Diskurse" (Drotner 1999), welche sich aktuell vorrangig um Themen wie die Auflösung des Privaten, die Verletzung des Datenschutzes oder die Aufhebung von Informationssicherheit drehen. Letztlich aber wirkt jedes neue Verbreitungsmedium, welches in eine Gesellschaft integriert wird – sei dies die Schrift, der Buchdruck, die Fotografie, das Fernsehen oder der Computer –, als ein Auslöser von Ängsten, Dramatisierungen, Protesten und Kontrollverlustereignissen. Bei der Einführung neuer Verbreitungsmedien entsteht ein Überschuss an Handlungs- respektive Kommunikationsmöglichkeiten, an den sich Routinen, Diskurse und Gesellschaftsstrukturen erst langsam anpassen müssen. Ein solcher Anpassungsprozess findet derzeit statt in Bezug auf die durch digitale Technologien bedingten Risiken informationeller Kontrollverluste, welche sich in Form der unkontrollierten Verbreitung personenbezogener Daten manifestieren. Dieser Anpassungsprozess kann jedoch mehr oder weniger konfliktreich vollzogen werden. Die nachstehende Arbeit soll beschreiben, wie Letzteres vonstattengehen kann.

2 Kontrollverlust

Beinahe sämtliche Smartphones mit Googles Android-Betriebssystem, also weit mehr als eine Milliarde Geräte, waren zeitweise gegenüber nahezu beliebigen Angriffen verwundbar. Die Sicherheitslücke mit der Bezeichnung „Stagefright", welche Mitte 2015 bekannt gegeben wurde (vgl. Eikenberg 2015; Schirrmacher 2015), erlaubt es Angreifern, welche lediglich eine mit einem bestimmten Exploit-

https://doi.org/10.1515/9783110609103-003

Code präparierte MMS an das Smartphone des Opfers senden oder dieses auf eine präparierte Webseite locken müssen, das Smartphone in eine Wanze zu verwandeln, die Kamera anzusteuern, die Mediengalerie auszulesen, auf die Bluetooth-Schnittstelle zuzugreifen oder auch weiteren Schadcode nachzuladen, über welchen der Angreifer systemweit Zugriffsrechte erhalten kann. Das Opfer muss die präparierte MMS nicht einmal öffnen, damit der Exploit-Code ausgeführt werden kann. Es ist also, sofern es nicht den Empfang von MMS am Smartphone verboten hat, was eher unüblich sein dürfte, dem Angriff gegenüber schutzlos ausgeliefert. Auch die Smartphone-Hersteller, welchen das Nachrüsten der Firmware obliegt, bleiben in vielen Fällen untätig, zumal ältere Android-Versionen nur selten durch neuere Versionen ersetzt werden, welche die Stagefright- Sicherheitslücke nicht mehr aufweisen. Derart dürften viele hundert Millionen Android-Smartphones dauerhaft ungeschützt sein, mit der Konsequenz, dass die Nutzer beispielsweise gegenüber der unbemerkten Anfertigung von Audio-Mitschnitten oder Videoaufnahmen durch ihr Smartphone oder der Ausführung von Schadcode ausgeliefert sind, mit welcher der Angreifer Zugriff auf persönliche Daten, welche auf dem Smartphone gespeichert sind, erhält.

„Stagefright" ist nur eine von unzähligen Sicherheitslücken, welche freilich nicht nur Smartphones, sondern sämtliche digitale informationstechnischen Systeme betreffen. Die Allgegenwart digitaler Medien in modernen Informationsgesellschaften bedeutet demnach gleichzeitig eine Allgegenwart von Sicherheitslücken. Diese führen das Risiko ihrer Ausnutzung stets mit sich. Doch allein die bloße Möglichkeit der Ausnutzung, die bloße Existenz von Sicherheitslücken zeigt an, dass durchschnittliche Endnutzer nahezu keine Kontrolle über die Erhebung, Verarbeitung und Verbreitung personenbezogener Daten und Informationen besitzen. Dabei wird die Kontrolle über personenbezogene Informationen allgemein als wichtiges Gut erachtet, welches im Zentrum der Idee des Privaten, des Datenschutzes, der Informationssicherheit oder des geistigen Eigentums steht, welches aber auch soziale Praktiken des Identitätsmanagements und der Selbstdarstellung fundamental betrifft. Sofern es Personen nicht mehr möglich ist, Informationen, welche sie selbst betreffen, so zu kontrollieren, dass verschiedene soziale Kontexte – klassicherweise das Private und das Öffentliche – informationell voneinander getrennt werden können, kann dies zu schweren Irritationen des Identitätsmanagements und der eigenen Persönlichkeitskonstitution führen.

Damit die informationelle Privatheit einer Person gesichert werden kann, muss diese Person, so die Theorie, in der Lage sein, zum einen den Zugang von Dritten zu persönlichkeitsrelevanten Informationen einschränken und zum anderen die Verteilung jener Informationen kontrollieren zu können (vgl. Westin

1967; Parent 1983; Moor 1997; Elgesem 1996; Allen 1999; Tavani 2008; Bowie 2013). Informationelle Privatheit soll als eine bestimmte Organisation der Distribution von Informationen und somit als erfolgreiche Informationskontrolle beschrieben werden. Hierbei wird im Wesentlichen zwischen drei Formen der Informationskontrolle differenziert (Tavani & Moor 2001): Es geht (1) um die Wahl, welche Informationen in welchen Situationen mitgeteilt und verbreitet werden dürfen (choice). Es geht (2) um die Zustimmung einzelner Personen, dass auf sie bezogene Informationen zwischen Akteuren transferiert und verbreitet werden dürfen (consent). Und es geht (3) um die Möglichkeit, auf Informationsbestände, welche etwa in Datenbanken gespeichert sind, zugreifen und diese im Bedarfsfall korrigieren zu können (correction). Alle drei Formen der Informationskontrolle – also die Wahl, welche Informationen erhoben und verbreitet werden, die Zustimmung über die Verbreitung von Informationen sowie die Möglichkeit zur Korrektur fehlerhafter Informationsbestände – sind Teil der Idee des fairen Informationsmanagements und der informationellen Privatheit.

Faktisch jedoch verfügen private Endnutzer digitaler Kommunikationstechnologien und Plattformen in der Regel über keine der genannten Formen der Informationskontrolle. Eingeschränkte Kontrollmöglichkeiten über personenbezogene Informationen bestehen für sie nur auf der Ebene der Benutzerschnittstellen. Hier agieren Endnutzer lediglich auf einer Oberfläche technischer Artefakte, ohne dabei jedoch die Möglichkeit zu besitzen, Einblick in oder Verständnis für das, was „hinter" den Benutzerschnittstellen passiert, zu erhalten. Digitale Medien zeichnen sich in dieser Hinsicht durch eine radikale Intransparenz aus. Das Design digitaler Medien ist darauf ausgelegt, dass auf der Ebene der Benutzerschnittstellen, der Graphical User Interfaces (GUI) nicht mehr erkannt werden soll, was sich „dahinter" abspielt. Akteure allerdings, welche nicht an die Ebene der Benutzeroberflächen gebunden sind, sondern welche sich „dahinter", also auf die Ebene der Codes, Algorithmen und Protokolle begeben können, können Computer nahezu für beliebige Zwecke einsetzen, während dieser Möglichkeitsraum für ‚normale' Endnutzer auf die begrenzte Bandbreite bereitgestellter „Features" von informationstechnischen Systemen und Plattformen zusammenschrumpft. Gegenüber Hackern, Softwareingenieuren, Informatikern etc. manifestiert sich für durchschnittliche Endnutzer ein radikales „Nichtkönnen" (Luhmann 1997: 305), da sie nicht einsehen oder gar kontrollieren können, was in der „Tiefe" der Datenverarbeitungsprozesse informationstechnischer Systeme passiert.

Diese Intransparenz informationstechnischer Systeme (Pasquale 2015) ist jedoch nur einer von vielen Faktoren, welche Treiber des informationellen Kontrollverlusts sind. Aufbauend auf jener Intransparenz agieren Hacker, welche von der Allgegenwart an Sicherheitslücken in Informations- und Kommunikationstechnologien profitieren und diese ausnutzen (vgl. Coleman 2013). Ebenfalls profitieren Geheimdienste, welche nichts weniger als die Totalüberwachung der globalen elektronischen Telekommunikation anstreben (vgl. Schneier 2015). Erwähnt werden kann gleichsam die routinierte Missachtung von Datenschutzgesetzen durch die Geschäftspraxis diverser IT-Unternehmen (vgl. Weichert 2012). Ferner kommt die Entwicklung neuer digitaler Medien und neuer Plattformen hinzu, welche jeweils dem Prinzip der Datensparsamkeit, des Privacy by Design oder des Privacy by Default (vgl. Cavoukian et al. 2010; Cavoukian 2011) entgegenstehen. Obgleich Technikentwickler als Regelungsadressaten angesprochen werden, um datenschutzkonforme Techniken zu entwerfen und diese mit datenschutzkonformen Defaulteinstellungen auszuliefern, steht der Datenschutz, darunter insbesondere das Prinzip der Datensparsamkeit, einer Gesellschaft, deren Innovationsfaktor und Grundsubstanz Daten als Träger von Informationen sind (vgl. Mayer-Schönberger & Cukier 2013: 204), konträr gegenüber. So werden die Kämpfe um den Erhalt der kontextuellen Integrität, um Datenschutz und Privatheit inzwischen folgerichtig als „Rückzugsgefechte" betitelt (Heller 2011: 24). Es scheint, als ließen sich nur mit größten Schwierigkeiten valide Mechanismen zur Kontrolle von Daten- und Informationsströmen im Kontext digitaler Technologien finden. Allerdings wäre gerade dies die Voraussetzung dafür, sozial etablierte Informationskontexte in einer zunehmend „digitalisierten" Gesellschaft weiterhin erhalten zu können.

Darin aber spielt sich ein wesentlicher sozialer Wandlungsprozess in der Informationsgesellschaft ab: in der langsamen Auflösung von originär ausdifferenzierten Informationskontexten. Im Kleinen bildet er sich durch das abrupte Kollabieren von Informationskontexten ab, beispielsweise durch einschlägige Leaks geheimer Informationen oder durch spektakuläre Hackerangriffe auf Internetplattformen (vgl. Jewell 2007; Greenwald 2013; Plass-Flessenkämper 2015; Haak 2015). In der Gesamtschau jedoch zeigt sich ein eindeutiger Trend, nämlich die nachhaltige Entdifferenzierung etablierter Informationskontexte. Dieser Entdifferenzierungsprozess eigentlich getrennter Informationskontexte zeitigt die schon erwähnten „medienpanische Diskurse" (Drotner 1999). In „medienpanischen Diskursen" werden neue Verbreitungsmedien moralisch verurteilt für ihr Potenzial, etablierte soziale oder kulturelle Normen der Informationsverbreitung und des Informationsflusses zu bedrohen oder zu zersetzen. Ein Kennzeichen jener „medienpanischen Diskurse" ist dabei, dass es eine Art geschichtliche Vergesslichkeit gibt, sodass jedes neue Verbreitungsmedium auch erneut Auslöser von „medienpanischen Diskursen" ist, ungeachtet der strukturellen Gleichheit dieser Diskurse mit vorhergehenden.

Neue Verbreitungsmedien – im aktuellen Fall der Computer – irritieren, allgemein gesprochen, die kulturelle Praxis einer Gesellschaft. Folgerichtig beginnt Castells seine Trilogie zur Netzwerkgesellschaft mit den Sätzen:

> We live in confusing times, as is often the case in periods of historical transition between different forms of society. This is because the intellectual categories that we use to understand what happens around us have been coined in different circumstances, and can hardly grasp what is new by referring to the past. (Castells 2010: xvii)

Und Shirky schreibt:

> [...] because social effects lag behind technological ones by decades, real revolutions don't involve an orderly transition from point A to point B. Rather, they go from A through a long period of chaos and only then reach B. In that chaotic period, the old systems get broken long before new ones become stable. (Shirky 2008: 68)

Der Medienwandel, der digitale Strukturwandel und die entsprechenden Kulturreformen bergen ebenso Gefahren wie Chancen, wobei nicht letztgültig zu entscheiden ist, ob eher erstere oder letztere gewichtiger sind. Dennoch werden vielerorts die Gefahren eher gesehen als die Chancen. Dies erklärt sich dadurch, dass derzeit, in den Begriffen Shirkys, eine Phase des Chaos vorherrscht, welche sich wesentlich durch informationelle Kontrollverlustereignisse, also das sich gegenseitige Durchdringen von traditionell getrennten Informationskontexten auszeichnet.

Klassischerweise wird zwischen zwei Informationskontexten differenziert, nämlich dem Privaten und dem Öffentlichen. In Erweiterung dieser grundlegenden Differenzierung können diverse weitere Ausdifferenzierungen verschiedener Informationskontexte beobachtet werden, worunter beispielsweise verschiedene Freundeskreise, Familien- oder Verwandtschaftsverbände ebenso zu zählen sind wie Firmenabteilungen, Arztpraxen oder Schulklassen. Informationskontexte besitzen, bildlich gesprochen, an ihren Rändern Grenzen, welche Informationen nicht beliebig übertreten können oder sollen. Jene Informationskontexte jedoch, sofern sie sich in sozialen Systemen aufspannen, welche vom Trend der Digitalisierung erfasst werden, erfahren eine zunehmende Aufweichung durch vernetzte informationstechnische Systeme, wobei diese Aufweichung insbesondere normativ über den Begriff des Privaten problematisiert wird. Die informationelle Privatheit wird, wie beschrieben, über die erfolgreiche Kontrolle des Verbreitungsradius von personenbezogenen Informationen gesichert. Dabei müssen die Normen der angemessenen Informationsverbreitung (vgl. Nissenbaum 2010) und damit die Normen zur Bestimmung des Privaten als sich relativ zu bestimmten Kulturen oder zeitlichen Epochen verhaltend angesehen werden (vgl. Ess 2005). Der soziale Wandel, welcher durch die steigende Dichte untereinander vernetzter, stets in ihrer Leistungsfähigkeit anwachsender Informations- und Kommunikationstechnologien angestoßen wird, beschreibt gleichsam eine steigende „Liquidität" und „Autonomie" von Informationsströmen. Informationen verbreiten sich stets „ungehemmter", beschleunigter und ortsungebundener. Es entstehen „Informationsexzesse der digitalen Medienkultur" (Burkhardt 2015: 237).

3 Resilienz

Im Anschluss an diese Überlegungen stellt sich die Frage nach Strategien, nach Formen der Resilienz, welche gegenüber den Risiken des informationellen Kontrollverlust der digitalen Gesellschaft eingenommen werden können. Die Unmöglichkeit, als privater Endnutzer mit vernetzten informationstechnischen Systemen so umzugehen, dass kontrolliert oder auch nur überblickt werden kann, wie und in welchem Umfang Daten, welche als Träger von personenbezogenen Informationen fungieren, erhoben, verarbeitet und verbreitet werden, erfordert nicht nur ein neues Paradigma der Mediennutzung und der Medienkompetenz, sondern wirkt, wie erwähnt, gleichsam bis in elementare Bereiche des persönlichen Identitätsmanagements und der Selbstdarstellung hinein. Der Kontrollverlust gibt Anlass, aus Gründen der Resilienz gegenüber dem Kollabieren von Informationskontexten neue Weisen des digitalen Identitätsmanagements einzuüben, welche dergestalt sind, dass das Kollabieren von Informationskontexten nicht mehr als Enttäuschung, als Verletzung sozialer Normen des angemessenen Informationsflusses wahrgenommen, sondern erwartet wird. Sobald das Soziale nicht mehr von Normen der Privatheit, des Datenschutzes, des restringierten, in klaren Bahnen gelenkten „Fließens" von Informationen bestimmt wird, sondern der informationelle Kontrollverlust selbst zu Normalität wird, werden nur jene Formen der Nutzung vernetzter digitaler Medien adäquat sein, welche nicht mehr dergestalt sind, dass sie vom Bestehen unterschiedlicher geschlossener Kontexte ausgehen, innerhalb derer Informationen ausschließlich und exklusiv zirkulieren, innerhalb derer verschiedene Kommunikationsstile gepflegt werden und innerhalb derer sich verschiedene Modi der Selbstdarstellung niederschlagen. Vollständige Resilienz gegenüber dem informationellen Kontrollverlust zu besitzen, bedeutet theoretisch, dass sich in letzter Konsequenz eine Art utopische Gleichgültigkeit dahingehend aufbaut, ob jemand in das eigene Email-Postfach eindringt, ob Geheimdienste das Klickverhalten auf sozialen Netzwerken auswerten, ob Hacker das eigene Smartphone als Wanze missbrauchen oder Unternehmen wie Google die eigenen Suchanfragen im Hinblick etwa auf die Detektion von Gesundheitsproblemen auslesen. Strategien für den informationellen Kontrollverlust zu entwickeln bedeutet, zu wissen, dass Informationen oder Handlungen, welche tatsächlich geheim bleiben müssen, in radikal analogen Räumen lokalisiert werden müssen. Sobald sie in die Reichweite oder den Speicher vernetzter, sensorbewehrter informationstechnischer Systeme geraten und „verdatet" werden, sind sie gleichsam dem Kontrollverlust unterworfen.

Jeder Kommunikationsakt, jedes Verhalten, jede Handlung, welche elektronisch erfasst, digitalisiert und verdatet wird, muss unter den Bedingungen des informationellen Kontrollverlusts und der Voraussetzung, möglichst konflikt- und irritationsfrei auf ihn reagieren zu wollen, derart geprüft werden, dass deren öffentliche Effekte beziehungsweise deren Effekte in fremden, also in anderen als den ursprünglichen, angestammten informationellen Kontexten jederzeit vertreten werden können (vgl. Pörksen & Detel 2012: 233). Das bedeutet, dass die Antizipation von unbestimmten informationellen Fremdkontexten oder Öffentlichkeiten beziehungsweise von fremder oder öffentlicher Bewertung und Prüfung des eigenen Verhaltens zu einer der zentralen Medienkompetenzen der modernen Informationsgesellschaft wird. Gleichsam allerdings gilt es zu berücksichtigen, dass jene kontextfremden oder öffentlichen Effekte diskriminierend, ungerecht, mit übertriebener Härte, ja gar gewaltsam sein können. Strategien, um sich gegenüber den Risiken des informationellen Kontrollverlusts resilient verhalten zu können, müssen daher immer an zwei Polen ansetzen. Zum einen an der individuellen Mediennutzung sowie dem individuellen Identitätsmanagement, welches den potentiellen Kollaps von etablierten Informationskontexten immer miteinberechnet, und zum anderen sowohl an den Empörungs- und Toleranzniveaus sowie der generellen Aufmerksamkeitsökonomie der Öffentlichkeit – was im Kern jedoch ebenfalls eine individuelle Verhaltensänderung impliziert. Dies schließt den allgemeinen Umgang mit neuen Transparenzniveaus ein, durch welche Auffälligkeiten, Abweichungen oder Verletzungen sozial etablierter Normen neuen Sichtbarkeitsregimen unterworfen werden. Digitale Medien, welche zur Erhebung und Verbreitung von Auffälligkeiten, Abweichungen, Normverletzungen etc. eingesetzt werden können, zeigen an, dass es auf dem Weg zu einer stärker durch mitunter auch einseitige Transparenzbeziehungen durchzogenen Informationsgesellschaft diverse größere oder kleinere Emanzipationsbewegungen braucht – beispielsweise wenn nur anhand der Facebook-Kontakte mit hoher Wahrscheinlichkeit die Homosexualität einer Person erkannt werden kann (vgl. Jernigan & Mistree 2009) oder wenn anhand einer simplen Analyse von Ortungs- und Fahrgastdaten wahrscheinlich stattgefundene One-Night-Stands ermittelt werden können (vgl. Voytek 2012). Die Allgegenwart vernetzter informationstechnischer Systeme versetzt die moderne Mediengesellschaft immer stärker in einen Zustand der allgemeinen Auflösung von tradierten Normen des restringierten Informationsflusses, welcher dergestalt ist, dass Informationen ihre angestammten, vermeintlich informationell geschützten Kontexte verlassen und in erweiterten beziehungsweise „fremden" Kontexten frei zirkulieren. Die Informationsgesellschaft muss Reaktionsweisen auf Kontextüberschreitungen von Informationen überdenken ebenso wie neu erlernen. Überdenken muss sie beispielsweise übertriebene Skandalisierungsdynamiken nebst den dazugehörigen Empörungsexzessen, neu erlernen muss sie etwa den richtigen Umgang mit politisch bedeutsamen Enthüllungen und Leaks.

Der informationelle Kontrollverlust sowie die mit ihm entstehenden Risiken erfordern, damit es nicht zu ständigen Irritationen, Konflikten, Skandalen oder Spannungen kommt, einen neuen Umgang mit digitalen Medien, eine neue Medienkompetenz, welche den Bedingungen hypervernetzter, mit vulnerablen Computersystemen durchsetzter Informationsgesellschaften angemessen ist. Angesichts aktueller medienethischer Diskurse, welche oftmals entweder radikal technikpessimistisch oder naiv technikoptimistisch sind, gerät die Entwicklung pragmatischer Ansätze für die Mediennutzungspraxis häufig aus dem Blick. Derartige Ansätze sind weniger moralisch wertend oder normativ geladen als vielmehr aus einer Perspektive der Beobachtung zweiter Ordnung heraus operierend, von welcher aus die Aufdeckung von Reflexionsdefiziten, Aufmerksamkeitsverschiebungen oder die Infragestellung von etablierten Routinen möglich wird. Kurz gesagt geht es darum, unter den Bedingungen des informationellen Kontrollverlusts eine Pragmatik der resilienten Mediennutzung zu entwickeln. Diese Pragmatik soll weniger für Unternehmen, für Staaten oder andere institutionelle Akteure entwickelt werden, sondern vielmehr für die Lebenswelt privater „Endanwender" digitaler Medien mit durchschnittlichem technischem Know-how sowie durchschnittlichen Medienkompetenzen. Es geht nicht um die Entwicklung neuer technischer Sicherheits- oder Datenschutzkonzepte, sondern um die Beschreibung neuer Formen der Resilienz, welche gegenüber den Risiken des informationellen Kontrollverlusts der digitalen Gesellschaft eingenommen und angeeignet werden können. Diese Resilienz meint im wesentlichen Resilienz gegenüber Überwachung.

4 Überwachung

In modernen Informationsgesellschaften können für die Tatsache, dass computervermittelte Kommunikation und Informationsverbreitung stets unter der Bedingung stattfindet, dass erweiterte Publika bestehend aus nicht-intendierten Informationsempfängern antizipiert werden müssen, neue Strategien der Mediennutzung gefunden werden. Es geht um Strategien, welche sich auf den informationellen Kontrollverlust einstellen und ihn immerzu erwarten. „Post-Privacy zu praktizieren", schreibt Seemann dazu passend, wirkt wie eine stoische Übung: Wer von vornherein vom schlimmstmöglichen Szenario ausgeht – in unserem Fall also davon, dass alle Informationen öffentlich sind – wiegt sich nicht in falscher Sicherheit, sondern bereitet sich vor auf den Fall, in dem die maximale Öffentlichkeit tatsächlich eintritt. Ständig im Hinterkopf zu haben, dass auf alle Daten zugegriffen werden kann, reduziert die Angst und damit auch die Wirkung von Überwachung. (Seemann 2014: 176)

Eine dementsprechende Strategie, welche zum einen den Bedingungen der permanenten informationellen Kontrollunsicherheit angepasst ist und welche zum anderen die freiheitseinschränkende Wirkung von Überwachung, welche am informationellen Kontrollverlust der digitalen Gesellschaft gewissermaßen „parasitiert", zu reduzieren vermag, besteht in einer Umkehrung der handlungspsychologischen Vorzeichen der von der Überwachungsforschung klassischerweise postulierten Überwachungswirkungen. Überwachung beziehungsweise Beobachtung wird in der Regel als etwas gesehen, dem die Subjekte ausgeliefert sind. Allen voran der frühe Foucault beschreibt die Subjekte der Überwachung als rein passiv (vgl. Foucault 1977). Den Subjekten wird kaum Handlungsträgerschaft zuerkannt, sie internalisieren lediglich das Beobachtet-Werden (vgl. Haggerty 2006: 34). Sie werden, in den Worten von Los, „surveillance-directed" (Los 2006: 80). Das Moment des Widerstands, welches Überwachungspraxen typischerweise innewohnt (vgl. Bogard 2006: 98; Monahan 2006), wird vom frühen Foucault außer Acht gelassen. Überwacht zu werden in diesem Sinne bedeutet, der Überwachung gegenüber eine passive Rolle einzunehmen. Dabei gerät aus dem Blick, dass Überwachung häufig unter aktiver Mitwirkung der Überwachten geschieht – was unter dem Stichwort „participatory surveillance" (Albrechtslund 2008) gefasst wird – und dass damit Personen gleichsam die Möglichkeit besitzen, aktiv zu bestimmen, wie sie wahrgenommen und welche Bilder produziert werden können. „People are increasingly participating in the production of surveillance in their everyday lives." (Koskela 2009: 149) Performance wird zu einem essentiellen Bestandteil von Überwachungspraktiken. Diese Form der Emanzipation bedeutet, dass nicht mehr die Überwachung die Realität des Subjekts, welche von Normalisierungs- und Selbstzensurtendenzen durchsetzt ist, konstituiert, sondern das Subjekt die Realität der Überwachung (Koskela 2012: 54–55). Im Kern geht es darum, dass ein bestimmtes Verhalten, bestimmte Handlungen oder bestimmte Informationen, welche durch das Bewusstsein über die Präsenz von Überwachungsarchitekturen unterlassen, versteckt oder geheim gehalten werden, nun absichtlich gezeigt, ausgeführt oder geteilt werden. Dies darf freilich keine eindeutig gesellschaftsschädigenden Auswirkungen oder Implikationen besitzen – was jedoch nicht heißt, dass Überwachung sich diesem Verhalten, dieser Handlung oder dieser Information gegenüber nicht unter Umständen empfindlich verhalten würde.

Koskela verwendet in diesem Zusammenhang den Ausdruck „empowering exhibitionism" (Koskela 2004). Sie meint damit, dass Personen sich gezielt nicht der jeweils in einer Gesellschaft vorgestellten Normalität anpassen, sondern dass sie auffallen und dieses Auffallen gerade unter den Bedingungen einer allgegenwärtigen Überwachung beziehungsweise der Omnipräsenz von digitalen Aufzeichnungsgeräten das Potenzial hat, etablierte Normen und kulturelle Regeln zu irritieren. „Internalisation of discipline is accompanied by creative, empowering ways of being undisciplined." (Koskela 2009: 150) „Empowering exhibitionism" meint zudem, dass vorherrschende Sichtbarkeitsregime, welche bestimmen, was gezeigt werden darf und was versteckt werden muss, herausgefordert werden. Damit kommt es gleichsam zu einer Herausforderung bestehender Machtverhältnisse zwischen überwachenden und überwachten Akteuren.

Koskelas Ansatz, dies soll angemerkt sein, lässt sich problemlos auf die computervermittelte Kommunikation übertragen, allerdings geht sie selbst in ihrer Theorie insbesondere auf digitale Videoaufzeichnungsgeräte ein. Indem Technologien zur Selbstdarstellung in digitalen Gesellschaften in den Händen nahezu aller liegen, verschwimmen, ebenfalls als Symptom des Kontrollverlusts, die Grenzen zwischen „close circuit television" (CCTV) und „open circuit television" (OCTV) (Koskela 2004: 203). Die Zahl der Datenströme, welche von privaten digitalen Aufzeichnungsgeräten ausgehen, nimmt konstant zu, wobei ein bestimmter Teil jener Datenströme relativ frei abgreifbar und einsehbar ist (Koskela 2011: 271). Dabei besteht für private Endnutzer digitaler Medien in der Regel keine oder kaum Kontrolle über die unter Umständen in Echtzeit stattfindende und soziale Kontexte überschreitende Verbreitung von Videomaterial. Der informationelle Kontrollverlust bringt sich auch hier zu Geltung. Worüber allerdings in gewissem Ausmaß Kontrolle ausgeübt werden kann, ist der Umstand, welche Bilder produziert werden. Nutzer von kamerabewehrten informationstechnischen Systemen können, sofern diese nicht direkt Hackerangriffen ausgesetzt sind, bestimmen, wann, wie und welche Bilder entstehen. Diese „Hoheit" über das eigene Bild besteht bei klassischen, mitunter versteckt, also unterhalb der Wahrnehmungsschwelle operierenden Überwachungstechnologien nicht. Koskelas Idee an dieser Stelle ist, das Verhältnis zwischen Überwachungstechnologien und den überwachten Personen zu transformieren. Letztere, so Koskela, dürfen sich nicht als passives Objekt der Überwachung begreifen, sondern als aktive Produzenten von Videomaterial. Dafür, so Koskela, können insbesondere privat verfügbare Videokameras als Werkzeuge der Selbstdarstellung genutzt werden.

In etwa dieselbe Kerbe schlägt Bell (2009) mit seiner Idee der Sexualisierung von Überwachung. „[...] eroticization [is] a way of resisting or hijacking surveillance." (Bell 2009: 203) Bell sieht in der Sexualisierung von Überwachungspraktiken eine Möglichkeit, das Moment der überwachungsbasierten Machtausübung zu unterminieren. Obgleich gerade der Konnex von Sexualität und Überwachung auf den problematischen Umstand gegenderter „surveillance settings" (Koskela 2012: 51) hinweist, welche typischerweise dergestalt sind, dass besonders Frauen, welche sich verstärkt in videoüberwachten Bereichen der Öffentlichkeit aufhalten, zu Beobachtungsobjekten von Männern werden, geht Bell in seinen Überlegungen davon aus, dass subversive Strategien einer Unterwanderung von überwachungsbasierten Machtverhältnissen bestehen, indem es zu einer generellen Sexualisierung und „pornification" (Bell 2009: 205) der öffentlichen Sphäre kommt. Bell fokussiert seine Analysen, genau wie Koskela, weniger auf verschriftlichte Informationen, sondern auf digitale Bilder und Videos. Er sieht in digitalen Medien aller Art, welche als Aufzeichnungs- und Verbreitungsgeräte für Bilder und Videos fungieren, Werkzeuge, welche private sowie öffentliche Räume mit neuen Sichtbarkeitsregimen durchziehen. Während Koskela allerdings mit ihrem Konzept des „empowering exhibitionism" gerade nicht primär auf die Sexualisierung von Überwachungspraktiken abzielt und sie einen kulturkritischen Begriff des Exhibitionismus vertritt, welcher Exhibition als politisches Moment jenseits rein sexualitätsbezogener Aspekte versteht (Koskela 2004: 206), zielt Bell dagegen auf sexualisierte Strategien des Widerstands gegen Überwachung ab. Bell argumentiert, dass durch die Allgegenwart von digitalen Medien, welche gleichsam zur allgegenwärtigen Aufzeichnung und Verbreitung unter anderem von sexualisiertem beziehungsweise „pornografischem" Material eingesetzt werden können, es zu einer Unterminierung von freiheitseinschränkenden Normalisierungseffekten von Überwachung kommt. Die „pornification" der privaten ebenso wie der öffentlichen Sphäre bedeutet indes – und hier nähert sich Bell wieder Koskela an – dass die Angst, überwacht oder gesehen zu werden, so verändert wird, dass Überwachung ein lustvolles Moment erhält. Bell sieht in der Idee der Sexualisierung von Überwachungspraktiken die Chance, dass Personen Überwachung nicht mehr als etwas Einschränkendes sehen, sondern sie als Chance der befreienden Selbstdarstellung perzipieren, welche im Endeffekt mit einer Steigerung von Selbstwertgefühlen einhergehen kann.

> [...] female exhibitionism is recast as a project of the self, utilizing surveillance and related imaging technologies, and an already established aesthetic and set of practices, as a form of personal empowerment. It seems to me that such an argument can be stretched beyond the personal, to show that colonizing surveillance with reflexive engagements with its own logics and effects (and erotics) represents a powerful critical tactic. (Bell 2009: 207)

Bell berücksichtigt dabei gleichwohl, dass auch sexualisierte Überwachung von Herrschaftsverhältnissen durchzogen sein kann und häufig auch ist, welche sich in verschiedener Weise negativ auf überwachte Personen auswirken können. Bell spricht in diesem Zusammenhang insbesondere über versteckte Überwachung und voyeuristische Intentionen verschiedener Zuschauergruppen. Mit Rössler kann hier der Begriff der „kognitiven Asymmetrie" angeführt werden (Rössler 2001), welcher auf Situationen anspielt, in denen Personen beobachtet werden, sie darüber jedoch keine Kenntnis haben. Rössler setzt dabei jedoch wiederum voraus, dass der Umstand des Beobachtet-Werdens grundsätzlich als negativ empfunden wird. Mit Koskela und Bell oder auch anderen (vgl. Cuff 2003; Wiegerling 2011; Kitchin 2014) dagegen ließe sich argumentieren, dass in der digitalen Gesellschaft durch die Allgegenwart von Aufzeichnungsmedien beziehungsweise von „indiscrete technologies" (Cooper 2002: 24) in Form etwa von Smartphones in zunehmend geringerem Maße von kognitiven Asymmetrien gesprochen werden kann und diese letztlich durch kognitive Symmetrien ausgetauscht werden, im Rahmen derer idealerweise jede Person weiß, dass sie, sofern sie sich nicht gezielt in analogen, strikt technikfreien Räumen aufhält, zum Gegenstand technischer Aufzeichnungsmedien werden kann. Ist dieser Schritt vollzogen, kann entweder rein auf die freiheitseinschränkenden Potenziale von Überwachung fokussiert werden, oder aber man stellt Überlegungen darüber an, wie diese überwunden werden können, indem nicht allein die Dimension der Disziplinierung, Normalisierung und Selbstzensur beachtet wird, sondern gleichsam jene der Unterhaltung, der Selbstermächtigung oder Emanzipation (vgl. Albrechtslund & Dubbeld 2002; Koskela 2004; Bell 2009; Knight 2000; Burgin 2000). Freilich kann gerade Bell in seiner Analyse vorgeworfen werden, sexualisierte Überwachung zu verharmlosen und in dieser ein politisches Moment zu sehen, wo sich faktisch gar keines befindet. Dennoch ließe sich Bell damit verteidigen, indem man darauf verweist, dass er, anders als viele Protagonisten der Überwachungsforschung, nicht von einer einseitigen „Logik" der Überwachung ausgeht, welche generell als freiheitseinschränkend erachtet wird, sondern dass er potenziell freiheitsfördernde Momente, welche Überwachungspraktiken anhaften, herausarbeitet. Zwar adressiert Bell ebenso wie Koskela damit in keiner Weise etwa die von Lyon beschriebene problematische Praktik des „social sorting" (Lyon 2003), welche sich in Form überwachungsbasierter institutioneller Diskriminierung niederschlägt. Und dennoch kann Bell als wichtiger Vertreter einer progressiven Mediennutzungstheorie der digitalen Gesellschaft gelten.

Insgesamt geht es Bell als auch Koskela darum, die Angst vor Beobachtung in die Lust, beobachtet zu werden, umzuwandeln. Letztlich bedeutet der Umstand, mehr beobachtet zu werden, nicht gleichzeitig auch, weniger frei über sein eigenes Handeln entscheiden zu können und weniger Macht zu besitzen. Indem Personen aktiv an dem Spiel der informationellen Repräsentation ihres

Handelns mitwirken, gewinnen sie einen Teil ihrer Selbstbestimmung wieder, welcher ihnen durch Überwachung genommen wurde.

> In contrast of being targets of the ever-increasing surveillance, people seek to play an active role in the endless production of visual representations. Their shows include a ‚notion of self-ownership'. They seek to be subjects rather than objects. In other words, it can be claimed that what they actually do is reclaim the copyright of their own lives. (Koskela 2004: 206)

Indem Personen sich aktiv und in reflektierter Weise an ihrer informationellen und visuellen Selbstdarstellung beteiligen, überwinden sie das Moment, sich vor Beobachtung verstecken zu müssen. Sie machen ihr Leben und Handeln transparenter. Je mehr Transparenz sie von sich aus herstellen, desto weniger kann Überwachung „aufdecken". Letztlich geht es gleichsam darum, dass Personen sich von dem Moment der Furcht und der Scham, welches als quasi-anthropologische Erklärung der informationellen Privatheit fungiert, ein Stück weit emanzipieren. Es geht nicht darum, sich zu verstecken, sondern sich zu exponieren. An die Stelle von Scham- sollen Stolzgefühle treten. Jennifer Ringley, welche 1996 die berühmte JenniCam gründete und ihr gesamtes Privatleben qua Webcam als „Lifelog" in Form von alle drei Minuten sich aktualisierenden „video stills" ins Internet streamte, äußerte sich mit den Worten: „I don't feel I'm giving up my privacy. Just because people can see me doesn't mean it affects me. I'm still alone in my room, no matter what." (Ringley, zit. n. Burgin 2000: 78) Hierbei könnte nun der Eindruck entstehen, dass die Überwindung von Überwachung auf der handlungspsychologischen Ebene stets eine erzwungene Extrovertiertheit, ein erzwungenes Suchen von Öffentlichkeit verlangt. Dies würde jedoch nicht nur ein Heer an „Selbstdarstellungsverlierern" erzeugen, sondern gleichsam in einem Aufmerksamkeitserringungsexzess enden, welcher die Funktion von Öffentlichkeit an vielen Stellen konterkarieren würde. Es geht daher nicht um eine erzwungene Extrovertiertheit, um einen erzwungenen Exhibitionismus, sondern um die möglichst weitgehende Ausschaltung der Angst, dass es zu einem Kollabieren von Informationskontexten und damit zu einem unkontrollierten, mehr oder minder öffentlichen Zirkulieren von Informationen aller Art, welche die eigene Person betreffen, kommt.

Eine derartige Transformation von Angst- und gleichsam Schamgefühlen erfordert eine Überwindung des affektiven Automatismus, welcher als eine Art Selbstzwang zur mehr oder minder konformen Anpassung an soziale Normen nötigt. „Revealing things that are not conventionally displayed is a political act, to the extent that it celebrates difference [...]." (Koskela 2011: 275) Erleichtert werden kann dieses „Zelebrieren von Differenz" durch die Schaffung einer toleranzstarken Öffentlichkeit, welche weniger sensitiv auf ethisch unproblematische Normverletzungen reagiert. Die Überwindung des Privaten und das Suchen der Öffentlichkeit, welches Koskela exemplarisch an der massenhaften Benutzung von Webcams beschreibt, ist als subtile, pluralisierte, kynische Form des Widerstandes gegen Überwachung zu begreifen. Überwachung wird nicht mehr zum Anlass genommen, sich zu verstecken, seine Daten besser zu schützen und personenbezogene Informationen kontrollieren zu wollen, sondern sich mit dem informationellen Kontrollverlust abzufinden, an welchem die Überwachung parasitiert, und die Totalüberwachung als Möglichkeit und Chance zu verstehen, Abweichungen, Irritationen und Unangepasstheit radikal sichtbar zu machen. Dieser Ansatz geht davon aus, dass Emanzipationsbewegungen nur durch Öffentlichkeit möglich sind – und dass moderne Überwachungsarchitekturen als Werkzeuge der Herstellung von Öffentlichkeit genutzt werden können.

Literaturverzeichnis

Albrechtslund, Anders (2008): Online social networking as participatory surveillance. *First Monday* 13 (3), 1–11.

Albrechtslund, Anders & Lynsey Dubbeld (2002): The Plays and Arts of Surveillance. Studying Surveillance as Entertainment. *Surveillance & Society* 3 (2/3), 216–221.

Allen, Anita L. (1999): Coercing privacy. *William and Mary Law Review* 40 (3), 723–757.

Bell, David (2009): Surveillance is sexy. *Surveillance & Society* 6 (3), 203–212.

Bogard, William (2006): Surveillance assemblages and lines of flight. In David Lyon (Hrsg.), *Theorizing Surveillance. The panopticon and beyond*. 97–122, Cullompton: Willan Publishing.

Bowie, Norman E. (2013): Privacy and the Internet. In Hugh LaFollette (Hrsg.), *The International Encyclopedia of Ethics*. 4110–4114. Hoboken, New Jersey: Wiley-Blackwell.

Burgin, Victor (2000): Jenni's Room. Exhibitionism and Solitude. *Critical Inquiry* 27 (1), 77–89.

Burkhardt, Marcus (2015): *Digitale Datenbanken. Eine Medientheorie im Zeitalter von Big Data*. Bielefeld: transcript.

Castells, Manuel (2010): *The Rise of the Network Society. Economy, Society, and Culture*. 3 Bände. Chichester, West Sussex: Wiley-Blackwell.

Cavoukian, Ann, Scott Taylor & Martin E. Abrams (2010): Privacy by Design: essential for organizational accountability and strong business practices. *Identity in the Information Society* 3 (2), 405–413.

Coleman, Gabriella E. (2013): *Coding Freedom. The Ethics and Aesthetics of Hacking*. Princeton, NJ: Princeton University Press.

Cooper, Geoff (2002): The Mutable Mobile. Social Theory in the Wireless World. In Barry Brown, Nicola Green & Richard Harper (Hrsg.), *Wireless World. Social and Interactional Aspects of the Mobile Age*, 19–31. London: Springer.

Cuff, Dana (2003): Immanent Domain. Pervasive Computing and the Public Realm. *Journal of Architectural Education* 57 (1), 43–49.

Drotner, Kirsten (1999): Dangerous Media? Panic Discourses and Dilemmas of Modernity. *Paedagogica Historica* 35 (3), 593–619.

Elgesem, Dag (1996): Privacy, Respect for Persons, and Risk. In Charles Ess (Hrsg.),
    Philosophical Perspectives on Computer-Mediated Communication. 45–66, New York:
    State University of New York Press.
Ess, Charles (2005): „Lost in Translation"?: Intercultural Dialogues on Privacy and
    Information Ethics (Introduction to Special Issue on Privacy and Data Privacy Protection
    in Asia). *Ethics and Information Technology* 7 (1), 1–6.
Foucault, Michel (1977): *Überwachen und Strafen. Die Geburt des Gefängnisses*.
    Frankfurt a. M.: Suhrkamp.
Haggerty, Kevin D. (2006): Tear down the walls. On demolishing the panopticon. In David
    Lyon (Hrsg.), *Theorizing Surveillance. The panopticon and beyond*, 23–45. Cullompton:
    Willian Publishing.
Heller, Christian (2011): *Post Privacy. Prima leben ohne Privatsphäre*. München: C. H. Beck.
Kitchin, Rob (2014): *The Data Revolution. Big Data, Open Data, Data Infrastructures and Their
    Consequences*. London. SAGE Publications.
Knight, Brooke A. (2000): Watch Me! Webcams and the Public Exposure of Private Lives. *Art
    Journal* 59 (4), 21–25.
Koskela, Hille (2004): Webcams, TV Shows and Mobile phones. Empowering Exhibitionism.
    Surveillance & Society 2 (2/3), 199–215.
Koskela, Hille (2009): Hijacking surveillance? The new moral landscapes of amateur
    photographing. In Katja Franko Aas, Helene Oppen Gundhus & Heidi Mork Lomell
    (Hrsg.), *Technologies of Insecurity. The surveillance of everyday life*, 147–167. Abingdon,
    Oxon: Routledge.
Koskela, Hille (2011): Hijackers and humble servants. Individuals as camwitnesses in
    contemporary controlwork. *Theoretical Criminology* 15 (3), 269–282.
Koskela, Hille (2012): "You shouldn't wear that body". The problematic of surveillance and
    gender. In Kirstie S. Ball, Kevin D. Haggerty & David Lyon (Hrsg.), *Routledge Handbook
    of Surveillance Studies*, 49–56. Abingdon, Oxon: Routledge.
Los, Maria (2006): Looking into the future: surveillance, globalization and the totalitarian
    potential. In David Lyon (Hrsg.), *Theorizing Surveillance. The panopticon and beyond*,
    69–94. Cullompton: Willian Publishing.
Luhmann, Niklas (1997): *Die Gesellschaft der Gesellschaft*. Frankfurt a. M.: Suhrkamp.
Lyon, David (2003): Surveillance as social sorting. Computer codes and mobile bodies. In
    David Lyon (Hrsg.), *Surveillance as Social Sorting. Privacy, risk, and digital
    discrimination*, 13–30. London: Routledge.
Mayer-Schönberger, Viktor & Kenneth Cukier (2013): *Big Data. A Revolution That Will
    Transform How We Live, Work, and Think*. New York: Eamon Dolan.
Monahan, Torin (2006): Counter-surveillance as Political Intervention. *Social Semiotics* 16 (4),
    515–534.
Moor, James H. (1997): Towards a Theory of Privacy in the Information Age. *Computers and
    Society* 27 (3), 27–32.
Nissenbaum, Helen (2010): *Privacy in Context. Technology, Policy, and the Integrity of Social
    Life*. Stanford CA: Stanford University Press.
Parent, William A. (1983): Privacy, Morality, and the Law. *Philosophy & Public Affairs* 12 (4),
    269–288.
Pasquale, Frank (2015): *The Black Box Society. The Secret Algorithms That Control Money and
    Information*. Cambridge, MA: Harvard University Press.
Pörksen, Bernhard & Hanne Detel (2012): *Der entfesselte Skandal. Das Ende der Kontrolle
    im digitalen Zeitalter*. Köln: Herbert von Halem Verlag.

Rössler, Beate (2001): *Der Wert des Privaten*. Frankfurt a. M.: Suhrkamp.

Schneier, Bruce (2015): *Data and Goliath. The Hidden Battles to Collect Your Data and Control Your World*. New York: W. W. Norton & Company.

Seemann, Michael (2014): *Das Neue Spiel. Strategien für die Welt nach dem digitalen Kontrollverlust*. Freiburg i. Br.: orange-press.

Shirky, Clay (2008): *Here Comes Everybody. The Power of Organizing without Organizations*. London: Penguin Books.

Tavani, Herman T. (2008): Informational Privacy. Concepts, Theories, and Controversies. In Kenneth Einar Himma & Herman T. Tavani (Hrsg.), *The Handbook of Information and Computer Ethics*, 131–164. Hoboken, New Jersey: Wiley.

Tavani, Herman T. & James H. Moor (2001): Privacy Protection, Control of Information, and Privacy-Enhancing Technologies. *ACM SIGCAS Computers and Society* 31 (1), 6–11.

Weichert, Thilo (2012): Datenschutzverstoß als Geschäftsmodell – der Fall Facebook. *Datenschutz und Datensicherheit-DuD* 36 (10), 716–721.

Westin, Alan F. (1967): *Privacy and Freedom*. New York: Atheneum.

Wiegerling, Klaus (2011): *Philosophie intelligenter Welten*. München: Wilhelm Fink Verlag.

Onlinequellen

Cavoukian, Ann (2011): Privacy by Design: The 7 Foundational Principles. Implementation and Mapping of Fair Information Practices. (https://iapp.org/media/pdf/resource_center/Privacy%20by%20Design%20-%207 %20Foundational%20Principles.pdf), zuletzt abgerufen am 21. 06. 2018.

Eikenberg, Ronald (2015): Android-Smartphones über Kurznachrichten angreifbar (heise online). (http://www.heise.de/newsticker/meldung/Android-Smartphones-ueber-Kurznachrichten-angreifbar-2763764.html), zuletzt abgerufen am 19. 06. 2018.

Greenwald, Glenn (2013): XKeyscore. NSA tool collects ‚nearly everything a user does on the internet' (The Guardian). (http://www.theguardian.com/world/2013/jul/31/nsa-top-secret-program-online-data), zuletzt abgerufen am 19. 06. 2018.

Haak, Steve (2015): Hacker dringen in Personalbehörde der US-Regierung ein (Golem). (http://www.golem.de/news/cyberangriff-hacker-dringen-in-personalbehoerde-der-us-regierung-ein-1506-114498.html), zuletzt abgerufen am 20. 06. 2018.

Jernigan, Carter & Behram F. T. Mistree (2009): Gaydar: Facebook friendships expose sexual orientation. *First Monday* 14 (10), (http://www.firstmonday.dk/ojs/index.php/fm/article/view/2611/2302), zuletzt abgerufen am 21. 6. 2018.

Jewell, Mark (2007): T. J. Maxx theft believed largest hack ever (NBC News). (http://www.nbcnews.com/id/17871485/ns/technology_and_science-security/t/tj-maxx-theft-believed-largest-hack-ever/#.VdLyK_ntlBc), zuletzt abgerufen am 20. 6. 2018.

Plass-Flessenkämper, Benedikt (2015): Nach dem Hack von AshleyMadison.com könnten zahllose Sex-Affären auffliegen (Wired). (https://www.wired.de/collection/life/von-wegen-diskret-hackerangriff-auf-ashleymadison-com), zuletzt abgerufen am 27. 7. 2015.

Schirrmacher, Dennis (2015): Stagefright 2.0: Weitere Lücken klaffen in allen Android-Versionen (heise online). (http://www.heise.de/newsticker/meldung/Stagefright-2-0-Weitere-Luecken-klaffen-in-allen-Android-Versionen-2835874.html), zuletzt abgerufen am 20. 6. 2018.

Voytek (2012): Rides of Glory. Uber. (https://web.archive.org/web/20140827195715/http://blog.uber.com/ridesofglory), zuletzt abgerufen am 20. 6. 2018.

Martin Roth
Was Daten uns nicht sagen können

1 Einleitung

Auch wenn man es nicht auf 0 und 1 reduziert, der Ausdruck „Daten"[1] verweist etymologisch gesprochen auf eine im Umfang sehr begrenzte Information. Daten sind laut Duden im hier angesprochenen Kontext erst einmal aus Beobachtung oder Messung gewonnene Zahlen oder auf ihnen beruhende Angaben, bzw. elektronisch gespeicherte Zeichen, Angaben oder Informationen. In ihren vielfältigen Kombinationen (bzw. in ihrer vielfältigen Kombinierbarkeit) weisen diese Daten allerdings eine erstaunliche, durch technische Hilfsmittel stark erweiterte Ausdrucksvielfalt und -stärke auf – von Buch und Tweet über digitale Filme und virtuelle dreidimensionale Landschaften. Im Alltag spielen Daten und darauf beruhende Informationen heute eine kaum zu unterschätzende Rolle – sie werden konsumiert, durchsucht, produziert, aggregiert und geteilt. Wie Rieder & Röhle es treffend ausdrücken:

> ‚Traditional' cultural artifacts like books or movies, ‚native' digital forms such as software programs, online publications or computer games, and a deluge of all kinds of ‚information' – logged traces of use practices, online interaction, and so forth – contribute to a growing mountain of *data* begging to be analysed. (Rieder & Röhle 2012: 67)

Vereint unter dem Schlagwort *Digital Humanities* werden nun vielfältige Versuche unternommen, diesen Berg an Daten zu erklimmen und Erkenntnisse aus ihm zu ziehen. Durch die Fülle an Möglichkeiten der Verknüpfung, Visualisierung und Analyse digitaler Daten entstehen dabei mitunter bereits durch das Verbinden und Sichtbarmachen großer Datenmengen neue Erkenntnisse über die Welt. Ein prominentes Beispiel hierfür ist die Makroanalyse der Menschheitsgeschichte von Schich et al., die 2014 als Forschungsartikel in Science und anschließend in kompakter Form als Animationsfilm auf Nature News (vgl. Abbott 2014) publiziert wurde. Die Wissenschaftler analysierten Lebensdaten (Geburts- und Sterbeort) namhafter („notable") Personen der vergangenen Jahrtausende aus eine Reihe von Onlinedatenbanken und schufen so einen Überblick über die Entstehung und den Wandel kultureller Zentren und entsprechender Migrationsbewegungen im Laufe der Zeit.

Im vorliegenden Kontext ist das Beispiel in zweierlei Hinsicht aufschlussreich. Erstens zeigt sich daran die Bedeutung der rhetorischen und visuellen

---

[1] Vgl. Duden online: „Daten".

https://doi.org/10.1515/9783110609103-004

Darstellung wissenschaftlicher Arbeit und besonders der damit einhergehenden Reduktion. Die öffentlichkeitswirksame Inszenierung der Analyse in Videoform in den News von Nature wirbt damit, in diesem 5-Minuten-Film die kulturelle Geschichte der Menschheit erfasst zu haben (vgl. Abbott 2014). Mehrere Kommentatoren kritisieren diesen Anspruch auf der Webseite (zu Recht), indem sie auf kaum repräsentierte kulturelle Entwicklungen der nicht-westlichen Welt hinweisen. Im ursprünglichen Artikel und besonders im dazugehörigen Anhang machen die Autoren zwar durchaus deutlich, dass sie sich der durch die Nutzung vorhandener Daten entstehenden Einschränkungen und Befangenheiten bewusst sind – allerdings ohne von der generalisierenden Darstellung der Ergebnisse im Haupttext abzurücken.[2] Entsprechende Reduktions- bzw. Selektionsmechanismen sind keineswegs erst seit der voranschreitenden Digitalisierung des Lebens am Werk. Letztere begünstigt und vervielfältigt diese aber auf besondere Weise, indem sie durch Standardisierung der Daten (letztlich zusammengesetzt aus 0 und 1) diese für unterschiedliche Operationen verfügbar macht.[3] Auch diese Standardisierung bedingt neue Analysemöglichkeiten und Perspektiven, die – wie das Beispiel zeigt – zu interessanten Erkenntnissen führen oder lang gehegte Vermutungen stützen können. Berry beschreibt die Entwicklung der Digital Humanities anhand sich überlagernder Wellen:

> first-wave digital humanities involved the building of infrastructure in the studying of humanities texts through digital repositories, text markup and so forth, whereas second-wave digital humanities expands the notional limits of the archive to include digital works, and so bring to bear the humanities' own methodological toolkits to look at ‚born-digital' materials, such as electronic literature (e-lit), interactive fiction (IF), web-based artefacts and so forth. (Berry 2012: 4)

Wenn er sogar eine dritte Welle andeutet, deren Gegenstand die „underlying computationality of the forms held within a computational medium" (Berry 2012: 4) sei, so scheint es fast, als sei eine Art „Mündigkeit" im geisteswissenschaftlichen Umgang mit digitalen Daten erreicht.

Im Höhenrausch der Datenberge und unter dem Eindruck ihrer farbenprächtigen Darstellung wird dabei aber nicht immer danach gefragt, wo die Grenzen des Sagbaren liegen, welche Mechanismen der Reduktion bei der Digitalisierung des Lebens am Werk sind, und welche Akteure die attestierte Mündigkeit wie erlangen können. Rieder & Röhle raten zur Skepsis:

> The heuristic function of digital research methods in the humanities is mostly focused on the finding of patterns, dynamics, and relationships in data. By rendering certain aspects,

---

2 „Supplementary materials" für Schich et al. (2014: 7–11).
3 Siehe für eine ausführliche Diskussion der Metamedialität digitaler Daten: Manovich (2013).

properties, or relations visible, these tools offer us particular perspectives on the phenomena we are interested in. They suggest specific ways to view and interpret the data at hand. While their results may be visually impressive and intuitively convincing, the methodological and epistemological status of their output is still somewhat unclear. (Rieder & Röhle 2012: 70)

Die beiden Autoren erarbeiten fünf allgemeine Herausforderungen für die digitalen Geisteswissenschaften. Im Folgenden möchte ich einige davon aufgreifen und aus einer regionalwissenschaftlichen Perspektive anhand von Beispielen im Kontext meiner eigenen Seminar- und Forschungstätigkeit erweitern. Im Zentrum steht dabei die Frage, welche Daten uns was sagen können und was sie uns verschweigen, und welche Rolle dabei entsprechende Analysetools spielen. Die Frage des Abbildbaren, die sich etwa in Bezug auf ästhetische Erfahrbarkeit oder Emotionalität stellt, ist dabei nicht im Zentrum der Betrachtung. Vielmehr geht es mir darum, anhand von konkreten Beispielen das Problem der Aggregation von Daten und ihrer Analyse mittels einschlägiger Tools herauszuarbeiten.

2 Aggregatszustände

Auf ein erstes Problem verweisen die oben genannten Autoren um Schich in ihrer Arbeit gleich zu Beginn – das Projekt bedient sich existenter Daten, die wiederum vielfältigen Ursprungs sind. Google's Freebase etwa ist zum Teil durch Aggregation von Daten der „Nutzer" der Plattform entstanden, während die anderen genutzten Daten aus „professioneller" Hand stammen.[4] Hier drängen sich im Zuge des allgemeinen Verschwimmens der Trennung zwischen „professionellem" und „amateurhaftem" Wissen drei unmittelbar relevante Fragen auf.

Erstens lässt sich fragen, inwiefern zwischen „professionell erstellten" einerseits und von Nutzern durch „crowdsourcing" aggregierten Daten andererseits unterschieden werden muss. Schich et al. (2014) sprechen hier von einem komplementären Beitrag professioneller und nutzergenerierter Daten, gehen aber nicht auf die Qualität der Daten selbst ein. Die Frage ist dabei meines Erachtens weniger, ob die Daten „solider" oder besser recherchiert sind, sondern vielmehr, inwiefern die Grundlagen und Kriterien der Selektions-, Recherche- und Aggregationsprozesse, die eine solche Bewertung zumindest zum Teil ermöglichen würden, transparent gemacht werden. Wer entscheidet jeweils, was

---

4 „Supplementary materials" für Schich et al. (2014: 8).

für eine Datenbank eine „namhafte Person" ist, wer also in die Datenbank aufgenommen werden darf? Welche Hürden sind in den einzelnen Sammlungen
beim Hinzufügen neuer Personen zu überwinden und wie wirken sich diese auf
die Frage aus, wer repräsentiert ist und wer nicht?

Jenseits der interessanten Muster, die sich aus der Analyse von Schich et al.
ergeben, muss aus der Perspektive empirischer Forschungslogik konstatiert
werden, dass der sogenannte Repräsentationsschluss, d. h. die Verallgemeine-
rung von aus einer Teilerhebung gewonnenen Ergebnissen auf die Grundgesamtheit – in diesem Fall auf die „kulturelle Geschichte der Menschheit" – nur
auf Grundlage einer bekannten und sinnvoll generierten Stichprobe möglich
sein dürfte (vgl. Kromrey & Strübing 2009: 251–263). Die oben erwähnten kritischen Kommentare beziehen sich darauf, dass die angestrebte Grundgesamtheit, für die die Aussagen der Autoren gelten sollen, den Ergebnissen nach zu
urteilen nicht in der verwendeten Stichprobe abgebildet war.

Das Problem ist aber aus empirischer Perspektive meines Erachtens noch
grundlegender, nämlich in der Unmöglichkeit, die Stichprobe sinnvoll in Bezug
auf eine Grundgesamtheit zu beziehen bzw. ihren Bezug zur Grundgesamtheit
zu bewerten. Die Autoren bedienen sich bereits vorhandener Daten, statt eine
eigene aus der Grundgesamtheit abgeleitete Stichprobe zu erheben. Die damit
einhergehende Umkehrung der empirischen Forschungslogik birgt die Gefahr,
die analysierten Daten von der Idee der Grundgesamtheit zu entkoppeln: Aufgrund der fehlenden (Transparenz der) Kriterien und der fehlenden Information
über den Entstehungskontext der Daten sprechen diese zunächst einmal nur
für sich selbst. Auch eine große Datenmenge kann dieses Problem nicht per se
beheben. In diesem Sinne wäre zu fragen, ob Daten uns überhaupt mehr sagen
können als sie selbst repräsentieren, und unter welchen Bedingungen dieser
Schluss zulässig ist?

Zweitens weist das hier diskutierte Beispiel von Schich et al. auf ein weiteres Problem hin, nämlich die Nachhaltigkeit der Daten und ihre Kontinuität,
das in Kombination mit dem bislang Gesagten seine problematische Wirkung
entfaltet. Freebase, eine der für das Projekt genutzten Ressourcen, wurde von
Google jüngst als eigenständige Datenbank bzw. Service eingestellt, die Daten
wurden in das Projekt Wikidata überführt (vgl. Schwartz 2014). Ist bereits die
Prüfung des Aggregationsprozesses unter Freebase selbst schwierig, so wird sie
spätestens damit unmöglich, denn viele Daten der Wikidata sind weder referen-
ziert, noch verweisen sie auf ihre Herkunft.[5] Das Problem der fluiden Aggregate
und Plattformen ist auch im wissenschaftlichen Diskurs und bei der Analyse

---

5 Zur Kritik am Projekt siehe Kolbe (2015). Eine aktuelle Übersicht über die Struktur der Daten
bei Wikidata findet sich unter: „Wikidata Stats".

und Bewertung entsprechender Angebote kaum zu unterschätzen. So sind etwa eine Vielzahl der Projekte und Plattformen, auf die etwa im 2009 erschienenen, auch heute noch in seinen Fragestellungen hochaktuellen Sammelband „Deep Search" (Becker & Stalder 2009) verwiesen wird, nicht mehr im Netz zu finden.[6]

Was bleibt übrig von diesen teils sehr innovativen Versuchen und den Daten, die dadurch aggregiert wurden? Sicherlich lässt sich ihre Geschichte auch nach Beendigung der Projekte in einem gewissen Rahmen nachvollziehen, etwa unter Rückgriff auf die Internet Archive Wayback-Maschine. Aber nicht alle Seiten und digitalen Inhalte werden – sofern nicht anderweitig verfügbar gemacht – anderweitig gespeichert und gehen deshalb mit dem Ende des Projekts möglicherweise verloren oder lassen sich nicht mehr aufeinander beziehen (vgl. Stalder 2016).

Drittens hat sich neben den vielfältigen Initiativen einzelner kleiner Gruppen – teilweise auch darauf aufbauend – in den letzten Jahren ein breites Spektrum an wirtschaftlich orientierten Online- Plattformen und Datenaggregationen etabliert. Viele Aussagen, die heute über ‚das Internet' und seine NutzerInnen getroffen werden (können), speisen sich maßgeblich aus Daten, die von gewinnorientierten Unternehmen erhoben werden. Das dabei entstehende Problem für die Forschung ist deshalb so schwerwiegend, weil die große Datenmenge im Internet dazu einlädt, entsprechende Analysen anzustellen, in den meisten Fällen aber nicht in wissenschaftlichen Kontexten und mit einer entsprechenden Nutzung im Sinne entstanden ist bzw. gepflegt wird. Andere Interessen, oft im Kontext von Marktforschung, stehen stattdessen im Vordergrund. Ein anschauliches Beispiel dafür ist das Unternehmen Alexa, Teil der Amazon Unternehmensgruppe, welches seinen Kunden Daten über die weltweite Internetnutzung und Tools zur Nutzer- und Marktanalyse bereitstellt. Alexa schreibt über die Quelle der Daten:

> Alexa's traffic estimates are based on data from our global traffic panel, which is a sample of millions of Internet users using one of over 25,000 different browser extensions. In addition, we gather much of our traffic data from direct sources in the form of sites that have chosen to install the Alexa script on their site and certify their metrics. However, site owners can always choose to keep their certified metrics private. („Alexa Internet – About Us").

Auf Grundlage dieser Daten lassen sich in Annäherung überaus interessante Erkenntnisse über die aktuellen Präferenzen von Nutzern weltweit gewinnen, wie Cosenza mit seiner „Weltkarte der sozialen Netzwerke" zeigt.[7] Zumindest

---

6 Siehe etwa Wales (2009) oder „Quelltext der Seite http://xplsv.tv/".
7 Vgl. Cosenza, „World Map of Social Networks".

der Anteil der Datenaggregation, der über das Alexa Script durch eine Webseite geschieht, läuft allerdings nach meinem Kenntnisstand aus Sicht der Nutzer im Verborgenen ab – ob mein Verhalten auf einer bestimmten Webseite Gegenstand der Erhebung ist, ist nicht ohne weiteres ersichtlich. Unabhängig von der bereits gestellten Frage der Nachvollziehbarkeit ist zu überlegen, ob wir diese und andere von großen „Informationsmittlern" wie Amazon oder Google bereitgestellten Daten für Forschungszwecke nutzen können und dürfen? Forschungsethisch gibt es durchaus Positionen, die dies zulassen. Kromrey & Strübing (2009: 327–328) oder Psyborski & Wohlrab-Saar (2008: 56–57) beispielsweise sehen durchaus einen Nutzen bzw. eine Notwendigkeit von verdeckten Untersuchungen, da diese Bereiche des Lebens zugänglich machen, die der Forschung sonst verborgen blieben.[8] In Bezug auf das Internet und dessen mehr oder weniger öffentliche Dokumentation allen menschlichen Handelns muss die Frage vielleicht sogar auf den Kopf gestellt werden. Im Hinblick auf die ständige Beobachtung durch andere ist heute nämlich forschungslogisch gesprochen noch nicht geklärt, ob die online dokumentierten Daten nicht in dem Bewusstsein der „künstlichen Situation" der Dokumentation entstanden sind und damit Verzerrungen wie etwa die der sozialen Erwünschtheit bestimmter Handlungen, Verhaltensweisen und Aussagen enthalten. Die gegenteilige Vermutung, dass die Dokumentation des Alltags bereits zur akzeptierten und bewussten „Normalität" gehört, hätte m. E. ähnlich weitreichende Konsequenzen für den Umgang mit den Daten. Einen wichtigen Entwurf in diese Richtung präsentiert Richard Rogers (2013: 19), der unter dem Begriff „online groundedness" im Internet entstandene Daten zur Grundlage für Gesellschaftsanalysen macht. In jedem Fall scheint es nötig, sich mit dieser Dimension eingehender auseinanderzusetzen.

Wichtiger für die Frage nach der Nutzbarkeit von Daten aus anderer Hand ist aber, dass der Prozess der digitalen Datenerhebung in vielen Fällen nicht nur den Nutzern gegenüber verdeckt verläuft, sondern auch der Forscherin oder dem Forscher gegenüber. Vor dem Hintergrund begrenzter Möglichkeiten der eigenständigen Datenaggregation in der Wissenschaft ist die Forschung in vielen Fällen auf „externe Anbieter" angewiesen. Die meisten großen Sammlungen von Nutzerdaten im weitesten Sinne (von App-Nutzung über Handlungen auf Webseiten bis hin zu eigenen Kommentaren und Inhalten auf Blogs, Videoportalen, Nachrichtendiensten) befinden sich in der Hand privater Unternehmen, wie auch die Kapazitäten, diese überhaupt sinnvoll zu durchsuchen und zu analysieren. Umfang, Technik und Professionalitätsgrad der digitalen Datenerhebung im zitierten Beispiel von Alexa deuten an, wie schwierig es wäre, eigen-

---

8 Für eine grobe Einordnung der künstlich geschaffenen Erhebungsumgebung siehe: Kromrey & Strübing (2009: 501–502).

ständig vergleichbare Daten für die Forschung zu erheben und anschließend aufzubereiten. Die Abhängigkeit von extern aggregierten und verwalteten Datensammlungen ist – zumal dort, wo beides unter kommerziellen Gesichtspunkten geschieht bzw. nicht transparent verfahren wird – ein nicht zu unterschätzendes Problem. Erstens werden diese Sammlungen meist mit Zugangsbeschränkungen versehen. Zweitens verraten uns die verfügbaren Daten meist nicht, wie sie entstanden sind. Die sowohl in qualitativen als auch in quantitativen Forschungsverfahren angelegten Qualitätskriterien der Transparenz und intersubjektiven Nachvollziehbarkeit (vgl. Theunert 1994: 397; Kromrey & Strübing 2009: 40–41) sind hier jedenfalls nicht erfüllt.

Schließlich stellt sich forschungsethisch eine zweite Frage, nämlich die nach der Nutzbarkeit von Daten, die in einer ungleichen Struktur entstanden sind: Im Gegensatz zu den Unternehmen profitieren die meisten Nutzer schließlich nicht finanziell von den selbst generierten Daten. Die Daten selbst schweigen natürlich auch darüber. Ist Forschung aber über jeden Zweifel erhaben, auch wenn sie sich derselben unternehmerischen Logik verschreibt und damit die Aggregation von Daten auf dieser Ebene letztlich ein Stück weit legitimiert?

3 Tools

Ein zweites wichtiges Feld der Auseinandersetzung mit der Aussagekraft von Daten sind die vielfältigen Tools, die in den Geisteswissenschaften zu ihrer Bearbeitung entwickelt und eingesetzt werden. Auch hier wird, wie Rieder & Röhle bemerken, zu oft vergessen,

> that our digital helpers are full of ‚theory‘ and ‚judgement‘ already. As with any methodology, they rely on sets of assumptions, models, and strategies. Theory is already at work on the most basic level when it comes to defining units of analysis, algorithms, and visualisation procedures. (Rieder & Röhle 2012: 70)

Wenn ich im Folgenden ein spezifisches Problemfeld im Zusammenhang mit der japanischen Sprache skizziere, kann ich dabei nur als regionalwissenschaftlich interessierter, der Verlockung der großflächigen Textanalyse folgender Nutzer, keineswegs als Fachmann fungieren. Auf diese Spannung möchte ich am Ende des Abschnitts noch einmal eingehen.

Zur Verdeutlichung des Problems der Arbeit mit japanischer Sprache sei zunächst ein kurzer Erfahrungsbericht aus einem von mir im Sommersemester 2016 geleiteten Masterseminar gestattet. Im Seminar, dessen Thema empirische Medienforschung in Japan war, lag ein Schwerpunkt auf der computergestützten Korpusanalyse, also der maschinellen Analyse von Texten mittels entsprechender Tools. Hierfür eignet sich etwa die von Geoffrey Rockwell und Stéfan Sinclair entwickelte Toolsammlung „voyant",[9] die wir im Rahmen eines Workshops mit Prof. Rockwell näher kennenlernen konnten. Im Rahmen eines kleinen Forschungsprojektes wendeten die Teilnehmer des Seminars anschließend ihre erworbenen Kenntnisse auf ein selbst erstelltes Korpus an Zeitungsartikeln aus der großen japanischen Tageszeitung *Asahi Shimbun* der Monate Januar – Mai 2016 an, in denen der Begriff „Hate Speech" vorkommt.[10] Dabei wurde rasch deutlich, dass die japanische Sprache uns vor besondere Herausforderungen stellt, wenn es um automatisierte Auswertungen geht. Anders als im Englischen, Deutschen oder Französischen werden Wörter im Japanischen nämlich nicht durch Leerzeichen voneinander getrennt. Analyseprogramme haben daher mitunter Schwierigkeiten, die einzelnen Wörter sauber auseinanderzuhalten. Einschlägige Programme („Tokenizer") wie *ChaSen*[11] oder *MeCab*,[12] analysieren den Text morphologisch und übernehmen die Trennung der Wörter, wodurch der Text dann maschinenkompatibel und automatisch auswertbar wird.

Auch Voyant selbst ist mit entsprechenden sprachsensiblen Routinen ausgestattet, wie die Hilfeseiten der Plattform unter „Languages/Document Languages" zu verstehen geben – allerdings zunächst ohne Details zu nennen.[13] Ein Versuch mit beiden Tools zeigt ein nicht unbedeutendes Problem für die Arbeit mit japanischen Texten. Tabelle 1 vergleicht die ersten 20 häufigsten Wörter des Gesamttextes aller gefundenen Artikel der Asahi im angegebenen Zeitraum, der einmal mit Mecab-Trennung und einmal mit Voyant-Trennung in den Voyant-Tools analysiert wurde.[14]

---

9 Sinclair und Rockwell, „Voyant Tools".
10 Die folgenden Bemerkungen speisen sich aus den Diskussionen, Beobachtungen und Daten, die wir gemeinsam im Seminar gemacht und erarbeitet haben. Sie werden hier mit Genehmigung der SeminarteilnehmerInnen veröffentlicht. Ich danke Armin Becker, Patrice Schindler, Francesca Schrader, Florian Werner und Dennis Yim für ihre aktive Mitgestaltung des Seminars.
11 „chasen legacy – an old morphological analyzer".
12 „MeCab: Yet Another Part-of-Speech and Morphological Analyzer"; „MeCab download | SourceForge.net".
13 Sinclair und Rockwell, „Languages".
14 Für die konfigurierbare Version des Mecab-getrennten Textes siehe: (http://voyant-tools.org/?corpus=e88a7d3255102b5ae4e111c020b95c1), zuletzt abgerufen am 14.11.2016. Für die Voyant-Trennung, siehe (http://voyant-tools.org/?corpus=92dcbdccb588be4b2d62a43615e8acab), zuletzt abgerufen am 14.11.2016. Für die Untersuchung wurde eine von den bereits genannten TeilnehmerInnen des Seminars eigens erstellte Stopword-Liste, also eine Liste mit Wörtern, die nicht in die Voyant-Analyse eingehen sollen, eingesetzt. Für das Voyant-Beispiel wäre diese ggf. noch anzupassen, was aber keine Auswirkungen auf die Anzahl der in beiden Listen vorkommenden Wörter hat.

Tab. 1: Mecab- und Voyant-Trennung.

	Mecab-Trennung		Voyant-Trennung	
1	ヘイトスピーチ	354	した	592
2	差別	277	ヘイトスピーチ	339
3	日本	190	差別	267
4	在日	153	では	233
5	大阪	137	てい	215
6	社会	134	在	183
7	法	130	日本	176
8	朝鮮	129	っ	155
9	法案	125	大阪	139
10	会	111	会	137
11	問題	105	法	134
12	人種	104	社会	129
13	国	102	法案	118
14	韓国	97	国	112
15	学校	96	問題	103
16	性	88	人種	100
17	政治	87	学校	96
18	案	85	朝鮮	92
19	市民	80	韓国	89
20	デモ	77	デモ	83

Ausgelöst durch die unterschiedliche Handhabung der Worttrennung entstehen deutlich erkennbare Differenzen in der Häufigkeitsverteilung der Wörter. Bei gleichem Ausgangstext stimmt lediglich die grün markierte Häufigkeit des Wortes „Schule" in beiden Analysen überein, alle anderen Wörter weisen – teils drastische – Unterschiede in der Häufigkeit auf. Das Problem hängt damit zusammen, dass im Japanischen – wie auch im Deutschen – längere Begriffe oder Namen durch Verkettung von Substantiven bzw. Schriftzeichen entstehen, die ggf. verschiedene Trennvarianten zulassen. Um ein Beispiel zu geben: Es erscheint nicht trivial, ob in der Statistik das Wort „Tokyo" und das Wort „Bahnhof" gezählt werden oder „Tokyo-Bahnhof".

Im Beispiel können die Programme nicht zweifelsfrei erkennen, wie getrennt werden soll, bzw. sie kommen zu verschiedenen Ergebnissen. Wenn Worthäufigkeiten oder Wordclouds auf dem Zählen von Begriffen basieren, die durch diese Zählung aus ihrem Kontext herausgelöst und nebeneinander gestellt werden, erhält die Trennung der Wörter gleichzeitig eine zentrale Stellung im Forschungsprozess, ebenso wie die Frage, ob die Forscherin oder der Forscher Einfluss auf diese Trennung hat. Anstelle einer vermeintlichen Objektivität, die oft mit computerbasierter Analyse in Verbindung gebracht wird, kommen Bias und Subjektivität, wie Rieder & Röhle treffend bemerken, „auf der weniger greifbaren Ebene der Modi der Formalisierung, Wahl der Algorithmen und Mittel der Ergebnispräsentation erneut ins Spiel." (Rieder & Röhle 2012: 73) Ferner ist für den geisteswissenschaftlichen „Laien" nicht nachvollziehbar, wie dieser Unterschied zustande kommt. In Mecab ließe sich theoretisch der Vorgang durch einen Blick in den offenen Quellcode nachvollziehen. Hier stößt man aber ohne spezifische Kenntnisse rasch an die eigenen Grenzen. Auch diese Herausforderungen fassen Rieder & Röhle unter dem Begriff „Blackboxing" zusammen:

> Despite the fact that writing software forces us to make things explicit by laying them out in computer code, ‚readability' is by no means guaranteed. However, an open process of scrutiny is one of the pillars of scholarship and, in the end, scholarship's claim to social legitimacy. Technological black-boxing may therefore prove to be a major issue if digital methods become more widespread. (Rieder & Röhle 2012: 76)

Das Problem ist nicht auf den Quellcode von Programmen beschränkt. Durch eine Email-Anfrage an die Ersteller von Voyant, Stéfan Sinclair und Geoffrey Rockwell, konnte ich umgehend herausfinden, dass die Worttrennung in Voyant durch den Lucene ICUTokenizer vorgenommen wird,[15] der mit dem „Unicode Text Segmentation" Standard konform ist.[16] Dadurch sind zumindest Anhaltspunkte für die Einschätzung der Tokenisierung gegeben, wenn auch diese in sich selbst komplex und ebenfalls für Laien kaum durchschaubar sind.

Die Frage, die ich hier aufgrund der beschriebenen Erfahrungen ins Zentrum stellen möchte, ist aber nicht, ob die eingesetzten Tools adäquat und zuverlässig sind. Wichtiger scheint mir in diesem Rahmen der Hinweis auf die unterschiedliche „Analysierbarkeit" verschiedener Sprachdaten. Während Wortgrenzen in Sprachen wie Deutsch, Englisch oder Französisch Teil der Syntax

---

15 „ICUTokenizer (Lucene 4.8.0 API)".
16 „UAX #29: Unicode Text Segmentation".

und dadurch sowohl von Menschen als auch von Computern mit hoher Genauigkeit erkennbar sind, gilt dies bei digitalen japanischen Texten nicht. Gerade bezüglich der Trennung von zusammengesetzten Substantiven oder Eigennamen entstehen hier erhebliche Probleme, die weit über die – auch in den oben genannten Sprachen auftretenden – Variationen der Verbendung hinausgehen. Um zur Ausgangsfrage zurückzukehren: Wo die Daten selbst uns nicht weiterhelfen, werden alle Entscheidungen über ihre Verarbeitung Teil des Forschungsdesigns und damit alles andere als trivial. Computer können sicher heute einen Großteil der damit einhergehenden Fragen lösen, aber bei weitem nicht alle. Wie sollte also aus nicht-technisch versierter, regionalwissenschaftlicher Perspektive mit „nichtssagenden Daten" umgegangen werden? Welche Verantwortung haben die Tool-Ersteller und welche die Nutzer? Muss man Software Ingenieur oder Linguist sein, um ein Tool wie Voyant zu verwenden?

Eine Antwort hierauf zu geben, ist schwierig. Sicher ist es angebracht, sein Werkzeug zu verstehen, und ich habe an anderer Stelle auf die Bedeutung und Chance technischer Versiertheit für Geisteswissenschaftler hingewiesen (vgl. Roth 2015). Es ist allerdings fraglich, ob trotz offenliegender Codes und bekannter Standards erwartet werden kann, dass sich die geistes- und regionalwissenschaftlichen Nutzer mit den Algorithmen eines fremden Programms vertraut machen und diese hinsichtlich ihrer Effektivität und Fehlerfreiheit bewerten. Viel wichtiger scheint daher die Frage, wie eine beidseitige Annäherung und Zusammenarbeit zur Verbesserung der vorhandenen Instrumente geschehen könnte. Das genannte Beispiel liefert einen ersten wichtigen Hinweis, insofern es auf die sprachräumlichen Grenzen des Universalitätsanspruchs hindeutet, der oft explizit oder implizit mit Software verknüpft wird (vgl. Rieder & Röhle 2012: 78–79). Es führt die für japanische Texte weitaus höhere Relevanz und politische Brisanz der automatischen Worttrennungsalgorithmen vor Augen und fordert zur Auseinandersetzung auf.

4 Schlussbemerkungen

Ausgangspunkt des vorliegenden Textes war die Frage, inwiefern die Aussagekraft von „Daten" geistes- und regionalwissenschaftliche Forschung vor besondere methodische Schwierigkeiten stellt. Dabei habe ich mich besonders auf zwei Fragen konzentriert. Erstens, wie sich Aggregation und Verwaltung vielerorts verfügbarer Daten im Kontext empirischer Forschungslogik auf ihre Aussagekraft im Forschungsprozess auswirken. Zweitens, wie die fehlende Aussagekraft japanischer Text-Daten deren automatisierte quantitative Analyse mittels einschlägiger Tools erschwert und auf das Problem der Nachvollziehbarkeit ent-

sprechender automatischer Verarbeitungsschritte stößt. In beiden Fällen sind
es weniger die Daten selbst, die von Interesse sind, sondern das, was sie uns
nicht sagen können. Im ersten Fall erfahren wir aus dem Material selbst wenig
über den Kontext seines Entstehens, was die Nutzung für Forschungszwecke
zumindest erschwert. Aus regionalwissenschaftlicher Sicht wirft die fehlende
Transparenz in diesem Fall die Frage nach der Repräsentation bestimmter Regionen – und im erweiterten Sinne gesellschaftlicher Gruppen – auf. Im zweiten
Fall fehlen den Daten bestimmte Informationen, die für ihre Verarbeitung nötig
wären. Problematisch wird dies dann, wenn die Anreicherung dieser Informationen auf menschlichen Entscheidungen beruht und gleichzeitig nicht transparent vonstatten geht. In diesem Beispiel drückt sich Unsicherheit im Umgang
mit entsprechenden Tools aus, die letztlich nach mehr verlangen als nach blin-
dem Vertrauen. Wenn auch im Kleinen, ist die Nutzung von „Tokenizern" doch
ein politischer Akt, der Sprache auf eine ganz bestimmte Art und Weise aufbereitet. Wie die in beiden Fällen letztlich infrage gestellte Autonomie der Forscherin oder des Forschers wiederzuerlangen ist, muss sicher im Einzelfall geprüft werden.

Neben den allgemeinen Herausforderungen der Datenanalyse weist das Beispiel des Umgangs mit japanischen Texten speziell auf die Bedeutung einer in-
tensiven, kritischen Auseinandersetzung mit einschlägigen Tools und ihren Einfluss auf die Analyse verschiedener Sprachen hin. Dass gerade die Ersteller der
Tools sich dieser Probleme bewusst und für jedes Feedback und jede Anre-
gung – umsetzbar oder nicht – dankbar sind, zeigt der intensive Austausch,
den ich mit den Erstellern von Voyant über die Verarbeitung japanischer Texte
auf ihrer Plattform hatte. Sinclair und Rockwell integrierten vor dem Hintergrund meiner Anfrage eine Hilfestellung für das Erkennen der (ansonsten im
Textfluss in Voyant unsichtbaren) Worttrennung, indem die einzelnen Tokens
(also die gezählten Wörter), auf denen der Cursor verweilt, nun gelb hinterlegt
werden. Durch dieses Feature werden beide Textvarianten (1. Trennung durch
Mecab, in Voyant durch Leerzeichen ersichtlich, und 2. Trennung durch Voyant,
durch gelbe Markierungen ersichtlich) bezüglich ihrer Tokenisierung für den
Benutzer zumindest mit einigem Aufwand vergleichbar. Eine eingehende Ause-
nandersetzung mit dem Text ließe also eine Bewertung der Trennung der Wörter zu und könnte als Grundlage für Verbesserungen dienen – eine Aufgabe, zu
der auch die textanalytisch interessierte Japanforschung in Zusammenarbeit
mit Linguisten bzw. Computerlinguisten und digitalen Humanisten beitragen
kann und muss. Diesen Austausch weiter zu intensivieren und Strategien zu
finden, durch die alle Seiten vom Wissen der jeweils anderen profitieren können, scheint mir eine wichtige Aufgabe für die Zukunft.

Der vorliegende Beitrag versteht sich in diesem Kontext als Versuch, auf
einige der Schwierigkeiten hinzuweisen, die sich aus regionalwissenschaftlicher

Sicht für die Arbeit mit digitalen Tools ergibt. Sprache ist ein wichtiger Bestandteil davon, denn nach wie vor stellen die verschiedenen Text-Codierungen und deren gegenseitige Inkompatibilität, aber auch die speziellen Anforderungen bestimmter Sprachen, die vorliegenden Tools vor große Herausforderungen. Japanische Texte werden, wie gezeigt, mitunter von den Analyseprogrammen sehr unterschiedlich „wahrgenommen", weil ihre sprachliche Struktur aus den Daten selbst nicht evident ist. Insofern die „Strukturierung" der Daten bzw. ihre Lesbarmachung für die Maschine auf einer von menschlichen Akteuren getroffenen Auswahl beruht, hat sie eine politische Dimension und sollte daher auch bewusst und transparent geschehen.

Wo Tools den spezifischen Inhalt der verarbeiteten Daten – über ihr reines Datenmaterial hinweg – nicht in Betracht ziehen oder ihren Umgang damit offenlegen, verschenken sie einen wichtigen Teil ihres Potentials. Für die *Digital Humanities* möchte ich zu den von Elisabeth Burr in Bezug auf „kleine linguistische und kulturelle Gemeinschaften" formulierten Herausforderungen, nämlich ihre Gegenstände als sprachliche Ressourcen ernst zu nehmen, die Konzeption der kulturellen Artefakte dieser Gemeinschaften zu ergründen und Wissen kollaborativ zu generieren (vgl. Burr 2015), noch einen Wunsch hinzufügen: Besonders dort, wo die Verarbeitung von Daten durch Tools mit einer auf menschlichen Entscheidungen beruhenden Reduktion oder Anreicherung der Daten einhergeht, ist eine Offenlegung der entsprechenden Prozesse eine wichtige Grundlage für eine autonome, emanzipierte Nutzung.

Etwas weiter gedacht, erscheint die Situation in Teilen vergleichbar mit der Kritik, die Rieder an der Intransparenz prominenter Suchmaschinen äußert, wenn auch seine Ausgangsposition anders ist, denn Suchmaschinen verschleiern – im Gegensatz zu den Erstellern wissenschaftlicher Analysetools – ja bewusst ihre Mechanismen. Seine Forderung nach transparenteren, durch die Nutzer selbst konfigurierbaren Suchmaschinen und Analysewerkzeugen der Daten[17] lässt sich durchaus auch als Vision für entsprechende Analysewerkzeuge verstehen, die von der ForscherInnengemeinschaft umgesetzt werden könnte. Die Mehrarbeit, die eine Erweiterung der Funktionalität im Fall von ‚exotischen' Sprachen bzw. eine Dokumentation und Integration von Konfigurationsoptionen verlangt, muss ernst genommen, finanziert und anerkannt werden. Ebenso ernst sollten die wissenschaftlichen Nutzer vor diesem Hintergrund die Begrün-

---

17 Rieder (2009: 164–65) fordert in Bezug auf Suchmaschinen weniger Dominanz kommerzieller Interessen und mehr Autonomie der Nutzer. Zur Umsetzung empfiehlt er die Schaffung von Möglichkeiten der Umkonfigurierung von Suchkriterien und die Offenlegung des Vermittlers von Suche und Ergebnis bzw. dessen Mechanismen.

dung ihrer Wahl bestimmter Tools oder Datenaggregationen und deren Einfluss auf die Forschungsergebnisse nehmen.

Literaturverzeichnis

Becker, Konrad & Felix Stalder (Hrsg.) (2009): *Deep Search: Politik des Suchens jenseits von Google*. Innsbruck u. a.: StudienVerlag.

Berry, David M. (2012): Introduction: Understanding the Digital Humanities. In David M. Berry (Hrsg.), *Understanding Digital Humanities*, 1–20. Basingstoke: Palgrave Macmillan.

Kromrey, Helmut & Jörg Strübing (2009): *Empirische Sozialforschung*. 12. Aufl. Stuttgart: Lucius & Lucius.

Manovich, Lev (2013): *Software takes command*. New York: Bloomsbury.

Przyborski, Aglaja & Monika Wohlrab-Sahr (2008): *Qualitative Sozialforschung: Ein Arbeitsbuch*. München: Oldenbourg-Verlag.

Rieder, Bernhard (2009): Demokratisierung der Suche? Von der Kritik zum gesellschaftlich orientierten Design. In Konrad Becker & Felix Stalder (Hrsg.), *Deep Search: Politik des Suchens jenseits von Google*, 150–70. Innsbruck u. a.: StudienVerlag.

Rieder, Bernhard & Theo Röhle (2012): Digital Methods: Five Challenges. In David M. Berry (Hrsg.), *Understanding Digital Humanities*, 67–84. Basingstoke, New York: Palgrave Macmillan.

Rogers, Richard (2013): *Digital Methods*. Cambridge MA: MIT Press.

Roth, Martin E. (2015): At the edge of a ‚digital area' – locating small scale game creation. *Asiascape: Digital Asia* 2 (3), 183–212.

Stalder, Felix (2016): *Kultur der Digitalität*. Frankfurt a. M.: Suhrkamp.

Theunert, Helga (1994): Quantitative versus qualitative Medien- und Kommunikationsforschung? In Susanne Hiegemann & Wolfgang H. Swoboda (Hrsg.), *Handbuch der Medienpädagogik*, 387–401. Opladen: Leske + Budrich.

Onlinequellen

Abbott, Alison (2014): „Humanity's cultural history captured in 5-minute film: Nature News & Comment". *Nature News*, 31. (http://www.nature.com/news/humanity-s-cultural-history-captured-in-5-minute-film-1.15650.), zuletzt abgerufen am 20. 6. 2018.

„Alexa Internet – About Us". Alexa Internet. (http://www.alexa.com/about.), zuletzt abgerufen am 19. 1. 2016.

Burr, Elisabeth (2015): What can the Digital Humanities offer small linguistic and cultural communities? (http://e-spacio.uned.es/congresosuned/index.php/eadh/EADHDay/paper/view/182), zuletzt abgerufen am 20. 6. 2018.

„chasen legacy – an old morphological analyzer". (http://chasen-legacy.osdn.jp/.), zuletzt abgerufen am 14. 11. 2016.

Cosenza, Vincenzo: World Map of Social Networks. Vincos Blog. (http://vincos.it/world-map-of-social-networks/), zuletzt abgerufen am 20. 06. 2018.

Duden online: „Daten". (https://www.duden.de/rechtschreibung/Daten.), zuletzt abgerufen am 15. 11. 2017.

„ICUTokenizer (Lucene 4.8.0 API)“. (https://lucene.apache.org/core/4_8_0/analyzers- icu/
   org/apache/lucene/analysis/icu/segmentation/ICUTokenizer.html.), zuletzt abgerufen
   am 23.11.2016.

„Internet Archive: Wayback Machine“. (https://archive.org/web/.), zuletzt abgerufen am
   28.10.2016.

Kolbe, Andreas (2015): Unsourced, unreliable, and in your face forever: Wikidata, the future
   of online nonsense. IT-Nachrichten. *The Register* (blog), 8.12.2015, (http://
   www.theregister.co.uk/2015/12/08/wikidata_special_report/.), zuletzt abgerufen am
   20.6.2018.

„MeCab download | SourceForge.net“. (https://sourceforge.net/projects/mecab/.), zuletzt
   abgerufen am 14.11.2016.

„MeCab: Yet Another Part-of-Speech and Morphological Analyzer“. (http://taku910.github.io/
   mecab/.), zuletzt abgerufen am 14.11.2016.

„Quelltext der Seite http://xplsv.tv/“, (view-source:http://xplsv tv/), zuletzt abgerufen am
   1.9.2016.

Schich, Maximilian et al. (2014): A network framework of cultural history. *Science* 345, (6196)
   (31.7.2014), 558. (https://doi.org/10.1126/science.1240064), zuletzt abgerufen am
   20.6.2018.

Schwartz, Barry (2014): Google To Close Freebase, Which Helped Feed Its Knowledge Graph.
   Tech blog. Search Engine Land, 16.12.2014. (http://searchengineland.com/google-
   close-freebase-helped-feed-knowledge-graph-211103), zuletzt abgerufen am 20.6.2018.

Sinclair, Stéfan & Geoffrey Rockwell: „Languages“. Voyant Tools Help, (http://voyant-
   tools.org/docs/#!/guide/languages.), zuletzt abgerufen am 14.11.2016.

„UAX #29: Unicode Text Segmentation“. (http://www.unicode.org/reports/tr29/.), zuletzt
   abgerufen am 23.11.2016.

„Voyant Tools“, (http://voyant-tools.org/.), zuletzt abgerufen am 17.11.2016.

Wales, Jimmy (2009): Update on Wikia – doing more of what's working. Jimmy Wales,
   31.3.2009. (http://jimmywales.com/2009/03/31/update-on-wikia/.), zuletzt abgerufen
   am 20.6.2018.

„Wikidata Stats“. Wikidata Stats, 10.10.2016. (https://wmflabs.org/wikidata.todo/
   stats.php.), zuletzt abgerufen am 20.6.2018.

Tanja Gnosa

MachtDaten. Strategien digitaler Verdatung aus Foucault'scher Perspektive

1 Einleitung

Digitalisierung ist als Schlagwort ebenso prominent wie die Vorstellungen, die darüber herrschen, vage sind: Ob das vernetzte Auto, der massenhafte Scan historischer Quellen, Jugendliche, die via Smartphone, Tablet oder andere Gadgets stets und ständig online kommunizieren, automatisierte Korpusauswertungen oder das ‚Sterben' von Tageszeitungen – kaum ein Phänomen wird nicht der Digitalisierung zu- oder untergeordnet. Dem Enthusiasmus vieler Bürger/ -innen, Konsument/innen und Forscher/innen, die die Demokratie-, Konsum- oder wissenschaftlichen Ermöglichungen feiern, die mit der neuen Technologie einhergehen, stehen sicher ebenso viele Pessimist/innen gegenüber – spätestens seit den Enthüllungen Edward Snowdens 2013 ist das Bewusstsein dafür, dass der Digitalisierungsprozess eine Masse an (auch persönlichen) Daten generiert, die schützenswert sind, deutlich gestiegen, und es werden immer häufiger Rufe laut, die eine Verbesserung des Datenschutzes fordern. Nun geht mit der Produktion und Selektion digitaler Daten nicht bloß eine Gefährdung des privaten (Schutz-)Raumes einher, sondern auch eine Veränderung der Wissensordnungen, insofern die erhobenen Daten auf der Basis nicht allen bekannter Mechanismen zu einem Wissen verarbeitet werden. Daher steht im Zusammenhang mit digitalen Daten die Frage der (dateninduzierten) Macht schnell im Raum. Allerdings zeigt sich bei näherem Hinsehen, dass dem Phänomen mit einer top-down-geprägten Herrschaftsauffassung nicht beizukommen ist – schließlich produzieren viele in den sogenannten *Social Media* einen Großteil der Daten, die dann gesammelt, selektiert, ausgewertet, kumuliert usf. werden, was sich unter dem Schlagwort der *Big Data* zusammenfassen lässt, selbst.

Die folgenden Ausführungen versuchen, die skizzierten Phänomene aus einer Foucault'schen Perspektive etwas genauer zu fokussieren und die ihnen zugrundeliegenden bzw. durch sie gestifteten Kräfteverhältnisse zu identifizieren. Da Macht in Foucaults Werk stets eng mit Wissen verknüpft ist, werden zunächst die diskursiven Auswirkungen der digitalen Daten in den Blick genommen. Dabei erweist sich, dass Digitalisierungsprozesse, oder genauer: die Prozessierungsplattform des Computers bzw. des Internets, insofern einen nicht unerheblichen Einfluss auf Wissenszugänge und -konstitution besitzen, als sie

https://doi.org/10.1515/9783110609103-005

das (Foucault'sche) Archiv erheblich transformieren.[1] In einem zweiten Schritt wird eine machtanalytische Herangehensweise zeigen, dass die vielzitierte Metapher des Panopticons für die Beschreibung digitaler Daten nicht taugt und dass sich zudem erhebliche Unterschiede zwischen den Kräfteverhältnissen der Social Media und jenen der Big Data konstatieren lassen. Drittens und schließlich wird vorgeschlagen, die beiden Phänomene als Ausprägungen zweier unterschiedlicher Dispositive zu begreifen, die einander zwar überlappen und teils schwer voneinander zu trennen sind, dabei aber beinahe ‚antagonistisch‘ zu nennenden Strategien folgen.

2 Digitale Daten, das Archiv und die rezente Episteme

Digitalen Daten haftet, so lässt sich zunächst konstatieren, eine Spur ihrer Existenzbedingungen an, schließlich handelt es sich dabei nicht um virtuelle Entitäten, sondern – in Foucaults Sinne – um Aussagen, die sozusagen ‚dinglich‘ existieren, die also neben der Tatsache, dass sie einen Träger (eine mediale Form) besitzen, auch „eines Orts und eines Datums" bedürfen (Foucault 1981: 147). Betrachtet man sie daher in diesem Sinne als Monumente,[2] geht also nicht von vornherein davon aus, dass sie einen (lesbaren) Sinn besitzen, sondern befragt sie nach den Möglichkeiten ihres Aufkommens, geraten vor allem technologische Voraussetzungen in den Blick. Denn das Medium dieser neuen Fülle an Aussagen ist – oder besser: *sind* Plattformen wie Facebook, YouTube und Instagram, Nachrichtendienste wie Twitter und WhatsApp, Wikis und so fort. Sie werden in der Regel unter dem Begriff der Social Media zusammengefasst und basieren auf einem binären Code, der mittels hierarchisch geschichteter Protokolle (wie etwa TCP/IP, die Anwendungsschicht des Internets) die weltweite Just-in-time-Übertragung von Daten erlaubt (vgl. zum ‚Protokollogischen‘ Galloway & Thacker 2014). Darüber hinaus findet sich ein Phänomen, das (nicht

---

1 Dies ist auch ein Topos in der Medientheorie. Ob nun Christoph Tholen von der „Zäsur der Medien" (Tholen 2002) spricht oder Ludwig Jäger konzediert, dass die „Reflexion des Master-Mediums Computer den Horizont seiner artifiziellen Vorläufer-Medien aufhellte und so den Prozess des Wandels der traditionellen Medien in der Gutenberg-Galaxis bzw. der Literalität insgesamt in den Blick rückte" (Jäger 2001: 19) – die ‚Interiorisierung‘ der neuen Medientechniken, d. h. ihre Auswirkungen (auch) auf kognitive Prozesse durch eine neue Praxis der „Exteriorisierung" (Stiegler 2014: 38), verändert auch die Auffassung der Frage, in welchem Zusammenhang Medialität und Wissen insgesamt stehen.
2 Zum Begriff des ‚Monuments‘ im Unterschied zum ‚Dokument‘ vgl. Foucault (1981: 15).

bloß) die Geistes-, Sozial- und Kulturwissenschaften unter dem Titel *Digital Humanities* umzuwälzen scheint und in ihnen eine Logik installiert, die auf empirisch-stochastischer Datenakkumulation aufruht und die vielgescholtene Subjektivität kulturwissenschaftlicher Forschung zugunsten eines neuen ‚Faktenwissens' abzulösen scheint, das auf vermeintlich objektiver Sammlung, Selektion, Auswertung und Skalierung massenhaft gesammelter Daten basiert. Erzeugt werden diese Big Data u. a. durch die Speicherung von Verbraucher- und Nutzerdaten der Social Media und werden von den Konzernen, die diese Medien zur Verfügung stellen, natürlich auch selbst – meist zur Optimierung von Gewinnen, Nutzungsgewohnheiten etc. – genutzt. Auch sie ruhen prinzipiell auf demselben Code auf, verwenden dieselben Protokolle und lassen sich ebenfalls nahezu zeit- und raumunabhängig transferieren.

Das hat nicht unerhebliche Konsequenzen: Alles, was im Internet, in welchem dieser Medien auch immer, Datenstatus erhalten möchte, muss in den binären Code übersetzt werden. Berry konstatiert daher zu Recht:

> Ein Computer verlangt, dass alles aus dem kontinuierlichen Fluss unserer Alltagswirklichkeit in ein Raster von Zahlen umgewandelt wird, das als eine Darstellung der Wirklichkeit abgespeichert werden kann, die sich dann mit Hilfe von Algorithmen manipulieren lässt. Diese subtraktiven Methoden zum Verstehen der Wirklichkeit (*episteme*) erzeugen neues Wissen und neue Methoden zur Kontrolle der Wirklichkeit (*techne*). Dies geschieht durch eine digitale Vermittlung. (Berry 2014: 48, Hervorhebungen i. O.)

Man hat es also nicht bloß im Falle der Social Media, sondern durchaus auch im Fall von Big Data mit medialen Verfahren zu tun, insofern damit eine Operation der Phänomenalisierung von zuvor Nicht-Wahrnehmbarem bzw. zuvor Nicht-Übermittelbarem (vgl. zu dieser Auffassung des Medialen Krämer 2003: 83) verbunden ist, die unmittelbar in neue Formen der Repräsentation, Übertragung und Speicherung von Aussagen – die sich mit Foucault als Existenzbedingungen von Diskursen und damit von diskursivem Wissen verstehen lassen – mündet. Anders formuliert: Die Struktur und Operationsweise des *„Archiv[s]"* (Foucault 1981: 187; Hervorhebung i. O.), d. h. der Gesamtheit tatsächlich getätigter Aussagen, die diskursiv wiederaufgegriffen, neu kontextualisiert usf., kurz: *iteriert* werden (können), sowie die Möglichkeiten, zu selbigem Zugang zu erhalten, sind durch das Internet und seine Verfahren grundlegend transformiert worden (vgl. zum Zusammenhang von medialen und diskursiven Ordnungen Gnosa 2018: 328–331). Wenn man bedenkt, dass das Archiv „bewirkt, dass all diese gesagten Dinge sich nicht bis ins Unendliche in einer amorphen Vielzahl aufhäufen […], sondern dass sie sich in distinkten Figuren anordnen, sich aufgrund vielzähliger Beziehungen miteinander verbinden, gemäß spezifischen Regelmäßigkeiten sich behaupten oder verfließen" (Foucault 1981: 187), ist rasch begriffen, dass dieser Prozess einen erheblichen Einfluss auf die Konstitution der rezenten Episteme, das Wissen einer (kulturellen) Gemeinschaft in einer Epoche, hat (vgl. dazu etwa Hörl 2011).

Es handelt sich beim Archiv zudem nicht um einen statischen Speicher, sondern um eine „Praxis" (Foucault 1981: 188), die sich mit der Digitalisierung deutlich transformiert hat:

> Die Analyse von Daten des Archivs findet […] zu jenem Vertrauen in die Abstraktion zurück, welches die Epoche der Klassik charakterisierte – doch eine Abstraktion, die heute ein buchstäblich formales Ensemble von Beziehungen darstellt. Ihre Praxis besteht darin, bewusst gesetzte Modelle zu *konstruieren*, um das Studium des konkreten Phänomens durch ein solches zu ersetzen, das durch seine Definition ein Objekt überhaupt erst bildet,

konstatiert Wolfgang Ernst (2002: 119; Hervorhebung i. O.) mit Blick auf diese neuen Praktiken. Wenn auch die Konstitution von Gegenständen aus Sicht Foucaults immer schon einen diskursiven Effekt darstellt (und damit sprachlichen oder anders medial konstituierten Logiken folgt), ändern die digitalen Gegebenheiten die Wissenskonstitution und -zugänge doch grundlegend. Folgt man Galloway & Thacker, ersetzt das Protokoll den Archivar: Es „ermöglicht Beziehungen zwischen miteinander vernetzten, aber autonomen Einheiten" und hat das Ziel, „alles unterzubringen, egal, welche Quelle oder welchen Bestimmungsort, welche ursprüngliche Definition oder Identität es hat" (Galloway & Thacker 2014: 292). Mithilfe von binärem Code und Protokollen – ob man es dabei tatsächlich mit neuen Kulturtechniken zu tun hat, wie Berry (2014), Galloway & Thacker (2014) und andere vermuten, wäre sicher noch eingehender zu diskutieren – sind daher immer auch Demokratisierungsutopien verbunden. Schließlich umgehe die Technik „die traditionellen Türhüter des Wissens im Staat, an den Universitäten und im Markt" (Berry 2014: 53) und erlaube potenziell jeder und jedem, auf digitales Wissen zuzugreifen und sich am digital ausgetragenen Diskurs zu beteiligen. Dass es sich dabei grundsätzlich um eine Utopie handelt, wird schnell deutlich: Die Ordnung des Archivs liegt in den Händen hochspezialisierter Experten, die allein in der Lage sind, die algorithmischen Strukturen, mithilfe derer mit Aussagen operiert wird, zu begreifen und zu steuern. „Die bloße Einrichtung einer medialen Infrastruktur, die eine anonyme Informationsübertragung ermöglicht, bedeutet […] nicht notwendigerweise die Förderung von demokratischen Tendenzen" (Reichert 2013: 21).

Konkrete Auswirkungen dieser Neu-Ordnung des Archivs zeigen sich jedem/r, der/die in einer (Internet-)Suchmaschine – meist wohl bei Google – nach etwas zu suchen versucht. Häufig ist die sogenannte Autovervollständigung schneller als der/die User/in selber, wenn es um die Selektion dessen geht, was gefunden werden soll, weil automatisch Vorschläge, die sich aus quantitativ häufig vorkommenden Suchbegriffen bzw. -begriffskombinationen speisen, gemacht werden. Was meist als angenehme Dienstleistung, die die Arbeit des fehlerfreien Eintippens von Suchbegriffen übernimmt, wahrgenommen wird, würde in unserer Alltagskommunikation wohl eher als Übergriff verstanden werden. Jemandes Satz für ihn oder sie zu beenden stellt schließlich einen recht rabiaten Eingriff in „die allmähliche Verfertigung der Gedanken beim Reden" (Kleist 1977) dar und hat damit deutliche Auswirkungen auch auf den individuellen Umgang mit (digitalem) Wissen. „Im Vergleich zu früheren Suchsystemen verstecken Suchmaschinen zudem ihre Vermittlerrolle wesentlich effektiver hinter minimalen Schnittstellen und extrem kurzen Verarbeitungszeiten. Der dadurch erweckte Anschein eines transparenten Informationszugangs" (Röhle 2009: 14 15), d. h. eines möglichen Zugriffs auf jedwede Information für alle, unterstützt die oben skizzierte ‚Befreiungs- und Demokratisierungsutopie' und verschleiert die wissenskonstitutive Rolle dieser Zugriffsordnungen. Sie basieren gleichwohl zumindest teilweise auf – wenn man so möchte – ‚demokratischen' Prozessen: Die Autovervollständigungsfunktion, die sich systematisch als ein Phänomen der Big Data begreifen lässt, geht immerhin auf ‚Mehrheiten' zurück. Man hat es also in gewisser Hinsicht mit einem Crowdfunding zu tun, das allerdings gebrochen wird von ökonomischen Interessen der Suchmaschinenbetreiber und ihrer Kund/innen, die in die Selektionskriterien miteinfließen. Und auch die zugrundeliegenden Algorithmen, d. h. die Weise, wie mit den erhobenen Daten umgegangen wird, bleibt intransparent für die Nutzer/innen.

Dies gilt auch für einen anderen Bereich der Big Data, vielleicht ihren Kern. Gemeint ist das Verfahren des *Data Minings*: Darunter sind groß angelegtes Sammeln, „Aufgabendefinition, Selektion und Extraktion, Vorbereitung und Transformation, Mustererkennung, Evaluation und Präsentation" (Reichert 2013: 35) zu verstehen. Data Mining lässt sich insofern als ein Verfahren des Aussagens verstehen, innerhalb dessen Daten miteinander (zu Aussagen) korreliert und Muster dieser Korrelationen (Diskurse) ausfindig gemacht werden. Es scheint also, als habe man es mit einem objektiven Verfahren zu tun, das auf Prämissen, Kriterien u. ä. verzichten könne und rein induktiv, datengesteuert, funktioniere. Allerdings zeigt die Praxis, dass bei der Fülle an explorierten Daten, mit denen aufgrund ihrer reinen Masse nicht mehr sinnvoll umgegangen werden kann, die Validierung der Begriffsauswahl – denn verarbeitbare Daten bestehen (noch) aus linguistischen Daten – „oft unklar und vage" (Reichert 2013: 50) verbleibt, sodass es notwendig wird, sie von außen – deduktiv – durch Experten zu steuern. Die Objektivität der großen Daten erweist sich also ebenso als Illusion wie die Idee, dass sie demokratisierend seien oder Faktenwissen (re-)produzierten. Folgt man Reichert (2013), geht es darum aber auch gar nicht. Im Gegenteil, nicht ein rezentes Wissen wird produziert – wie Fälle wie *Google*

Flu Trends zeigen, ein Tool zur Vorhersage von Grippewellen durch die Akkumulation bestimmter Suchanfragen von bestimmten Regionen aus –, sondern ein „Zukunftswissen" (Reichert 2013: 58) soll installiert werden.

Nimmt man die Social Media aus diskurstheoretischer Perspektive in den Blick, ergibt sich nur vermeintlich ein anderes Bild. Zunächst scheint es, als könne jede/r Nutzer/in auf den reichen Schatz des digital und ‚analog' verfassten Archivs zugreifen und jede mögliche Aussage beliebig wiederholen, kommentieren, verlinken und so fort. Dass sich daraus allerdings völlig neue – oder gar ‚freie' – Diskurse zu entwickeln im Stande wären, stellt sich bei näherem Hinsehen als Illusion heraus: Auch hier findet sich das Problem des Zugriffs, denn von den User/innen veröffentlichte Informationen (~ Aussagen), sofern sie nicht die alltägliche (a-mediale) Erfahrung der Nutzer/innen betreffen, stammen aus Zugriffen, die durch Gatekeeper wie Google, TV oder andere Daten- und Diskurslieferanten vorselektiert sind und nicht selten eine gewisse intermediale Zirkularität aufweisen, wenn etwa in Medien wie Fernsehen oder Rundfunk von den neuesten ‚Internettrends' berichtet wird. Zudem lässt sich auf der semantischen Ebene der sogenannten Postings gerade dann der Import traditioneller Kategorisierungskriterien besonders gut beobachten, wenn etwa Individuen hinsichtlich ihres Alters, Körpergewichts, ihrer Körpergröße oder sozialen Beliebtheit täuschen. Gerade diejenigen Angaben werden dabei von den anderen Nutzer/innen goutiert, die durch die Wahrnehmungsschemata der traditionellen Massenmedien (und anderer Diskursgeneratoren) vorgeprägt sind: Der ideale Mensch ist jung, möglichst schlank, eher großgewachsen und überaus beliebt.

Zudem bieten Plattformen wie Facebook stark vorstrukturierte Möglichkeiten der Aussagen(re)produktion: Formulare, die beim Anlegen eines Nutzerprofils ausgefüllt werden müssen, geben eine bestimmte mediale Performanz der Nutzer/innen vor, mit der von ihnen zwar durchaus gebrochen werden kann (darauf verweisen etwa Rogers 2014: 176 und Reichert 2013: 60). Allerdings ist sie als erzwungene Selbst-Kategorisierung angelegt: Die eigentlich narrative Struktur autobiographischen Wissens muss in isolierte Bausteine zergliedert werden (vgl. Reichert 2013: 60), Kategorien wie Geschlecht, Alter, Beziehungsstatus u. ä. werden vorgegeben und damit als Subjektkategorien relevant gesetzt, die Möglichkeit, Lieblingsfilme, -bücher, -musik usf. anzugeben, verlangt, sich in der populären Kultur als Leser, Cineast oder Musikliebhaber zu verorten. Dass es sich dabei um (nicht nur demografische) personenbezogene Daten handelt, die von profitorientierten Konzernen gesammelt, selektiert, ausgewertet und zum Anlass neuer Datenproduktionen (etwa durch personalisierte Werbung, deren zugrundeliegende Mechanismen beim Kauf des beworbenen Produkts die gespeicherten Daten bestätigen und dem Nutzerprofil hinzufügen), dass hier also wiederum ein Wissen (über die ausfüllenden Subjekte) generiert wird, das dem/r Nutzer/in intransparent bleibt, ist eine Seite. Auf der anderen Seite haben wir es hier aus diskurstheoretischer Sicht mit der Zuweisung von Subjektpositionen auf der Basis von Diskursen zu tun, die außerhalb der sogenannten ‚neuen' Medien entstanden sind, die aber die Produktion von Aussagen in den Diskursen der sozialen Medien allererst ermöglicht. Diese Praktik verweist auf eine Logik, die Foucault in *Die Ordnung der Dinge* (Foucault 2012a) für die Entstehung der Humanwissenschaften exemplarisch vorgeführt und in der *Archäologie des Wissens* (Foucault 1981) systematisch ausformuliert hat: Aussagen und Diskurse schaffen nicht bloß die Gegenstände, von denen sie handeln, sondern sie regulieren auch die Positionen, Anlässe und Situationen, von denen aus Subjekte überhaupt in der Lage sind, Aussagen zu treffen (wie auch immer diese medial verfasst sind). Nun bedingt diese Diskurs-Logik auf den Plattformen der sozialen Medien mit ihren transformierten Praktiken – ähnlich wie die Autovervollständigungsfunktion Googles – eine völlig neue Praxis des Umgangs der Subjekte mit ihren Informationen, die streng an die spezifische Operationsweise der Social Media gebunden ist – keine/r käme wohl auf die Idee, seinen/ihren Offline-Heimweg mit Informationen wie Telefonnummer, Geburtsdatum und vollständiger Adresse zu plakatieren; um aber an den Kollektivitäten des Internets teilhaben zu können, ist dies online für die User/innen unvermeidlich.

Allerdings, so bleibt zu konzedieren, ist die Wissensproduktion in den Social Media auf die Teilhabe der User/innen angelegt: Immerhin bestimmen – bei aller notwendigen und hier skizzierten Einschränkung – nicht mehr ausschließlich disziplinäre Institutionen wie Schule, Fabrik oder (klassische) Massenmedien, welche Aussagen in welcher Weise prozessiert werden, sondern die Nutzer/innen haben durchaus einen Einfluss auf die Selektion dessen, was sie iterieren, und handeln die Relevanz und den Status der ausgewählten Daten wechselseitig aus, wie sich dies nicht nur bei Facebook, Instagram oder YouTube beobachten lässt, sondern etwa auch auf Wiki-Plattformen, auf denen es klar zugewiesene Status gibt, die die Produktion und Selektion von Wissen regeln. Im Zusammenhang mit dieser kommunikativen Logik von Wissen bietet die Operationslogik der Iteration Raum für die Entstehung abweichenden Wissens, das aus der transformierenden Wiederholung archivierter Aussagen folgt. Insofern muss für die Social Media eine Oszillation von Top-down- und Bottom-up-Prozessen der Wissenskonstitution und -distribution konstatiert werden.

Im Mittelpunkt von Big-Data-Methoden und Social-Media-Prozessen steht also die Herstellung eines spezifischen, digitalen Wissens. Es zielt einerseits darauf, ein ‚(Zukunfts-)Wissen' über abstrakte Kollektivitäten zu schaffen (Big Data), das aber durchaus auf Individuen herunter skalierbar sein soll, wie etwa das Phänomen der personalisierten Werbung belegt. Andererseits hat man es mit der Dokumentation biographischer Zeitläufe, Gewohnheiten und Vorlieben sowie Abneigungen zu tun, die Nutzer/innen in den Social Media selbst vornehmen. Bei allen hier aufgezeigten Unterschieden sind Big Data und Social Media dabei nicht klar zu trennen. Ein Teil der Daten, die digital anfallen, stammen schließlich aus den sozialen Medien und werden mit Big-Data-Methoden ‚nur' weiterverarbeitet. Wenn also von einem digitalen Wissen die Rede sein soll, müssen die Verknüpfungen der beiden Phänomene im Blick behalten werden. Dies gilt sicher auch für eine machtanalytische Perspektive auf digitale Daten. Denn wie die Beispiele zeigen, sind Wissenszugangs- und -konstitutionsprozesse des Digitalen keineswegs ausschließlich symmetrisch organisiert, sondern weisen (auch) eine asymmetrische, hegemoniale Struktur auf. Anders formuliert: Auch das Wissen der digitalen Daten konstituiert sich in einem Machtraum, verweist auf, konstituiert und transformiert „Kräfteverhältnisse"[3] (Foucault 2003: 399).[4]

3 Digitale Daten, das Panopticon und der Geständniszwang

Nun werden zur Beschreibung der Machtverhältnisse, die das Aufkommen digitaler Daten kennzeichnen sollen, häufig George Orwells *Big Brother* und die Metapher des *Panopticons* bemüht (so auch durch Snowden; vgl. dazu kritisch Boellstorff 2014: 117–119). Insbesondere letztere, die vor allem durch Foucaults Auslegung in *Überwachen und Strafen* (Foucault 1994) einige Prominenz erlangt hat, wird besonders fruchtbar, scheint sie doch ein schlüssiges Modell für die den Big Data attestierte „umstrittene kulturelle Logik von Überwachen, Privatsphäre und Enthüllung" (Boellstorff 2014: 117) zu bieten. Sie wird jedoch unterschiedslos sowohl für die Big Data als auch für die Social Media genutzt. Doch wie kommt es dazu, und ist diese Parallele überhaupt sinnvoll?

---

3 Diesen Terminus nutzt Foucault, um von Macht nicht in Begriffen von Herrschaft und Unterwerfung sprechen zu müssen, sondern die grundsätzliche Transformabilität und Dynamik von Macht als Relationengefüge in den Blick zu bekommen.
4 Röhle warnt jedoch zurecht davor, die Utopie vorschnell in eine Dystopie zu verwandeln: „Die Verlagerung von Selektionsentscheidungen an undurchschaubare, orakelhafte Algorithmen befördert Vorstellungen eines unheilvollen Manipulationsgeschehens hinter den Kulissen. Google erscheint als der Inbegriff des machtvollen Souveräns im digitalen Zeitalter [...]. Wenn derart starke Machtzuschreibungen mit scheinbarer Selbstverständlichkeit vorgenommen werden, liegt es nahe, dass der Machtbegriff inflationär verwendet wird und es eines differenzierteren Blicks bedarf" (Röhle 2009: 14). Diesem Appell wird im Verlauf des Textes noch Rechnung getragen.

Der Schlüssel liegt sicherlich in einer Praktik, die Foucault als die zentrale Machttechnik des Panoptismus auszeichnet: die *Überwachung*. Schließlich ist das Infame des automatisierten Datensammelns, dass es uns ausspäht, jeden unserer – kommunizierenden, konsumierenden, physischen – Schritte aufzeichnet, speichert und auswertet: „Er wird gesehen, ohne selber zu sehen; er ist Objekt einer Kommunikation, niemals Subjekt in einer Kommunikation" schreibt Foucault (1994: 257) über den Insassen des panoptischen Gefängnisses, ein von Jeremy Bentham entworfenes Gebäude, dessen Gefangene in konzentrisch angelegten Zellen einsitzen, die keinerlei Kommunikation untereinander zulassen, dafür aber ständig von einem zentralen Punkt aus eingesehen werden können (vgl. Bentham 2013). Fundamental für die Wirkung der Überwachung ist neben ihrer so installierten Vertikalität die Tatsache, dass Verstöße gegen die Regeln des ‚richtigen' Lebens sanktioniert werden. Durch ständige Prüfungen wird den Gefangenen das reguläre Verhalten aufgezwängt und werden ihnen so die Kriterien transparent, die darüber entscheiden, ob sie als gute, produktive Mitglieder der Gemeinschaft (an-)erkannt werden bzw. sich selbst (an-)erkennen dürfen. Deleuze hat diese der Subjektivierung von Individuen dienenden Kriterien treffend als „Gussformen" (Deleuze 1993: 256) bezeichnet; sie werden ausgeweitet auch auf andere Institutionen wie die Kaserne, die Schule und das Hospital und dort *„analogisch"* (Deleuze 1993: 256; Hervorhebung i. O.) zur Anwendung gebracht. Entscheidend für die Wirkung dieses „Typ[s] von Macht; eine Modalität der Ausübung von Gewalt" (Foucault 1994: 276–277), ist also, dass die Überwachung insofern internalisiert wird, als die Gefangenen sie auf sich selber anwenden und gewünschtes Verhalten antizipativ reproduzieren, sich selbst disziplinieren. Es ist dann nicht mehr nötig, dass der Beobachtungsposten im Panoptikum tatsächlich besetzt ist – es genügt zu wissen, dass er es sein könnte.

Mit Blick auf Praktiken, die mit Big Data verknüpft sind – etwa das Ausspähen von Meta-Daten (Informationen über Zeitpunkt, Ort und bspw. die MAC-Adresse zweier miteinander kommunizierender Akteure; dass eine klare Trennung zwischen Daten und Meta-Daten problematisch ist, zeigt Boellstorff 2013: 111–117) durch die NSA oder das oben angesprochene Data Mining – zeigen sich dazu gravierende Unterschiede: Individuen werden hier zwar auch beobachtet, sind fremden Blicken ausgesetzt – aber sie spüren sie nicht auf sich ruhen. Keine Sanktionen erwarten diejenigen, die von einem bestimmten Ort aus kommunizieren, keine (spürbaren) Konsequenzen erwachsen dem/r Einzelnen daraus, dass er/sie mithilfe von Mustererkennung – oder richtiger: Musterkonstitution – einem virtuellen Kollektiv zugeordnet wird.[5] Die Möglichkeit der

---

5 Eine seltene, wenn auch drastische Ausnahme ist die Erstellung virtueller Kollektive, deren Mitglieder als ‚Gefährder', d. h. als Gruppe potenzieller Terroristen, klassifiziert werden. Dies

antizipierenden Internalisierung von Kriterien des erwünschten Verhaltens existiert so schlicht nicht, weil die Kriterien intransparent bleiben (und daher auch nicht eingeübt werden können). Und dies gilt nicht bloß für die Ziele der Überwachung. Auch die Akteur/innen, die sie in Umlauf bringen, wissen (anfangs) meist gar nicht, wonach sie suchen.

Individualisierende Isolation, umformende Arbeit und die (Re-)Konstruktion „psychologische[r] Kausalität" durch biographische Analyse (Foucault 1994: 324) sind die begleitenden Faktoren von Überwachung, Sanktion und Prüfung, den essenziellen „Machtprozeduren der *Disziplinen*" (Foucault 2012b: 135; Hervorhebung i. O.), deren Praktiken auf einer Vorstellung des „Körper[s] als Maschine" (Foucault 2012b: 134) aufruhen. Sie zielen darauf, Individuen in minuziös geplante Anordnungen einzulassen, sie in Beziehungen zueinander und zu Objekten wie Werkzeugen, Waffen oder Apparaten zu bringen, die immer wieder eingeübt werden, und die Befolgung dieser disziplinären Regularitäten – oder den dagegen erwachsenden Widerstand – als kausale Folge persönlicher Konstitution zu fassen. So wird jede/r Einzelne subjektiviert, als von vorneherein klassifiziertes Subjekt ‚angerufen' (vgl. zur Anrufung von Individuen als Subjekte Althusser 1977; vgl. zum Zusammenhang von Interpellation und digitalen Kollektiven Reichert 2013: 30). Big Data hingegen zielen nicht direkt auf den/die Einzelne/n, und sie disziplinieren sie nicht. Wichtiger ist in diesem Zusammenhang aber die Tatsache, dass Datenanalysen nicht auf die Herstellung kausaler und schon gar nicht psycho-kausaler Zusammenhänge ausgerichtet sind. Auch wenn Algorithmen auf einer Logik des if-then basieren, bauen die neuen Methoden auf dem tatsächlichen Verhalten von Nutzer/innen auf, das zwar miteinander korreliert werden kann (und zwar nicht bloß digitales mit digitalem, sondern durchaus auch digitales mit ‚analogem' Verhalten, etwa durch Google Correlate, vgl. dazu Rogers 2014: 177) – aber dessen Sammlung und Verwertung nicht einer kausalen, sondern einer stochastischen Logik folgt, nicht nach den Gründen für das Nutzerverhalten fragt, sondern es vielmehr zu steuern und vorherzusagen versucht. Mit Deleuze lässt sich formulieren, man habe es mit einer „*numerische[n]*" Logik zu tun, die nicht die *Disziplinen*, sondern die *Kontrollen* kennzeichnet: Sie „sind eine *Modulation*, sie gleichen einer sich selbst verformenden Gussform, die sich von einem Moment zum anderen verändert, oder einem Sieb, dessen Maschen von einem Punkt zum anderen variieren" (Deleuze 1993: 256; Hervorhebung i. O.).

Wenn also das Modell des Panopticons – die ideale Figur der Disziplinarmacht – das Phänomen der Big Data nicht hinreichend beschreiben kann, so

---

führt durchaus zu teils deutlichen Adressierungen Einzelner. Allerdings bleiben auch hierbei die Klassifikationskriterien intransparent.

erweist es sich möglicherweise als passender im Hinblick auf die Social Media? Immerhin finden sich auf Plattformen wie YouTube oder Facebook durchaus Praktiken, die als disziplinierend bezeichnet werden können, wenn Beiträge zustimmend oder ablehnend kommentiert, ‚geliket', zitiert und so fort werden. Die Kriterien, denen solche Geschmacksurteile folgen, scheinen für alle Beteiligten transparent zu sein, denn sie stützen sich auf Kategorisierungen, die auch offline bekannt sind und über die ganze Breite der Massenmedien konstituiert und iteriert werden: Die Frage, was als ‚gute Figur', ‚männlich', ‚lustig' oder insgesamt als angemessen oder anerkennungswürdig gilt, wird oft schon jahrzehntelang diskursiv verhandelt und bleibt dabei mehr oder weniger transparent für die Kategorisierten. Man hat es hier durchaus mit Deleuzeschen ‚Gussformen' zu tun, deren Nicht-Ausfüllen (verbal) teils heftig sanktioniert wird und bei den solcherart Missachteten zu erheblichem (psychologischen) Schaden führen kann. Wie Taylor formuliert, ist nämlich „[d]as Verlangen nach Anerkennung [...] ein menschliches Grundbedürfnis", sodass „[d]ie Verachtung des eigenen Selbst [...] schließlich zu einem der mächtigsten Werkzeuge ihrer Unterdrückung geworden" ist (Taylor 2009: 14). Die potenziell ständige Überwachung – sobald etwas in den sozialen Medien online ist, wird es auch gesehen – im Verbund mit prompten Feedbackverfahren führt daher ganz im Sinne des Panoptismus' zu einer (vorauseilenden) Anpassung an das als erwünscht antizipierte Verhalten und nicht selten auch zum ‚Fake' des eigenen biographischen, physischen oder psychischen Geschehens. Die User/innen unterliegen damit einem Subjektivierungsprozess, „[d]er Akt der medialen Worergreifung und ästhetischen Präsentation bildet den [Ort ihrer] Konstitution" (Bublitz 2010: 10). Dieser Prozess resultiert allerdings, anders als im Panopticon, nicht aus einer *vertikalen* Beobachtungsanordnung. Vielmehr hat man es mit miteinander vernetzten Akteur/innen zu tun; nicht länger *Hierarchie*, sondern „*Konnektivität*" (Galloway & Thacker 2014: 259; Hervorhebung i. O.) kennzeichnet den Prozess. Mit Althusser gesprochen rufen sich die Nutzer/innen gegenseitig als Subjekte an; nicht mehr vertikale Subjektivierung, sondern *Inter-Subjektivierung* steht im Vordergrund.[6] Nun wirkt sich die Konnektivität auch auf die Gussformen, die Kriterien zur Kategorisierung oder der „Anrufung *als etwas*, als *jemand*" (Althusser 1977: 144; Hervorhebung i. O.) aus. Durch die ständige Iteration unterlie-

---

6 Dabei ist natürlich zu konzedieren, dass asymmetrische Strukturen mit den Social Media nicht direkt und radikal verschwinden. Im Gegenteil finden sich auch in Internetforen und auf Plattformen etwa Moderatorenstrukturen, die in die Produktion von Aussagen eingreifen (mein Dank an Peter Fritz für diesen Hinweis). Allerdings ändert dies nichts an der grundlegenden Tendenz (und quantitativ überwiegenden) kommunikativen Logik innerhalb der sozialen Medien.

gen sie nämlich einem grundsätzlichen, sich immer stärker beschleunigenden Wandel. Anders formuliert: Die dem zugrundeliegende Strategie verfährt nicht länger ‚analogisch‘, d. h. nicht in allen (sozialen, diskursiven oder institutionellen) Zusammenhängen haben die Gussformen die immer gleiche Form. Im Gegenteil: Was im einen Gefüge als positiv bewertet wird, kann im anderen zu unschönen Konsequenzen führen, wie Fälle belegen, in denen das Posten von Urlaubsbildern auf Facebook (die dort von den ‚Freunden‘ möglicherweise ‚geliket‘ werden) den Arbeitgeber veranlassen, der eigentlich krankgemeldeten Person zu kündigen. Auch in die sozialen Medien haben daher modulierende Kontrollen Einzug gehalten.

Dies spiegelt sich u. a. auch in dem Wunsch nach unendlicher Verbesserung, nach *Enhancement*, das von den Subjekten durch immer neue *Tracker* (Schrittzähler, Pulsmesser, Kalorienzähler oder Schlafphasenmonitore usf.) fortlaufend dokumentiert und online zugänglich gemacht wird (vgl. dazu auch Deleuze 1993: 257, der von der Unmöglichkeit des ‚Fertigwerdens‘ in Zeiten der Kontrollmacht spricht). Der ständige Drang nach Mitteilung erinnert nicht von ungefähr an Foucaults Schilderung des Sexualitätsdispositivs: In *Der Wille zum Wissen* zeigt er, dass nicht das vermeintliche Tabu des Sprechens über den Sex (die „Repressionshypothese"; Foucault 2012b: 17) die vorherrschende Machttechnik der Kontrolle kennzeichnet, sondern im Gegenteil das Geständnis produktiv wird. Eingelassen in eine Tradition der Rechtsprechung, innerhalb derer es zunächst „als Garantie von Stand, Identität und Wert, die jemandem von einem anderen beigemessen werden", galt, hat es sich spätestens seit dem Aufkommen der Psychoanalyse zu einer Technik des „Anerkennen[s] bestimmter Handlungen und Gedanken *als der eigenen*" (Foucault 2012b: 62; meine Hervorhebung, T. G.) entwickelt. Bevorzugter Gegenstand des Geständnisses ist am Übergang des 19. zum 20. Jahrhundert der Sex. Aus gutem Grund: Seine Immanenz erlaubt es, wirklich jedes Individuum zu erfassen, das sich sodann dazu zu verhalten hat und – indem es gesteht – sich selbst ‚als etwas oder jemanden‘ versteht. Insofern hat sich die mit den Disziplinen verbundene „Mikrophysik der Macht" (Foucault 1994: 138) zu einer „Bio-Macht" der Kontrolle (Foucault 2012b: 137) transformiert, innerhalb derer das Prinzip des ‚vorauseilenden Gehorsams‘, das durch Überwachung, Prüfung und Sanktion eingeschrieben wird, sich verfeinert und einer selbsttätigen Einkörperung gleicht. Einen ähnlichen Effekt besitzen sicher *Tracking*-Tools: Sie schalten sich direkt an die biologischen Funktionen der Nutzer/innen und ‚gestehen‘ automatisiert die jeweilige Verfasstheit, die dann veröffentlicht und mit Normwerten (deren Veränderung sich ihrerseits immer schneller vollzieht) abgeglichen werden können – auch die Biopolitik normalisiert in einem gewissen Grad. Während zuvor die diskursive Verhandlung des Sex einen Anreiz zum Diskurs schaffte (vgl. Foucault 2012b:

102), der institutionell (etwa durch die Psychoanalyse) und diskursiv (durch die fortwährende Ausdifferenzierung der Sexualitäten) unterstützt wird, hat sich diese Technik also rasch auf nahezu sämtliche Bereiche des Lebens ausgebreitet. Diese Tatsache begreift Foucault als „ein unerläßliches Element bei der Entwicklung des Kapitalismus" (Foucault 2012b: 137), der vor allem in seiner neoliberalen Ausprägung auf den „flexible[n] Mensch[en]" (Sennett 2006) angewiesen ist, welcher sich aber bei aller Flexiblität doch ein- und anordnen lässt. Besonders perfide an diesem Zusammenhang ist, dass die „Verpflichtung zum Geständnis [...] uns so tief in Fleisch und Blut übergegangen [ist], dass sie uns gar nicht mehr als Wirkung einer Macht erscheint, die Zwang auf uns ausübt" (Foucault 2012b: 63). Dies gilt sicherlich auch für die freiwillige Datenherausgabe in den Social Media. Die Nutzer/innen fühlen sich geradezu verpflichtet, ständig online zu sein, von ihrem Leben bis in die kleinsten Details hinein zu berichten und sich über die der anderen zu informieren. Sogar einen (Internet-)Ausdruck gibt es dafür: ‚fomo‘, ‚the *fear* of *missing* out‘.[7]

Das einzelne Subjekt als Akteur/in der Social Media steht also im Fokus dieser Bio-Macht, deren rezente Ausprägung sich durch die enorme Verstärkung selbsttätiger Einkörperung – nicht nur durch Tracking, sondern auch durch immer neue mobile Geräte, die ganz in McLuhans Sinne als „Ausweitung [...] eines Organs, eines Sinnes oder einer Körperfunktion" (McLuhan 2011: 8) verstanden werden können – und eine allumfassende Anreizung zum Diskurs auszeichnet. Letzteres hingegen hat eine deutliche Transformation erfahren. Verlangte das Geständnis einst „die wenigstens virtuelle Gegenwart eines Partners, der nicht einfach Gesprächspartner, sondern Instanz ist, die das Geständnis fordert, erzwingt, abschätzt" (Foucault 2012b: 65), aber in einem asymmetrischen Verhältnis zum Gestehenden stand (er war Richter/in, Analytiker/in oder Arzt/Ärztin), ist es heute „zutiefst dialogisch" (Boellstorff 2014: 118)[8] und öffentlich geworden. Allerdings bleibt sein grundlegender Mechanismus identisch: Im Zentrum steht auch weiterhin ein „Subjekt, das sich in seiner öffentlichen Artikulation und Manifestation selbst auf die Spur kommt und sich im Spektrum von Konventionen, sozialen Codes und Normen erst bildet und formt" (Bublitz 2010: 13).

In den Social Media findet, so lässt sich zusammenfassen, also (multi-, mindestens aber bilaterale) öffentliche Kommunikation statt, Responsivität ist an die Stelle von Monologizität getreten, Inter-Subjektivierung an die Stelle von Subjektivierung. Die Nutzer/innen üben Macht übereinander aus; man hat es

---

7 Vgl. etwa https://www.internetslang.com/FOMO-meaning-definition.asp; zuletzt abgerufen am 30.04.17.

8 Boellstorff begreift die Grundstruktur des Geständnisses als dialogisch – aber in aller Regel ist es im Gericht, der Psychoanalysepraxis und auch im Krankenhaus nur der/die Delinquent/in, Klient/in oder Patient/in, der/die spricht, sich bekennt, sich subjektiviert.

mit einer reziproken Bekenntniskultur zu tun, die dabei aber durchaus Subjektivierungskriterien der vordigitalen Ära iteriert – sie allerdings im Zuge dieser Iteration auch ständig transformiert.

Big Data hingegen scheinen nicht länger das einzelne Subjekt zu adressieren. Vielmehr steht hier die Bildung von Kollektiven im Vordergrund, von denen aus die Einzelnen ein- und angeordnet werden können: „Masse und Subjekt sind nicht Gegenpole, sondern ineinander verschränkt", konstatiert Bublitz (2010: 10–11) in diesem Zusammenhang. Ob die Auswertung von Suchanfragen, das Data Mining in unüberschaubaren Korpora digitaler Daten oder andere Phänomene, stets soll konkretes Verhalten miteinander korreliert, sollen Muster erkannt und ggf. zur Identifizierung des/der Einzelnen einsetzbar gemacht werden, wobei diese Muster in einem hohen Maße dynamisch sind, weil sie an die ständig strömenden Echtzeitdaten angepasst werden. Statt Kommunikation findet sich hier also (arkane, weil für die Produzenten der Daten nicht wahrnehmbare) Akkumulation, statt Responsivität Modulation, an die Stelle von Subjektivierung tritt eine Form der Objektivierung, die auf der Auflösung der Grenzen zwischen menschlichen und nicht-menschlichen Akteuren basiert. Vor dem Hintergrund der binären Logik digitaler Daten ist es nämlich gleich, ob sie aus der Kommunikation von Individuen oder aus dem ‚Internet der Dinge' stammen: „Technische Aktivität [...] ist zunächst und zumeist verteilte Handlungsmacht, gar nicht mehr zurechenbar auf die Einheit eines Akteurs, eines Subjektes, eher Ausdruck einer zerstreuten, einer [...]: ökotechnologischen Subjektivität" (Hörl 2011: 21; Hervorhebung i. O.).[9]

4 Digitale Daten in einem neuen Dispositiv?

Die mit der zunehmenden Digitalisierung einhergehende Veränderung der rezenten Episteme ist nicht unabhängig von den hier skizzierten kräfterelationalen Verschiebungen. Foucault hat das reziproke Bedingungsgefüge von Diskursen und sich in Institutionen kristallisierender Macht sowie den mit ihnen verbundenen Praktiken mit dem Begriff des *Dispositivs* zu konzeptualisieren versucht: Er versteht darunter

---

[9] Denn mit der zunehmenden Verschränkung von Individuen mit Technologien wie smart phones, smart clothing etc. „verschiebt sich zugleich auch der Status und Sinn von Objekten als solchen, also das, was Objekt überhaupt heißt, und zwar hin zu systemischen, aktiven, intelligenten und kommunizierenden Objekten. Diese Verschiebung bringt eine folgenreiche Neubestimmung unserer gesamten objektiven Verfassung und des Platzes, den wir als Subjekte darin einnehmen, mit sich" (Hörl 2011: 25).

erstens eine entschieden heterogene Gesamtheit, bestehend aus Diskursen, Institutionen, architektonischen Einrichtungen, reglementierenden Entscheidungen, Gesetzen, administrativen Maßnahmen, wissenschaftlichen Aussagen, philosophischen, moralischen und philanthropischen Lehrsätzen, kurz, Gesagtes ebenso wie Ungesagtes. Das sind die Elemente des Dispositivs. Das Dispositiv selbst ist das Netz, das man zwischen diesen Elementen herstellen kann. (Foucault 2003: 392)

So jedenfalls lautet die prominenteste (und einzig explizite) Definition, die Foucault zu diesem Begriff gegeben hat. Allerdings ist das Dispositiv, wenn es auch auf ‚tatsächlichen Dingen' aufruht, keine ontologische Einheit. Vielmehr soll „gerade die *Natur der Verbindung*, die zwischen diesen heterogenen Elementen bestehen kann" (Foucault 2003; meine Hervorhebung, T. G.) in den Blick geraten, wenn Dispositive analysiert werden. Und drittens weisen sie „die Funktion [auf], einer dringenden Anforderung nachzukommen. Das Dispositiv hat also eine dominante strategische Funktion" (Foucault 2003: 393), die im Hinblick auf seine Genese *prävalent* ist, seiner Entstehung also vorausgeht und sie bedingt (vgl. Foucault 2003: 393).

Nun haben die bisherigen Überlegungen erwiesen, dass die Veränderung der zeitgenössischen Episteme insbesondere von den neuen medialen Möglichkeiten ihrer Prozessierung abhängt. Wenn also die Genese eines oder mehrerer ‚neuer' Dispositive zu konstatieren ist, sind sie in spezifischer Weise mit Formen und Praktiken von Vermittlung relatiert. Dies gilt eigentlich für alle Dispositive, auch für die von Foucault in *Überwachen und Strafen* oder *Der Wille zum Wissen* beschriebenen: Denn die spezifischen Blickordnungen, Verhaltens-Diagramme und Sanktionen des Panopticons oder die (Gesprächs-)Situation der Psychoanalyse lassen sich schließlich als *mediale Monumente* und *Praktiken* auffassen – sie alle phänomenalisieren, relatieren heterogene Felder miteinander, vermitteln also, und übertragen das durch sie Hervorgebrachte. Die je spezifische Weise dieser Vermittlung, ihre Medialität, fügt dem je Vermittelten zudem generisch etwas hinzu.[10] Weder das „dispositif panoptique" (Foucault 1975: 202) noch das „Dispositiv der Sexualität" (Foucault 2005: 812) wären ohne diese (Macht-) „Techniken" (Foucault 2012b: 118), die auf medialen Verfahren basieren, denkbar.[11] Insofern stellen die neuen medialen Verfahren einen konstitutiven Bestandteil des oder vielmehr der zu beschreibenden (neuen?!) Dispositive dar.

Die Analyse der Machtstrategien hatte ergeben, dass sich zwei grobe Stränge im Bereich der digitalen Daten differenzieren lassen, die 1) als Social Media

---

[10] Dieser Umstand wird in der Medientheorie bekanntlich meist unter dem Topos des *Sinnüberschusses* verhandelt.

[11] Zur detaillierten Darstellung der Konfiguration von Dispositiven aus Diskursen, Macht(institutionen) und Medien vgl. Gnosa (2018).

und 2) als Big Data identifiziert wurden. Sie teilen eine technologische Platt-form, die zwar ihre Materialität (oder möglicherweise auch fundierende *Immate-rialität*) begründet, aber recht unterschiedliche mediale Operationsweisen er-laubt. So zeigte sich, dass die Social Media insbesondere auf intersubjektive Kommunikation[12] ausgerichtet sind, während Big Data vor allem auf die algo-rithmisch gestützte Sammlung, in medienwissenschaftlicher Terminologie also auf die *Übertragung*, *Speicherung* und *Bearbeitung* von Daten, zielen. Beide sind nichtsdestoweniger von einer Logik der Konnektivität durchzogen, die im ersten Fall allerdings die Horizontalisierung diskursiver Aushandlung bedingt, weil potenziell jede/r Zugang etwa zu sozialen Netzwerken erlangen kann, während im zweiten Fall eine hegemoniale Vertikalität in die Wissenskonstitution einge-schrieben wird, insofern Big-Data-Prozesse nur von hochgradig spezialisierten Experten überblickt, in Gang gebracht und gesteuert werden können. Sie ver-netzen zwar, aber dieser Prozess bleibt arkan, während die Social Media durch ihre Konnektivität eine Öffentlichkeit konstituieren. Mit Blick auf mediale Prak-tiken, die spezifische Kräfteverhältnisse stabilisieren (Horizontalität einerseits, Vertikalität andererseits), kann daher einerseits von einer (Macht-)*Technik des öffentlichen Bekenntnisses*, andererseits von einer *Technik der arkanen Akkku-mulation* gesprochen werden. Betrachtet man die diskursive Sphäre der Wis-senskonstitution, findet sich in den sozialen Medien die *Iteration* archivierter Aussagen in einem niemals zu enden scheinenden Fluss an biographischen und anderen Informationen, der sich einer starken „Anreizung zu Diskursen" (Fou-cault 2012b: 22) verdankt – der Sorge, nicht stattzufinden (,fomo'), nicht aner-kannt zu werden (vgl. Taylor 2009). Man hat es hier mit einer Art Selbstverge-wisserung des mannigfaltigen, zergliederten Subjekts zu tun, und sie führt zur strategischen Dringlichkeit, die dieses *Flexibilitätsdispositiv* begründet: In Zei-ten zunehmenden Flexibilisierungsdrucks (vgl. Sennett 2006), der auf Individu-en ausgeübt wird und der sich in den dem Körper immer näher rückenden, mobilen medialen Geräten spiegelt, und der Modulation von Subjektordnungen (vgl. Deleuze 1993), deren Norm(altität)en einem ständigen Aushandlungspro-zess unterworfen sind, lassen sich die Social Media als dispositive Subjektivie-rungsanordnung verstehen. Eine Anordnung, die durchaus ihre Vorläufer hat: Wie Jan Distelmeyer in seiner Habilitationsschrift *Das flexible Kino* (2012) plausi-bel macht, lässt sich bereits die DVD- und Blu-ray-Technologie im Lichte dieser

---

12 Johanna Dorer hat auf die dispositiven Verschiebungen durch die Entstehung der ‚Neuen Medien' bereits 1999, also noch vor der Ausbildung und Verbreitung sozialer Netzwerke und von Big-Data-Technologien, hingewiesen und die Ablösung des durch ältere Medien wie Kino und Theater installierten „Informationsdispositivs" durch ein „Kommunikationsdispositiv" (Dorer 1999: 297) konstatiert.

Logik verstehen. Ausgezeichnet durch „Versatilität" (Distelmeyer 2012: 174) und „Interaktivität" (Distelmeyer 2012: 177) – beides Versprechen der „Digitalizität" (Distelmeyer 2012: 177) – adressieren schon diese heute beinahe veraltet zu nennenden Techniken das Individuum als mobiles, als vernetztes. Die Social Media stehen metonymisch für die Transformation dieses Dispositivs, in dem hegemoniale Strukturen durch *Intersubjektivierungsprozesse* sich ersetzt haben und dadurch auch Gelegenheit zum Widerstand, zur Ausbildung minoritärer Praktiken (vgl. de Certeau 1988: 109–110) bieten. Zudem lässt sich mit Bublitz konstatieren, dass diese „mediale[n] Präsentationsformen das Subjekt im Gegenzug zum – realen – Verschwinden des Subjekts in automatisierten technischen Abläufen sichtbar machen" (Bublitz 2010: 15).

Dies verweist auf die Andersartigkeit der Big Data, die im Gegenzug die Handlungsmacht des Einzelnen in hohem Maße beschränken, indem sie eine Vertikalität reinstallieren, die in ihrer Ausprägung an eine moderne Version der von Foucault beschriebenen Souveränitätsmacht (vgl. Foucault 1994: 75–90) erinnert – mit dem großen und nicht zu vernachlässigenden Unterschied, dass sie unsichtbar bleiben, keine sichtbaren Spuren (schon gar nicht am Körper) hinterlassen. Die Übertragung, Speicherung und Bearbeitung von Daten erfolgt nicht bloß „im für lesende und projizierende, sprich: alphabetische und kinematographische Bewusstseine Unlesbaren, Unwahrnehmbaren, Unbuchstabierbaren, sondern sogar zunehmend unter deren vollständiger Umgehung" (Hörl 2011: 12). Man hat es mit einer Installation von Kräfteverhältnissen zu tun, die potenziell außerhalb der Sphäre des Subjektiven operiert. Nun stellt sich die Frage, welcher Dringlichkeit die Genese einer solchen Anordnung eigentlich folgt, wenn es gar nicht mehr darum geht, etwa Individuen an die Erfordernisse eines neoliberalen Kapitalismus anzupassen. Subjektivieren Big Data überhaupt noch – und wenn ja, wie?[13] Doch bleibt zu konstatieren, dass die mit den Social Media einhergehende zunehmende Flexibilisierung und Intersubjektivierung einen Raum öffnet, der eine drastische Zunahme von Kontingenz ermöglicht: Mit der *„Hypertrophie"* (Galloway & Thacker 2014: 309; Hervorhebung i. O.) der Kommunikation kommt es schließlich zu einem derart erhöhten Maß an Transformabilität, die der Iteration von Aussagen immanent ist, dass die – mit Deleuze gesprochen – ‚Gussformen' der Subjektivierung unbeherrschbar zu werden drohen. Big Data lässt sich möglicherweise als eine Gegenstrategie gegenüber dieser Tatsache verstehen – nicht umsonst zielen sie auf die Erstellung eines

---

13 Dieser Frage geht Hörl (2011) nach. Allerdings unter der Prämisse, dass Social Media und Big Data, basierend auf derselben ‚technologischen Bedingung', homologe Phänomene darstellten. Daher stellt die Untersuchung von Subjektivierungsprozessen der Big Data unter den hier vorgenommenen Differenzierungen ein lohnendes Desiderat dar.

‚Zukunftswissens' und damit auf die Berechenbarkeit derer, von denen sie (zumindest teilweise) den Stoff, also die Daten, für ihre Akkumulationen erhalten. Dann stünden die Big Data exemplarisch für ein Kontingenzdispositiv, das die Dringlichkeit der ausufernden Intersubjektivität im Zaum zu halten versucht.

Literaturverzeichnis

Althusser, Louis (1977): Ideologie und ideologische Staatsapparate (Anmerkungen für eine Untersuchung). In Louis Althusser, *Ideologie und ideologische Staatsapparate. Aufsätze zur marxistischen Theorie*, 108–153. Hamburg, Westberlin: VSA.

Bentham, Jeremy (2013): *Das Panoptikum*. Berlin: Matthes & Seitz.

Boellstorff, Tom (2014): Die Konstruktion von Big Data in der Theorie. In Ramón Reichert (Hrsg.), *Big Data. Analysen zum digitalen Wandel von Wissen, Macht und Ökonomie*, 105–131. Bielefeld: transcript.

Bublitz, Hannelore (2010): *Im Beichtstuhl der Medien. Die Produktion des Selbst im öffentlichen Bekenntnis*. Bielefeld: transcript.

Certeau, Michel de (1988): *Kunst des Handelns*. Aus dem Französischen übersetzt von Ronald Voullié. Berlin: Merve.

Deleuze, Gilles (1993): Postskriptum über die Kontrollgesellschaften. In Gilles Deleuze, *Unterhandlungen. 1972–1990*. Aus dem Französischen von Gustav Roßler, 254–262. Frankfurt a. M.: Suhrkamp.

Distelmeyer, Jan (2012): *Das flexible Kino. Ästhetik und Dispositiv der DVD & Blu-ray*. Berlin: Bertz & Fischer.

Dorer, Johanna (1999): Das Internet und die Genealogie des Kommunikationsdispositivs: Ein medientheoretischer Ansatz nach Foucault. In Andreas Hepp & Rainer Winter (Hrsg.), *Kultur – Medien – Macht. Cultural Studies und Medienanalyse*. 2., überarb. u. erw. Aufl., 295–305. Opladen, Wiesbaden: Westdeutscher Verlag.

Ernst, Wolfgang (2002): *Das Rumoren der Archive. Ordnung aus Unordnung*. Berlin: Merve.

Foucault, Michel (1975): *Surveiller et punir. Naissance de la Prison*. Paris: Editions Gallimard.

Foucault, Michel (1981): *Archäologie des Wissens*. Übersetzt von Ulrich Köppen. Frankfurt a. M.: Suhrkamp.

Foucault, Michel (1994): *Überwachen und Strafen. Die Geburt des Gefängnisses*. Aus dem Französischen von Walter Seitter. Frankfurt a. M.: Suhrkamp.

Foucault, Michel (2003): Das Spiel des Michel Foucault. Gespräch mit D. Colas, A. Grosrichard, G. Le Gaufey, J. Livi, G. Miller, J. Miller, J.-A. Miller, C. Millot, G. Wajeman. In Michel Foucault, *Schriften in vier Bänden. Dits et Ecrits*. Band III: 1976–1979. Hrsg. v. Daniel Defert & François Ewald unter Mitarbeit von Jacques Lagrange. Aus dem Französischen von Michael Bischoff, Hans-Dieter Gondek, Hermann Kocyba & Jürgen Schröder, 391–429. Frankfurt a. M.: Suhrkamp.

Foucault, Michel (2005): Interview mit Michel Foucault. Gespräch mit J. François und J. de Wit am 22. Mai 1981. In Michel Foucault, *Schriften in vier Bänden. Dits et Ecrits*. Band IV: 1980–1988. Hrsg. v. Daniel Defert & François Ewald unter Mitarbeit von Jacques Lagrange. Aus dem Französischen von Michael Bischoff, Ulrike Bokelmann, Horst Brühmann, Hans-Dieter Gondek, Hermann Kocyba und Jürgen Schröder, 807–823. Frankfurt a. M.: Suhrkamp.

Foucault, Michel (2012a): *Die Ordnung der Dinge. Eine Archäologie der Humanwissenschaften.* Aus dem Französischen von Ulrich Köppen. 22. Aufl., Frankfurt a. M.: Suhrkamp.

Foucault, Michel (2012b): *Der Wille zum Wissen. Sexualität und Wahrheit I.* Übersetzt von Ulrich Raulff & Walter Seitter. 19. Aufl.. Frankfurt a. M.: Suhrkamp.

Galloway, Alexander & Eugene Thacker (2014): Protokoll, Kontrolle und Netzwerke. In Ramón Reichert (Hrsg.), *Big Data. Analysen zum digitalen Wandel von Wissen, Macht und Ökonomie,* 289–311. Bielefeld: transcript.

Gnosa, Tanja (2018): *Im Dispositiv. Zur reziproken Genese von Wissen, Macht und Medien.* Bielefeld: transcript.

Hörl, Erich (2011): Die technologische Bedingung. Zur Einführung. In Erich Hörl (Hrsg.), *Die technologische Bedingung. Beiträge zur Beschreibung der technischen Welt,* 7–53. Frankfurt a. M.: Suhrkamp.

Jäger, Ludwig (2001): Sprache als Medium. Über die Sprache als audio-visuelles Dispositiv des Medialen. In Horst Wenzel, Wilfried Seipel & Gotthart Wunberg (Hrsg.), *Audiovisualität vor und nach Gutenberg. Zur Kulturgeschichte der medialen Umbrüche,* 19–42. Wien: Kunsthistorisches Museum.

Kleist, Heinrich von (1977): Über die allmähliche Verfertigung der Gedanken beim Reden. In Heinrich von Kleist, *Sämtliche Werke und Briefe,* 319–322. Bd. 2. Hrsg. v. Helmut Sembdner. München: Hanser.

Krämer, Sybille (2003): Erfüllen Medien eine Konstitutionsleistung? Thesen über die Rolle medientheoretischer Erwägungen beim Philosophieren. In Stefan Münker, Alexander Roesler & Mike Sandbothe (Hrsg.), *Medienphilosophie. Beiträge zur Klärung eines Begriffs,* 78–90. Frankfurt a. M.: Fischer.

McLuhan, Marshall (2011): Geschlechtsorgan der Maschinen. *Playboy*-Interview mit Eric Norden. In Martin Baltes & Rainer Hölschl, *absolute Marshall McLuhan*, 7–55. Freiburg i. Br.: orangepress.

Reichert, Ramón (2013): *Die Macht der Vielen. Über den neuen Kult der digitalen Vernetzung.* Bielefeld: transcript.

Rogers, Richard (2014): Nach dem Cyberspace: Big Data, Small Data. In Ramón Reichert (Hrsg.), *Big Data. Analysen zum digitalen Wandel von Wissen, Macht und Ökonomie,* 173–187. Bielefeld: transcript.

Röhle, Theo (2009): *Der Google-Komplex. Über Macht im Zeitalter des Internets.* Bielefeld: transcript.

Sennett, Richard (2006): *Der flexible Mensch. Die Kultur des neuen Kapitalismus.* Berlin: Berliner Taschenbuch-Verlag.

Stiegler, Bernard (2014): Licht und Schatten im digitalen Zeitalter. Programmatische Vorlesung auf dem Digital Inquiry Symposium am Berkeley Center for New Media. In Ramón Reichert (Hrsg.), *Big Data. Analysen zum digitalen Wandel von Wissen, Macht und Ökonomie,* 35–46. Bielefeld: transcript.

Taylor, Charles (2009): Multikulturalismus und die Politik der Anerkennung. In Charles Taylor, *Multikulturalismus und die Politik der Anerkennung.* Mit Kommentaren von Amy Gutmann, Steven C. Rockefeller, Michael Walzer & Susan Wolf. Mit einem Beitrag von Jürgen Habermas, 11–66. Frankfurt a. M.: Suhrkamp.

Tholen, Christoph (2005): *Die Zäsur der Medien. Kulturphilosophische Konturen.* Frankfurt a. M.: Suhrkamp.

Caja Thimm

Diskurspraktiken in algorithmisierten Welten – Zur Entwicklung einer Mediengrammatik digitaler Plattformen

1 Einleitung: Digitale Gesellschaft und Algorithmen

Die vergangenen Jahre sind durch massive technologische Veränderungen in allen gesellschaftlichen Bereichen gekennzeichnet. Computer, Handys, Tausende von Apps und neue digitale Endgeräte wie *Alexa* oder die *iWatch* strukturieren nicht mehr nur unseren beruflichen, sondern unseren gesamten sozialen, persönlichen und intimen Alltag. Kommunikationstechnologie ist mittlerweile nicht nur in Handys, Autos oder im Haus vorzufinden, sondern auch an und in unseren Körpern selbst. Besonders die Etablierung und Pflege sozialer Beziehungen hat sich ins Netz verlagert und dort in spezifisch darauf ausgerichteten Plattformen neue Orte gefunden.

Begleitet wird diese Entwicklung von immer größer werdenden Bedenken und Unsicherheiten über die gesamtgesellschaftlichen Auswirkungen solcher Technologien. Dies betrifft vor allem die Rolle von Daten: Datenbesitz, Datenkontrolle und Datenanalyse bilden heute neue Geschäftsfelder weltweit agierender Konzerne. Schlagworte wie „Big Data", „Datafizierung" und „Algorithmisierung" sind nicht mehr nur Debattenthemen für die Technikszene, sondern werden als gesamtgesellschaftliches Problemfeld angesehen (vgl. Mayer-Schoenberger & Cukier 2013). Dass Daten und ihre Prozessierung durch algorithmenbasierte Analyseprozesse zu einem eigenständigen Machtfaktor gesellschaftlicher Entwicklungen werden, liegt im Wesentlichen an einer den Algorithmen zugeschriebenen eigenständigen Handlungsfähigkeit. Vermeintlich autonom agierende Algorithmen scheinen unabhängig von menschlicher Kontrolle handeln zu können. Die Annahme ihrer Eigenständigkeit, Neutralität oder Objektivität ist indes höchst fragwürdig: Daten müssen zunächst jeweils aufgearbeitet werden („Datenbanken"), um eine Weiterverarbeitung in algorithmischen Prozessen überhaupt möglich zu machen. Auch sind die algorithmenbasierten automatisierten Prozesse stark mit sozialen Praktiken verschränkt, wodurch Nutzer_innen durchaus in der Lage sind, sich der Funktionsweise von Algorithmen auch aktiv zu widersetzen (vgl. Gillespie 2014).

Diese Entwicklungen haben das Augenmerk zwingend auf die „Technologie" und ihre Verbindung zu gesellschaftlichen Teilbereichen gelenkt. Aber

https://doi.org/10.1515/9783110609103-006

Technologie lässt sich heute nicht mehr ohne die Medienpraxen der Milliarden von Nutzer_innen denken – eine technologische Perspektivierung von Gesellschaft impliziert die Beziehung von Technologie, Gesellschaft und Individuum. Es ist nicht nur das Artefakt – oder die „Maschine" – selbst, die im Fokus steht, sondern auch die Verflochtenheit von Alltagsleben, Nutzerhandeln und Technologie, die den Diskurs um die digitale Gesellschaft aktuell bestimmt. Dabei kommt der Frage nach der Bewertung dieses Verhältnisses zunehmend Bedeutung bei, da insbesondere die anfängliche Technik- und Netzeuphorie gerade in den letzten Jahren einen Dämpfer erhalten hat. Die Erkenntnis über die zunehmende Wichtigkeit von Daten und die Macht derjenigen, die über sie verfügen können, hat für Ernüchterung gesorgt.

Aber Technologien sind nicht nur auf der Metaebene gesellschaftlicher Entwicklungen relevant, sondern auch auf der Mikroebene digitaler Diskurse. Der Ansatz, diese beiden Ebenen – gesellschaftliche Metaebene und Mikroebene des individuellen Medienhandelns – zu verbinden, hat zur Ausformung des Konzeptes der „Mediatisierung" geführt. Krotz, einer der Begründer des Ansatzes (Krotz 2007a, b) beschreibt die Entwicklung der Gesellschaft als „Metaprozess" des sozialen beziehungsweise kulturellen Wandels. Er verwendet den Begriff Metaprozess, um klar zu machen, dass es sich hierbei um „[...] eine lang andauernde und Kultur übergreifende Veränderung handelt, um Prozesse von Prozessen, die die soziale und kulturelle Entwicklung der Menschheit langfristig beeinflussen" (Krotz 2007a: 27). Mediatisierung bezeichnet im deutschen, aber auch zunehmend im englischen und skandinavischen Wissenschaftsraum *(mediatization)* einen ähnlich übergreifenden Entwicklungsprozess wie Industrialisierung oder Globalisierung, nämlich die zunehmende Prägung von Kultur und Gesellschaft durch Medientechnologien und Medienkommunikation. Dieser Metaprozess kann nicht von anderen parallelen Entwicklungen, wie zum Beispiel der Individualisierung oder der Globalisierung, abgegrenzt werden und lässt sich in seiner Komplexität nicht auf einzelne Teilprozesse reduzieren, sondern konzipiert Handlungsfelder und Sozialwelten, in denen gesellschaftliches Handeln und kulturelle Sinnkonstruktion untrennbar mit Medien verbunden sind.

Eine der zentralen Perspektiven der Mediatisierungsforschung thematisiert die gesellschaftlichen und politischen „Logiken" der Medien. Das Konzept der Medienlogik bezieht sich heute jedoch nicht mehr nur auf die Perspektive traditioneller Massenmedien, sondern reflektiert zunehmend auch technische und funktionale Aspekte des individuellen Medienhandeln (siehe Thimm, Anastasiadis & Einspänner 2017).

Die nachstehenden Ausführungen haben das Ziel, auf der Basis des Medienlogikkonzeptes eine Beschreibungsebene für mediales Handeln im Sinne einer „Mediengrammatik" zu entwickeln. Zunächst wird einführend ein Überblick über die Entwicklungen in Bezug auf die Ausformung von „Medienlogik(en)" gegeben, um anschließend den darauf basierenden Ansatz der „Mediengrammatik" einzuführen. Vorgeschlagen werden soll damit eine auf der Handlungsebene der Nutzeraktivitäten angesiedelte Konzeption zur Analyse digitaler Diskurspraxen für digitale, partizipative Medien.

2 Medienlogik

In Zeiten der digitalen Netzwerkgesellschaft (vgl. Castells 2005) scheint es angebracht, von der klassischen Medienlogik-Forschung (vgl. Altheide & Snow 1979, 1992) als derjenigen zu sprechen, die sich mit Medienlogiken traditioneller Mediensysteme, beispielsweise dem Fernsehen, beschäftigt hat. In diesem Zusammenhang definieren Altheide & Snow (1979) „mass media logic" wie folgt:

> a set of principles or common sense rationality cultivated in and by media institutions that penetrates every public domain and dominates its organizing structures. In contemporary society, every institution has become part of media culture: changes have occurred in every major institution that are a result of media logic in presenting and interpreting activity in those institutions. (Altheide & Snow 1979: 11)

Medienlogik wird damit verstanden als System aus Grundsätzen, die in und durch Medieninstitutionen produziert werden und die öffentliche Sphäre wie auch ihre organisierenden Strukturen durchdringen. Zentrales neues Element des Ansatzes ist die Perspektive auf die Verbindung zwischen der Institutionalisierung von Medien(strukturen) und ihrem Einfluss auf gesellschaftliche Prozesse, oder wie Altheide & Snow formulieren „in which the distributed contents of mass media and their ‚bureaucratized media logic' transform and shape the meanings of knowledge of social institutions, including politics" (Altheide & Snow 1979: 247).

Ihre Perspektivierung von Medienlogiken nimmt eine institutionelle Perspektive in den Fokus, in welcher die von Massenmedien verbreiteten Inhalte und ihre „bureaucratized media logic" (Altheide & Snow 1979: 247) die sozialen Institutionen selbst transformieren. *Media logic* wird also nicht definiert als Form von Kommunikation, *durch* die die Medien Inhalte übermitteln, sondern auch als ein Prinzip, das Insitutionen verändert und prägt. Medienlogik stellt also bei Altheide & Snow eine Art Formatierungsrahmen dar, durch den Medien Inhalte präsentieren und Realität auf eine spezifische Art und Weise konstruieren.

Bis vor wenigen Jahren wurde der Begriff der Medienlogik vornehmlich in diesem Sinne genutzt, um die Funktionen der Massenmedien und insbesondere der Nachrichtenmedien in Beziehung zu den Logiken politischer Institutionen zu setzen – damit blieb er in der Tradition von Altheide & Snow verhaftet. Die kategorialen Veränderungen in der gegenwärtigen Medienlandschaft, die auch zu neuen Konzepten für Produktion, Rezeption und Partizipation geführt haben (vgl. Thimm 2017), manifestieren sich nun in einer deutlichen Ausweitung im Hinblick auf die gesellschaftliche Rolle von Medien. Hjarvard (2008: 113) beschreibt dies wie folgt: „The term ‚media logic' refers to the institutional and technological modus operandi of the media, including the ways in which media distribute material and symbolic resources and operate with the help of formal and informal rules".

Deutlich wird, dass die Kategorie der technologischen Bestimmtheit zunehmend in den Fokus kommt. Immer häufiger werden Algorithmen als mächtige Determinanten angesehen, die die Selektion von Daten kontrollieren und somit Nutzeraktivitäten determinieren (vgl. Steiner 2012). Einige Forscher konstatieren sogar einen „algorithmic turn" (Urrichio 2011) oder „automated media" (Napoli 2014). Betrachtet man diese scheinbar unkontrollierbaren neuen (Daten)Mächte, so muss auch das Verhältnis zwischen Mensch und Technologie neu überdacht werden.

2.1 Datafizierung und digitale Logiken

Neue partizipative Nutzungsoptionen der sozialen Medien haben eine fast unüberschaubare Anzahl an sozialen Plattformen zur Folge gehabt. Dazu trägt nicht nur bei, dass Menschen immer neue Anforderungen an ihre digitalen Umwelten stellen, sondern auch, dass das Geschäftsmodell der Datafizierung sich als höchst lukrativ erwiesen hat. Die unterschiedlichen Funktionalitäten, die soziale Medien anbieten, haben zu einer so großen Fülle an Angeboten geführt, dass die damit verbundenen gesellschaftlichen Phänomene inzwischen als „platformization" (Helmond 2015) oder sogar als „platform society" (van Dijck 2013) verhandelt werden.

Diese Perspektivierung erweist sich insbesondere für diejenigen Plattformen als relevant, deren Systemzweck maßgeblich auf den sozialen Beziehungen zwischen den Nutzer_innen selbst basiert. Zu Beginn war der Markenkern von frühen Webangeboten wie StudiVZ oder MySpace die Idee des sozialen Netzwerks: Menschen zu verbinden und Netzwerke aufzubauen war das Ziel. Ihre zugrundeliegende Funktionalität (oder Systemlogik) war die des Ermöglichers und Vermittlers für sozialen Austausch, Geld wurde mit eingeblendeter Werbung verdient. Mit der zunehmenden Anzahl an Menschen, die diese Netzwerke nutzten, und mit Facebook, das als weltumspannendes Netzwerk eine vorher unbekannte Reichweite erzielte, entstand ein neues Geschäftsmodell: Das Sammeln, Systematisieren und Verkaufen von Nutzerdaten. Mit der allgemeinen Datafizierung und den datenbasierten Analysen etablierte sich besonders auf diesen Plattformen ein neues Wertesystem. Inzwischen sind Daten selbst eine eigene Währung geworden und die Datafizierung hat alltägliches Handeln im Netz für die Plattformbesitzer zu einem realen Geldwert gemacht. Diese Entwicklung wird vielfach kritisch kommentiert, so auch von Couldry & Powell (2014):

> The rise of analytics presents a significant normative challenge for scholars, activists and others who seek to understand how humanity, sociability and experience are represented. The daily practices of grappling with data and with the consequences of data analyses generate new questions about what and whose power gets exercised through such practices, and to what degree such exercises of power are satisfactorily made accountable. (Couldry & Powell 2014: 2)

Mit der Funktion von Daten als neuer Währung brauchen die Systeme einen kontinuierlichen Zustrom neuer digitaler Informationen. Damit aber solche Daten auch erzeugt werden, braucht es neue Attraktionen, um die Verweildauer der Nutzer_innen zu erhöhen. Eines der wichtigsten Grundprinzipien, kontinuierlich wertvolle Nutzerdaten zu generieren, basiert auf dem sogenannten ‚walled garden system'. In den Welten der Technologie und des Cyberrechts wurde der Begriff ‚walled garden' zunächst zur Bezeichnung für ein proprietäres System gewählt, das eine geschlossene Gemeinschaft bedingt (vgl. Mehra 2011). Die Metapher versinnbildlicht anschaulich, um was es aktuell bei Plattformen geht: es sind ‚Gärten', die vielfältige – und immer neue – Attraktionen anbieten, um die Besucher in ihren Mauern zu halten. Dabei sind diese Mauern unsichtbare Hindernisse, die beispielsweise aus kleinen Verzögerungen oder (wiederholten) Nachfragen beim Verlassen der Plattform bestehen. Allerdings sind nicht alle diese digitalen ‚Gärten' auf die gleiche Weise konstruiert. Zittrain (2008) unterscheidet z. B. zwischen den „information appliances" wie dem iPhone und „networks of control" wie Facebook. Diese ‚networks of control' versuchen ihre Besucher_innen bei Laune zu halten, indem sie ihnen Inhalte anzeigen, die mit den personalisierbaren Interessen und Präferenzen korrespondieren. Das „walled garden system" basiert also darauf, konstant attraktiv zu bleiben.

Dies heißt aber auch, die Medienlogik des Systems flexibel zu halten. Als beispielsweise Face-to-face-Austausch über Skype populär wurde, führte Facebook „facetime" ein, als Nachrichten bedeutsamer wurden, gab es „instant articles". Twitter wiederum erweiterte in diesem Kontext seine Services, indem es das Tool „Periscope" als Kanal für Live Reporting entwickelte.

Dieser kurze Abriss verdeutlicht, dass Datentechnologien sehr wohl durch menschliches Medienhandeln vorangetrieben werden. Allerdings wird auch ersichtlich, dass es die Wechselwirkung zwischen Technologie im Sinne von Medienaffordanzen und den nutzerbezogenen Adaptionen ist, die den aktuellen Medienwandel charakterisieren. Die Logiken des Technischen treffen auf die Bedürfnisstrukturen menschlicher Bedarfe und entwickeln sich in gegenseitiger Abhängigkeit weiter.

Diese Beobachtung ist insbesondere mit Blick auf die nicht allzu ferne Zukunft, wo die Medienlogiken auch Logiken von Maschinen und Algorithmen beinhalten werden, bedeutsam: „Because of new breakthroughs in the field of artificial intelligence (AI), more and more the ‚person‘ on the other end of the connection is a computer" (Hender & Mulvehill 2016: 4). Auf lange Sicht werden unsere neuen Kommunikationspartner sicher auch Roboter sein, und ob diese dann „moral machines" (Wallach & Alen 2009) darstellen, wird die Zukunft weisen.

2.2 Logiken sozialer Medien

Die komplexen Dynamiken zwischen Technologie, Nutzerpraxen und Institutionen haben zu bereits skizzierten Veränderungen in den datenbasierten Diskursen geführt. Daher muss das Konzept der Medienlogik im Lichte dieser Entwicklungen modifiziert werden. Insbesondere muss es darum gehen, das Spannungsfeld zwischen (Nutzer-)Autonomie und Technologie besser zu erfassen (dazu auch Bächle et al. 2017).

Ein erster Vorschlag wurde von van Dijk & Poell (2013) vorgelegt. Um digitale soziale Medien in das Konzept zu integrieren, entwickelten sie einen spezifischen Ansatz zur Beschreibung der Logik sozialer Medien. Dabei betrachten die Autoren Medienlogik als „pivotal in understanding how in a networked society social interaction is mediated by an intricate dynamic of mass media, social media platforms, and offline institutional processes" (Dijk & Poell 2013: 11). Präziser geben sie an:

> These changes in media organizations as well as in mass media's technological affordances have rendered the explanatory power of media logic as a legitimizing force even more intriguing. However, while much critical work has focused on conceptualizing media as public spaces or spheres, media logic has remained under-theorized in communication and media studies. The allure of such focus becomes particularly poignant when new technological and economic mechanisms emerge, transforming the character of the media landscape at large and media logic in particular. (Dijk & Poell 2013: 5)

Zweifelsohne haben sich Online-Medien nicht nur im Hinblick auf ihre technologischen Affordanzen, sondern auch in Bezug auf ihre innere Systemorganisation, ihre Macht innerhalb der Gesellschaft und ihren Einfluss auf menschliche Handlungen kategorial verändert. Um diese Dimensionen zu systematisieren, unterscheiden die Autoren vier Elemente der Logik sozialer Medien (vgl. Dijk & Poell 2013):

a) programmability
b) popularity
c) connectivity
d) datafication

Basierend auf diesen vier Elementen sehen die Autoren den Kern der „social media logic" in der Funktionalität des „social traffic", also der Prozessierung des sozialen Austausches. Als wichtiges Qualitätsmerkmal, das die Logik sozialer Medien mit Massenmedienlogik gemeinsam hat, nennen sie die Fähigkeit, ihre Logik auch nach außerhalb der sie generierenden Plattformen zu tragen. Dagegen sind Elemente der funktionalen Systemlogik den Plattformen normalerweise fest eingeschrieben und dienen der Differenzierung und Abgrenzung von anderen Plattformen.

Klinger & Svensson (2014) haben diesen Ansatz adaptiert und erweitert und schlagen ein Konzept der „network media logic" vor. Sie vergleichen traditionelle Massenmedien und digitale Medien in Bezug auf die Dimensionen der Produktion von Inhalten, der Informationsverteilung und Mediennutzung und argumentieren, dass soziale Plattformen sich durch eine mit den traditionellen Massenmedien überlappende Logik auszeichnen. Dabei wird betont, dass die ubiquitäre Verfügbarkeit digitaler Medien nicht nur die kommunikativen Praktiken im privaten und beruflichen Lebensalltag beeinflusst, sondern dass die Technologie selbst bei der Aneignung in diversen sozialen und kulturellen Kontexten verändert, transformiert und entwickelt wird.

Um nun aber besser erklären zu können, wie genau das Zusammenspiel zwischen Medienplattformen, Datafizierung und Nutzeraktivitäten funktioniert, bedarf es einer kontextualisierenden Perspektive, die Medienaffordanzen, Nutzeraktivitäten und gesellschaftliche Folgen integriert. Bislang wurden Medienaffordanzen eher auf einem allgemeinen Level beschrieben, plattformspezifische Eigenheiten wurden ausgeklammert. Es sind jedoch genau diese Spezifika, die die jeweiligen Plattformen voneinander abgrenzen und sie, nicht nur funktional gesehen, zu eigenständigen Diskurswelten machen. Damit diese Eigenarten der spezifischen Plattformen differenziert werden können, wird der plattform- und kontextsensitive Ansatz der Mediengrammatik entwickelt.

3 Medienlogik und Mediengrammatik

Mediengrammatik wurde bisher als ein Konzept beschrieben, das von einer Analogie zwischen Grammatik einer (Einzel-)Sprache und den Produktskonstituenten von Medien ausgeht. So hebt Meyrowitz (1998) hervor:

> Another conception of media involves seeing each medium as its own language. This view of media leads to a focus on the unique ‚grammar‘ of each medium and the ways in which the production variables of each medium [...] interact with content elements. Unlike most content elements, which cross easily from medium to medium and from mediated to non-mediated interaction, media grammar variables are peculiar to media. (Meyrowitz 1998: 99)

Meyrowitz betrachtet Medienlogiken aus der Perspektive der „media literacy" und bestimmt „media grammar" auf der Basis der Produktionsvariablen: „(...) focusing on the unique grammar of each medium and the ways in which the production variables of each medium interact with content elements." (Meyrowitz 1998: 100)

Um die Mediengrammatik eines Einzelmediums zu verstehen, sieht Meyrowitz den Nutzer/die Nutzerin unter dem Zwang der kontextuellen Interpretation. Diese aber kann er/sie nur leisten, wenn er/sie Kenntnis von Medientechnologien in ihrem Verwendungszusammenhang hat: „The standard range of production variables within each medium, as well as recognizing the ways in which variables are typically used to attempt to shape perception and response to mediated communications" (Meyrowitz 1998: 101). Damit verweist er einerseits auf die Notwendigkeit, Kenntnisse über die Situiertheit von Medien zu besitzen, andererseits aber auch darauf, dass die Mediengrammatik nicht nur über die Produktionsvariablen beschreibbar ist, sondern weiteren vielfältigen Einflüssen unterliegt. So ist z. B. für visuelle Medien der Aspekt der Medienästhetik als wichtiges Element der Mediengrammtik einzubeziehen, wie dies anschaulich von Zettl (2004) an den Kategorien von Kameraeinstellung, Montagetechnik, Ton oder Schriftart und -größe ausgeführt wird. Um jedoch diesen Ansatz auf digitale Medien zu übertragen, die nicht nur in Bezug auf ihre Produktionskonstituenten ständig im Wandel sind, sondern auch andere Nutzerkulturen hervorgebracht haben, muss zunächst auf der Ebene der Medienlogik differenziert werden. Medienlogik muss in Bezug auf den Technologiewandel im Hinblick auf zwei Sichtweisen adaptiert werden:

– Institutionelle Logik: Das Internet ist konstruiert und determiniert durch Algorithmen und Filter, die fast ausschließlich durch große kommerzielle oder staatliche Organisationen kontrolliert und bewirtschaftet werden.
– Nutzerlogik: Nach außen aber haben die Nutzer_innen die Selektionsmacht der Inhalte, die sie aufrufen und prozessieren, ob als Konsument_innen

oder politisch aktive Bürger_innen. Durch jeden Mausklick verändern sie die mediale Umgebung und liefern neue Informationen – oft, ohne es zu wissen, wie Studien zur Filterbubble gezeigt haben (vgl. Pariser 2011).

Mediengrammatik soll entsprechend zunächst im Sinne eines *konstitutiven Regelsystems* verstanden werden. Damit ist ein System bezeichnet, das sich an den Begriff der *Grammatik* im Sinne einer Konstituentengrammatik anlehnt und beschreibt, welche Strukturen, Prozesse und Systeme ein spezifisches Medium ausformen. *Mediengrammatik* ist damit in einem ersten Schritt als „within-media property" zu verstehen. Erfasst werden die auf das Einzelmedium bezogenen mediensystematischen Eigenschaften und Regeln, die das Medium als konstitutive und regulative Determinanten formieren und seine Nutzungsoptionen regeln. Mediengrammatik ist damit eine notwendige Bedingung für die Ausformung eines Einzelmediums oder eines Mediensystems.

Allerdings könnte ein solches Verständnis die Nutzerperspektive, die für die neuen digitalen Plattformen, insbesondere die sozialen Medien, zentral ist, nicht abbilden. Entsprechend wird eine zweite Unterscheidung eingeführt, die zwischen zwei nutzerorientierten Ebenen differenziert:
- Die Oberflächengrammatik
- Die Konstituentengrammatik

Diese beiden Ebenen sind immer gemeinsam zu sehen und sind gegenseitig voneinander abhängig. Gemeinsam formen sie die Mediengrammatik.

3.1 Oberflächengrammatik

Die Ebene der Oberflächengrammatik beschreibt die für die Nutzer_innen sichtbaren und für sie zugänglichen Parameter wie Sprache, semiotische Zeichen, Sound usw. Bei einigen Plattformen sind diese auch für die Kreativität der Nutzer_innen offen, wie z. B. bei Mash-ups, Spracheinstellungen, Links usw. Zudem steuert die Oberflächengrammatik den Nutzer/die Nutzerin durch die digitale Umgebung der Plattform, bestimmt die Art des Interfaces und muss Usability-Kriterien berücksichtigen, um Nutzerakzeptanz zu erzielen. Oberflächengrammatik muss also gut lesbar, systematisch und einfach sein, da sie die Nutzer_innen durch das Medium leiten soll und für die bereits erwähnte Verweildauer auf der Plattform ausschlaggebend sein kann. Nicht immer aber ist die Oberflächgrammatik nuzterfreundlich bzw. intuitiv verständlich. Gut belegt wird dies über die „user experience"-Studien, die anhand eigenständiger Methoden zur Evaluierung nachweisen, wie wenig die Nutzerfreundlichkeit bei einigen Interfaces beachtet wird (vgl. Jetter 2006). Insofern bestimmt die Oberflächengrammatik und ihre jeweilige Struktur auch den ökonomischen Erfolg des jeweiligen Mediums mit, da sie ein zentrales Element des Interface ist.

Oberflächengrammatik ist im konstanten Wandel. Auch wenn eine gewisse Stabilität gewahrt bleiben muss, damit Nutzer_innen nicht mit neuen Funktionalitäten verwirrt oder überfordert werden, ist es dennoch notwendig, Aktualisierungen, Adaptionen und Modifikationen zu integrieren, um der sich verändernden Medienumwelt gerecht zu werden. Das kurz erläuterte Konzept des „walled garden" hat verdeutlicht, dass Plattformen ständiger Erneuerungen bedürfen. Für diese Modifizierungen und Erweiterungen gibt es eine Vielzahl an Beispielen – algorithmische Neuerungen, Veränderungen der Nutzungsrichtlinien oder erweiterter Dienstleistungen der Plattform, veränderte Filter, Online-Spiele, neue Informationsflüsse oder die bessere und schnellere Kundenanpassung. Alle diese Strategien haben notwendigerweise eine Veränderung der Oberflächengrammatik zur Folge.

3.2 Konstituentengrammatik

Die Konstitutengrammatik auf der anderen Seite ist konstitutiv für die Funktionalität der Plattform selbst und erfasst im weitesten Sinne die technischen Produktionskonstituenten. Sie besteht aus Algorithmen, produziert Datenprozesse und beinhaltet die Regeln des Systems. Damit determiniert sie das funktionale Level der Oberflächengrammatik. Die Konstituentengrammatik ist über informationstechnische Produktionsprozesse bestimmt, bleibt für den/die (Normal-) Nutzer/Nutzerin unzugänglich und kann auch nicht von ihm modifiziert werden. Als solches ist sie die Grundlage für Netzwerklogiken.

Ein wichtiger aktueller Aspekt der Konstituentengrammatik ist ihre soziale Bestimmtheit und ihr politischer Charakter. Insbesondere im Bereich der Informationsethik wird zunehmend auf die Rolle von eingeschriebenen Werten in Algorithmen und ihre Funktionslogiken verwiesen (siehe Heesen 2016). Mit der Entwicklung sogenannter autonomer Systeme (z. B. autonomes Fahren, autonome Kriegsführung) verschärft sich dieses Problemfeld, da sich Fragen nach der Moral und einer kodifizierten Ethik, Verantwortung oder Verantwortlichkeit völlig neu stellen (vgl. Rötzer 2016; Wallach & Allen 2009; Thimm & Bächle 2018). Die weit verbreitete Annahme über die Neutralität oder Objektivität von Algorithmen ist höchst fragwürdig. So werden bestimmte Wissensformen durch menschliche Programmierer_innen zunächst als „relevant" oder „wahr" gesetzt und perpetuieren dadurch bestehende Realitätsentwürfe und Werturteile. Beispielsweise zeigen Studien zur Normativität von Algorithmen, dass sie genderspezifische Werte enthalten. Um dies zu verhindern, sei sogar ein „gender debiasing" notwendig, argumentieren Bolukbasi et al. (2016).

Solchermaßen normative Setzungen und die durch sie auf der Plattform eingeschriebenen und etablierten Werte bleiben für die Endnutzer_innen als Teil der Konstituentengrammatik zwar unsichtbar, können aber erhebliche soziale und kulturelle Konsequenzen nach sich ziehen (ausführlich hierzu Bächle 2016).

Bisherige Ansätze zur Modellierung sozialer Medien haben die Ebene der Medienlogik und die Ebene der Mediengrammatik nur peripher einbezogen. Zumeist werden soziale Medien, wie schon die Bezeichnung andeutet, auf der Basis ihrer zentralen Funktionalität charakterisiert – als Vernetzungsmedien (siehe Schmidt & Taddicken 2017). Wenig analysiert wurde, dass Plattformen wie Snapchat, Twitter oder Instagram auf höchst unterschiedlichen Funktionalitäten, Regeln oder Mechanismen beruhen. Je vielfältiger die Plattformlandschaft wird, desto vielfältiger sind die Nutzungsoptionen hinsichtlich der jeweiligen Plattform. Somit determinieren soziale Plattformen Inhalte und kommunikative Praktiken via ihrer spezifischen Logik, die bestimmte kommunikative Praktiken ermöglicht und andere erzwingt. Mediengrammatik eröffnet neben diesen diskursorientierten Perspektiven auch einen methodologischen Zugang. Die jeweiligen Einzelparameter können in einen größeren, funktionalen Kontext integriert und so systematisiert ausgewertet werden. Am Beispiel Twitter soll nachstehend aufgezeigt werden, wie sich der skizzierte Ansatz der Mediengrammatik konkret am Beispiel einer Plattform ausdifferenzieren lässt.

4 Mediengrammatik: Das Beispiel Twitter

Die Ausformung einer Mediengrammatik ist zunächst Ausdruck menschlicher Überlegungen und Entscheidungen. Der Erfolg einer Technologie hängt dabei zentral von der Überlappung der Nutzerbedürfnisse und der technologischen Affordanzen ab. Ein Blick in die Mediengeschichte macht deutlich, dass viele technologische Geräte und Konzepte nicht von der Gruppe akzeptiert wurden, für die sie ursprünglich produziert worden sind (für Beispiele siehe Chapman 2005).

Mit den sozialen Medien erleben wir neue Formen der Aneignung und Partizipation. Manche Medienplattformen „exportieren" zum Beispiel ihre Grammatik in andere Medien oder sogar in nicht-mediale Kontexte. Dies ist oftmals der starken Konkurrenzsituation des Marktes der sozialen Medien geschuldet, in dem besonders Facebook offensiv seine Vormachtstellung gegen kleinere Start-ups verteidigt. Wenn beispielsweise die Medienlogik von WhatsApp oder Instagram mit Facebook konkurriert, werden sie in das „walled garden" System von Facebook eingekauft und integriert. Und wenn sie nicht gekauft werden können, wie beispielsweise im Fall von Snapchat, werden die entsprechenden Logiken und Konstituenten kopiert und in die Systemlogik von Facebook integriert.

Eine andere Entwicklung kann bei der Twitter-Grammatik beobachtet werden, insbesondere bei einer Konstituente: dem Hashtag. Zunächst waren Hashtags, die mit dem Rautezeichen (#) ausgedrückt werden, nicht Teil des ursprünglichen Twitter Designs. Noch im Jahr 2007 gab es keine Funktion des Gruppengesprächs auf Twitter. Chris Messina, ein Experte für Sozialtechnologien, wird es zugeschrieben, im Jahr 2007 den (ersten) Hashtag auf Twitter gepostet zu haben: den Hashtag #barcamp. Er schlug in seinem Tweet die Funktionalität des Hashtags als Diskursmarker vor:

> how do you feel about using # (pound) for groups. As in #barcamp [msg]?

Messina gab nicht nur dem Zeichen eine neue Bedeutung, er eröffnete damit auch eine völlig neue Funktionalität für Twitter: eine Diskussions- und Austauschfunktion über ein spezifisches Thema. Der Vorschlag wurde als zentrale Diskurspraxis von den Nutzer_innen aufgenommen und so zu einem Element der Twittergrammatik (vgl. Scott 2015). Mittlerweile hat sich der Hashtag, dank intensiver Nutzung, zu einem semiotischen Zeichen mit weiteren Funktionalitäten entwickelt. So wurden Hashtags auch bei Faceboook oder Instagram produktiv in die jeweilige Grammatik integriert. Bei Instagram hat der Hashtag zudem eine besondere Eigenständigkeit entwickelt. Hier finden sich komplexe, kontextualisierende Wortreihen ohne syntaktische Bindung, die trotzdem Satzform annehmen. In einer Analyse zu Instagram zeigen Thimm & Nehls (2017), dass der Hashtag #beerdigung nicht nur als Diskursmarker zur Sortierung der Posts dient, sondern als „contextualisation cue" (Dang-Anh et al. 2013a). Diese Funktion wird dann in ein narratives Muster, das „hashtag storytelling", ausgeweitet, wie folgendes Beispiel veranschaulicht (s. Abb. 1).

Auch wenn diese Aneinanderreihung von Hashtags in dem dargestellten Post eine erkennbare syntaktische Ordnung hat, wird durch die Markierung jedes einzelnen Wortes als Hashtag eine besondere Heraushebung erzielt, die die Syntaxform überlagert. Die „gehashtagten" Wörter sind teilweise eigene Syntagmen (#lookingforward, #missyou) und erhalten so eine andere Bedeutung im Kontext des angesprochenen Ereignisses. Auch auf Twitter ist ein Hashtag nicht mehr nur eine Referenz auf ein Diskursthema, sondern wird zunehmend als Kommentierung und Verstärkung genutzt. So lassen sich inzwischen regelrechte „Hashtagfamilien" beobachten. In der Folge der Attentate in Paris auf Redakteure der Satirezeitschrift Charlie Hebdo im Januar 2015 entstand eine Vielzahl an Hashtags zum selben Thema, wie zum Beispiel #CharlieHebdo, #WeAreAllCharlie, #NousSommesCharlie, #JeSuisCharlie und viele mehr. Hashtags können also, wie diese Beispiele zeigen, durch spezifische Nutzerkulturen zu platt-

Abb. 1: Hashtags auf Instagram als Element der Oberflächengrammatik.

formübergreifenden Konstituenten werden, die als Kontexualisierungshinweise dienen (vgl. Dang-Anh, Einspänner & Thimm 2013a).

In den meisten Fällen sind Medienplattformen allerdings durch ihre spezifische Logik charakterisiert, die sich in der entsprechenden Grammatik niederschlägt, wie sich am Beispiel der Plattform „Twitter" verdeutlichen lässt.

Zunächst lässt sich feststellen, dass Twitter ein „polymediales" Medium ist (siehe dazu Madianou & Miller 2015). So erlaubt Twitter die Kombination von Text, Bild und Film in einem Tweet – die 140-Zeichen Beschränkung schließt hier nicht zwangsläufig ein komplexes, semiotisches System aus. So kann man beispielsweise durch das Einfügen von Links bzw. von multimodalen Inhalten (Fotos und Videos) das 140-Zeichen-Limit ausdehnen. Der Nutzer/die Nutzerin ist so in der Lage, Behauptungen und Aussagen zu untermauern, indem er/sie beispielsweise ein Bild als Beweis in den Tweet integriert. Eingefügte Hyperlinks zu Online-Artikeln oder Blog-Einträgen verbinden den Tweet mit den Digitalversionen der Traditionsmedien. Hyperlinks sind so auch narrative Elemente innerhalb von Diskussionen auf Twitter. Das Einfügen von Hyperlinks ist einer von vier spezifischen Prozessen, die zur Konzeptualisierung von Twitter als ein „discourse universe" (Thimm, Dang-Anh & Einspänner 2011) beitragen.

Um von den Affordanzen von Twitter Gebrauch machen zu können, muss der Nutzer/die Nutzerin Erfahrungen mit der Mediengrammatik von Twitter besitzen, die durch vier wesentliche Merkmale gekennzeichnet ist: @ um zu adres-

Operatorenebene	Textebene	Handlungsebene
@ (Adressierung, Erwähnung)	Accountname, Lokationsreferenz, Emoticons, Teil d. E-Mailadresse	personelle Referenzierung, Aufmerksamkeitserzeugung, Dialogizität/Interaktion, Kontaktaufnahme, Responsivität, Intertextualität, Kohärenz
# (Indexierung)	Lexem, Schlagwort, Okkasionalismus, Abkürzung, Akronym, zusammengerückte Phrasen	Kontextualisierung, Diskursorganisation, thematische Referenzierung, Verschlagwortung, Indexierung, Erzeugung von Ad-Hoc-Öffentlichkeit, rhetorische Markierung
http:// (Hyperlinks)	Bilder (z.B. twitpics), Videos (z.B. YouTube), andere Webseiten: interne und externe Links	Informationsverteilung, Argumentation, Illustration, (Quasi-)Evidenzierung
RT (Retweet) (Redistribuierung)	(Text-)Zitate, Kommentierungen	Diffusion, Referenz, Zitation, Aufmerksamkeitserzeugung

Abb. 2: Funktionales Operatoren-Modell von Twitter.

sieren oder zu erwähnen, # zur Kennzeichnung, http:// zum Verlinken und RT zur Neuveröffentlichung. Diese wurden an anderer Stelle als „Operatorenmodell von Twitter" (s. Abb. 2) konzipiert (Dang-Anh, Einspänner & Thimm 2013b).

Dieses Modell, das auf den vier zentralen Konstituenten (Operatoren) der Oberflächengrammatik von Twitter basiert (Hastag, @-mention, Retweet (RT) und Link), verdeutlicht die pragmatische Funktion jedes einzelnen Elements im jeweiligen Nutzungskontext. Dabei sind die auf der Handlungsebene aufgeführten Handlungsmuster nur als Auswahl aus möglichen Funktionen zu verstehen. Empirische Studien haben gezeigt, dass die Häufigkeit der Nutzung ausgewählter Operatoren für bestimmte Kontexte, wie beispielsweise im Falle von Wahlkampfkommunikation, zur Ausprägung spezifischer Diskursstile führen kann (Thimm, Einspänner & Dang-Anh 2012). Wie ein Tweet mittels einer Kombination aller Operatoren multifunktional sein kann, zeigt das folgende Beispiel:

Abb. 3: Twitter-Operatoren im Kontext.

Neben dieser grundlegenden Systematik der Oberflächengrammatik von Twitter, die im Operatorenmodell dargestellt wurde, sind es Elemente der Konstituentengrammatik, die wichtige Funktionalitäten von Twitter bestimmen. Diese sind nur in Teilen transparent und liegen außerhalb der Kontrolle der Nutzer_innen. Dazu gehören z. B. Follower-Empfehlungen, die Erstellung von ‚trending topics' oder die Einbettung kommerzieller Tweets in den eigenen Stream. Mit Hilfe des „verified account"-Symbols dagegen können Nutzer_innen selbst markieren, ob sie ihr Profil als authentisch einstufen – damit gehört das bekannte blaue Häkchen hinter dem Namen ebenfalls zur Oberflächengrammatik von Twitter.

Die Nutzungsoptionen für Twitter sind aufgrund dieser spezifischen Mediengrammatik limitiert – die Operatoren bestimmen den Handlungszusammenhang und determinieren damit auch die Medienlogik des Gesamtsystems. Die relative Beschränktheit dieser Optionen schreibt Twitter daher klare Funktionalitäten als Diffusionsmedium zu und hat somit, soviel darf zumindest vermutet werden, bis heute nur sehr spezielle Nutzergruppen angezogen.

5 Zusammenfassung und Ausblick

In der Diskussion um die Definitionsbereiche und die Konzeptionalisierung von Medienlogik wurde betont, dass sich Medienlogik klarer als bisher mit dem technologischen Rahmen beschäftigen sollte, der das digitale Mediensystem formt. Insbesondere die Tatsache, dass Technologien und Nutzungskulturen miteinander verwoben sind, dass die Datafizierung zu völlig neuen Geschäftsmodellen geführt hat und dass sich neue ökonomische und politische Mächte aufgrund dieser neuen Optionen gebildet haben, betonen die Notwendigkeit einer Hinwendung zu technologischen Aspekten.

Obgleich in diesem Beitrag verschiedene Argumente für Medienlogik als sinnvolle und weiterführende Herangehensweise vorgelegt wurden, soll doch am Ende auch der kritische Blick nicht fehlen. Wenn man davon ausgeht, dass unterschiedliche Formen und Ausprägungen von Medienlogik vorliegen, so bleibt die Frage bestehen, ob eine Vielzahl von Medienlogiken oder nur eine einzige grundlegende Medienlogik vorliegt. Da die sozialen Medien sich in vielen Struktursystematiken ähneln, erscheint diese Frage auch für eine weitergehende Entwicklung durchaus relevant, oder wie es Couldry (2014) formuliert:

> First, do all media have a logic? Is it the same logic? [...] Second, when media platforms and outlets change over time, do they acquire a wholly new media logic [...]? Third, if we limit the notion of media logic to media formats, does that capture enough of how media influence the social? (Couldry 2014: 55)

Mit Blick auf die Frage, ob der Begriff und das Konzept der Medienlogik einen analytischen und erklärenden Wert besitzt, kann argumentiert werden, dass es zunehmend die Handlungspraxen von Technologien sind, die ihre Kulturalität, ihren Einfluss und ihre gesellschaftliche Rolle bestimmen. Der Reiz eines solchen Fokus wird besonders greifbar, wenn neue technische und ökonomische Mechanismen entstehen, welche die Macht haben, die Beschaffenheit der gesellschaftlichen Landschaft zu transformieren.

Dazu kommt die Beobachtung, dass bisher nur wenige Ansätze existieren, die die plattforminternen Veränderungen in Zusammenhang mit den Handlungsoptionen der Nutzer_innen setzen. Zwar werden Verbesserungen der Usability oder der Angebotsstrukturen kommentiert, die Extensionen und Erweiterungen als Fortschritte gesehen, systematisch betrachtet werden sie jedoch nicht. Dabei wandeln sich jedoch Diskursanforderungen konstant – so entstehen neue Plattformen wie Snapchat, die diese Diskursbedürfnisse besser befriedigen als existierende soziale Medien. Oder aber, wie dies z. B. bei der Erweiterung der Medienlogik von Instagram über die Einführung der Instagram Stories oder „Insta-stories" sichtbar wurde: Ein erfolgreicher Konkurrent, in diesem Fall Snapchat, wird genau in dem Teil seiner Logik kopiert, die ihn auszeichnet. Das Angebot, eigene Geschichten mittels verschiedener Parameter als vernetzten Text zu verfassen, ist seither kein Alleinstellungsmerkmal von Snapchat mehr, sondern auch Teil der Medienlogik von Instagram.

Die Medienwissenschaft und die Sprachwissenschaft haben, so viel ist in den letzten Jahren ersichtlich geworden, mit dem Phänomen technologisierter Kommunikationsumgebungen ein vielfältiges und herausforderndes neues Forschungsfeld vor sich. Damit einher gehen zunächst grundlegende Fragen der disziplinären Theorie- und Methodenbildung. Dies alleine wird dem Gegenstand wohl aber nicht gerecht, da mit dieser Form der Kommunikation völlig neue soziale, kulturelle, politische und wirtschaftliche Zusammenhänge ihrerseits neu geschaffen werden, die Disziplingrenzen überschreiten. Sprach- und Kommunikationsanalysen geben damit nicht nur Einblicke in kleinteilige Austauschprozesse, sondern können umfassende Perspektiven auf die Entwicklungschritte digitaler Gesellschaften beitragen. Die Annahme dieser Herausforderungen ist daher nicht nur eine Frage nach dem Interesse am Gegenstand der digitalen Gesellschaft selbst, sondern verweist auf die wichtige Rolle der Geistes- und Kulturwissenschaften an der Schnittstelle von Sprache, Kultur, Gesellschaft und Technologie.

Literaturverzeichnis

Altheide, David L. & Robert P. Snow (1979): *Media Logic*. Beverly Hills: Sage.
Altheide, David L. & Robert P. Snow (1992): Media Logic and Culture: Reply to Oakes. *International Journal of Politics, Culture, and Society* 5 (3), 465–472.

Bächle, Thomas C. (2016): *Digitales Wissen, Daten und Überwachung zur Einführung.* Hamburg: Junius.

Bächle, Thomas C. et al. (2018): Selbstlernende autonome Systeme? – Medientechnologische und medientheoretische Bedingungen am Beispiel von Alphabets ‚Differentiable Neural Computer (DNC)'. In Christoph Engemann & Andreas Sudmann (Hrsg.), *Machine Learning – Medien, Infrastrukturen und Technologien der Künstlichen Intelligenz*, 169–194. Bielefeld: transcript.

Castells, Manuel (2005): The Network Society: From Knowledge to Policy. In Manuel Castells & Gustavo Cardoso (Hrsg.), *The Network Society: From Knowledge to Policy*, 3–21. Washington, D.C.: Johns Hopkins University.

Chapman, Jane (2005): *Comparative media history. An introduction: 1798 to the present.* New York: Polity Press.

Couldry, Nik (2014): When Mediatization Hits the Ground. In Andreas Hepp & Friedrich Krotz (Hrsg.), *Mediatized worlds: Culture and society in a media age*, 54–71. London: Palgrave.

Dang-Anh, Mark, Jessica Einspänner & Caja Thimm (2013a): Kontextualisierung durch Hashtags. Die Mediatisierung des politischen Sprachgebrauchs im Internet. In Hajo Diekmannshenke & Thomas Niehr (Hrsg.), *Öffentliche Wörter. Perspektiven Germanistischer Linguistik (PGL)*, 137–159. Stuttgart: ibidem.

Dang-Anh, Mark, Jessica Einspänner & Caja Thimm (2013b): Mediatisierung und Medialität in Social Media: Das Diskurssystem „Twitter". In Konstanze Marx & Monika Schwarz-Friesel (Hrsg.), *Sprache und Kommunikation im technischen Zeitalter. Wieviel Internet (v)erträgt unsere Gesellschaft?*, 68–91. Berlin, Boston: de Gruyter.

Dijck, José van (2013): *The culture of connectivity: A critical history of social media.* New York, NY: Oxford University Press.

Dijck, José van & Thomas Poell (2013): Understanding Social Media Logic. *Media and Communication* 1(1), 2–14.

Gillespie, Tarleton (2014): The Relevance of Algorithms. In Tarleton Gillespie, Pablo J. Boczkowski & Kirsten A. Foot (Hrsg.), *Media Technologies. Essays on Communication, Materiality and Society*, 167–193. Cambridge, MA, London: MIT Press.

Hender, James & Alice Mulvehill (2016): *Social machines. The coming collision of artificial intelligence, social networking, and humanity.* New York: apress.

Heesen, Jessica (Hrsg.) (2016): *Handbuch Medien- und Informationsethik.* Stuttgart: Metzler.

Hjarvard, Stig (2008): The mediatization of society. *Nordicom review* 29(2), 105–134.

Jetter, Hans-Christian (2006): Die MCI im Wandel: User Experience als die zentrale Herausforderung? In Andreas M. Heinecke & Hansjürgen Paul (Hrsg), *Mensch und Computer im Strukturwandel*, 65–72. München: Oldenbourg Verlag.

Klinger, Ute & Jakob Svensson (2014): The emergence of network media logic in political communication: A theoretical approach. *New Media & Society* 17(8), 1241–1257.

Krotz, Friedrich (2007a): *Mediatisierung. Fallstudien zum Wandel von Kommunikation.* Wiesbaden: VS Verlag für Sozialwissenschaften.

Krotz, Friedrich (2007b): The Meta-Process of mediatization as a conceptual frame. *Global Media and Communication* 3(3), 256–260.

Madianou, Mirca & Daniel Miller (2012): Polymedia: Towards a new theory of digital media in interpersonal communication. *International Journal of Cultural Studies* 16(2), 169–187.

Mayer-Schoenberger, Viktor & Keneth Cukier (2013): *Big Data. A Revolution that will transform how we live, work, and think.* London: John Murray Publishers.

Meyrowitz, Joshua (1998): Multiple media literacies. *Journal of Communication* 48(1), 96–108.

Napoli, Philip M. (2014): Automated media: An institutional theory perspective on algorithmic media production and consumption. *Communication Theory* 24(3), 340–360.

Pariser, Eli (2011): *The Filter Bubble: What The Internet Is Hiding From You*. New York: The Penguin Press.

Rötzer, Florian (Hrsg.) (2016): *Programmierte Ethik. Brauchen Roboter Regeln oder Moral?* (Telepolis). Hannover: Heise.

Schmidt, Jan-Hinrik & Monika Taddicken (Hrsg.) (2017): *Handbuch Soziale Medien*. Frankfurt a. M.: Springer.

Steiner, Christopher (2012): *Automate this. How algorithms came to rule our world*. New York: Penguin Books.

Thimm, Caja, Mark Dang-Anh, & Jessica Einspänner (2011): Diskurssystem Twitter: Semiotische und handlungstheoretische Perspektiven. In: Mario Anastasiadis & Caja Thimm (Hrsg.), *Social Media: Theorie und Praxis digitaler Sozialität*, 265–286. Frankfurt a. M., New York: Lang.

Thimm, Caja, Jessica Einspänner & Mark Dang-Anh (2012): Twitter als Wahlkampfmedium. *Publizistik* 57 (3), 293–313.

Thimm, Caja (2017): Partizipation und Soziale Medien. In Jan-Hinrik Schmidt & Monika Taddicken (Hrsg.), *Handbuch Soziale Medien*, 191–210. Frankfurt a. M.: Springer.

Thimm, Caja & Thomas Bächle (2018): Autonomie der Technologie und autonome Systeme als ethische Herausforderung. In Matthias Rath, Friedrich Krotz & Matthias Karmasin (Hrsg.), *Maschinenethik – Normative Grenzen autonomer Systeme*, 73–90. Wiesbaden: Springer.

Thimm, Caja, Mario Anastasiadis & Jessica Einspänner-Pflock (Hrsg.) (2017): *Media Logic(s) Revisited: Modeling the Interplay between Media Institutions, Media Technology and Societal Change*. Basingstoke: Palgave Macmillan.

Uricchio, William (2011): The algorithmic turn: Photosynth, augmented reality and the changing implications of the image. *Visual Studies* 26 (1), 25–35.

Wallach, Wendell & Colin Allen (2016): *Moral machines. Teaching robots right from wrong*. Oxford, New York: Oxford University Press.

Zettl, Herbert (2014): *Sight, sound, motion. Applied media aesthetics*. Belmont CA: Wadsworth Pub. Company.

Zittrain, Jonathan (2008): *The future of the internet – and how to stop it*. London: Allen Lane.

Onlinequellen

Bolukbasi, Tolga et al. (2016): Man is to Computer Programmer as Woman is to homemaker? De-biasing word embeddings. (https://arxiv.org/abs/1607.06520), zuletzt abgerufen am 7. 7. 2018.

Couldry, Nik & Alison Powell (2014): Big data from the bottom up. *Big Data & Society*, 1–5. (https://doi.org/10.1177/2053951714539277), zuletzt abgerufen am 20. 6. 2018.

Helmond, Anne (2015): The Platformization of the Web: Making Web Data Platform Ready. *Social Media & Society*, 1–11. (http://journals.sagepub.com/doi/10.1177/2056305115603080), zuletzt abgerufen am 20. 6. 2018.

Mehra, Salil K. (2011): Paradise is a Walled Garden? Trust, Antitrust and User Dynamism (18. 4. 2011). *George Mason Law Review*. (https://ssrn.com/abstract=1813974), zuletzt abgerufen am 20. 6. 2018.

Scott, Kate (2015): The pragmatics of hashtags: Inference and conversational style on Twitter. *Journal of Pragmatics* 81, 8–20. (doi:http://dx.doi.org/10.1016/ j.pragma.2015.03.015), zuletzt abgerufen am 20.6.2018.
Thimm, Caja & Patrick Nehls (2017): Sharing grief and mourning on Instagram: Digital patterns of family memories. *Communications* 42(3), 327–349. (https:// www.degruyter.com/view/j/comm.2017.42.issue-3/commun-2017-0035/ commun-2017-0035.xml), zuletzt abgerufen am 20.6.2018.

Georg Weidacher

Die Ideologie der Transparenz

Werte- und Bewertungskonflikte im Diskurs über Transparenz, gläserne Menschen und Überwachung vor dem Hintergrund internet-geprägter Lebensformen

1 Einleitung

„Aber was ist das Ideal der heutigen Zeit? Eine transparente Welt voll gläserner Menschen. Wollen Sie das? Finden Sie das nicht erschreckend? Mir graut davor!" (Dževad
Karahasan)[1]

Die Furcht, ja das Grauen, das der bosnische Dichter Dževad Karahasan angesichts einer aus seiner Sicht auf bedrohliche Weise transparenter werdenden
Welt empfindet, wird in gegenwärtigen gesellschaftlichen Diskursen immer wieder geäußert. Es scheint sich hierbei um eine allgemeine „Angst" zu handeln,
die allerdings eher durch den Eindruck eines Transparentwerdens des eigenen
Lebens und der eigenen Person für andere, insbesondere für Institutionen des
Staates oder der Wirtschaft, in ihrer Ausrichtung bestimmt wird. Hingegen wird
das von Karahasan angesprochene Grauen vor der Transparenz der Welt wohl
seltener geteilt, sofern andere transparent gemacht werden. Speziell im Falle
politischer oder ökonomischer Institutionen wird dies fast durchwegs, wenn
auch häufig nicht von den Betroffenen selbst, begrüßt.

Obwohl zuweilen Forderungen nach mehr Transparenz nur von mehr oder
weniger nachvollziehbaren Verschwörungstheorien befeuert werden, ist es auch
angesichts von Skandalen in Politik und Wirtschaft, aber auch aufgrund eines
Eindrucks, dass in diesen Bereichen generell geheimniskrämerisch vorgegan-
gen wird, nicht verwunderlich, dass *Transparenz* insbesondere im politischen
Feld zu einem Schlagwort mit deontischer Wirkung geworden ist. Allerdings
wird die dabei zum Ausdruck kommende „Transparenzideologie" zum Beispiel
vom Philosophen Byung-Chul Han (2015) einer grundsätzlichen Kritik unterzogen: Ohne eine gewisse Opakheit funktionierten moderne Gesellschaften nicht.

Dieses Verdikt betrifft nicht nur das politische Feld, sondern ebenso das
Privatleben von einfachen Bürgern, wobei hier im Diskurs jedoch eine ganz andere Einstellung gegenüber der Transparenz vorzuherrschen scheint, die sich

---

1 Dževad Karahasan in dem Interview: „Mir graut vor einer Welt ohne Geheimnis." (Kleine
Zeitung, 05. 03. 2017: 7).

https://doi.org/10.1515/9783110609103-007

in der negativ konnotierten Metapher vom „gläsernen Menschen" ausdrückt. Transparenz wird demnach je nach sozialer Domäne und je nachdem, für wen sie gelten soll, unterschiedlich beurteilt, was sich schon in sprachlich unterschiedlichen Benennungen bzw. Diskursrealisierungen (vgl. Roth 2015) manifestiert. Die für das (eigene) Privatleben Transparenz ablehnende Haltung wird allerdings im konkreten kommunikativen Handeln, insbesondere beim Gebrauch Sozialer Medien, zumindest teilweise konterkariert: Zwar versuchen Bürger gewisse Informationen über sich zu verbergen, indem sie ihre Diskursbeiträge anonymisieren, andererseits laden sie aber freiwillig höchst private Informationen auf Social-Media-Sites hoch.

Ein wesentlicher Faktor dabei, aber auch im Hinblick auf Transparenzforderungen im politischen Feld, ist das Internet einerseits durch die ihm eigene Medienlogik, andererseits durch die auf Informationskumulierung und deren Verwertung beruhenden Geschäftsmodelle großer Internet-Konzerne. Dieses neue Medium und seine soziale Nutzung haben Kommunikations- und generell Lebensformen geprägt, in die sich eine Transparenzideologie eingeschrieben hat, die im Gegensatz zu den zuvor genannten Transparenzforderungen diskursiv eher implizit bleibt, was sie jedoch nur umso wirkmächtiger macht.

Im Folgenden sollen verschiedene Aspekte des Diskurses über Transparenz und der sich in ihm explizit oder implizit manifestierenden Transparenzideologie mit den ihr inhärenten Konzeptualisierungen von Transparenz sowie den damit verbundenen Werthaltungen diskutiert werden. Dabei soll aufgezeigt werden, dass die Bewertung von Transparenz je nach sozialer Domäne, in der sie sich ausbreitet bzw. verstärkt etabliert werden soll, unterschiedlich ist, weil aus der Implementierung transparenzideologischer Praktiken zum Teil Konflikte mit anderen, für die jeweiligen Domänen verschieden relevanten Werten resultieren.

2 Das Konzept ‚Transparenz'

Ausdrucksseitig erfolgen die Diskursrealisationen (vgl. Roth 2015: 37–38) des metaphorischen Konzeptes der Transparenz zumeist mittels der sprachlichen Formate bzw. in mehr oder weniger fest geprägte Kontexte eingebetteten Lexeme *transparent*/*Transparenz* oder *gläsern*. Obwohl die beiden Ausdrucksformen vor allem die Bewertung betreffend unterschiedliche Aspekte konnotieren und nicht in jeder Hinsicht deckungsgleiche Frames kontextualisieren, liegt ihnen ein gemeinsamer konzeptueller Kern zugrunde: Dass etwas transparent bzw. gläsern (gemacht) wird, bedeutet, dass es durchsichtig, durchschaubar wird. So spricht man von „transparenten Stoffen" und „transparenten Flüssigkeiten" oder von „gläsernen Wänden" und „gläsernen Böden" (in Touristenbooten). Insbesondere im Falle der metaphorischen Verwendung, wie z. B. in: „transparente politische Prozesse", ist jedoch zu beachten, dass es gerade nicht darum geht, dass diese selbst „durchsichtig" werden, denn dann wären sie unsichtbar. Vielmehr soll etwas Verborgenes (die politischen Prozesse) sichtbar werden dadurch, dass etwas Verbergendes (z. B. das Amtsgeheimnis) transparent wird und so Einblick gewährt. Dementsprechend wird beispielsweise eine Forderung der österreichischen Partei Team Stronach, die als einen ihrer zentralen Werte Transparenz nennt, folgendermaßen formuliert:

(1) TRANSPARENZ
Die Bürger müssen volle Einsicht in politische Vorgänge haben. Alle Vorgänge in den Gesetzgebungsorganen, Ausschüssen und politischen Gremien müssen der Öffentlichkeit zugänglich gemacht werden. [...]

Nur mit ausreichender Transparenz kann der Bürger die wahren Interessen der Parteien erkennen. Die Bürger haben daher auch das Recht, über die Verflechtungen der Parteien in verschiedenen Organisationen, Unternehmen, Großbanken, Kammern und Bünden aufgeklärt zu werden. [...] Wir fordern Transparenz in der Politik![2]

Diese Forderung nach mehr Transparenz in der Politik zielt also auf unterstellte verborgene Machenschaften in politischen Institutionen ab, die – so wird impliziert – für die Bürger nachteilige Auswirkungen haben.[3] Transparenz wird hier demnach als etwas prinzipiell Erstrebenswertes konzeptualisiert. Da dies in den meisten Fällen des Aufrufens dieses Konzeptes mittels *Transparenz/transparent* so ist, hat sich vor allem im politischen Diskurs, aber auch darüber hinaus eine positive Konnotation dieses Ausdrucks etabliert. Umgekehrt bewirkt die Verwendung dieser Form der Diskursrealisation stets ein positives Framing des geforderten oder beschriebenen Sichtbarmachens von etwas zuvor Verborgenem. Als Beleg dafür kann man die Resultate anführen, die man bei einer Korpussuche in OWID (Online-Wortschatz-Informationssystem Deutsch des Instituts für Deutsche Sprache) erhält:[4]

---

2 Parteiprogramm Team Stronach (Kap. „Unsere zentralen Werte": 11), (http://www.teamstronach.at/), zuletzt abgerufen am 07. 12. 2016.
3 Zur kritischen Postulierung eines Transparenzdefizits in Staat und überkommenen Formen der Politik als Element der rhetorischen Strategien „neuer" Parteien wie des Team Stronach vgl. Weidacher (2017).
4 Hier die ersten 20 Resultate in etwas veränderter Formatierung und mit einer Hervorhebung von Transparenz durch Kursivschreibung.

(2) führt zu einer Klarheit und *Transparenz* der Finanzkreisläufe und gibt uns

bei der Mannschaftsaufstellung. Ich will *Transparenz* bei der Rückennummern-Vergabe.

Mit der Mauritius-Konvention soll mehr *Transparenz* für Investor-Staat-Schiedsverfahren geschaffen werden UNO

für unsere Demokratie wichtig, dass *Transparenz* der Gesetzgebungsprozesse zumindest soweit gewährleistet

‚ein Stück Vertrauen' und mehr *Transparenz* schaffe. Ferner sollen der Austausch

lösen. Das führt zu mangelnder *Transparenz*, zu dem Gefühl ungerechter Lösungen

Meinung, dass nur durch größere *Transparenz*, auch in den Medien, den

ganz wichtig, dass neben der *Transparenz* und Logik auch die Verlässlichkeit

Honorar verlangen. Entscheidend ist, dass *Transparenz* herrscht. Unsere Kunden haben das

auch aufgeht, nach der Geld, *Transparenz*, Aufbau, Arbeitsplätze und Wohlstand gleichbedeutend

führen, dass Grundsätze von Recht, *Transparenz* und Professionalität außer Kraft gesetzt

darunter setzen, wenn wir volle *Transparenz* haben, wie viel auf den

von außen ist nicht vorgesehen. *Transparenz* findet nur von Konzerngnaden statt.

nach außen wirkt? Offenheit und *Transparenz* sind doch sehr wünschenswert. Zu

für die Öffentlichkeit eine erhöhte *Transparenz* erreichen. Es ist doch wichtig,

der Schule. Es herrschte keine *Transparenz* und man hatte Angst, dass

Eltern. Eltern wünschen zunehmend mehr *Transparenz* über die Wirkungsweise und den

Diese Länder haben erkannt, dass *Transparenz* zumal dort, wo sie nicht

Begriffe wie Entbürokratisierung, Qualität und *Transparenz* mit diesen Forderungen zu tun

international anerkannt noch für seine *Transparenz* oder Rechtsstaatlichkeit berühmt ist.[5]

Obwohl in dieser Auflistung nur der engste Ko-Text angeführt wird, ist erkennbar oder zumindest erschließbar, dass *Transparenz* jeweils positiv konnotiert wird, weil das Wort etwas bezeichnet, dessen Vorhandensein befürwortet oder gefordert und dessen Fehlen kritisiert wird. Bei Betrachtung von zwei exemplarischen Belegen aus dieser Liste in ihrem erweiterten Ko-Text, von dem man auch besser auf den jeweiligen Kontext schließen kann, wird dies noch deutlicher:

---

5 (https://www.owid.de/service/cosmas/suche/kw?query=Transparenz), zuletzt abgerufen am 10. 04. 2017.

(3) Ob die Baubehörde bereits grünes Licht gegeben hat, ist nicht ganz klar: Torsten Jarchow, Geschäftsführer des Krankenhauses, geht davon aus, dass die Baugenehmigung vorliegt. Anwohner, die den Antrag beim Bauamt eingesehen haben, behaupten, es sei bisher nur ein Teil des Projekts genehmigt. So habe die Baubehörde von 105 geplanten Auto-Stellplätzen bislang erst 46 durchgewunken. Kritisiert wird auch „mangelhafte Transparenz": Das Sankt-Joseph-Stift soll den Anliegern die Baupläne zunächst verschwiegen haben.[6]

(4) (Beifall bei der CDU)
Ansonsten, sage ich, ist der Föderalismus auf Dauer gescheitert und dann sind auch die eigenstaatlichen Elemente der Länder gescheitert. Insgesamt habe ich aber den Eindruck, dass die klare Übereinstimmung der Ministerpräsidenten, dieser Föderalismusreform zum Erfolg zu verhelfen, hilft. Ich glaube auch, dass es richtig ist, weil wir durch die Zuständigkeitsklärung auch für die Öffentlichkeit eine erhöhte Transparenz erreichen.[7]

Während in Beispiel (3) „mangelhafte Transparenz" kritisiert wird, wird das Erreichen einer „erhöhten Transparenz" in (4) als „richtig" bewertet. Dass – was man den Autoren/Sprechern dieser beiden Beispiele nicht unterstellen will – gerade im politischen Diskurs *Transparenz* zuweilen als Schlagwort genutzt wird, auch wenn nicht ernsthaft beabsichtigt ist, das Konzept tatsächlich und in ausreichendem Maß umzusetzen, ist ein weiteres Indiz dafür, dass diese Form der Realisierung generell eine positive Konnotation trägt. Für manche politischen Akteure (z. B. die Partei der Piraten oder das oben zitierte Team Stronach) fungiert *Transparenz* sogar als Fahnenwort, für alle aber enthält es ein deontisches Element in Form einer impliziten Forderung nach (mehr) Transparenz.

In Fällen, in denen jemand das Konzept negativ bewerten möchte, wird daher zumeist ein anderer sprachlicher „Trampelpfad" (vgl. Keller 1994: 99–100) zur Diskursrealisierung gewählt, nämlich das Adjektiv *gläsern*, das in seiner geläufigsten Kollokation *gläserner Mensch* meistens als Stigmawort zu verstehen ist, mit dem indirekt auf diejenigen kritisch abgezielt wird, die Transparenz dort fordern oder implementieren wollen, wo sie, wie speziell im privaten Bereich, als unerwünscht und illegitim angesehen wird:

(5) Darin werden Eltern um Auskunft über ihren Schulabschluss und beruflichen Stand gebeten. Gefragt wird auch nach einer Lese- oder Rechtschreibschwäche der Eltern, nach ‚gesundheitlichen oder anderen Problemen in der Familie' und ob in der Wohnung geraucht

---

6 die tageszeitung, 10.09.2003: 22, Ressort: Bremen Aktuell; Risse am Bau), zitiert nach: (https://www.owid.de/service/cosmas/suche/kw?query=Transparenz), zuletzt abgerufen am 10.04.2017.
7 Protokoll der Sitzung des Parlaments Thüringer Landtag am 31.03.2006. 37. Sitzung der 4. Wahlperiode 2004–2009. Plenarprotokoll, Erfurt, 2006), zitiert nach: (https://www.owid.de/service/cosmas/suche/kw?query=Transparenz), zuletzt abgerufen am 10.04.2017.

wird. ‚Frühförderung ist nötig‘, sagte die Vize-Landeselternbeiratsvorsitzende Sylvia Wiegert. Aus ihrer Sicht schießt der Fragebogen aber über das Ziel hinaus, ‚sortiert Kinder nach Herkunft‘ und ‚verstößt gegen die Würde des Kindes‘. ‚Letztlich führt das zur gläsernen Familie. Es muss nicht sein, dass die gesamte Familie durchleuchtet wird.‘ Die Daten könnten für Versicherungen oder spätere Arbeitgeber eine ‚ideale Quelle‘ sein.[8]

Wie an diesem Beispiel[9] ersichtlich ist, enthält auch *gläsern* ein deontisches Element. Dass dieses aber nicht immer kontra, sondern manchmal auch pro mehr Transparenz ausgerichtet ist, zeigt sich in folgender Forderung der Piraten-Partei:

(6) Der Staat sind wir alle. Was in unserem Namen geschieht, muss öffentlich sein: Gläserner Staat statt gläsernen Bürgern! Mit Informationsfreiheit und Open Data bekämpfen wir Korruption und schaffen die Voraussetzung dafür, informiert mitzubestimmen.[10]

Gläsern zu sein wird demnach nur negativ beurteilt, sofern dies Individuen, Bürger und deren private Domänen betrifft, nicht jedoch, wenn es darum geht, staatliche und politische Institutionen transparent zu machen, d. h. Institutionen, denen aufgrund (vorgeblichen) öffentlichen Interesses keine Räume des Privaten oder der Geheimhaltung zugestanden werden. Durch die unterschiedliche Kontextualisierung erhält *gläsern* im einen Fall eine positive, im anderen eine negative Konnotation.

Ob nun *Transparenz/transparent* oder *gläsern* verwendet wird: Bei beiden Formen der Diskursrealisation dieses Konzeptes handelt es sich um metaphorische Ausdrücke mit einem deutlich persuasiven Inferenzpotenzial (vgl. Schwarz-Friesel 2015). Ihre perspektivierende und damit den Diskurs steuernde Wirkung entsteht dadurch, dass man im Falle von *Transparenz/transparent* zumeist darauf schließen soll, dass etwas ungerechtfertigter Weise Verborgenes sichtbar und beobachtbar gemacht wird, während bei *gläsern* der durch die Metapher veranlasste Schlussprozess vor allem in idiomatischen Prägungen wie *gläserner Mensch* das Sichtbar- und Beobachtbarmachen eher als Überwachung konzeptualisiert.

---

8 Mannheimer Morgen, 08.04.2006, „Hat ihr Kind häufig Wutanfälle?", (https://www.owid. de/service/cosmas/suche/kw?query=gl%C3%A4sern&p=4), zuletzt abgerufen am 10.01.2017.
9 Im Falle von *gläsern* ist es nicht sinnvoll, die Liste der Resultate einer entsprechenden OWID-Abfrage anzuführen, weil *gläsern* in der Mehrzahl der Belege im nicht-metaphorischen Sinn verwendet wird und ein Herausfiltern der für unser Thema einzig relevanten metaphorischen Verwendungen schwer möglich ist.
10 Website der „Piraten" (Themen Abschnitt: Transparenz statt Amtsgeheimnis), (https:// www.piratenpartei.at/themen/mitsprache/), zuletzt abgerufen am 20.01.2016.

Überwachung ist darüber hinaus selbst neben *Transparenz/transparent* und *gläsern* als eine dritte mögliche, wenn auch implizite Form der Realisation dieses Konzeptes im entsprechenden Diskurs zu betrachten.

(7) Sozialbetrugsbekämpfungsgesetz – Rot-Schwarz setzt Höllenritt in den Überwachungsstaat mit unvermindertem Tempo fort

Protesttag gegen verdachtslose Massenüberwachung

Überwachung nimmt immer neue Ausmaße an[11]

Der Ausdruck *Überwachung* ist, wie in Beispiel (7) ersichtlich, zumeist negativ und mit einer negativen Deontik konnotiert. Ausnahmen finden sich am ehesten z. B. in Aussagen von Innenministern oder Polizeikräften, wenn es um Terror- und Verbrechensbekämpfung geht. Speziell mit dem generell negativ konnotierten Kompositum *Überwachungsstaat* meinen Kritiker aber nicht nur die Überwachung Verdächtiger, sondern aller Bürger, d. h. ein Transparentmachen aller – auch der privaten – Aktivitäten und Eigenschaften jeder Person für den Staat und seine Überwachungsorgane, dessen Ergebnis gläserne Bürger sind. Die konzeptuelle Verknüpfung von Überwachung und Transparenz ist demnach offenkundig: Überwachung kann nur durch Transparenz der Überwachungsziele funktionieren, und umgekehrt resultiert Transparenz aus Überwachung im Sinne eines Sammelns und Korrelierens von Informationen zum Zwecke des Sichtbarmachens von Verborgenem.

Dieses Sammeln und Korrelieren von Informationen wird durch die moderne Technik (Überwachungskameras, Verknüpfen von Datenbanken etc.) massiv erleichtert und gefördert, wenn nicht zum Teil erst angeregt. Eine besondere Rolle spielen in dieser Hinsicht die neuen Medien, im Besonderen das Internet und dessen ihm eigene Medienlogik, die den Grad von Transparenz und somit der Überwachungsmöglichkeiten nicht nur tendenziell heben, sondern zugleich unsere Einstellung ihr gegenüber verändern.

3 Internet und Transparenz

„Das Internet als technisches Medium forciert und verkörpert Transparenz, indem es die Erwartungshaltung schürt, dass jegliche Information [...] öffentlich

---

11 Parteiprogramm der „Piraten" (Überschriften zu Texten zum Thema „Überwachung"), (https://www.piratenpartei.at/?s=%C3%BCberwachung&submit=%C2%BB), zuletzt abgerufen am 06. 01. 2016.

abrufbar sei." (Schultz & Wehmeier 2010: 413) Diese Erwartungshaltung entsteht aufgrund der Affordanzen dieses Mediums, die umfassende Informationsrecherchen erlauben und suggerieren, alles wäre im Netz vorhanden und auffindbar. Dadurch werden einerseits Forderungen nach mehr Transparenz, wie wir sie in Beispiel (1) gesehen haben, verstärkt und andererseits resultiert daraus eine Art Zwang zur Transparenz, der zunächst vor allem staatliche, politische und wirtschaftliche Institutionen betrifft, darüber hinaus aber beispielsweise auch Organisationen oder Individuen, die in einem anderen Sinn öffentlich, z. B. journalistisch tätig sind. So sieht sich der über das Internet und dessen gesellschaftliche Auswirkungen schreibende Journalist, Buchautor und vor allem Blogger Sascha Lobo veranlasst, seinen politischen, ideologischen und wirtschaftlichen Hintergrund transparent zu machen, was er wie folgt begründet:

(8) Diese Seite dient der öffentlichen Nachvollziehbarkeit meiner Positionen, Geschäftsbeziehungen und Aktivitäten der letzten fünf Jahre. Das erscheint mir sinnvoll, weil ich medial, politisch und als Unternehmer arbeite und sich die Felder teilweise überschneiden. Den Schmähruf „Lügenpresse" finde ich zwar falsch. Ich sehe darin aber auch ein Symptom dafür, dass sich die Ansprüche des Publikums an den professionell organisierten Teil der Öffentlichkeit wandeln. Das Internet verflüssigt alle möglichen Strukturen, deshalb bin ich Teil des politischen Systems in diesem Land, nämlich der (netz-)politischen Öffentlichkeit, die eine Wirkung auf die Politik hat. Und weil ich mehr Transparenz in der Politik befürworte, möchte ich selbst auch transparenter werden.[12]

Lobo argumentiert sein Streben nach Transparenz mit den Auswirkungen des Internets auf gesellschaftliche Strukturen und mit seiner eigenen, mit diesem Wandel in Zusammenhang stehenden Einstellung gegenüber der Politik und politischem Handeln. Dieses Sichtbarmachen wird mit einer ausreichenden Effizienz erst durch das Internet ermöglicht, da er nur in diesem Medium die Informationen für eine große Anzahl Interessierter und jederzeit verfügbar machen kann.

Hinter anderen, mehr auf Privateres ausgerichteten Praktiken der Transparenz scheint hingegen eine andere, noch deutlicher internet-induzierte Lebensform – im Sinne Rahel Jaeggis[13] – zu stehen. Es handelt sich dabei um Formen

---

12 Sascha Lobo: Transparenz (http://saschalobo.com/transparenz/), zuletzt abgerufen am 12. 04. 2017.
13 Jaeggi (2014: 103) definiert ihren an Wittgenstein angelehnten Begriff der Lebensform als eine Art System von Praktiken: „Praktiken sind [...] vernetzt mit vielfältigen anderen Praktiken und Einstellungen, in deren Zusammenhang sie ihre spezifische Funktion und Bedeutung erst gewinnen. Es sind solche Zusammenhänge und Kontexte, die man Lebensformen nennen kann."

der Selbst-Offenbarung vor allem in den Sozialen Medien, die von einfachen Status-Meldungen auf Facebook bis zu einem stetigen öffentlichen Self-Tracking[14] reichen. Zwar zielt Self-Tracking zunächst nur darauf ab, die eigene Gesundheit oder die eigene Lebensweise für sich selbst transparent zu machen, um so eine Selbstoptimierung zu ermöglichen, womit z. B. die einschlägige Firma Fitbit für ihre Produkte wirbt: „Fitbit unterstützt dich durch die Protokollierung deines täglichen Aktivitätsniveaus, deines Trainings, deiner Schlafenszeiten, deiner Ernährung und deines Gewichts dabei, ein gesünderes Leben zu führen."[15] Wenn man aber z. B. die Protokollierung eines Workouts auf Instagram oder einer anderen Plattform postet, werden an sich private Informationen für eine breite Öffentlichkeit transparent.

Obwohl zunächst mit dem Begriff des Self-Trackings das digitale Verfolgen und Protokollieren von Gesundheit, Fitness etc. gemeint ist, kann das Konzept im weiteren Sinn das Tracking jedweden Aspektes des eigenen Lebens umfassen, also auch z. B. das Posten von Selfies am Morgen, das Verfassen eines Reiseblogs, um alle auf dem Laufenden zu halten, wo man sich gerade befindet und wie es einem geht, oder das Kommentieren persönlicher Beziehungen auf Facebook. Dabei handelt es sich jeweils um explizit kommunizierte persönliche Daten (vgl. Lück 2013: 51), deren Veröffentlichung intendiert ist. Zum Transparentmachen der eigenen Person und des eigenen Lebens tragen jedoch wesentlich die gleichzeitig transportierten implizit kommunizierten Daten (vgl. Lück 2013: 51) bei, wie z. B. Hinweise auf nicht explizit geäußerte Werthaltungen, die ein Betrachter aus der Online-Kommunikation einer Person herauslesen bzw. ihr zuschreiben kann.

Das Self-Tracking in diesem weiteren Sinn ist im Zuge der Digitalisierung und der mit dieser einhergehenden Datafizierung zu einer verbreiteten sozialen Praktik geworden und aufgrund der Verbindung mit den Möglichkeiten und der Logik des Internets zu einer kommunikativen Praktik, die für eine neue, medial induzierte Lebensform prägend ist. Diese Lebensform ist gekennzeichnet durch eine „kollektive Intentionalität in Form von geteilten ‚Wir-Einstellungen'" (Tuomela 2009: 534), die sich in der Performanz kommunikativer Praktiken konstituiert und reproduziert und die auf eine möglichst weitgehende Bereitstellung und Vernetzung von Informationen hin orientiert ist. Der von den Affordanzen des Internets, insbesondere des Web 2.0 geförderte „Impetus des Teilens" (Marx & Weidacher 2014: 69–70), der sich im „sharing" von Informationen aller Art manifestiert, bildet den Kern dieser kollektiven Intentionalität.

---

14 Zum Self-Tracking vgl. Neff & Nafus (2016).
15 (https://www.fitbit.com/at/home), zuletzt abgerufen am 02. 05. 2017.

Das Zugänglichmachen und Teilen von Informationen sollte jedoch nicht nur als eine Möglichkeit betrachtet werden, wie man im Internet agieren kann. Vielmehr herrscht aufgrund dieser etablierten kollektiven Intentionalität ein sozialer bzw. ideologischer Zwang, sich zu vernetzen und Informationen auszutauschen, d. h. an der von van Dijck (2013) so bezeichneten „culture of connectivity" teilzunehmen und sich den ihr immanenten Regeln, Normen und Werten zu unterwerfen. Die einzige Möglichkeit, sich diesen sozialen Zwängen zu entziehen, wäre ein Opting-out aus dieser Lebensform, was allerdings nicht so einfach ist: „[...] when it comes to the possibility of opting out, we are confronted not only with techno-economic hurdles, but also with social norms and the ideological imperative and cultural logics that scaffold them." (van Dijck 2013: 171) Man kann sich nicht nur einzelnen Praktiken wie der des Teilens oder der spezifischeren des Self-Trackings verweigern, ohne die soziale Online-Welt überhaupt zu verlassen oder aus ihr ausgestoßen zu werden, was für viele schon an und für sich keine erstrebenswerte Option darstellt, darüber hinaus aber vor allem für Jugendliche auch ein Aussteigen aus dem sozialen Leben, das sie offline führen, bedeuten würde, da dieses mit ihren Online-Aktivitäten eng verknüpft ist (vgl. van Dijck 2013: 173).

Transparenz nicht zu gewähren ist demnach problematisch, sofern man am sozialen, vom Medium Internet geprägten Leben, d. h. der entsprechenden Lebensform teilnehmen möchte bzw. sich davon nicht ausschließen kann. Das Internet fördert also eine Ideologie der Transparenz, die zwar in Ansätzen auch zuvor schon existierte, die aber erst durch die Logik des neuen Mediums in weitere und speziell privatere soziale Domänen diffundierte und die, wenn es auch zuweilen Widerstand gegen sie gibt, moderne Lebensformen prägt.

4 Die Ideologie der Transparenz

Die kollektive Intentionalität, Informationen zu teilen und somit transparent zu machen, bildet einen wesentlichen Bestandteil eines sozio-kognitiv konstituierten Systems von Wissen, Werten und normativen Einstellungen, das Praktiken des sozialen und vor allem des kommunikativen Handelns eingeschrieben ist. Anders ausgedrückt zeigt sich in diesen Praktiken eine gesellschaftliches Handeln und gesellschaftliche Institutionen prägende Ideologie im Sinne Verschuerens:

> We can define as ideological any basic pattern of meaning or frame of interpretation bearing on or involved in (an) aspect(s) of social ‚reality' (in particular in the realm of social relations in the public sphere), felt to be commonsensical, and often functioning in a normative way. (Verschueren 2013: 10)

Die Werte und Einstellungen der Ideologie der Transparenz prägen die Konstitution sowie die Ausführung der von Transparenzansprüchen betroffenen Praktiken und normieren sie bis zu einem gewissen Grad, indem den Praktiken bestimmte Erwartungshaltungen zugeordnet werden. Dabei werden sie von den Anhängern dieser Ideologie, die im Sinne Wittgensteins (vgl. 1984: 239) darauf „abgerichtet" sind, den ideologisch basierten Regeln der Praktiken zu folgen, kaum hinterfragt und sind als zumeist unbewusst akzeptierter Common Sense für sie auch nur schwer hinterfragbar. Zumal diese Praktiken in ihrer spezifischen, medial induzierten Ausformung jedoch erst durch soziale und politische, insbesondere aber mediale Entwicklungen in jüngerer Zeit ermöglicht wurden, konfligieren sie zuweilen mit überkommenen ideologischen Einstellungen, die dem Wert der Transparenz andere Werte (vgl. Kap. 5) entgegenstellen. Wenn es zu solchen Konflikten kommt, werden die den Praktiken zugrundeliegenden Einstellungen sowohl Anhängern als auch Gegnern einer Transparenzideologie bewusst, wodurch sie erst einer Verhandlung im Diskurs zugänglich werden. Diese erfolgt dann über implizit oder explizit wertende Äußerungen, wie wir sie in den obigen Beispielen gesehen haben, wobei die sprachlichen Wertungshandlungen einerseits Ausdruck eines ideologischen Wertesystems sind, andererseits zu dessen Konstitution und Verbreitung beitragen: „Every act of evaluation expresses a communal value-system, and every act of evaluation goes towards building up that value-system." (Thompson & Hunston 1999: 6)

Wie die Nutzung der unterschiedlichen, geradezu entgegengesetzten Wertungspotenziale von *transparent/Transparenz* bzw. *gläsern* gezeigt hat, manifestieren sich in diesen Diskursrealisierungen unterschiedliche Wertesysteme. Wenn man also zwar allgemein von einer Transparenzideologie sprechen kann, so muss doch beachtet werden, dass diese unterschiedliche Ausformungen aufweist, die sich vor allem in den für die Struktur eines ideologischen Systems wesentlichen Kategorien „membership" (Wer sind die Vertreter dieser Ideologie?) und „goals" (Warum tun wir das? Was wollen wir erreichen?) unterscheiden.[16]

Die erste Ausprägung der Transparenzideologie wird vor allem von zumeist oppositionellen Parteien, politischen Bewegungen und Organisationen, aber auch von einer manchmal kritischen, manchmal eher populistischen Presse vertreten. Konkrete Beispiele wären die schon genannten Piraten und das Team Stronach und insbesondere Transparency International, deren Ziel es ist, durch Transparentmachen staatlicher oder wirtschaftlicher Prozesse und Institutionen deren Kontrolle zu ermöglichen und so Korruption oder andere gesellschafts-

---

16 Zu den Kategorien, die zur Struktur einer Ideologie beitragen, vgl. van Dijk (1998: 69–70).

schädigende Machenschaften zu verhindern. Den Erfolg dieser Ausprägung der Transparenzideologie kann man daran erkennen, dass sich mit Transparenzforderungen konfrontierte Institutionen gezwungen sehen, von sich aus „freiwillig" Transparenz anzubieten. Beispiele dafür wären der „transparency pledge" von Monsanto: „We will ensure that information is available, accessible, and understandable."[17] – und das in einer gesetzesvertretenden Verordnung formulierte Versprechen einer transparenten Verwaltung durch die Autonome Provinz Bozen.[18]

Auf die Transparenz politischer Prozesse zielt ebenfalls eine andere, wenn auch mit der ersten z. B. durch die Piraten verknüpfte Ausprägung der Transparenzideologie ab, deren Forderung nach der Transparenz politischer Prozesse damit begründet wird, dass nur öffentlich zugängliche Informationen es Bürgern und Bürgerinnen erlauben, aktiv an politischen Prozessen und an politischer Deliberation zu partizipieren, was für eine funktionierende Demokratie wesentlich sei.[19] Eine „governance by transparency" (Fung, Graham & Weil 2007: 1–15) sei notwendig, um allen Betroffenen zu ermöglichen, informierte politische Entscheidungen zu treffen und so einen Beitrag zur demokratischen Entwicklung einer Gesellschaft zu leisten.

Eine eher gegenteilige, nämlich demokratische Strukturen und Prozesse schädigende Wirkung wird hingegen befürchtet, wenn der Staat vorgeblich aus Gründen der Sicherheit eine Transparenzideologie verficht, deren Prinzipien in Form einer weit gehenden Überwachung möglichst aller Kommunikationsprozesse implementiert werden. Mittels „dataveillance" (vgl. Lyon 2007: 200), eine auf die neuen Medien abgestimmte Form der Überwachung, wird – so die dystopische Annahme der Kritiker – ein Panopticon nach den Vorstellungen Benthams (1995) kreiert, das jedoch nicht nur ein Gefängnis, sondern die Gesellschaft insgesamt unter Beobachtung stellt. Dazu gehört die Nutzung von „Big Data" speziell durch „datamining", mittels dessen Muster im Verhalten von Verdächtigen – so die Befürworter –, aber eben auch aller anderen Bürger erkannt bzw. erstellt werden.

Ebenfalls mithilfe von „datamining" und einem darauf aufbauenden „profiling" und „tracking" von Menschen, allerdings weniger in deren Rolle als Bür-

---

17 (https://monsanto.com/company/commitments/our-pledge/), zuletzt abgerufen am 24.6. 2018.
18 (http://www.provinz.bz.it/de/transparente-verwaltung.asp), zuletzt abgerufen am 21.6.2018.
19 Vgl. dazu z. B.: „[Der demokratische Prozess] basiert nämlich auf einer möglichst breiten Beteiligung der Bürger an der Gestaltung und Kontrolle der gesellschaftlichen Vorgänge und ist somit unvereinbar mit dem Informationsvorsprung, den Wenige auf Kosten der Allgemeinheit zu sichern versuchen. (https://wiki.piratenpartei.de/Parteiprogramm#Transparenz_des_Staatswesens), zuletzt abgerufen am 21.6.2018.

ger als in der von Konsumenten, streben Internet-Konzerne wie Facebook oder Google danach, z. B. das „socialsorting", also die Zuordnung von in den Online-Tätigkeiten sich abzeichnenden Profilen zu sozialen Gruppen zu ermöglichen, um so für die Wirtschaft, insbesondere die Werbewirtschaft „gläserne Kunden" zu erschaffen. „The tracking of individual behavior and the retention and sharing of this data for financial gain is the underlying basis of online social media business models and a significant challenge to Internet governance." (DeNardis 2014: 350) Die von DeNardis angesprochene ethische Problematik zeigt sich schon beim „contextual" und „behavioral advertising", das auf die durch „datamining" und „socialsorting" gewonnenen Profile potenzieller Kunden abhebt, indem diesen nurmehr Werbung gezeigt wird, die gemäß deren bisherigem (Online-)Verhalten auf sie und ihre Interessen abgestimmt ist. Die dabei entstehende Filter Bubble (vgl. Pariser 2012) wird jedoch noch problematischer, wenn sie auch den Zugang zu politischen Informationen vorstrukturiert und damit z. B. ein Erkennen möglicher Meinungsvielfalt behindert. Durch die Tranparenzideologie der Internet-Konzerne und ihre spezifische Implementierung mit dem Ziel des „gläsernen Kunden" wird so paradoxerweise für den Kunden die Welt weniger transparent.

Dass solchen Konzernen ein derartig umfassendes „datamining" und „socialprofiling" möglich ist, liegt allerdings auch an der Bereitschaft vieler und vielleicht gerade der typischen Internet-User zur Selbstoffenbarung. Diese gehört zwar zur Logik der Sozialen Medien, der man jedoch nicht gehorchen müsste, was aber, wie oben schon festgestellt, ein nahezu vollständiges Verlassen dieses Kommunikationsraumes bedingen würde, denn Soziale Medien funktionieren nur, sind eben nur sozial, wenn man etwas über sich mitteilt. Und genau darin besteht diese Ausformung der Transparenzideologie: Man macht – freiwillig – Informationen über sich selbst transparent und erwartet dies auch von anderen. Damit arbeitet man aber auch – unfreiwillig – am gesamtgesellschaftlichen Panopticon mit, dem man sich auch durch Fake-Profile und eine, wenn auch zumindest teilweise illusorische Anonymisierung nur bis zu einem gewissen Grad entziehen kann. Anonymität bewirkt außerdem das Offenbaren von Meinungen, die sonst nicht so offen geäußert werden würden. Zumindest in dieser Hinsicht ist also auch Anonymität der Transparenzideologie förderlich.

Angesichts dieser verschiedenen Ausformungen der Transparenzideologie, die insgesamt tendenziell die einen eher zu „Opfern" der Transparenz machen, andere zu „Tätern", formulierte David Brin (1998) eine radikale Transparenzideologie als alternative Reaktion auf die Überwachung von Bürgern durch den Staat und auf das aus kommerziellen Gründen betriebene Tracking durch wirtschaftliche Institutionen. Während die meisten Kritiker dieser Entwicklungen für deren gesetzliche und technische Beschränkung plädieren, fordert Brin quasi gleiches Recht für alle, z. B. folgendermaßen:

> [...] if some company wishes to collect data on consumers across America, let it do so only on condition that the top one hundred officers in the firm must post exactly the same information about themselves and all their family members on an accessible Web site. (Brin 1998: 81)

Überwachung sei nämlich eine unumkehrbare Tatsache und nicht mehr abzuschaffen. Um die Gefahren eines in der Tendenz autoritären Überwachungsstaates zu unterlaufen, müsse daher alles für alle transparent werden. Die entscheidende Frage für ihn lautet: „Will common folk have, and exercise, a sovereign power to watch the watchers?" (Brin 1998: 9)

Prinzipielle Kritiker der Transparenzideologie wie Byung-Chul Han könnten Brins Problemlösung nichts abgewinnen, zumal sie die Gefahr nicht nur im Bereich staatlicher Überwachungsmaßnahmen verorten. Vielmehr finde sich aus Hans Sicht die deontische Kraft der Transparenzideologie in de facto allen sozialen Domänen:

> Die Transparenz ist ein systemischer Zwang, der alle gesellschaftlichen Vorgänge erfasst und sie einer tiefgreifenden Veränderung unterwirft. Das gesellschaftliche System setzt heute all seine Prozesse einem Transparenzzwang aus, um sie zu operationalisieren und zu beschleunigen. (Han 2015: 6)

Diese Ablehnung der von Han (2015) konstatierten solcherart ideologisch geprägten „Transparenzgesellschaft" speist sich nicht nur bei ihm aus der Erkenntnis, dass Transparenz mit anderen Werten in Konflikt gerät oder diese überhaupt aus dem Wertesystem unserer Gesellschaft verdrängt.

5 Transparenz und mit ihr konfligierende Werte

Werte sind „shared mental objects of social cognition" (van Dijk 1998: 74), die als Bewertungsparameter für soziale Institutionen und Handlungen herangezogen werden und als solche wesentliche Elemente einer Ideologie im oben definierten Sinn bilden. Sie sind allgemeine sozial anerkannte Prinzipien, die orientierend und handlungsleitend wirken, da sie etwas repräsentieren, das als „wertvoll", d. h. erstrebenswert angesehen wird. Anders ausgedrückt nehmen wir einem Wert bzw. dessen Umsetzung im Zuge einer Handlung gegenüber eine bestimmte, bei einem positiven Wert eine positive Haltung ein. Diese ist für uns entweder ideologisch (z. B. auf Basis eines religiösen oder anders fundierten ethisch-moralischen Systems) begründbar oder beruht auf im sozialen Wissen gespeicherten praktischen Erfahrungen, dass wir durch die Anerkennung eines Wertes und die Befolgung der ihm inhärenten Handlungsleitung auf die eine oder andere Art erfolgreich waren, weshalb zu erwarten ist, dass wir es auch weiterhin sein werden. „[W]hat it is for something to be good is nothing else than for there to be reasons [...] to respond favourably to it" (Orsi 2015: 10).

Es kommt jedoch vor, dass es Gründe gibt, die für die Anerkennung eines Wertes, und solche, die für einen anderen, mit ersterem mehr oder weniger konfligierenden Wert sprechen. Solche Wertekonflikte müssen nicht notwendigerweise in einem vollständigen Widerspruch bestehen. Das Verhältnis kann auch vielschichtig und sogar in sich wiederum widersprüchlich sein. Gerade das Aufzeigen dieser Komplexität der Relationen zwischen Werten in ideologischen Systemen trägt jedoch zur Konturierung von Werten und Werthaltungen bei. Daher soll im Folgenden das Verhältnis von Transparenz zu den Werten Privatheit, Autonomie, Vertrauen und Wahrheit, die im Diskurs zur Transparenzideologie immer wieder apostrophiert werden, diskutiert werden.

Bei diesen vier Werten, die durch eine Transparenz favorisierende Ideologie betroffen sind, handelt es sich um intrinsische Werte, d.h. um an sich als wertvoll betrachtete Werte (vgl. Birnbacher 2013: 242). Transparenz ist demgegenüber zunächst ein extrinsischer Wert, der intrinsische Werte aufgrund empirischer Zusammenhänge bedingt (vgl. Birnbacher 2013: 242). In Anbetracht der im Diskurs geäußerten Überzeugungen der Apologeten von Transparenz gewinnt man jedoch den Eindruck, dass Transparenz diesen Status als quasi sekundärer Wert zu verlieren scheint, da die angenommenen positiven Auswirkungen von Transparenz vor allem in naturgemäß verkürzt formulierten, enthymematisch argumentierten politischen Forderungen implizit bleiben oder als erwünschte Elemente einer internetgeprägten Lebensform vorausgesetzt werden. Damit erscheint Transparenz auch als ein intrinsischer Wert bzw. wird sie im Diskurs als solcher konzeptualisiert. Die Forderung nach mehr Transparenz muss folglich nicht mehr notwendigerweise mit der Förderung anderer Werte begründet werden. Transparenz bildet dadurch den in vielen Kontexten unhinterfragten Kern der Transparenzideologie. Dieser steht jedoch z.B. im Widerspruch zum Wert der Privatheit.

5.1 Transparenz und Privatheit

The intensity and complexity of life, attendant upon advancing civilization, have rendered necessary some retreat from the world, and man, under the refining influence of culture, has become more sensitive to publicity, so that solitude and privacy have become more essential to the individual; but modern enterprise and invention have, through invasions upon his privacy, subjected him to mental pain and distress, far greater than could be inflicted by mere bodily injury. (Warren & Brandeis 1890: 196)

Was Warren und Brandeis in ihrem für die juristische Verankerung des Konzepts der Privatheit und darüber hinaus für die Entwicklung dieses Wertes grundlegenden Aufsatz: „The Right to Privacy" bereits 1890 formulierten, gilt angesichts der in der modernen Mediengesellschaft des 21. Jahrhunderts zunehmenden „invasions"[20] in die Privatsphäre in noch stärkerem Maße. Daher ist Privatheit bzw. der Schutz der Privatsphäre zu einem gefährdeten, aber gerade deshalb „zentralen Wert im digitalen Zeitalter" (Grimm & Krah 2015: 1) geworden. Dieser Wert der Privatheit besteht darin, dass jeder einen Bereich benötigt, in dem er sein Leben reflektieren und sich selbst entfalten kann oder auch mit anderen, die er aber zu seiner Privatsphäre zählt, interagieren kann, ohne von Außenstehenden beobachtet und damit kontrolliert zu werden (vgl. Ritter 2008: 44). Es geht dabei nicht um Informationen, die geheim, sondern um solche, die privat bleiben sollen, denn *geheim* trägt als eine Konnotation, dass Informationen, die eigentlich öffentlich bekannt sein sollten, vorsätzlich verborgen werden,[21] während mit *privat* Informationen gemeint sind, die kein allgemeines Wissen zu sein brauchen (vgl. Geuss 2013: 18–19).

Gerade in dieser prekären Differenzierung liegt jedoch zumindest einer der Problembereiche im Verhältnis zwischen Transparenz und Privatheit, insbesondere wenn man an die Ausformung der Transparenzideologie denkt, die dem Bestreben staatlicher Institutionen zugrunde liegt, die Bevölkerung möglichst umfassend zu überwachen. Dabei sollte darauf abgezielt werden, von Kriminellen oder Terroristen geheim gehaltene Informationen transparent zu machen, womit wohl auch ein Großteil der Bürger einverstanden wäre, wenn nicht eine mangelnde Treffsicherheit der Überwachung zu befürchten wäre. Um diese Befürchtungen zu zerstreuen, dass nicht nur Geheimes, sondern auch Privates transparent werden könnte, wird von staatlicher Seite in solchen Zusammenhängen auf die Bedeutung und Schutzwürdigkeit der Privatsphäre verwiesen, wie z. B. in den Erläuterungen zum Entwurf des neuen österreichischen Sicherheitspolizeigesetzes:

(9) Die im dritten Hauptstück verankerten Datenverarbeitungsermächtigungen sollen den Bedürfnissen des polizeilichen Staatsschutzes soweit gerecht werden, als es in einem ausgewogenen Verhältnis mit dem Grundrecht auf Schutz des Privatlebens und Achtung der Privatsphäre (Art. 8 EMRK) vereinbar ist.[22]

---

20 Mit den „invasions", die Warren & Brandeis zur damaligen Zeit feststellten und kritisierten, meinten sie vor allem das aggressive Verhalten damaliger Journalisten.
21 Vgl. dazu auch Kap. 5.4.
22 Aus: Erläuterungen zum Entwurf des österreichischen Sicherheitspolizeigesetzes (https://www.parlament.gv.at/PAKT/VHG/XXV/ME/ME_00110/fname_395435.pdf), zuletzt abgerufen am 14. 06. 2017.

Dass an dieser Stelle beteuert wird, dass neue Überwachungsmöglichkeiten aufgrund von „Datenverarbeitungsermächtigungen" mit dem Schutz der Privatsphäre vereinbar seien, beruht auf einem rhetorischen Adressatenkalkül (vgl. Knape 2000: 59), das eine Kritik am Gesetzesentwurf antizipiert, die von einem Konflikt zwischen den Werten der Transparenz und der Privatheit ausgeht. Damit wird anerkannt, dass letztere noch immer, wenn nicht sogar verstärkt in unserer modernen, vom Web 2.0 geprägten Informationsgesellschaft einen zu bewahrenden Wert darstellt.

Das Bestreben, eine Sphäre des Privaten zu erhalten, steht nur vordergründig im Widerspruch zur oben angesprochenen Bereitschaft, selbst eigentlich private Informationen im Internet zu teilen und so zu veröffentlichen. Ob das Transparentmachen von Informationen als eine Überschreitung der Grenzen des Privaten empfunden wird, ist nämlich einerseits kontextabhängig in dem Sinn, dass wir z. B. für unsere persönlichen medizinischen Daten einen höheren Anspruch auf Privatheit erheben als etwa für solche, die unsere Freizeitgestaltung betreffen. Andererseits geht es vor allem darum, die Kontrolle darüber zu haben, was privat bleibt und was nicht. „[...] there is no paradox in caring deeply about privacy and, at the same time, eagerly sharing information as long as the sharing and withholding conform with the principled conditions prescribed by governing contextual norms." (Nissenbaum 2010: 187) Solange wir selbst, wenn auch unter Berücksichtigung sozial anerkannter kontextspezifischer Normen, entscheiden können, ob und in welchen Kontexten etwas für andere transparent werden soll, indem wir selbst die Grenzen unserer Privatsphäre definieren, bleibt der Wertekonflikt zwischen Transparenz und Privatheit zwar stets aktuell, aber auch verhandelbar. Aufgezwungene Transparenz – sei es durch staatliche Institutionen oder die Logik des Mediums Internet – hingegen verschärft diesen Konflikt oder führt zur Entwertung von Privatheit.[23]

Um diese zu verhindern, genügt es nicht, sich gegen staatliche Eingriffe zu wehren. Vielmehr gilt es, als Bürger dieser Mediengesellschaft „eine ungleich größere Disziplin aufzubringen [...], um die Integrität seines eigenen Daseins zu wahren" (Gerhardt 2012: 545) und somit Privatheit als einen intrinsischen Wert zu erhalten, der aber zugleich eine Voraussetzung ist für die Ermöglichung autonomen Agierens.

5.2 Transparenz und Autonomie

Unter Autonomie wird die Befähigung verstanden, frei, das heißt selbstbestimmt zu handeln (vgl. Pauen & Welzer 2015: 50; Sneddon 2013: 2–3). Dabei

---

23 Literarische Beispiele für solche Bedrohungen der Privatheit sind einerseits George Orwells „1984" und andererseits Dave Eggers' „The Cycle" und Juli Zehs „Corpus delicti".

handelt es sich um einen zentralen, sogar konstitutiven Wert in demokratischen Gesellschaften, die tatsächlich nur demokratisch sind, wenn möglichst alle Bürger politische, aber auch in anderer Hinsicht sozial relevante Entscheidungen autonom fällen können. Dazu müssen sie abgesehen von einer entsprechenden intellektuellen Kompetenz und einer affektiven Bereitschaft über ausreichende Informationen verfügen, von denen ausgehend sie ihre Entscheidungen treffen können. Unter diesem Aspekt ist die Transparenz politischer Vorgänge und Debatten essentiell, da nur so vom Bürger fundierte Schlüsse gezogen werden können, was für ihn und die Gesellschaft am besten ist.

Allerdings kann in anderer Hinsicht Transparenz, zumal in repräsentativen Demokratien, auch problematisch sein: „Die Politik ist ein strategisches Handeln. Bereits aus diesem Grund eignet ihr eine Geheimsphäre. Eine totale Transparenz lähmt sie." (Han 2015: 14) Während Transparenz einerseits einem demokratischen System dienlich ist, indem die Entscheidungsautonomie der Bürger durch Transparentmachen von Informationen unterstützt wird, behindert sie andererseits unter Umständen die autonome Entscheidungsfindung von Politikern und von politischen Institutionen, deren Agieren im Zuge politischer Prozesse quasi unter Beobachtung gestellt wird. Dieses Dilemma spricht z. B. EU-Kommissarin Cecilia Malmström in einem Blog-Eintrag an, in dem sie auf Kritik an der Intransparenz der TTIP-Verhandlungen reagiert:

(10)   The current debate about transparency in some Member States seems to have been caught up in a fog of confusion: there are no new general restrictions – one single document has been placed in a reading room. This was a temporary measure so we could take time to think how to ensure a minimum confidentiality for a document that includes our internal discussions and tactical deliberations. As Minister Gabriel also points out, while being open we also have to ensure some space for internal debate.[24]

Dieser aus Sicht Malmströms – offenkundig aber nicht aus der ihrer Kritiker – für politische Entscheidungsfindung notwendige intransparente Raum hat ein Pendant in der Privatsphäre von Individuen, deren Autonomie durch zwei Ausformungen der Transparenz untergraben wird: den panoptischen und den Echokammer-Effekt.

Der „panoptic effect" (Solove 2009: 109), benannt in Anlehnung an Jeremy Benthams (1995) Konzept eines Gefängnisses, das auf der stets möglichen, aber nicht durchgehend konkret stattfindenden Überwachung seiner Insassen beruht, konstituiert sich in der von den neuen Medien geprägten Gesellschaft da-

---

24 Aus: Blog von Cecilia Malmström (21. 08. 2015): Transparency in TTIP (https://ec.europa. eu/commission/2014-2019/malmstrom/blog/transparency-ttip_en), zuletzt abgerufen am 01. 06. 2017.

durch, dass deren Nutzer zwar vielleicht nicht durchgehend von anderen, seien es andere individuelle Nutzer, seien es staatliche Institutionen oder mit Daten-sammeln beschäftigte Konzerne, beobachtet werden, dass sie sich aber bewusst sind, dass dies jederzeit der Fall sein könnte. Dieses Bewusstsein kann ähnlich einschränkend auf autonomes Agieren wirken wie tatsächliche Überwachung (vgl. Solove 2009: 109), da es Tendenzen zur Selbstkontrolle und Selbstzensur auslösen kann bzw. zu Konformismus als einer Form von Heteronomie (vgl. Pauer & Welzer 2015: 50).

Die Befähigung eines Individuums, autonom aus mehreren Optionen die für ihn aus seiner Sicht vorteilhafteste zu wählen, untergräbt, speziell in der medialen Umgebung des Internets, auch der Echokammer-Effekt, der mit der Entstehung von je spezifischen Filter Bubbles (Pariser 2012) einhergeht. Dabei werden von verschiedenen Internet-Plattformen wie Google, Facebook, Twitter, Amazon etc. einem User verstärkt oder gar ausschließlich Informationen ange-boten, die seinem auf Basis transparent gemachter Daten erstellten Interes-sensprofil entsprechen. Das heißt, es werden mittels eines Algorithmus z. B. Facebook- oder Twitter-Kontakte vorgeschlagen, aus deren Online-Aktivitäten ähnliche Interessen abgeleitet wurden, oder Websites, Blogs etc. empfohlen, die den User interessieren könnten. Dadurch werden aber Informationen, die die-sem Profil nicht entsprechen, herausgefiltert und dem Nutzer vorenthalten, so-dass er sich, ohne es zu merken, in einer informationellen Filterblase wiederfin-det bzw. in einer „Echokammer", in der er nur mehr das hört, was er quasi selbst hineingerufen hat. Auf diese Weise wird er in seiner einmal gefassten und online geäußerten Meinung ständig bestärkt, ohne sie mit anderen, womöglich konträren Ansichten vergleichen zu können.

Die Grundlagen für einen autonomen Entscheidungsprozess sind somit nicht mehr gegeben. Im Gegenteil eröffnen sich so Wege einer, wenn auch nicht immer konkret intendierten, sondern quasi automatisierten Manipulation, in-dem die Möglichkeit einer selbst-bestimmten und freien Wahl aus Alternativen mittels informationeller Privilegierung einer Alternative und faktischer Exklu-dierung der anderen unterminiert wird.[25] Diese Form der Manipulation resul-tiert einerseits aus der Transparenz der Informationen über einen Nutzer, ande-rerseits aus der Intransparenz einer Fakten- und Meinungsvielfalt durch die Auswirkungen des Echokammer-Effekts.

Das Verhältnis der Werte Transparenz und Autonomie ist also ein vielfälti-ges und in mancherlei Hinsicht problematisches, dessen zentraler Aspekt von Clarke (2010: 237) aufgezeigt wird: „One of the more important arguments for

---

25 Zu diesem grundlegenden Aspekt von Manipulation vgl. Wood (2014: 36–37).

respecting the informational privacy of individuals is that, if people's activities are unknown to others then they cannot be deliberately interfered with by others."[26] Eine die Warnung Clarkes ignorierende, konsequente Umsetzung der Transparenzideologie, wie sie schon jetzt teils durch Überwachung teils durch Self-Tracking in weitgehenden Ansätzen erkennbar ist, muss daher trotz der Vorteile, die Transparenz in manchen Bereichen mit sich bringt, als Gefahr für eine echte, weil autonome Partizipation am demokratischen System beurteilt werden.

5.3 Transparenz und Vertrauen

(11) Wir wollen absolute Transparenz für alle Bereiche, die mit der Politik verbunden sind. Nur mit Transparenz können fragwürdige Einflussnahmen schnell erkannt und abgestellt werden. Nur durch Transparenz kann man Korruption verhindern. Transparenz schafft Vertrauen. Wenn der Bürger wieder Vertrauen in die Politik haben kann, wird er auch bereit sein, seinen Beitrag zum Wohle des Landes zu leisten.[27]

Die Forderung nach mehr Transparenz in der Politik wird an dieser Stelle vom Team Stronach damit begründet, dass der in dieser Argumentation als extrinsisch aufgefasste Wert der Transparenz Vertrauen fördere. Ebenso sieht es beispielsweise der Verband der pharmazeutischen Industrie Österreichs (Pharmig), der einen Punkt in seinem Verhaltenscode mit: „Transparenz schafft Vertrauen – Disclosure Code"[28] betitelt. Ob dies allerdings tatsächlich so ist, erscheint fragwürdig, wenn man näher analysiert, was Vertrauen im Wesentlichen ausmacht.

Einerseits traut man Luhmann (vgl. 2000: 40) zufolge dem Vertrauten eher als dem Fremden. Wenn uns demnach etwas durch Transparenz vertrauter gemacht werden würde, fiele es uns leichter, ihm zu vertrauen. Andererseits kommt Vertrauen „durch Überziehen der vorhandenen Information zustande" (Luhmann 2000: 31). Daraus lässt sich ableiten, dass Vertrauen nur notwendig ist und im eigentlichen Sinn erst entsteht, sofern nicht alle Informationen transparent sind und wir daher nicht über sie verfügen, wie auch Giddens (1990:

---

26 Eine radikale Form des Eingreifens in das Leben von Bürgern auf Basis des Transparentmachens und der Analyse aller, d. h. auch privater Informationen wird in Philipp K. Dicks Erzählung „Minority Report" beschrieben.

27 Parteiprogramm Team Stronach (Kap. „Unsere zentralen Werte": 11), (http://www. teamstronach.at/), zuletzt abgerufen am 08. 06. 2017.

28 http://www.pharmig.at/DE/Verhaltenscodex/Transparenz%20schafft%20Vertrauen/ Transparenz+schafft+Vertrauen.aspx), zuletzt abgerufen am 21. 6. 2018.

33) feststellt: „There would be no need to trust anyone whose activities were continually visible and whose thought processes were transparent, or to trust any system whose workings were wholly known and understood." Insofern steht die Implementierung des Wertes der Transparenz der Förderung des Vertrauens sogar entgegen.

Gerade die durch die Nutzung der neuen Medien geprägte Transparenzideologie zerstört folglich paradoxerweise das für den Zusammenhalt der Gesellschaft notwendige Vertrauen in andere oder in soziale und politische Institutionen:

> Im digitalen Panoptikum ist kein Vertrauen möglich, ja gar nicht erst notwendig. […] Die digitale Vernetzung erleichtert die Informationsbeschaffung dermaßen, dass das Vertrauen als soziale Praxis immer mehr an Bedeutung verliert. Es weicht der Kontrolle. So hat die Transparenzgesellschaft eine strukturelle Nähe zur Überwachungsgesellschaft. (Han 2014: 91)

Obwohl diesem Befund Hans grundsätzlich zuzustimmen ist, muss hinzugefügt werden, dass auf einer anderen Ebene der Kommunikation auch bei einer Offenlegung von Informationen sehr wohl Vertrauen notwendig ist: Man muss darauf vertrauen können, dass die Transparenz nicht nur vorgetäuscht ist, insofern als die Informationen irreführend oder gar auf die eine oder andere Art gefälscht sind. Wenn so eine Manipulation der Informationen befürchtet würde, würde Vertrauen trotz der scheinbaren Transparenz unterminiert anstatt gefördert: „Transparency certainly destroys secrecy: but it may not limit the deception and deliberate misinformation that undermine relations of trust. If we want to restore trust we need to reduce deception and lies rather than secrecy." (O'Neill 2002: 70)

Mit diesem Aspekt des entgegen den Annahmen des Team Stronach und der Pharmig problematischen Verhältnisses der Werte Transparenz und Vertrauen spricht O'Neill indirekt auch den Wert der Wahrheit an, dessen Zusammenhang mit Transparenz wir abschließend noch kurz betrachten.

5.4 Transparenz und Wahrheit

Die Werte Transparenz und Wahrheit werden insofern in Relation zueinander gesehen, als durch Transparentmachen der Blick auf bislang verborgene Informationen freigegeben wird, die als eine tiefer liegende bzw. als die eigentliche Wahrheit angesehen werden. Darum geht es zumindest auch, wenn Transparenz angeboten (vgl. den oben zitierten Transparency Pledge von Monsanto) oder gefordert wird. Besonders deutlich wird dies wiederum im Parteiprogramm des Team Stronach, in dem Wahrheit neben Transparenz als zentraler Wert postuliert wird:

(12)   Wahrheit in der Politik heißt: Die Daten und Fakten müssen den Bürgern unverfälscht
        weitergegeben werden, damit die Bürger ihre Meinung bilden können. Nur wer die
        Wahrheit kennt, hat die Chance, gute und richtige Entscheidungen zu treffen. Das Prob-
        lem bei den meisten Politikern ist, dass sie den Bürgern nicht die Wahrheit sagen. Be-
        wusst präsentieren sie den Bürgern Unwahrheiten als Fakten, um gewählt oder wieder-
        gewählt zu werden. Die Politik muss ehrlich zu den Bürgern sein.[29]

Transparenz soll also zunächst bewirken, dass Informationen zugänglich werden. Darüber hinaus sollen diese aber auch unverfälscht, d. h. wahr sein. Damit
werden die zwei grundlegenden Arten von Intransparenz und Geheimhaltung
angesprochen: das Verbergen von Informationen und das Verbergen bzw. Verschleiern ihrer Bedeutung.[30]

Die erste Stufe der Transparenz, die zumeist gemeint ist, wenn Transparenz
gefordert wird, nämlich die Offenlegung von Informationen, genügt jedenfalls
nicht, sofern tatsächlich eine Ermächtigung der Bürger zur Entscheidungsfindung angestrebt wird. Vielmehr kann das Offengelegte auf einer zweiten Ebene
intransparent, weil unwahr oder auch unverständlich sein. Dagegen hilft auch
nicht noch mehr Transparenz auf der ersten Ebene, denn: „Transparenz und
Wahrheit sind nicht identisch. [...] Mehr Information oder Kumulation von Information allein stellt noch keine Wahrheit her. Ihr fehlt die Richtung, nämlich
der *Sinn*." (Han 2015: 17, Hervorhebung i. O.)

Transparenz auf der zweiten Ebene kann demnach nur dadurch erreicht
werden, dass die Informationen unverfälscht und unter Vermeidung der verschiedenen Formen von Obfuskation[31] (vgl. Little 1998) bereitgestellt werden.[32]
Nur so wird die Wahrheit[33] transparent und bekommt für uns ihren wesentli-

---

29 Parteiprogramm Team Stronach (Kap. „Unsere zentrale Werte": 10), (http://www.
teamstronach.at/), zuletzt abgerufen am 21. 06. 2017.
30 Vgl. dazu die in Weidacher (2012) postulierten vier Grundtypen der Geheimkommunikation, wobei A und B auf das Verbergen von Informationen abzielen und C und D auf das Verschleiern von deren Bedeutung.
31 „Obfuskation" bzw. im englischen Original „obfuscation" ist die Substantivierung des
Verbs „toobfuscate", das auf lat. „obfuscare" zurückgeht und „unklar machen", „vernebeln",
„verdunkeln" etc. bedeutet.
32 Deswegen lautet Monsantos Transparency Pledge auch: „We will ensure that information
is available, accessible, and understandable [!]." Dass die bereitgestellten Informationen auch
wahr sind, wird vorausgesetzt.
33 Anm.: Die an sich an dieser Stelle erforderliche Diskussion des Wahrheitsbegriffs kann
aufgrund ihrer Komplexität im Rahmen dieser Arbeit nicht geleistet werden.

chen „instrumental value" (Frankfurt 2015: 52), indem sie bzw. ihr Erkennen die Voraussetzung für fundierte und vernünftige Entscheidungen ist (vgl. Frankfurt 2015: 56).

Ein Einfluss der durch das Internet geprägten Transparenzideologie, der mit dem Wert der Wahrheit verknüpft ist, sei hier noch kurz angesprochen: Die durch die Affordanzen des neuen Mediums geschaffene leichte Zugänglichkeit zu einer nie da gewesenen Masse an Informationen bzw. die Möglichkeiten, diese zu veröffentlichen und zu verbreiten, führen dazu, dass weit mehr Weltsichten und Meinungen in den öffentlichen Diskurs aufgenommen werden als früher. Damit wird ein größeres Meinungsspektrum und vor allem eines, das auch bislang marginalisierte Ansichten beinhaltet, sichtbar. Man könnte auch sagen, dass so die Wahrheit dessen, was das Denken und die ideologischen Einstellungen der Menschen ausmacht, transparenter wird.

Allerdings verbreiten sich auf diese Weise auch haltlose Gerüchte und Verschwörungstheorien viral, denen zuweilen mehr Glauben geschenkt wird, weil sie nicht von einer als ideologisch voreingenommen eingestuften Quelle (Stichwort: „Lügenpresse") kommen, sondern sich quasi von selbst im Internet herausbilden. Außerdem sind solche Informationen auch immer wieder Resultate von Pull-Kommunikation (vgl. Marx & Weidacher 2014: 75). Das heißt, man hat sie selbst gesucht und gefunden, was den Eindruck der Glaubwürdigkeit verstärkt. Dazu kommt noch die oben schon beschriebene Wirkung von Filterblasen und Echokammern, die einem zu einmal gesuchten Informationen weitere ähnliche liefern, andere hingegen ausschließen. Dies verstärkt subjektiv den Eindruck der Wahrheit dieser Informationen, aber eben auf eine irreführende, intransparente Weise, denn, wie Borchardt (2015: 47) zu Recht betont: „Algorithmen überprüfen nichts auf seinen Wahrheitsgehalt."

Wahrheit und Transparenz gehen als Werte also einerseits miteinander einher, andererseits bewirkt das Transparentmachen so vieler „Wahrheiten" eine Intransparenz dessen, was allgemein als Wahrheit zu erkennen und zu akzeptieren wäre. Auch das Verhältnis dieser beiden Werte ist demnach vielfältig und bis zu einem gewissen Grad prekär.

6 Schluss

Die zuweilen explizit geäußerte, häufig aber implizit bleibende Grundannahme der Transparenzideologie, dass Transparenz, wie es die positive Konnotation des Ausdrucks auch nahelegt, stets positiv zu bewerten sei, erweist sich aufgrund der diskutierten, teilweise konfliktären Relationen zu anderen Werten in ihrer Absolutheit als zweifelhaft. Insbesondere ist in der diskursiven Aushandlung ihrer Implementierung darauf zu achten, dass die von einem Transparentmachen von Informationen Betroffenen sich auch mit negativen Konsequenzen konfrontiert sehen können, die nicht immer durch positive Auswirkungen – und diese, wenn überhaupt, nur für andere – aufgewogen werden. Dies ist vor allem dann zu kritisieren, wenn die Transparenz nur oder zumindest überwiegend einseitig ist, wenn nur der „Normalbürger" von allen Seiten durchleuchtet wird, zum gläsernen Bürger wird – und dabei, ohne sich dessen gänzlich bewusst zu sein, auch noch mittels Selbstoffenbarungen und Self-Tracking mithilft –, für ihn die ihn beobachtenden Institutionen und Mechanismen jedoch völlig intransparent bleiben: „Entgegen [einer] ersten Vermutung ist die heutige Informationsgesellschaft vor allem einseitig transparent, wie ein venezianischer Spiegel: Gläsernen Nutzern stehen weitgehend undurchsichtige digitale Machtzentren gegenüber." (Schaar 2015: 201) Ob diese Einseitigkeit durch eine stärkere Beschränkung von Transparenz, zumindest in bestimmten Domänen, beseitigt werden kann und ob dies überhaupt in einem ausreichenden Maß möglich wäre, kann aus den oben diskutierten Gründen bezweifelt werden; und auch das Transparentmachen aller für alle, wie Brin es vorschlägt, würde abgesehen von den kaum zu überwindenden allseitigen Widerständen nur zu noch verschärfteren Wertekonflikten führen.

Was eine Gesellschaft vor dem Hintergrund auf Transparenz abzielender internet-geprägter Lebensformen auf der einen Seite und politischer Bestrebungen nach Sicherheit durch Transparenz auf der anderen tun kann, ist daher zunächst nur, einen steten kritischen Diskurs über Transparenz und ihre domänenspezifischen Auswirkungen zu führen. Essentiell dabei ist, dass Transparenz von einem unhinterfragbaren intrinsischen Wert, als der er in zumindest einigen Ausprägungen der Transparenzideologie erscheint, wieder auf einen extrinsischen zurückgestuft wird, der kontextrelativ diskutiert werden kann. Ansonsten wird Transparenz – noch mehr – zum wesentlichen und unhinterfragten Wert einer unsere Gesellschaft im Guten wie im Schlechten prägenden Ideologie.

Literaturverzeichnis

Bentham, Jeremy (1995): *The Panopticon Writings*. London, New York: Verso.
Birnbacher, Dieter (2013): *Analytische Einführung in die Ethik*. 3. Aufl. Berlin, Boston: de Gruyter.
Borchardt, Alexandra (2015): *Das Internet zwischen Diktatur und Anarchie. Zehn Thesen zur Demokratisierung der digitalen Welt*. München: Süddeutsche Zeitung Edition.
Brin, David (1998): *The Transparent Society. Will Technology Force Us to Choose Between Privacy and Freedom?* New York: Basic Books.

Clarke, Stephen (2010): On new technologies. In Luciano Floridi (Hrsg.), *The Cambridge Handbook of Information and Computer Ethics*, 234–248. Cambridge: Cambridge University Press.

DeNardis, Laura (2014): The Social Media Challenge to Internet Governance. In Mark Graham & William H. Dutton (Hrsg.), *Society and the Internet. How Networks of Information and Communication are Changing Our Lives*, 348–359. Oxford: Oxford University Press.

Dijck, José van (2013): *The Culture of Connectivity. A Critical History of Social Media*. Oxford: Oxford University Press.

Dijk, Teun A. van (1998): *Ideology. A multidisciplinary Approach*. London u. a.: Sage.

Frankfurt, Harry G. (2015): *On Truth*. New York: Alfred A. Knopf.

Fung, Archon, Mary Graham & David Weil (2007): *Full Disclosure. The Perils and Promise of Transparency*. Cambridge u. a.: Cambridge University Press.

Gerhardt, Volker (2012): *Öffentlichkeit. Die politische Form des Bewusstseins*. München: C. H. Beck.

Geuss, Raymond (2013): *Privatheit. Eine Genealogie*. Frankfurt a. M.: Suhrkamp.

Giddens, Anthony (1990): *The Consequences of Modernity*. Stanford: Standford University Press.

Han, Byung-Chul (2014): *Im Schwarm. Ansichten des Digitalen*. 2. Aufl. Berlin: Matthes & Seitz.

Han, Byung-Chul (2015): *Transparenzgesellschaft*. 4. Aufl. Berlin: Matthes & Seitz.

Jaeggi, Rahel (2014): *Kritik von Lebensformen*. Berlin: Suhrkamp.

Karahasan, Dževad (2017): „Mir graut vor einer Welt ohne Geheimnis." Interview geführt von Stefan Winkler. *Kleine Zeitung*, 05. 03. 2017, 7.

Keller, Rudi (1994): *Sprachwandel*. 2. Aufl. Tübingen, Basel: Francke.

Knape, Joachim (2000): *Was ist Rhetorik?* Stuttgart: Reclam.

Lück, Anne-Kathrin (2013): *Der gläserne Mensch im Internet. Ethische Reflexionen zur Sichtbarkeit, Leiblichkeit und Personalität in der Online-Kommunikation*. Stuttgart: W. Kohlhammer.

Luhmann, Niklas (2000): *Vertrauen. Ein Mechanismus der Reduktion sozialer Komplexität*. 4. Aufl. Stuttgart: Lucius & Lucius.

Lyon, David (2007): *Surveillance Studies: An Overview*. Cambridge, Malden: Polity.

Marx, Konstanze & Georg Weidacher (2014): *Internetlinguistik. Ein Lehr- und Arbeitsbuch*. Tübingen: Narr.

Neff, Gina & Dawn Nafus (2016): *Self-Tracking*. Cambridge MA, London: MIT Press.

Nissenbaum, Helen (2010): *Privacy in Context. Technology, Policy, and the Integrity of Social Life*. Stanford: Stanford University Press.

O'Neill, Onora (2002): *A Question of Trust. The BBC Reith Lectures 2002*. Cambridge: Cambridge University Press.

Orsi, Francesco (2015): *Value Theory*. London u. a.: Bloomsbury.

Pariser, Eli (2012): *The Filter Bubble. What the Internet is Hiding from You*. London: Penguin.

Pauer, Michael & Harald Welzer (2015): *Autonomie. Eine Verteidigung*. Frankfurt a. M.: S. Fischer.

Ritter, Marina (2008): *Die Dynamik von Privatheit und Öffentlichkeit in modernen Gesellschaften*. Wiesbaden: VS.

Roth, Kersten Sven (2015): *Diskursrealisationen. Grundlegung und methodischer Umriss einer pragmatisch-interaktionalen Diskurssemantik*. Berlin: Erich Schmidt.

Schaar, Peter (2015): *Das digitale Wir. Unser Weg in die transparente Gesellschaft*. Hamburg: edition Körber-Stiftung.

Schultz, Friederike & Stefan Wehmeier (2010): Online Relations. In Wolfgang Schweiger & Klaus Beck (Hrsg.), *Handbuch Online-Kommunikation*, 409–433. Wiesbaden: VS.

Schwarz-Friesel, Monika (2015): Metaphern und ihr persuasives Inferenzpotenzial. Konzeptualisierungen des islamischen Terrorismus nach 9/11 im massenmedialen Diskurs. In Constanze Spieß & Klaus-Michael Köpcke (Hrsg.), *Metapher und Metonymie. Theoretische, methodische und empirische Zugänge*, 143–160. Berlin: de Gruyter.

Sneddon, Andrew (2013): *Autonomy*. London u. a.: Bloomsbury.

Solove, Daniel J. (2009): *Understanding Privacy*. Cambridge MA, London: Harvard University Press.

Thompson, Geoff & Susan Hunston (1999): Evaluation: An Introduction. In Susan Hunston & Geoff Thompson (Hrsg.), *Evaluation in Text. Authorial Stance and the Construction of Discourse*, 1–27. Oxford: Oxford University Press.

Tuomela, Raimo (2009): Kollektive Akzeptanz, soziale Institutionen und Gruppenüberzeugungen. In Hans Bernhard Schmidt & David P. Schweikard (Hrsg.), *Kollektive Intentionalität. Eine Debatte über die Grundlagen des Sozialen*, 534–555. Frankfurt a. M.: Suhrkamp.

Verschueren, Jef (2013): *Ideology in Language Use. Pragmatic Guidelines for Empirical Research*. Cambridge: CUP.

Weidacher, Georg (2012): Aspekte einer Typologie der Geheimkommunikation. In Christian Braun (Hrsg.), *Sprache und Geheimnis. Sondersprachenforschung im Spannungsfeld zwischen Arkanem und Profanem*, 23–48. Berlin: Akademie.

Weidacher, Georg (2017): Politikkritik als rhetorische Strategie „neuer" Parteien. In Heidrun Kämper & Martin Wengeler (Hrsg.), *Protest – Parteienschelte – Politikverdrossenheit: Politikkritik in der Demokratie*, 191–209. Bremen: Hempen.

Wittgenstein, Ludwig (1984): *Tractatus logico-philosophicus. Tagebücher 1914–1916. Philosophische Untersuchungen*. Frankfurt a. M.: Suhrkamp.

Wood, Allen W. (2014): Coercion, Manipulation, Exploitation. In Christian Coons & Michael Weber (Hrsg.), *Manipulation. Theory and Practice*, 17–50. Oxford, New York: Oxford University Press.

Onlinequellen

Grimm, Petra & Hans Krah (2015): Ende der Privatheit? Eine Sicht der Medien- und Kommunikationswissenschaft. „(http://www.kultursemiotik.com/wp-content/uploads/2015/02/Grimm-Krah_Privatheit.pdf), zuletzt abgerufen am 10. 06. 2017.

Little, Laura E. (1998): Hiding with Words: Obfuscation, Avoidance, and Federal Jurisdiction Opinions. *UCLA Law Review* 75, 75–160. (https://papers.ssrn.com/sol3/papers.cfm?abstract_id=149075), zuletzt abgerufen am 27. 06. 2017.

Warren, Samuel D. & Louis D. Brandeis (1890): The Right to Privacy. *Harvard Law Review* 4/5, 193–220. (http://www.cs.cornell.edu/~shmat/courses/cs5436/warren-brandeis.pdf), zuletzt abgerufen am 10. 06. 2017.

Friedemann Vogel

„Jesus ist keine App"

Das Konzept des ‚Computers' im theologischen Fach- und
Fachlaiendiskurs aus korpuspragmatischer Perspektive

1 Einführung und erkenntnisleitende Fragestellung

Artefakte digitaler Technologie bestimmen mittlerweile weite Bereiche unseres Alltags: vom digitalen Wecker auf dem Smartphone über die computergesteuerte Stromverbrauchsoptimierung, die audiovisuelle Türklingel, das GPS-gestützte Hundehalsband, den vollvernetzten Kühlschrank (der die geleerte Milch nachbestellt) bis hin zu digitalen Sport-Armbändern und 3D-gerenderten Räumen für vollvirtualisierte Spiele und Dienstbesprechungen. Die technischen Veränderungen schlagen sich im Laufe der Zeit auch in unserem Sprachgebrauch nieder. Linguisten sprechen dann von einem „Computerwortschatz", untersucht in der Regel auf Basis von gemeinsprachlich orientierten Medientexten (d. h. in Texten der Berichterstattung) und umfassend beschrieben etwa bei Wichter (1991) sowie Busch & Wichter (2000). Doch der sprachliche Zugriff auf das ‚Digitale' ist mehr als nur Sprache. Schon die o.g. Studien zeigen indirekt, wie durch etwa metaphorisches Sprechen und Schreiben das ‚Digitale' – d. h. zunächst technische Plattformen, Maschinen, kurzum: Physisch-Materielles – in etablierte und auch neue Denkwelten integriert, die Technik sozialsemiotisch angeeignet wird (vgl. hierzu auch Vogel 2016).

Gegenstand des vorliegenden Beitrags ist die *fachsprachliche* bzw. Fach-Laien-kommunikative Aneignung und Reflexion des ‚Digitalen' bzw. seines prototypischen Artefakts – des ‚Computers' – in der Theologie. Die Studie ist Teil eines umfassenderen Projektes zur Untersuchung der fachdiskursiven Konzeptualisierung und sprachlichen Zubereitung des ‚Digitalen' in Linguistik, Medizin, Theologie und Rechtswissenschaft (Vogel 2017). Sein Erkenntnisinteresse knüpft an Arbeiten der Diskurslinguistik, Medien(kultur)wissenschaft und Medientheorie an, die sich bereits seit den frühen 1990er Jahren (teilweise auch früher) mit dem epistemologischen Status des Computers bzw. digitaler Technologien beschäftigen (McLuhan et al. 2014 [1967]; Winkler 1997; Krämer 1998b; Kittler 1998; Pias 2008; Heilmann 2012 und andere). Im Fokus steht dabei weniger die Computertechnik verstanden als bloßes ‚Vehikel für Sinn', als quasi der Sinnkonstitution äußerlich; der Computer ist – im Anschluss an Sybille Krämer (1998a) – vielmehr ein Medium im fundamentalen Sinne: Er verändert die Kons-

https://doi.org/10.1515/9783110609103-008

truktion, Wahrnehmung und Verarbeitung von Wirklichkeit, er ist insofern „Apparat" (Krämer 1998a: 84) oder Kaleidoskop.

> Die Technik als Werkzeug erspart Arbeit; die Technik als Apparat aber bringt künstliche Welten hervor, sie eröffnet Erfahrungen und ermöglicht Verfahren, die es ohne Apparaturen nicht etwa abgeschwächt, sondern überhaupt nicht gibt. Nicht Leistungssteigerung, sondern Welterzeugung ist der produktive Sinn von Medientechnologien. (Krämer 1998a: 85)

Im vorliegenden Beitrag wird der Frage nachgegangen, welche Rolle das ‚Digitale' bzw. der ‚Computer' für die Fachdomäne der Theologie spielt, sowohl in synchroner als auch in diachroner Perspektive. Was ‚ist' ein ‚Computer' für Theologen oder Priester in der kirchlichen Predigt? – Damit meine ich nicht allein den Ausdruck *Computer*, sondern das handlungsleitende Konzept (vgl. Felder 2000: 117) oder semantische Feld, auf das mit Ausdrücken wie *Computer*, *Rechner*, *Rechenmaschine* verwiesen wird. Schließlich geht es um die Frage, inwiefern der ‚Computer' als Medium oder „Apparat" im Sinne Krämers in der theologischen Praxis reflektiert und diskutiert wird.

Hierfür wird im Folgenden zunächst knapp das Untersuchungskorpus sowie der methodische Zugang vorgestellt (2), ehe die Ergebnisse anhand von exemplarischen Belegen zur Diskussion gestellt werden (3). Den Schluss bildet ein kurzes Fazit (4).

2 Vom Ausdruck zum Konzept: Quellen und methodischer Zugang

Der Untersuchung liegt ein Korpus aus insgesamt 6.544 Aufsatztexten (insgesamt 32,3 Mio. fortlaufende Token) zugrunde, die zwischen 1950 und 2011 in den folgenden theologischen Fachzeitschriften erschienen:
- Theologische Rundschau (ThR)
- Geist und Leben (GUL)
- Zeitschrift für Theologie und Kirche (ZThK)
- Theologisch-Praktische Quartalschrift (ThPQ)[1]

---

1 Die ThPQ kam erst in jüngster Zeit hinzu und ist daher (noch) nicht Grundlage der hier vorgestellten Ergebnishypothesen.

Neben diesem Fachkorpus kommen 18.049 Predigten (31,4 Mio. Token; 1990–2015) hinzu, die den folgenden Onlinearchiven[2] entnommen und aufbereitet wurden:

- http://www.predigten.de/
- https://predigten.evangelisch.de
- http://www.sermon-online.de/
- http://www.erf.de/

Sämtliche Texte wurden – sofern sie nicht zuvor bereits digitalisiert waren – via OCR-Erkennung Text-erkannt, in Plaintext umgewandelt, von Meta- und Stördaten bereinigt sowie mithilfe des Corpustransfers[3] und dem Stuttgarter TreeTagger (Schmid 1994) lemmatisiert und Part-of-Speech-annotiert.

Methodisch orientiert sich die Studie am Konzept der computergestützten Korpuspragmatik (vgl. grundlegend Felder et al. 2012 sowie – am Beispiel des Rechts entwickelt – Vogel 2012b; Vogel 2017). Damit ist eine Untersuchungsperspektive gemeint, die mithilfe semiautomatischer Verfahren rekurrente Ausdrucksmuster[4] als sozialsemiotische Spuren wie Konstituenten typisierter Gebrauchskontexte und Wissensrahmen (im Sinne von Goffman 1974; Minsky 1975; Konerding 1993) zu interpretieren versucht. Dabei wird davon ausgegangen, dass ausdrucksseitig wiederkehrende Spracheinheiten – seien es Einwort- oder Mehrworteinheiten – eine kontextspezifische stereotype Funktion erfüllen (vgl. Feilke 1989) und damit diskursiv wirksam sind (vgl. auch zur linguistischen Imageanalyse Vogel 2010; Vogel 2014). Die Analyse erfolgt computergestützt, nicht computergesteuert, da die eigentliche analytische Aufgabe immer beim hermeneutischen, abstrahierenden Betrachter und nicht bei der Maschine liegt. Die verwendeten – überwiegend selbst entwickelten – korpuslinguistischen Tools[5] haben daher vor allem die Aufgabe, die für eine rein qualitative Analyse nicht zu bewältigende Sprachdatenmenge für eine Interpretation ex post vorzustrukturieren.

Die besondere Herausforderung des analytischen Zugangs bestand in der Frage, wie sich das Zielkonzept des ‚Digitalen' oder des ‚Computers' auf Basis von Ausdrücken erhellen lässt. Hierzu wurde ein dreischrittiges Verfahren entwickelt, das hier nur sehr komprimiert wiedergegeben werden kann:

---

2 Zugriff erfolgte zwischen dem 04. und 09. 06. 2015

3 Frei zugänglich unter (https://www.friedemann-vogel.de/index.php/software/31-corpustransfer), zuletzt abgerufen am 25. 04. 2016.

4 Vgl. Bubenhofer (2009).

5 Zum Einsatz kamen das LDA-Toolkit (vgl. Vogel 2012a), Explodika und Subkorpus (alle frei zugänglich unter https://www.friedemann-vogel.de/software) sowie die Freeware AntConc (Anthony 2005).

(1) Am Anfang steht die Entwicklung einer sogenannten Minimalhypothese (MH). Unter einer Minimalhypothese ist eine Liste von Ausdrücken gemeint, die zunächst mutmaßlich, dann geprüfter Maßen mit dem Zielsachverhalt – dem Konzept des ‚Digitalen' – assoziiert sind. Hierzu wurde auf Basis von existierenden Wortschatzlisten (insbesondere Dornseiff et al. 2004 sowie vereinzelte DAF-Wortschatz-Listen des Goethe-Instituts) zunächst eine Liste aus insgesamt 432 digitaltechnikbezogenen Ausdrücken erstellt.[6] Anschließend wurde für jeden einzelnen Ausdruck geprüft, ob er auch im vorliegenden Korpus mit dem jeweiligen prototypischen, erwarteten Gebrauchskontext verknüpft ist oder etwas völlig anderes bedeutet.[7] Die so bereinigte Liste einer korrigierten Minimalhypothese (korrMH) enthielt 381 Ausdrücke. Mit dieser Liste ist jedoch lediglich belegt, dass der top-down-gewählte fachunspezifische Computerwortschatz im Theologie-Korpus enthalten ist, nicht aber, welche weiteren, fachspezifischen Ausdrücke für das Konzept des ‚Digitalen' eine Rolle spielen könnten. Um solche Ausdrücke aufzufinden, wurde ein Subkorpus aus all jenen Texten gebildet, die Ausdrücke der korrigierten Minimalhypothese enthielten. Zu diesem Subkorpus wurden – im Kontrast zum Gesamtkorpus – hochsignifikante Keywords[8] berechnet (X^2, $P \geq 99,99\%$). Mithilfe weiterer Cluster-Verfahren[9] wurden unter den Keywords gebrauchskontextverwandte Ausdrücke zu den Ausdrücken der Minimalhypothese ermittelt. Die so erweiterte Minimalhypothese MH2 stellte den Ausgangspunkt für die weitere Analyse.

(2) Im zweiten Schritt wurden auf Basis der MH2 und mit Hilfe korpuslinguistischer Tools auf verschiedenen Ausdrucksebenen jene Muster ermittelt, die im Hinblick auf Ausdrücke der MH2 potentiell Eigenschaftszuschreibungen (‚X ist Y') realisieren. Solche Zuschreibungen (Prädikationen) können etwa in Form von Komposita, feststehenden Mehrworteinheiten, Genitiv- oder Adjektivattri-

---

6 Zum Beispiel (in der Programmsprache regulärer Ausdrücke formuliert): [Bb]eamer, [Bb]idirektional, [Bb]inär, [Bb]ooten, [Bb]rowser, [Bb]yte\b, \b[Cc]hatten?, [Cc]omputer, [Dd]atei, [Dd]atenbank, [Dd]atenschutz, [Dd]omain, [Dd]ownload, [Ff]estplatte, [Ff]lobby, [Hh]erunterladen, [Hh]ochladen, [Ii]ndexier, [Ii]nitialisieren, [Ii]nternet, [Ii]ntranet, [Kk]onfigurieren, [Mm]aschinenlesbar, [Mm]ikrochip, [Mm]onitor\b, [Mm]ultimedia, [Oo]ffline, [Pp]ixel, [Pp]rogrammier, [Pp]rozessor usw.

7 Der Ausdruck [Vv]erschlüssl hat im theologischen Fachkontext an keiner Stelle etwas mit digitaler Kyprographie, sondern mit mechanischen Schließvorgängen zu tun.

8 Keywords sind Wörter, die – im Vergleich zu einem Referenzkorpus – im statistischen Sinne überzufällig häufig in einem Untersuchungskorpus belegt sind, also typisch für das eine und untypisch für das andere Korpus sind.

9 Dabei wurde zu sämtlichen Keywords ein Kookkurrenzprofil (= Destilat der Gebrauchskontexte) ermittelt und anschließend sämtliche Profile in einer Matrix (jedes mit jedem) auf Ähnlichkeit getestet. Auf Basis der Ähnlichkeitswerte (Cosine Similarity, vgl. Lee 1999) konnten dann Gruppen gebrauchsverwandter Ausdrücke gebildet und qualitativ ausgewertet werden.

buten (X *des* Y; Y [= ADJ] X), Prädikationen verschiedener Fassung (X *ist/muss/ wird/als* usw. Y) oder schlicht in der systematischen kontextuellen Nähe zweier Ausdrücke (Kookkurrenzen) bestehen.

(3) Die auf den verschiedenen Ebenen ermittelten Ausdrucksmuster werden im dritten Schritt auf Basis von KWIC- und Volltextanalysen zu semantisch ähnlichen Konzeptgruppen sortiert und mit Blick auf wiederkehrende Zuschreibungseigenschaften frameanalytisch (im Paradigma diskurs- und imagelinguistischer Ansätze, vgl. Warnke 2007; Vogel 2009; Vogel 2010) ausgewertet. Die Sortierung erfolgt induktiv (von den konkreten Belegen aus abstrahierend und Hypothesen bildend), orientiert sich aber an einem deduktiven Raster abstrakter Frame-Klassen (Akteur, Objekt, Ereignis, Ursache usw.), wie sie bei Konerding (1993) als „Matrixframes" empirisch ermittelt und beschrieben wurden.

3 Das Konzept des ‚Computers' im theologischen Fach- und Fachlaiendiskurs

Im Folgenden werden die ersten Ergebnisse der Untersuchung zusammengefasst, zunächst mit Blick auf den Fachdiskurs (auf Basis des Zeitschriftenkorpus), anschließend hinsichtlich der auf Laien (in der Regel nicht theologisch geschulte MessehörerInnen) hin konkretisierten Konzeptualisierung des ‚Digitalen' in Predigten.

Da diese Analyse nicht nur zur Theologie, sondern parallel auch zu den Fachdomänen Linguistik, Medizin und Recht erfolgt, werden die Hypothesen – wo möglich und sinnstiftend – kontrastiert.

3.1 Der ‚Computer' im theologischen Fachdiskurs

Grundsätzlich lässt sich zeigen, dass die Theologie in viel geringerem Maße den ‚Computer'-Wortschatz integriert als die anderen untersuchten Fachdomänen (vgl. Abb. 1).[10]

Gleichwohl teilt die fachspezifische Konzeptualisierung des ‚Computers' in der Theologie gewisse Eigenschaften mit der Konzeptualisierung in anderen Fachdomänen:

(1) Diachron gesehen dominiert zu Beginn – 1950er und 1960er Jahre – das Konzept der ‚Kybernetik' (Regelungstechnik). Ausdrücke wie *Denkmaschine,*

---

10 Teile dieses Kapitels sind bereits in Vogel (2017) entwickelt worden.

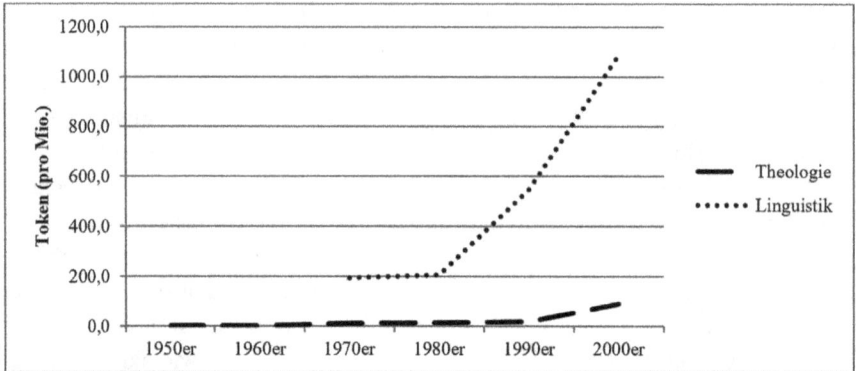

Abb. 1: Globale diachrone (relative) Verteilung des ‚Computer'-Wortschatzes in theologischen Fachtexten (im Vergleich zu Linguistik-Fachaufsätzen).

Elektronengehirn und ähnliche sind weit verbreitet und verweisen auf die Metapher des *Gehirns* als Quellkonzept zum Verständnis erster neuer Rechner-Technologien, verbunden mit dem Konzept der ‚Programmierbarkeit von automatischen Abläufen oder Prozessen'. In den 1970er Jahren tritt die ‚Digitalität' vor allem als ‚digitale Datenverarbeitung' hinzu. Ab den 1990er und erst recht in den 2000er Jahren beherrschten dann vor allem das *Internet* und alle netzwerktechnisch operierenden ‚Informations- und Kommunikationsnetze' (*Cyber-**, *Web*, *Chat* usw.) das Feld der ‚Digitalität'.

(2) Auch ein zeitspezifischer Technik-Wortschatz findet sich in allen Fachdomänen, d. h. Wörter – wie *Magnetplatte* oder *Diskette* – kommen und vergehen mit den damit verbundenen prototypischen Technik-Artefakten.

Auch die folgenden ‚Computer'-Frame-Anteile finden sich in anderen Fachdomänen, sie tragen aber in der Theologie besondere (teilweise sehr deutliche) Akzente:

(3) In allen Domänen dominiert insgesamt das Konzept des ‚Digitalen' als ‚instrumentelles Hilfsmittel mit kognitiver Entlastungsfunktion'. Fachspezifisch gewendet zeigt sich dies in der Diskussion des Computers als (umstrittenes) Werkzeug der Quellenexegese, also bei der Bearbeitung und Auslegung religiöser Ressourcen (*Hilfe* als hochsignifikanter Kookurrenzpartner zur MH2; *Datenbank*en als ‚Speicher', *Computer-Konkordanzen* zur effektiveren Analyse usw.). Während die ‚technischen *Möglichkeiten* (ein bei allen Domänen hochsignifikantes Schlüsselwort)' von den einen gelobt werden, sind andere skeptisch, ob sich *der Aufwand* lohne (etwa Georg, ThR 1979) oder der Computer dem ‚Ästhetischen' der Quellen überhaupt gerecht werden könne (vgl. Sudbrack, GuL 1980).

(4) So überrascht es auch nicht, dass sich in der Theologie – im Vergleich zu den anderen Domänen – am häufigsten ein dystopisches Framing des ‚Digi-

talen' zeigt. Der ‚Computer' wird konzeptualisiert als ‚Störung der Innerlichkeit', als Ursache für ‚A-Sozialität'; der Mensch – so markieren Äußerungen mit
Verben wie *schematisieren, apparatisiert* oder *überlassen* – werde zum Objekt
einer ‚entseelten, maschinisierten Automation'.

> Leider ist es meist so, daß diejenigen, die es in der Beherrschung der technischen Welt
> zur Vollkommenheit gebracht haben, keine sehr innerlichen Menschen sind, und umge-
> kehrt diese sich vielfach im Umgang mit der Welt der Technik schwer tun. Das zeigt, wie
> sehr Technik und Geist in Spannung zueinander stehen. Für den Christen ein Grund
> mehr, sich in technischen Dingen zu üben, um die heutige Welt nicht den Robotern der
> menschlichen Gesellschaft zu **überlassen**. (GuL, Wulf 1955)

> [...] vollkommen mechanisierte Gesellschaft, die sich [...] von einem **Computer** steuern
> lässt; und in diesem sozialen Prozeß verwandelt sich der Mensch zu einem Teil der totalen
> Maschine – er wird zwar gut ernährt und gut erhalten, aber er ist passiv, unlebendig und
> beinahe gefühllos. (GuL, Imbach 1974)

> ein eigener Gebetsplatz ist wichtig, gleichsam ein Ort der Sammlung, wo die Begegnung
> mit Gott stattfindet. Wer die Lesung am Schreibtisch bei laufendem **Computer** und zwi-
> schen Stapeln von Arbeit hält, wird sich nicht recht konzentrieren können. (GuL, Tibi
> 2010)

(5) Zum dystopischen Framing zählt ferner auch die anhaltende Auseinandersetzung mit den technischen Fortschritten medizinischer Diagnostik. Vor allem
im Kontext mit Abtreibung (pränatale Diagnostik), Sterbehilfe oder Gentechnik
überwiegt die ablehnende Haltung und eine Sorge um den ‚Verfall christlicher
Grundwerte':

> ‚**Neue Technologien** verändern unsere Wertumwelt – und dies nicht nur dadurch, daß
> sie ständig neue Handlungschancen eröffnen und damit vorhandene Optionen faktisch
> verschließen: Indem sie den Begriff verändern, den der Mensch von sich selber hat, revo-
> lutionieren sie unmittelbar die Welt möglicher Zwecke.' [FS Böckle] Dies gilt in besonders
> hohem Maß von der **Gentechnik**. Anknüpfend an die Überlegung Vogels ist daher zu
> betonen, daß eine als Wertethik verstandene Verantwortungsethik die **technologische
> Entwicklung** jenseits eines bloßen Nützlichkeitskalküls entscheidend unter dem Wert-
> Gesichtspunkt zu bedenken hat. (ThR, Kreß 1988)

(6) Wiederum überraschend vor diesem Hintergrund ist die diachron (ab Mitte
der 1990er Jahre) zunehmende positive Einbettung des ‚Digitalen' vor allem
durch die Einführung des Internets. Letzteres wird etwa geschätzt als ‚Informa-
tions- und Kommunikationsmedium' zur *Missionierung* oder als *Medium der Spi-
ritualität* zur Beförderung ‚innerer Beständigkeit':

> [Es sei eine] Frage des rechten Gebrauchs [...]. Das **Internet** kann z. B. die stabilitas loci
> fördern, indem Nonne und Mönch Informationen [...] erhalten können, deren Suche sie
> früher oft aus ihrem Kloster geführt hat. (GuL, Eckerstorfer 2009)

(7) Nicht zuletzt ist festzuhalten, dass die theologische Konzeptualisierung des ‚Digitalen' offenbar sehr vom jeweiligen Publikationsrahmen beeinflusst wird. So verweist die Zeitschrift *Geist und Leben* doppelt so häufig wie die *Theologische Rundschau* und fünf mal so oft wie die *Zeitschrift für Theologie und Kirche* auf das Konzept des Digitalen.

3.2 Der ‚Computer' in christlichen Predigten

Im Korpus aufbereiteter christlicher Predigten zeigt sich, dass ein Großteil der Texte lediglich einmal einen Ausdruck des ‚Computer'-bezogenen Wortschatzes (korrMH1) verwendet. Nur 108 Texte referieren mehr als vier mal (also mindestens 5 mal) auf das ‚Digitale'. Insgesamt enthalten 1609 Texte, also knapp 9 % aller Predigten, Ausdrücke der Minimalhypothese.

Eine Auswertung der Cluster der Größe 1 (Einworteinheiten, die Zeichenfolgen der Minimalhypothese enthalten) zeigt umgehend potentiell dominante Themen: Internet (global), Internetressourcen (*Wikipedia, Twitter*) und virtuelle soziale Umgebungen (*Facebook, Computerspiel* usw.).[11]

Eine kontrastive Kookkurrenzanalyse [–8/+8] zu allen Ausdrücken der Minimalhypothese im Vergleich zu einem linguistischen Fachkorpus[12] und Detailsauswertung der ersten 100 hochsignifikanten (LLR ≥ 12,12) Kookkurrenzparter auf Basis von KWICs und Volltextdurchsicht führt zu folgenden Teilbefunden (s. Tab. 1).

(1) Bei der Konzeptualisierung des ‚Digitalen' in Predigten geht es im Wesentlichen um das Verhältnis von *Mensch*, *Maschine* und *Gott* respektive *Jesus*, *Kirche*, *Glaube* oder *Heiliger Geist*. Die Autoren (bzw. Sprecher) betonen den ‚Vorrang des Menschlich-Sozialen' gegenüber dem als ‚tot, a-sozial oder dissoziierend' attribuierten ‚Digitalen'. Soziale Plattformen – wie *Facebook* – zählen dabei zu letzterem, ihnen wird also das ‚sozial-verbindende' Moment abgesprochen und indirekt ‚Maskierung' vorgeworfen:

---

11 Die Wikipedia ist aus wissenschaftlicher Perspektive ebenfalls eine soziale Umgebung (vgl. Pentzold 2007; Stegbauer & Rausch 2009; Vogel & Jacob 2014; Vogel 2016; Weller et al. 2014), jedoch nicht im konzeptionellen Zugriff der Theologie.

12 Lies: Eine statistische Analyse aller Wörter, die bis zu 8 Wörter links und bis zu 8 Wörter rechts von einem Ausdruck der Minimalhypothese stehen und Auswahl derjenigen Kookurrenzpartner, die typisch (überzufällig häufig belegt) für das Kontextprofil im Predigtenkorpus und zugleich untypisch für ein linguistisches Fachkorpus sind. Das linguistische Vergleichskorpus besteht aus sechs Fachzeitschriften der Germanistischen Linguistik (ZGL, LO, LiLi, OPAL, ZDL, DS), insgesamt 7.900 Texte bzw. 26,8 Mio. Token.

Tab. 1: Die zwanzig häufigsten Einwort-Cluster zur Minimialhypothese im Predigten-Korpus.

Nr.	f	f (pro Mio)	Ausdruck
1	764	24,33	*Internet*
2	518	16,50	*Computer*
3	92	2,93	*Wikipedia*
4	90	2,87	*Facebook*
5	74	2,36	*Computerspiel*
6	65	2,07	*CD*
7	40	1,27	*Laptop*
8	33	1,05	*Software*
9	31	0,99	*Festplatte*
10	26	0,83	*Beamer*
11	26	0,83	*Internetseite*
12	25	0,80	*Google*
13	25	0,80	*Informationstechnologie*
14	22	0,70	*Internets*
15	21	0,67	*Suchmaschine*
16	20	0,64	*Datei*
17	20	0,64	*Twitter*
18	19	0,61	*Internetseiten*
19	19	0,61	*Roboter*
20	17	0,54	*EDV*

ich hatte mal einen **Freund,** also vor **Facebook,** als das Wort noch eine andere Bedeutung hatte

Lassen wir den **Computer** aus und spielen lieber eine Partie „Mensch, ärgere dich nicht"

Das ‚Digitale' respräsentiere eine ‚unwirkliche *Scheinwelt*', die ‚den Menschen reizüberflutet, verführt und religiös entfremdet'.

Stunden schauen **Menschen** auf den **Monitor,** bewegen ihre **Maus,** um ihre Scheinwelt mit Leben zu erfüllen

auch **Computerspiele** und Musik nehmen Menschen hinein in den Machtbereich des Bösen

Spielsucht, **Internet**sucht, Kaufzwang

Das ‚Digitale' ersetze den Menschen zusehends (Ersetzungstopos) und führe letztlich zu einer ‚a-menschlichen Dystopie':

die Komplexität unserer Welt kann nicht mehr vom menschlichen Hirn überschaut werden, sondern **elektronische Datenverarbeitung,** Simulation und **Rechenprogramme** steuern unser Tun. Der **Mensch**, menschliches Maß und Empfinden, wird zum lästigen Faktor der modernen Welt

in vielen Fabrikhallen ersetzen **Roboter** die Arbeitskraft von vielen **Menschen**

Die Hinwendung zu Gott (bzw. Jesus, Kirche, Glaube usw.) – die zugleich eine Abwendung und Abstinenz von Artefakten des ‚Digitalen‘ bedeutet – schaffe allein Abhilfe. *Wir* (als inklusives Wir) *brauchen* ‚Religion‘ anstatt ‚Digitalität‘.

umso faszinierender wirkt auf mich ein von **Multimedia** völlig unverdorbener Mensch der Antike wie unser Evangelist Markus

wir brauchen kein besonderes **Computerprogramm**, sondern wir **brauchen** einfach nur **Jesus** in unser Leben aufzunehmen

die Zukunft gehört **Jesus** und keinem anderen. Nicht dem perfekt geklonten **Menschen**, nicht dem **Computer**, sondern **Jesus**

Die **Robotertechnik**, die **Genetik** – biologischer und **Computer-Virus**. Wir **brauchen** Erlösung durch mehr Erkenntnis, Erlösung durch den heiligen Geist

Auch mit weiteren Kookkurrenzen ist das dystopische Framing des ‚Digitalen‘ die dominierende Konzeptualisierung in den Predigten. Artefakte des ‚Digitalen‘ dienen dabei regelmäßig als negative Kontrastfolie, gegenüber der ein Sachverhalt, oft etwas ‚Menschliches‘, positiv abzugrenzen versucht wird. Alternativ wird direkt etwas als ‚abzulehnend‘ präsupponiertes X mit der als negativ markierten ‚digitalen Welt‘ gleichgesetzt.

(2) ‚Digitalität‘ wird sehr häufig als *schnell*, ‚rastlos‘ und ‚unbeständig‘ markiert und der mit Artefakten des ‚Digitalen‘ verbundene Lebensrhythmus sozialpsychologisch (genauer: sozialpathologisch) interpretiert. Das *Internet* steht dabei oft prototypisch für eine ‚dissoziierende Funktion des Digitalen‘:

Mobbing und Hasskampagnen, die über das **Internet** so **schnell** weitergegeben werden

Scheidung per **Internet**auftrag. Schnell – kompetent – einfach

Abenteuerurlaub, aber bitte mit **Handy** und **Laptop**. Und alles will man möglichst **schnell** und gleich und fast gleichzeitig

das Tempo um uns herum wird immer **schneller** und wahnwitziger. Züge fahren schneller, Autos fahren **schneller**, Computer werden **schneller**, die Musik wird **schneller**, Menschen arbeiten **schneller**, wie von großer Angst getrieben: Angst vor dem Leben, Angst vor dem Sterben, Angst, zurückzubleiben, durchzufallen, es nicht zu schaffen

(3) Eine Ausnahme zum dystopischen Framing[13] bildet allein das ‚Digitale‘ als ‚leicht zugängliche Informations- und *Wissens*quelle‘ (*Wikipedia, Internetseiten,*

---

13 Es finden sich immer wieder auch einzelne Belege, die teilweise sehr kreativ eine positive Wendung in die Konzeptualisierung des ‚Digitalen‘ nehmen, z. B. mit Verweis auf die Verant-

finden, gibt es X, X *eingeben, lesen*), wobei die sprachliche Realisierung oft eine innere Distanz, vielleicht auch Unsicherheit des Autors (bzw. Sprechers) erkennen lässt:

> heutzutage schaue ich einfach mal im **Internet** nach und **finde** dort folgende Erklärung

> im **Internet gibt** es eine Informationsseite über die Todesstrafe

> weil ich das auch nicht so ganz genau **weiß**, habe ich das natürlich aus dem **Internet**-Lexikon **Wikipedia** rausgepickt

(4) Vereinzelt findet sich eine Reflexion der Adaption von Technik-Wortschatz (*Computersprache*) im Alltag, vor allem in der metaphorischen Verwendung eines Quellkonzeptes,[14] das auf einen ‚nicht-digitalen' Sachverhalt und ein damit verbundenes Zielkonzept übertragen wird. Tendenziell ist der Technik-Wortschatz pejorativ distanz-markiert (‚Unsprache'); im Falle wertneutralen Gebrauchs bemüht sich der Autor offensichtlich um eine Übernahme der jüngeren, Internet-affinen Adressatenperspektive, um ein originär theologisches Konzept zu verbalisieren.

> ohne ihn abzuhängen, abzuwürgen, oder ihn wegzuklicken, wie es in der **Computersprache** heißt

> um es einmal in der **Computersprache** zu sagen: wenn wir auf das Vaterunser klicken, dann ist das wie ein Link, der uns ein neues Fenster öffnet

(5) Ebenso als metaphorische bzw. allegorische Ressource im Gebrauch sind Artefakte und Prozeduren des ‚Digitalen' für eine (wertneutrale) Rahmung religiöser Sachverhalte, insbesondere wieder Gott, Jesus und Heiliger Geist. Dabei geht es gerade nicht um eine explizite Prädikation des ‚Digitalen', sondern lediglich um die Aktivierung eines gemeinsamen Sprecher-Hörer-Wissens, um religiöse Themen ansprechend (auch durchaus komisch) und illustrativ in Stellung zu bringen. Die Quellkonzepte verweisen meistens auf Internet-affine Handlungen oder Prozeduren (Browsen, Downloads), Daten-Bearbeitung oder einzelne Hardware-Komponenten (*Jesus mit dem Umgang mit dem Laptop vergleichen*; *Löschen der Sünden auf der Festplatte unserer Seele* u. ä.).

---

wortung des Verwenders: unsere moderne Welt schließt Gott ganz aus, wenn wir nicht aufpassen. Es liegt an uns, ob wir den Trend mitmachen oder Gott in unser tägliches Leben einbeziehen. [...] Viele Menschen haben auf ihrem Computer ein Programm, das morgens die Tageslosung einblendet und so den Gedanken auf Gott ausrichtet.
14 Im Sinne von Lakoff & Johnson (2011 [1980]).

Wir müssen sie [religiöse **Treiber-Daten**] **downloaden** (vom Himmel), indem wir uns bei Jesus **einwählen** und beim **Download** das Häkchen setzen, wo steht: Täglich aktualisieren und auf die gegebenen Umstände anpassen!

(6) Im Vergleich etwa zur linguistischen Fachkommunikation finden sich in Predigten signifikant häufiger visualisierende Peripheriegeräte (*Bildschirm, Beamer* u. ä.), was sowohl mit der Performance-orientierten Textsorte zu tun haben dürfte, aber auch auf eine Präferenz für ‚sichtbare Artefakte des Digitalen‘ (denn für versteckte Prozesse innerhalb von Rechnern – wie es für die Korpuslinguistik und Mustererkennung eine Rolle spielt) schließen lässt. Zu dieser These sind jedoch weitere Analysen notwendig.

(7) Zahlreiche Kookkurrenzen sind schließlich Ausdruck der eher konzeptionell mündlich orientierten Textstile von Predigten mit oft fiktionalen, erzählerischen Elementen: Personalpronomina in erster oder zweiter Person (*ich, wir, unser, mein*), Partikel (*ja, ganz, jetzt* usw.), deontische Verben (*wollen, können, müssen, dürfen*).

4 Resümee

Der vorliegende Beitrag stellt die vorläufigen Ergebnisse einer korpuslinguistischen, computergestützten Studie zur Konzeptualisierung des ‚Digitalen‘ in der theologischen Fachkommunikation sowie in christlichen Predigten vor. Mit Blick auf die eingangs gestellten Fragen (siehe Kap. 1) lässt sich folgendes Resümee ziehen: Das ‚Digitale‘ steht in beiden Subdomänen der Theologie tendenziell im pejorativen Kontext eines dystopischen Framings. Vor allem in Predigten, die insgesamt stärker auf Artefakte des ‚Digitalen‘ verweisen, ist das ‚Digitale‘ mehr oder weniger das pure Gegenteil ‚menschlicher Urteilskraft, Emotionalität und Sozialität‘ und nicht vereinbar mit ‚religiöser Innerlichkeit und Buße‘. Lediglich innerhalb des theologischen, in Fachzeitschriften verhandelten Fachdiskurses finden sich auch positive Konzeptualisierungen mit Blick auf die ‚kognitive Entlastungsfunktion‘ des ‚Computers‘ bei der Suche, Verarbeitung und Exegese religiöser Quellen. Nur in diesem Kontext sowie bestenfalls in der Dystopie der ‚digitalen Scheinwelt‘ (Predigten) lassen sich Ansätze einer theologischen Reflexion über das ‚Digitale‘ als „Apparat“, also als neues Medium der Wirklichkeitskonstitution im Sinne Krämers (1998a) erkennen.

Mit diesem Befund steht die Theologie jedoch nicht allein. Auch in den andernorts bereits untersuchten Domänen (Germanistische) Linguistik, Medizin und Recht fehlt es nach momentanem Untersuchungsstand an einer expliziten Metadebatte über die Stellung computergestützter, quantifizierender Methoden im Verbund etablierter hermeneutischer Methoden sowie über das Verhältnis von Quantität und Qualität deutender Wissenschaften. Angesichts der zunehmenden Dominanz der Rolle quantitativer Methoden in der Wissenschaftspolitik – und vor allem Förderpolitik (man denke an den ganzen Bereich der Digital Humanities der letzten Jahre) – stellt sich hier ein wichtiges Desiderat für die weitere interdisziplinäre Forschung.

Literaturverzeichnis

Anthony, Laurence (2005): AntConc: design and development of a freeware corpus analysis toolkit for the technical writing classroom. *Professional Communication Conference. IPCC 2005. Proceedings*, 729–737.

Bubenhofer, Noah (2009): *Sprachgebrauchsmuster. Korpuslinguistik als Methode der Diskurs- und Kulturanalyse.* Berlin, New York: de Gruyter.

Busch, Albert & Sigurd Wichter (Hrsg.) (2000): *Computerdiskurs und Wortschatz. Corpusanalysen und Auswahlbibliographie.* Frankfurt a. M.: Lang.

Dornseiff, Franz, Herbert Ernst Wiegand & Uwe Quasthoff (2004): *Der deutsche Wortschatz nach Sachgruppen.* Mit einer lexikographisch-historischen Einführung und einer ausgewählten Bibliographie zur Lexikographie und Onomasiologie von Herbert Ernst Wiegand. 8. Aufl. Berlin: de Gruyter.

Feilke, Helmuth (1989): Funktionen verbaler Stereotype für die alltagssprachliche Wissensorganisation. In Clemens Knobloch (Hrsg.), *Kognition und Kommunikation. Beiträge zur Psychologie der Zeichenverwendung*, 71–84. Münster: Nodus-Publ.

Felder, Ekkehard (2000): Handlungsleitende Konzepte in der Nationalversammlungsdebatte über die Unterzeichnung des Versailler Vertrages im Jahre 1919. In Armin Burkhardt (Hrsg.), *Sprache des deutschen Parlamentarismus. Studien zu 150 Jahren parlamentarischer Kommunikation*, 111–131. Wiesbaden: Westdt. Verlag.

Felder, Ekkehard, Marcus Müller & Friedemann Vogel (Hrsg.) (2012): *Korpuspragmatik. Thematische Korpora als Basis diskurslinguistischer Analysen.* Berlin u. a.: de Gruyter.

Goffman, Erving (1974): *Frame analysis. An essay on the organization of experience.* New York u. a.: Harper & Row.

Heilmann, Till A. (2012): *Textverarbeitung. Eine Mediengeschichte des Computers als Schreibmaschine.* Bielefeld: transcript.

Kittler, Friedrich (1998): Hardware, das unbekannte Wesen. In Sybille Krämer (Hrsg.), *Medien, Computer, Realität. Wirklichkeitsvorstellungen und Neue Medien*, 1. Aufl, 119–132. Frankfurt a. M.: Suhrkamp.

Konerding, Klaus-Peter (1993): *Frames und lexikalisches Bedeutungswissen. Untersuchungen zur linguistischen Grundlegung einer Frametheorie und zu ihrer Anwendung in der Lexikographie.* Tübingen: Niemeyer.

Krämer, Sybille (1998a): Das Medium als Spur und Apparat. In Sybille Krämer (Hrsg.), *Medien, Computer, Realität. Wirklichkeitsvorstellungen und Neue Medien*. 1. Aufl., 73–94. Frankfurt a. M.: Suhrkamp.

Krämer, Sybille (Hrsg.) (1998b): *Medien, Computer, Realität. Wirklichkeitsvorstellungen und Neue Medien.* 1. Aufl. Frankfurt a. M.: Suhrkamp.

Lakoff, George & Mark Johnson (2011 [1980]): *Leben in Metaphern*. Heidelberg: Carl-Auer-Verlag.

McLuhan, Marshall, Quentin Fiore & Jerome Agel (2014 [1967]): *Das Medium ist die Massage. Ein Inventar medialer Effekte*. Unter Mitarbeit von Martin Baltes & Rainer Höltschl. 3. Aufl. Stuttgart: Tropen.

Minsky, Marvin (1975): A framework for representing knowledge. In Patrick Henry Winston & Berthold Horn (Hrsg.), *The psychology of computer vision*, 211–277. New York: McGraw-Hill.

Pentzold, Christian (2007): *Wikipedia. Diskussionsraum und Informationsspeicher im neuen Netz*. München: Fischer.

Pias, Claus (2008): Die Welt des Schmoo. „Computer als Medium" – nach, mit und neben McLuhan. In Derrick de Kerckhove, Martina Leeker & Kerstin Schmidt (Hrsg.), *McLuhan neu lesen. Kritische Analysen zu Medien und Kultur im 21. Jahrhundert*, 140–157. Bielefeld: transcript.

Stegbauer, Christian & Alexander Rausch (2009): *Wikipedia. Das Rätsel der Kooperation*. 1. Aufl. Wiesbaden: VS.

Vogel, Friedemann (2009): *Aufstand – Revolte – Widerstand. Linguistische Mediendiskursanalyse der Ereignisse in den Pariser Vorstädten 2005*. Frankfurt a. M. u. a.: Lang.

Vogel, Friedemann (2010): Linguistische Imageanalyse (LIma). Grundlegende Überlegungen und exemplifizierende Studie zum Öffentlichen Image von Türken und Türkei in deutschsprachigen Medien. *Deutsche Sprache* (4), 345–377.

Vogel, Friedemann (2012a): Das LDA-Toolkit. Korpuslinguistisches Analyseinstrument für kontrastive Diskurs- und Imageanalysen in Forschung und Lehre. *Zeitschrift für Angewandte Linguistik* 57 (1), 129–165.

Vogel, Friedemann (2012b): Das Recht im Text. Rechtssprachlicher Usus in korpuslinguistischer Perspektive. In Ekkehard Felder, Marcus Müller & Friedemann Vogel (Hrsg.), *Korpuspragmatik. Thematische Korpora als Basis diskurslinguistischer Analysen*, 314–353. Berlin u. a.: de Gruyter.

Vogel, Friedemann (2016): Konflikte in der Internetkommunikation. In Friedemann Vogel, Janine Luth & Stefaniya Ptashnyk (Hrsg.), *Linguistische Zugänge zu Konflikten in europäischen Sprachräumen. Korpus – Pragmatik – kontrovers*, 165–200. Heidelberg: Winter.

Vogel, Friedemann (2017): Calculating legal meanings? Drawbacks and opportunities of corpus assisted legal linguistics to make the law (more) explicit. In Dieter Stein & Janet Giltrow (Hrsg.), *The pragmatic turn in law. Inference and Interpretation*. New York, Boston: Mouton de Gruyter.

Vogel, Friedemann (2017): Das Konzept des ‚Digitalen' in Theologie, Medizin, Recht und Linguistik. Ein Beitrag zur korpuslinguistischen, kontrastiven Fachsprachen- und -diskursforschung. *Fachsprache / International Journal of Specialized Communication* 4/2017, 158–187.

Vogel, Friedemann & Katharina Jacob (2014): Sprachkritik im Internet. Aushandlungsprozesse und Spracheinstellungen auf den Diskussionsseiten der deutschsprachigen Wikipedia. *Aptum* 1, 1–32.

Warnke, Ingo (2007): Diskurslinguistik nach Foucault – Dimensionen einer Sprachwissenschaft jenseits textueller Grenzen. In Ingo Warnke (Hrsg.), *Diskurslinguistik nach Foucault. Theorie und Gegenstände*, 3–24. Berlin u. a.: de Gruyter.

Weller, Katrin et al. (Hrsg.) (2014): *Twitter and society*. New York: Lang.

Wichter, Sigurd (1991): Zur Computerwortschatz-Ausbreitung in die Gemeinsprache. Elemente der vertikalen Sprachgeschichte einer Sache. Frankfurt a. M. u. a.: Lang.
Winkler, Hartmut (1997): *Docuverse. Zur Medientheorie der Computer*. München: Boer.

Onlinequellen

Lee, Lillian (1999): Measures of distributional similarity. In Robert Dale, Ken Church & Lillian Lee (Hrsg.), *Proceeding. ACL '99 Proceedings of the 37th annual meeting of the Association for Computational Linguistics on Computational Linguistics: Association for Computational Linguistics*, 25–32. (http://dl.acm.org/ft_gateway.cfm?id=1034693& type=pdf&CFID=141752743&CFTOKEN=15347035), zuletzt abgerufen am 21. 06. 2018.
Schmid, Helmut (1994): Probabilistic Part-of-Speech Tagging Using Decision Trees. Proceedings of the International Conference on New Methods in Language Processing, Manchester, UK. (http://www.cis.uni-muenchen.de/~schmid/tools/TreeTagger/data/ tree-tagger1.pdf), zuletzt abgerufen am 21. 6. 2018.
Vogel, Friedemann (2014): „Die Zukunft im Visier". Zur medialen Selbstinszenierung der Bundeswehr gegenüber Jugendlichen. *Medien & Kommunikationswissenschaft* 62 (2), 190–215. (http://www.m-und-k.nomos.de/fileadmin/muk/doc/Aufsatz_MuK_14_02.pdf), zuletzt abgerufen am 21. 06. 2018.

Pamela Steen

,Daten-Charisma' als Ideen-Charisma – Edward Snowden und die Prism-Affäre aus diskurslinguistischer Perspektive

1 ,Charisma' als diskursives Konzept

Kein Mensch *hat* Charisma, *besitzt* Charisma. Charisma ist eine sprachlich-diskursive Zuschreibung, die sich jedoch zumeist auf (mehr oder weniger) veri-fizierbare, typisierte Praktiken stutzt, z. B. auf eine bestimmte rhetorische Per-formanz, ein besonderes künstlerisches Talent. Wird eine Person als „charisma-tisch" bezeichnet, sollte man sich in einer bestimmten Weise verhalten, z. B. die Person verehren, ihre Partei wählen, ihr Produkt kaufen, ihren Film sehen oder den journalistischen Artikel über diese Person lesen, weil der Artikel dann rele-vanter oder interessanter erscheint. Das Konzept ,Charisma' hat daher deonti-sches Potenzial. Sennett (2004: 341) beschreibt Charismagläubigkeit dann als „unzivilisiert", wenn sie die Auswirkung einer „Persönlichkeitskultur" ist, in der es um die glaubhafte Zurschaustellung von Emotionen geht und Charisma somit nur „ein psychischer Striptease" ist. Bei Lenze (2002: 142) heißt dieses säkulare Charisma „postmodernes Charisma": „Für jede sozial-deviante Situati-on, für jede (auch die kleinste) Krise kann das entsprechende charismatische Objekt gefunden werden", sozusagen als „Pseudo-Sinnstifter". So, wie Perso-nen charismatisiert werden, können auch Dinge oder Ideen charismatisiert wer-den, indem sie in einer bestimmten Weise sprachlich/bildlich konstruiert wer-den, sodass sie mit Bedeutung aufgeladen werden und damit z. B. zum Statusobjekt werden (vgl. Kraemer 2008).

,Charisma' aus diskurslinguistischer Perspektive (vgl. Spitzmüller & Warnke 2011) als zeichenhaftes Konstrukt zu begreifen (vgl. Bär 2016: 287–289), ist eine postmoderne und insgesamt kritische Auffassung.[1] Eine solche rationale Auffas-sung von Charisma nahm in der Soziologie Webers ihren Anfang. In der Soziolo-

---

[1] Entgegen etwa der Auffassung von Charisma im religiösen Bereich. In der christlichen Theo-logie ist Charisma in der Regel eine nicht weiter zu hinterfragende „Gesamtheit der durch den Geist Gottes bewirkten Gaben und Befähigungen des Christen in der Gemeinde" (Duden online, siehe dazu ausführlicher: Krech (2006), Lenze (2002: 9–21)), also eine Gabe, die im Prinzip alle Christ_innen *besitzen* und die sie auch zum Wohle der Gemeinschaft nutzen sollten (vgl. Steen 2017). Das Numinose findet sich als ein wesentlicher Bestandteil jedoch auch im säkularen Charisma. Eine umfassendere diskurslinguistische Analyse zum Konzept ,Charisma' im theolo-gischen Diskurs steht jedoch noch aus.

https://doi.org/10.1515/9783110609103-009

gie der Moderne wird politisches Charisma mit Weber als „außeralltäglich [...]
geltende Qualität einer Persönlichkeit" betrachtet,

> um derentwillen sie als mit übernatürlichen oder übermenschlichen oder mindestens spe-
> zifisch außeralltäglichen, nicht jedem andern zugänglichen Kräften oder Eigenschaften
> [begabt] oder als gottgesandt oder als vorbildlich und deshalb als ‚Führer' gewertet wird.
> (Weber 1976: 140).

Denn Weber macht deutlich: Es gibt keine universal gültigen Charismaquellen,
es hängt von der Anhängerschaft ab, wie sie die Qualität bewertet. Bliesemann & Reiber fassen im Anschluss an Weber zusammen:

> Charisma ist also keine persönliche Eigenschaft, es kann nicht anhand allgmeiner Krite-
> rien bestimmt werden, und es existiert losgelöst von der ethischen Frage nach dem Guten
> oder Richtigen. Vielmehr ist Charisma immer Ausdruck einer *spezifischen sozialen Bezie-
> hung*. (Bliesemann & Reiber 2011: 18).

Charisma ist somit als soziale Beziehung zu verstehen, die mindestens aus einer
Entität besteht, der „Charisma" zugeschrieben wird, und einer, die „Charisma"
zuschreibt. Dennoch, so kritisiert Kraemer (2002: 176), gibt es noch bei Weber
die Tendenz, „charismatische Phänomene zu ontologisieren", wenn dieser an
anderer Stelle schreibt, die Fähigkeiten des Charismatikers können nur „geweckt" und „erprobt", nicht aber „erlernt" werden (Weber 1976: 145). In der
Soziologie wird aber heute überwiegend die Auffassung vertreten, dass Charisma (besser: die Zuschreibung von Charisma) das Resultat gelungener *Perfor-
manzprozesse* (z. B. Bergmann, Luckmann & Soeffner 1993) ist oder auch durch
besondere *Kontextbedingungen* beeinflusst wird (vgl. von Marschall 2011; Soeffner 1993), womit sich eine Beziehung zwischen vermeintlichen Charismaträger_
innen und Charismagläubigen etabliert (vgl. Lenze 2002; Jentges 2010). Damit
wird der soziale Konstitutionsprozess fokussiert. Sprachlich-mediale *Zuschreibungsprozesse* wurden bislang kaum untersucht (siehe hierzu Steen 2017; Steen
2015b; Bechdolf 2001; Fasel 2001). Dabei reflektieren beispielsweise Zeitungsartikel, in denen einem Politiker/einer Politikerin nachgesagt wird, er/sie sei
„charismatisch", nicht (nur), was die ‚Allgemeinheit' über Charisma denkt, sondern sie sind selbst auch Teil der „Interpretationsgemeinschaft" (Jentges 2010),
die Zuschreibungsprozesse initiiert, perpetuiert oder suspendiert.

Während in den Sozialwissenschaften also die Vorstellung, das (politische)
Charisma liege *in* der Person als eine Art „Eigencharisma" obsolet ist, scheint
im medialen Laien-Diskurs weitgehend Einigkeit darüber zu bestehen, dass
Stars und Künstler_innen aller Art ein solches Eigencharisma besitzen können
oder sogar müssen, um erfolgreich zu sein.[2] Im medialen Diskurs über Politi-

---

2 Zum Beispiel wird dem britischen Schauspieler Robert Pattinson in dem Artikel „Immer
noch untot" (Welt.de, 3. 5. 2012) jegliches „Charisma" abgesprochen, (https://www.klatsch-

ker_innen wird die Existenz von Charisma und dessen Herkunft durchaus thematisiert und auch als solche angezweifelt. Allerdings werden die eigenen medialen Zuschreibungsprozesse kaum reflektiert oder offengelegt.[3] Klar scheint zu sein, dass nicht jeder Politiker/jede Politikerin Charisma ,hat' oder ,haben' kann, denn ,Charisma' muss etwas Exklusives bleiben, um damit erfolgreich argumentieren zu können, wie folgendes Zitat beispielhaft zeigt:

> Demokratie sei kein Schönheitswettbewerb, stellte Martin Walser fest; dass eine zunächst so uncharismatische Figur wie Helmut Kohl eine so überragende historische Rolle spielen konnte, sagten andere, zeuge für die Reife der Demokratie und die Stärke unseres Verfassungslebens. (17.5.2010, SZ online, „Die Gesetze der Macht").[4]

Hier wird ,fehlendes Charisma' eingesetzt, um den Erfolg von Helmut Kohl zu erklären; allerdings impliziert die Aussage auch, ,Charisma' sei nur so etwas wie „Schönheit" und damit etwas Oberflächliches. So kann argumentiert werden, dass ,Charisma' nicht unbedingt notwendig sei, um gute Politik in einer „reifen Demokratie" zu machen. Insgesamt lassen sich aber gerade in Verbindung mit dem politischen System der Demokratie ganz unterschiedliche Argumente für die Wichtigkeit, Nützlichkeit oder Gefährlichkeit von ,Charisma' bei Politiker_innen finden, die wiederum mit verschiedenen konstruierten Charisma-Arten (etwa ,demokratisches', ,postdemokratisches', ,Herrschaftscharisma' und ,Pseudo-Charisma', vgl. Steen 2015b) korrelieren.

Während männliche Politiker im Diskurs häufig derart konstruiert werden, dass sie ,Charisma' haben und manchmal auch wieder verlieren, wie z. B. Karl Theodor zu Guttenberg oder Barack Obama, oder ein ganz spezielles ,Charisma' ausprägen (z. B. habe Joachim Gauck „Lebens-Charisma"[5] und Franz Müntefe-

---

tratsch.de/aktuelles/robert-pattinson-punktet-vor-allem-mit-charisma-127449/), zuletzt abgerufen am 22.6.2018. Auf der Seite Klatsch-tratsch.de (26.8.2012, „Robert Pattinson punktet vor allem mit Charisma"), ebenfalls in einer Rezension über den Film „Bel Ami", wird gerade dessen Charisma besonders hervorgehoben (https://www.welt.de/print/die_welt/kultur/article 106253029/Immer-noch-untot.html), zuletzt abgerufen am 22.6.2018. Das Konstrukt Charisma wird somit in beiden Rezensionen zum Hauptargument für die These „sehenswert" und „nicht sehenswert".

3 Steen (2015b) unterscheidet zwischen Okkurenztexten, in denen der Ausdruck „Charisma"/ „charismatisch" verwendet und nicht weiter hinterfragt wird, „thematisierenden Texten", in denen ,Charisma' und seine gesellschaftliche Rolle thematisiert und problematisiert wird, und „metasprachlich-reflexiven" Texten, in denen die Autor_innen ihre eigene Rolle bzw. die der Medien im Charismatisierungsprozess hinterfragen.

4 (http://www.sueddeutsche.de/politik/gescheiterter-spd-chef-beck-die-gesetze-der-macht-1.695439), zuletzt abgerufen am 22.6.2018.

5 19.3.2012, Süddeutsche.de, „Mäßiger Medien-Marathon", (http://www.sueddeutsche.de/ medien/tv-kritik-gaucks-wahl-in-ard-und-zdf-was-fuer-ein-fernseh-sonntag-1.1312500), zuletzt abgerufen am 22.6.2018.

ring „hat das Charisma des Mannes, der nichts mehr werden muss"[6]), fällt auf, dass Politikerinnen bei der Charisma-Zuschreibung eher ins Hintertreffen geraten. „Weiblichkeit und Charisma sind im journalistischen Diskurs offensichtlich unvereinbar", so auch Becholf (2001: 34). Während zwar Schauspielerinnen und Sängerinnen häufig als „charismatisch" bezeichnet werden, muss man „charismatische Politikerinnen" durchaus suchen. Denn, wenn Frauen charismatisiert werden, so ist es insbesondere ihr Körper, „von dem diese besondere Ausstrahlung ausgeht, und nicht der Intellekt bzw. eine große geistige Schaffenskraft wie bei zahlreichen Männern." (Bechdolf 2001: 34). In Bezug auf die Charismatisierung von Frauen scheint es allerdings Parallelen zur Charismatisierung von Tieren zu geben. Tiere werden im Diskurs häufig dann als „charismatisch" bezeichnet, wenn sie als schön oder elegant befunden werden.[7] Eine semantische Überblendung von männlichem politischem ‚Charisma' und elegantem ‚Tier-Charisma' findet sich aber auch bei Politikern:

> Wir haben in Deutschland auch gerade niemanden, **der so ein Charisma ausstrahlt** wie der amerikanische Präsident. Obama sieht gegen unsere Politiker aus **wie eine Raubkatze**. (20. 8. 2009, SZ online, „Wie sexy ist der Minister?", meine Hervorhebungen, P. S.)[8]

Mittlerweile wurde auch Obamas Charisma in der deutschen Medienlandschaft weitgehend dekonstruiert. Dagegen wurde Angela Merkel im gesamten Zeitraum ihrer Kanzlerschaft kaum explizit ‚Charisma' zugeschrieben, im Gegenteil:

> Die Wochenzeitung Le Point schrieb einmal, Merkel verströme das Charisma eines Trabants. (15. 3. 2010, SZ online, „Mach schon, Merkel!")[9]

An diesem ironischen Zitat wird zudem deutlich, dass es unbelebte, schrottreife, aus der Mode gekommene Dinge ebenfalls schwer haben können, als charis-

---

6 23. 5. 2009, Süddeutsche.de, „Sieger sehen anders aus", (http://www.sueddeutsche.de/politik/spd-kanzlerkandidat-steinmeier-sieger-sehen-andersaus-1.465695), zuletzt abgerufen am 19. 12. 2017.

7 „Glücklicherweise sind Mantarochen sehr charismatische Tiere. Jeder, der sie einmal gesehen hat, ist von ihnen beeindruckt." (Andrea Marshall, Biologin, 10. 9. 2013; ZEIT.de; „Mantarochen schlafen nie"), (https://www.zeit.de/wissen/umwelt/2013-09/mantarochen-meeresbiologie-andrea-marshall), zuletzt abgerufen am 22. 6. 2018. Es gibt in der Forschung offenbar eine Bevorzugung „charismatischer Lebewesen.", vgl. 24. 5. 2016, Spiegel.de; „Forscher bevorzugen schöne Tiere", (http://www.spiegel.de/wissenschaft/natur/forscher-bevorzugen-schoene-tiere-a-1093853.html), zuletzt abgerufen am 22. 6. 2018.

8 (http://www.sueddeutsche.de/leben/erika-berger-ueber-guttenberg-wie-sexy-ist-der-minister-1.162832), zuletzt abgerufen am 22. 6. 2018.

9 (http://www.sueddeutsche.de/politik/auslaendische-medien-mach-schon-merkel-1.17715), zuletzt abgerufen am 22. 6. 2018.

matisch wahrgenommen zu werden. Auch Bechdolf ist bei ihrer TAZ-Recherche auf Aussagen gestoßen wie „jemand habe das Charisma eines scheintoten Hamsters, eines leeren Schirmständers oder einer Rauhfasertapete" (Bechdolf 2001: 32). Wenn allerdings Oskar Lafontaine als „Dampfwalze" bezeichnet wird, als ein „Charismatiker", der beim Reden „einen roten Kopf" bekommt, so wird deutlich, dass männliche Politiker im Gegensatz zu weiblichen „angefressen vom Zahn der Zeit" sein dürfen (1. 9. 2009, Zeit.de, „Die Dampfmaschine"[10]) und damit auch noch ‚charismatisch' sind. So, wie Dinge hin und wieder auf metaphorische Weise instrumentalisiert werden, um im Vergleich mit einer Person, deren ‚Charisma' oder ‚Nicht-Charisma' zu veranschaulichen, können sie auch selbst charismatisiert werden. Lenze spricht bei dieser Art von Ding-Charisma von einem Charisma der „diesseitigen Transzendenz", einer Art „(Re-)Integration des Außeralltäglichen in den Alltag" (Lenze 2002: 165–166; vgl. hierzu auch Leypoldt 2015).

Charismatisiert werden können alltägliche Gebrauchsgegenstände, wenn sie zu „‚Ikonen' einer vorherrschenden Geisteshaltung, eines Glaubens an die ‚heilsversprechende' Wirkung von Technik und Wissenschaft" werden, wie dies lange Zeit für den Fernseher als „Zauberspiegel" galt (Lenze 2002: 171–172). Kraemer (2008) spricht von „Produktcharisma", wenn „beim Kauf des Produktes spezifische Verheißungen, Images, Emotionen, Stimmungen etc. ‚geweckt' werden." Diese Dinge erhalten dann eine charismatische Aura, sodass in Bezug auf ein solches Dingcharisma eine Art „*Wiederverzauberung* der sozialen Welt durch Konsum und Massenkultur" (Kraemer 2008: 75, Hervorhebung i. O.) vollzogen wird. Ein populäres Beispiel sind die i-Produkte von Apple. Apple-Gründer Steve Jobs scharte zu Lebzeiten und über seinen Tod hinaus eine Gemeinschaft der ‚i-Gläubigen' um sich. Die Produkte werden nicht (nur) um ihrer selbst willen gekauft, sondern im Zuge eines „Willensaktes", der wie ein „religiöses Bekenntnis" ist; die Apple-Produkte wirken „wie pure Magie", die einen „„digital lifestyle'" etablieren.[11] Das Produktcharisma überdauert damit das personale Charisma, weil dieses bereits auf die Produkte übergegangen ist und es somit entpersonalisiert wurde (vgl. Kraemer 2008: 75).

Deutlich wird, dass sich die Vorstellungen von einem ‚Produkt'- oder ‚Starcharisma' weit von der Auffassung eines Herrschaftscharismas im Sinne Webers entfernt haben. Bei Weber ist Charisma ein außeralltägliches Phänomen und gerade nicht im profanen Alltag angesiedelt, wenngleich es durch vielerlei Wei-

---

10 (http://www.sueddeutsche.de/politik/oskar-lafontaine-die-dampfmaschine-1.160786), zuletzt abgerufen am 22. 6. 2018.
11 taz.de, 6. 10. 2011, „Ein verspäteter Hippie. Kritischer Nachruf auf Steve Jobs" (http://www.taz.de/!5110423/), zuletzt abgerufen am 22. 6. 2018.

sen veralltäglicht und versachlicht werden kann. Und während bei Weber das Auftreten von Charisma noch Ausdruck einer Krise und deshalb außeralltäglich ist, ist bei Sennett das „säkulare Charisma", also das moderne Charisma, „die Ordnung selbst und produziert gerade als solche Krisen" (Sennett 2004: 350). Dass Politiker_innen also wahllos charismatisiert werden, wäre also selbst bereits ein Zeichen einer gesellschaftlichen Krise.

2 ‚Daten-Charisma'

Das Stichwort „digital lifestyle" führt nun in eine ‚Ding-Sphäre', die für Charismatisierungen auf den ersten Blick immun zu sein scheint: die Sphäre der digitalen Daten. Während man Computer-Hardware mit schönem Design ansehen und berühren und auf diese Weise ein sinnliches Erlebnis haben kann, verweigern sich digitale Daten einer solchen unmittelbaren und ästhetischen Erfahrung. Der Ausdruck „Daten" im Diskurs, zumal im Plural, ist als Referenz-Entität zu abstrakt, als Begriff zu vage, als dass man sich davon genaue Vorstellungen machen könnte. Dagegen lässt sich über Apple-Produkte sagen, dass sie „wegweisend" und „Statusobjekte" sind, ein „brilliantes Design" besitzen und „unser Bild von einem Computer in den kommenden Jahren in ungeahnter Art verändern".[12] Eine solche sprachliche dingcharismatische Aufladung scheint für Daten schwierig. Fällt das Stichwort „Daten", muss man zunächst einmal nachfragen: Welche Daten? Aus welchen Informationen setzen sie sich zusammen? Wem gehören die Daten? Wer hat Zugriff auf die Daten? Wo befinden sich die Daten? Wozu werden die Daten benutzt? Wann werden sie benutzt? Wie werden sie kombiniert? Wem schaden sie, wem nützen sie? usw. Es müssen erst viele Antworten gegeben werden, um zu verstehen, worüber überhaupt gesprochen wird, welche Bedeutung dem Ausdruck im jeweiligen Kontext zukommt. Gleichwohl lösen sich die ‚Daten', über die gesprochen/geschrieben wird, von ihrer Referenz ab und werden zu einer abstrakten Vorstellung, einer Idee, die mit Vorurteilen, Ängsten, Wünschen und Hoffnungen verbunden ist:

> **Jeder spricht darüber. Keiner weiß wirklich, wie es geht.** Big Data bedeutet mehr als die Totalerfassung eigener Daten. **Es stehen Revolutionen bevor**, die unsere Leben sicherer und besser machen. (31.12.2014, Welt.de, „Warum Massendaten-Business unser Leben verändert", meine Hervorhebungen, P.S.)[13]

---

12 Süddeutsche.de, 7.10.2011, „Tod eines Magiers" (http://www.sueddeutsche.de/digital/steve-jobs-tod-eines-magiers-1.1138598), zuletzt abgerufen am 22.6.2018.
13 (https://www.welt.de/politik/deutschland/article135872512/Warum-Massendaten-Business-unser-Leben-verbessert.html), zuletzt abgerufen am 22.6.2018.

Auf der einen Seite Euphorisierung, auf der anderen Seite tiefgreifende Bedenken, die z. B. namhafte europäische Wissenschaftler_innen 2015 im Digital-Manifest[14] äußerten. Andere fordern eine „digitale Aufklärung 2.0" (z. B. die Initiative „Deutschland sicher im Netz"). In der Tat, jeder spricht darüber, es gibt Konferenzen zum Thema quer durch die wissenschaftlichen Disziplinen sowie zahlreiche Sammelbände (z. B. Reichert 2014; Geiselberger & Moorstedt 2013). Auch der vorliegende Sammelband und die zugrundeliegende Tagung sind entstanden, weil uns die Fragen „Was sind eigentlich Daten – digitale Daten – Massendaten? Was soll man darunter verstehen? Welche gesellschaftliche Bedeutung haben sie?" bei der Konzeption anleiteten, und weil überall von ‚den Massen-Daten' zu lesen ist, die unsere Gesellschaft verändern. Denn,

> in der jüngeren Gegenwart ist **„Big Data"** zum **populären Schlagwort** aufgestiegen und wird oft als Sammelbegriff für digitale Technologien verwendet, die in technischer Hinsicht für **eine neue Ära digitaler Kommunikation und Verarbeitung** und in sozialer Hinsicht für einen **gesellschaftlichen Umbruch** verantwortlich gemacht werden. (Reichert 2014: 10, meine Hervorhebungen, P. S.).

Reichert spricht hier von einer neuen „Ära". Ähnlich war im Medienmagazin „brandeins.de" in der Ausgabe 7/2016 zu lesen, diese neue Ära beinhalte eine neue Art des Denkens, eine Ideologie, „Digitalismus" genannt:

> Kaum jemand zweifelt noch an der totalen Digitalisierung – nun auch des Denkens. So wird aus einer Technik eine Ideologie: der Digitalismus. (Brandeins.de, 7/2016, „Der Golem und du")[15]

Im „Digitalismus" gibt es mehr Gläubige als Wissende:

> Wo es mehr Gläubige als Wissende gibt, entstehen Glaubensgemeinschaften. So halten die meisten Nutzer Smartphone-Sprachsteuerungssysteme wie Siri für eine Variante intelligenten Lebens. Auch die altehrwürdige IBM ruft das Zeitalter des „kognitiven Computings" aus, eine „Ära", so die IBM-Chefin Ginni Rometty, die „die Beziehung zwischen Mensch und Maschine neu definieren" soll. (Brandeins.de, 7/2016, „Der Golem und du")[16]

Der Digitalismus schafft eine neue Perspektive auf das Subjekt und seine Welt. Mit „Daten", die es selbst im Internet produziert/hinterlässt, das wird deutlich,

---

14 (http://www.spektrum.de/thema/das-digital-manifest-algorithmen-und-big-data-bestimmen-unsere-zukunft/1375924), zuletzt abgerufen am 20. 5. 2017.
15 (https://www.brandeins.de/magazine/brand-eins-wirtschaftsmagazin/2016/digitalisierung/der-golem-und-du), zuletzt abgerufen am 22. 6. 2018.
16 (https://www.brandeins.de/magazine/brand-eins-wirtschaftsmagazin/2016/digitalisierung/der-golem-und-du), zuletzt abgerufen am 22. 6. 2018.

sind im Diskurs hier nicht „unstrittige, allseits akzeptierte Fakten" (Felder 2013) gemeint, sondern vielmehr so etwas wie Fakten, die potenziell aus einer subjektiven Perspektive als etwas vermeintlich objektiv Gegebenes dargestellt werden können. Vor dieser Scheinobjektivität, die vielleicht zu einem Verbot führen kann, in ein anderes Land einzureisen, oder dass man mittels individuell gesteuerter Werbung noch mehr in seinem Konsumverhalten manipuliert wird, haben viele Menschen Angst. Aber sie sind zugleich auch fasziniert von den Möglichkeiten, die die digitale Welt scheinbar bereithält. Der Blogger und SPON-Kolumnist Sascha Lobo spricht ganz ähnlich von einem „magischen Digitalismus" und einem Aberglauben, den Menschen gegenüber „der Maschine, dem Algorithmus" entwickelt haben. Solche Überzeugungen klingen dann folgendermaßen: „Big Data zerstört die Gesellschaft oder erlaubt flächendeckende Manipulationen."[17] Der magische Digitalismus, den man als neue Mentalität[18] beschreiben könnte, biete, so Lobo, für die Unwissenden „tolle gefühlte Digitalerklärungen", dagegen erlägen IT-Expert_innen ihrer eigenen Hybris.

Diese Konzeptualisierung der Daten-Interpretationsgemeinschaft als „Glaubensgemeinschaften" in einer neuen Ära, die an pseudo-magische Zusammenhänge glaubt, erinnert an das Ideen-Charisma im Sinne Roths (1987). Ideencharisma tritt, wie Kraemer ausführt, in verschiedenen Formen auf. Gemeinsam haben sie, dass „die Charismagläubigen sich leidenschaftlich und bedingungslos in den Dienst einer Idee stellen, um eine Botschaft zu verkünden." (Kraemer 2002: 178).[19] Die Charismatisierung ‚der Massendaten' im Sinne eines Ideencharismas ist dabei eher heterogen. Es gibt keine einheitliche Ideologie, denn gerade das Unbegreifliche, Numinose, das einerseits Gefährliche, andererseits Heilsversprechende macht dieses ‚Charisma' aus. Laien und Expert_innen beteiligen sich aus ihrer jeweiligen Perspektive am Diskurs darüber: Wissen, Nicht-Wissen, Pseudowissen überlagern sich; es überlagern sich die Relevanzsysteme des „Mannes von der Straße" (mit seinem internetfähigen Computer oder Smartphone), des „gut informierten Bürgers" (der regelmäßig Zeitungsartikel über Big Data liest oder wissenschaftliche Aufsätze darüber schreibt) und des „Experten"[20] (der als IT-Experte scheinbar der Einzige ist, der wirklich weiß, was Big

---

17 Spiegel.de, 7.12.2016, „Wie unser Technik-Aberglaube allen schadet" (http://www.spiegel.de/netzwelt/web/magischer-digitalismus-wie-unser-technik-aberglaube-uns-allen-schadet-a-1124836.html), zuletzt abgerufen am 22.6.2018.
18 Der magische Digitalismus wäre insofern eine bestimmte Mentalität, wenn er in einer Kultur eine allgemein geltende Grundüberzeugung darstellt (vgl. Dinzelbacher 1993).
19 Roth (1987) führt als Beispiel die Hippie-Bewegung der 1960er Jahre an, Kraemer (2002: 178–179) „die modernen Weltanschauungsparteien", die sich zwar nicht um eine charismatische Person gruppieren, aber doch eine absolutistische Geltung beanspruchen.
20 Vgl. die Idealtypen der sozialen Verteilung des Wissens nach Schütz (1972).

Data bedeutet). Das auf diese Weise zustandekommende ,Wissen' mündet derzeit in eine große Idee von Heil und Unheil.

Ein wichtiger Grundpfeiler in der bisherigen Popularisierung von Big Data war die Späh-Affäre um den „Whistleblower" Edward Snowden. Man kannte in kürzester Zeit seinen Namen, auch wenn man nicht alle Details der Prism-Affäre kannte. Das Auftreten eines neuen wichtigen Handlungsträgers, eines Experten auf der ,Big-Data-Bühne' verhalf der Idee, dass digitale Massendaten in der globalen Welt eine nicht unerhebliche Bedeutung haben, zu weiterer Aufmerksamkeit. Der blasse Computernerd entspricht allerdings nicht den Vorstellungen eines charismatischen Protagonisten, der bereits allein für das Thema begeistert. Das Thema ,Ausspähen von Massendaten' selbst blieb auch nach den Enthüllungen weitgehend intransparent:

> Als Beispiel nannte er [Snowden, Anm. P. S.] das NSA-Programm XKeyscore, mit dem weltweit abgefangene Daten durchsucht werden können. NSA-Mitarbeiter könnten mit Hilfe des Programms nach Personen und Computern fahnden, ohne dass ein konkreter Verdacht oder ein richterlicher Beschluss vorliege. Um überwacht zu werden, reiche es schon aus, einer **bestimmten** Religion anzugehören, ein Flugticket zu kaufen, **bestimmte** Computernetzwerke zu nutzen, eine **bestimmte** sexuelle Orientierung zu haben oder mit einem Verdächtigen in Kontakt gestanden zu haben, sagte Snowden. (8. 4. 2014, Spiegel.de, „Snowden fordert Ende der verdachtlosen Überwachung", meine Hervorhebung, P. S.)[21]

Diese Rede Snowdens per Video vor dem Europarat, die in den Medien zitiert wurde, lässt beispielsweise den Eindruck entstehen, jeder könne von einem Ausspähen durch die NSA betroffen sein, doch bleibt die Vorstellung, man selbst könnte dies sein, eher unplausibel. Zu häufig wird das Adjektiv-Attribut „bestimmt" verwendet, das hinsichtlich der Referenzierung Vagheit entstehen lässt. In einem anderen Bericht auf Spiegel.de fasst ein Medienakteur die Auswirkungen der Enthüllungen folgendermaßen zusammen:

> Er hat uns die Augen geöffnet. Wir können jetzt die Wirklichkeit besser erkennen. Aber die Bedrohung ist abstrakt. Viele Leute haben sie noch nicht verstanden. Viele wollen sie nicht verstehen. (4. 11. 2013, Spiegel.de, „Gewähren Sie Asyl, Frau Bundeskanzlerin")[22]

Dass dennoch so etwas wie ein ,Ideen-Charisma' für Big Data entsteht, liegt woanders begründet: Charismatisch aufgeladen wurde das Diskursereignis viel-

---

21 (http://www.spiegel.de/netzwelt/netzpolitik/europarat-snowden-fordert-ende-der-massenueberwachung-a-963263.html), zuletzt abgerufen am 22. 6. 2018.
22 (http://www.spiegel.de/politik/deutschland/jakob-augstein-fordert-asyl-fuer-snowden-in-deutschland-a-931572.html), zuletzt abgerufen am 22. 6. 2018.

mehr, und das wird hier mit diskurslinguistischer Methode zu zeigen sein, indem sich die Erzählungen über die Prism-Affäre von der individuellen Person Snowden abkoppelten und in charismatisierende sprachliche Schemata überführt wurden.

3 ,Daten-Charisma' am Beispiel der Snowden-Affäre

Um ein für eine qualitative Analyse im Rahmen dieses Beitrages bewältigbares Korpus herzustellen, wurde auf vier Online-Nachrichtenportalen für den Zeitraum Juni 2013 bis Oktober 2015 der Suchbegriff „Snowden" eingegeben und die aufgerufenen Artikel dann noch einmal nach dem Kriterium der „Relevanz" gefiltert. Der Zeitraum wurde gewählt, weil Anfang Juni 2013 bekannt wurde, dass ein 29-jähriger „Techniker" namens Edward Snowden „Belege für die massive Datensammelei des US-Geheimdienstes NSA geliefert" (Zeit.de, „US-Whistleblower gibt sich zu erkennen"[23]) hatte. Die Analyse geht damit von einem bestimmten diskursiven Ereignis aus, also einem Ereignis, das einerseits selbst von den Medien konstruiert wird und bei dem andererseits „ein Diskurs besonders stark in Erscheinung tritt" (Link 1983; vgl. Spitzmüller & Warnke 2011: 108), so wie in diesem Falle der Diskurs um ,Big Data' und die gesellschaftlichen Auswirkungen.

Ausgewählt wurden zwei Internet-Portale von Tageszeitungen (Welt.de und Tagesspiegel.de), einer Wochenzeitung (Zeit.de) und einem Magazin (Spiegel.de). Diese Web-Seiten sind (mit wenigen Einschränkungen bei ausgewählten Artikeln) ohne Nutzungskosten allgemein zugänglich. Gespeichert wurden diejenigen Artikel, die „Snowden" bereits im Titel thematisierten oder die erkennbar auf seine Person Bezug nahmen. Insgesamt wurden 404 Artikel (hauptsächlich Berichte, aber auch Kolumnen und Kommentare) gespeichert. Die Artikel wurden in das Analyse-Programm MAX QDA importiert, zunächst gelesen und annotiert. Es wurden dabei induktiv Mehrebenen-Analyse-Kategorien für auffällige Muster gebildet, von denen im Folgenden einige unter den Stichpunkten *Typisierung, Kategorisierung durch Hoch- und Unwertwörter, Ebenen der impliziten Charismatisierung* sowie *fiktionale Rahmungen* diskutiert werden.

Edward Snowden hatte dem *Guardian* Informationen über das weltweite US-Internetüberwachungsprogramm *Prism* zugespielt, und die Zeitung legte

---

23 (https://www.zeit.de/digital/datenschutz/2013-06/usa-nsa-prism-whistleblower), zuletzt abgerufen am 22.6.2018.

nun ihre Quelle offen. Mit Snowden wurde jemand greifbar, von dem man wusste, dass er „Belege für die massive Datensammelei des US-Geheimdienstes" (Zeit.de, 9. 6. 2013, „US-Whistleblower gibt sich zu erkennen"[24]) hatte und von dem man möglicherweise weitere Einzelheiten erfahren konnte. In der Folge beschäftigten sich die Medien mit der Frage: Wer ist Edward Snowden? „Ein Held, ein Staatsfeind, ein Mann voller Rätsel" (Zeit.de, 11. 6. 2013[25]) und verfolgten seine Flucht nach Südamerika, Hong Kong und Russland. Am 29. September 2015 trat Snowden erstmals mit einem Twitter-Account in Erscheinung, nachdem er sich zuvor in den Medien eher bedeckt gehalten hatte. Zu dem Zeitpunkt befand er sich offenbar nach mehreren abgelehnten Asylanträgen an einem unbekannten Ort in Russland. Am 6. Oktober 2015 wurde die „Safe-Harbor-Entscheidung" – die zentrale Datenschutzvereinbarung zwischen EU und USA – vom Europäischen Gerichtshof für ungültig erklärt. Dies wertete unter anderem Spiegel.de in einer Headline als „Triumph für Snowden, Blamage für Merkel". Das Thema, also die systematische durch die NSA erfolgte digitale Überwachung, erhielt in diesem Zeitraum viele Bezeichnungen: Jene, die primär mit Komposita die Überwachungstätigkeit der NSA konstruierten und sogleich negativ evaluierten, wie „Abhörskandal", „US-Spitzelei", „US-Datenspionage", „Prism-Skandal", „NSA-Skandal", „Abhöraffäre", und jene, die die Tat des Geheimdienstes dadurch zurückdrängten, indem sie Snowden als Informant ins Blickfeld rückten. Analog dazu hieß das Thema nach der Bekanntgabe des Namens auch „Snowden-Affäre" oder „Snowden-Skandal", sodass Snowden als Verursacher des Skandals erschien, sowie „Snowden-Enthüllung" als Fokussierung auf Snowdens Enthüllungstat.

Beim Erstellen des Korpus wurde also auf diejenigen Artikel fokussiert, die dem Diskurs über den Datenskandal über das Prinzip der Personalisierung ‚ein Gesicht' geben, indem sie auch die menschliche Seite der Geschichte thematisieren. Es stellt sich damit die Frage, *welches* ‚Gesicht' dem Thema bzw. Snowden gegeben wird. Es wird im Folgenden nachgezeichnet, mit welchen diskursiven Mustern das ‚Ideen-Charisma' um ‚Big Data' im Hinblick auf die Prism-Affäre konstruiert wird. Dies geschieht 1. durch Typisierung von Edward Snowden als IT-Experte in einer undurchsichtigen digitalen Welt; 2. durch die Konstruktion des Helden-Verräter-Schemas, das Snowdens Tat moralisch einordnet; 3. durch indirekte Charismatisierung, u. a. durch fiktionale Rahmungen.

---

24 (https://www.zeit.de/digital/datenschutz/2013-06/usa-nsa-prism-whistleblower), zuletzt abgerufen am 22. 6. 2018.
25 (https://www.zeit.de/digital/datenschutz/2013-06/prism-leak-edward-snowden), zuletzt abgerufen am 22. 6. 2018.

3.1 Selbst- und Fremdtypisierungen

Anfangs waren kaum Informationen über Edward Snowden bekannt, weshalb dieser verstärkt über Kategorisierungen typisiert wurde. Typisierungen oder Typifikationen sind zunächst normale, im Alltag notwendige Praktiken der Komplexitätsreduktion (vgl. Berger & Luckmann 2009: 7). Sie treten performativ auf, im Sinne typisierter sozialer Handlungen (vgl. Haferkamp 1973), sowie deskriptiv im Gebrauch typisierender Ausdrücke. Um sprachlich personale typisierte Identitäten zu konstruieren, werden beispielsweise ethnotypologische Begriffe (vgl. Schmitt 1992: 242) oder sprachliche Kategorisierungen (vgl. Hausendorf 2000) verwendet. Die Typisierung Snowdens über Kategorisierungen ist zudem ein Positionierungsakt. Das Konzept der Positionierung stammt aus der angelsächsischen diskursiven Psychologie (vgl. Harré & Langenhove 1999) und wurde u. a. in der Gesprächslinguistik zur Rekonstruktion diskursiver Identitäten fruchtbar gemacht. Dort werden unter Positionierungen „die diskursiven Praktiken" verstanden,

> mit denen Menschen sich selbst und andere in sprachlichen Interaktionen aufeinander bezogen als Personen her- und darstellen, welche Attribute, Rollen, Eigenschaften und Motive sie mit ihren Handlungen in Anspruch nehmen und zuschreiben, die ihrerseits funktional für die lokale Identitätsher- und darstellung im Gespräch sind. (Lucius-Hoene/ Deppermann 2004: 168)

Das Konzept der Positionierung kann auf Texte übertragen werden, da auch in ihnen Identitäten mittels Positionierungsakten konstruiert werden. Für die ›Person Snowden‹ ist zunächst auffallend, dass sie vielfach mit referenzidentischen Konstruktionen benannt wird, die Alter und Beruf, auch in Kombination, kennzeichnen. Dass die Berufsbezeichnung zur Typisierung von Personen verwendet wird, ist selbst eine typisierte Handlung, denn „Erwerbsarbeit" ist eine „wesentliche Schnittstelle, an der sich die einzelnen an dieser Gesellschaft beteiligen und die sie mitgestalten können" (Keupp et al. 1999: 124), weshalb das Nennen der Berufskategorie im Zuge von Identitätskonstruktionen eine wichtige Rolle spielt. In diesem spezifischen Kontext ist sie allerdings deshalb so wichtig, weil Snowden die relevanten Informationen nur im Rahmen seiner beruflichen Tätigkeit erlangen konnte. So wird er dementsprechend „der 29-jährige Computerexperte", „IT-Fachmann", „gewissenhafter IT-Experte", „Computerspezialist", „Systemadministrator" genannt. Diese Kategorisierungen machen eine damit verbundene Vagheit deutlich: Man weiß nicht im Einzelnen und konkret, was Snowden gearbeitet hat, wie er an das Datenmaterial kam, aber er ‚macht etwas mit Computern und Technik'. Die Bezeichnungen machen jedoch deutlich: Man muss Expertise besitzen, um eine solche Enthüllungstat begehen zu können:

„Das Wissen des Experten ist auf ein beschränktes Gebiet begrenzt, aber darin ist es klar und deutlich." schreibt Schütz (1972: 87) im Rahmen seiner Wissenssoziologie über den Idealtypus des „Experten". Snowdens Expertenwissen ist dem IT-Bereich zuzuordnen.

Eine weitere Kategorie, die im Korpus bis Anfang 2014 insgesamt fünfmal verwendet wird, ist „Nerd", die seiner Tätigkeit, aber vor allem ihm selbst etwas Verschrobenes, Extravagantes beimisst. Im Duden[26] lautet die angegebene Bedeutung für „Nerd": sehr intelligenter, aber sozial isolierter Computerfan."

> Nicht zuletzt das Netz fördert Puzzleteile zutage, aus denen sich ein erstes Bild ergibt: Snowden ist ein Nerd, er war ein Gamer und aktiver Forist, der mit klaren Standpunkten und ausgeprägtem Gerechtigkeitsempfinden in Erscheinung trat. (13. 6. 2013, Spiegel.de, „Nerd auf der Flucht") [27]

Es wird deutlich, dass hier ein Klischee bedient wird, gerade weil das Netz zu diesem frühen Zeitpunkt nur „Puzzleteile" zur Identität Snowdens hergibt. Ein Jahr später resümiert Tagesspiegel.de, man habe sich über Snowden lustig gemacht:

> Im vergangenen Jahr haben sich viele über Snowden lustig gemacht. Nerd, Milchgesicht, naiv nannte man ihn. (10. 6. 2014, Tagesspiegel.de, „Er ist nicht allein")[28]

Der Ausdruck „Nerd" signalisiert, dass man Snowden offenbar nicht einzuschätzen wusste, nicht wusste, ob man ihn ernst nehmen könne. Weitere verwendete Komposita sind „der ehemalige Geheimdienstler", „der ehemalige Mitarbeiter des US-Geheimdienstes NSA", „Ex-CIA- und NSA-Mitarbeiter". Diese Berufsbezeichnungen werten die Arbeit des „Technikers" Snowden am Computer auf, und sie kontextualisieren eine Sphäre des Geheimnisses, heben den Computer-Experten in den Stand eines Agenten. Mit diesen Konstruktionen werden nicht seine Fähigkeiten, sondern wird seine Funktion kontextualisiert. Präsident Obama soll Snowden diesbezüglich abgewertet haben. Der Tagesspiegel zitiert:

> Präsident Obama sagte abfällig: ‚Ich werde doch wegen eines 29-jährigen Hackers keine Jets schicken.' Die US-Regierung machte aus Snowden einen kleinen Sachbearbeiter." (10. 6. 2014, Tagesspiegel.de, „Er ist nicht allein")[29]

---

26 Duden online: „Nerd", zuletzt abgerufen am 12. 9. 2017.
27 (http://www.spiegel.de/netzwelt/netzpolitik/edward-snowden-als-the-true-hooha-spurensuche-im-internet-a-905542.html), zuletzt abgerufen am 22. 6. 2018.
28 (https://www.tagesspiegel.de/politik/edward-snowden-er-ist-nicht-allein/10007710.html), zuletzt abgerufen am 22. 6. 2018.
29 (https://www.tagesspiegel.de/politik/edward-snowden-er-ist-nicht-allein/10007710.html), zuletzt abgerufen am 22. 6. 2018.

Dass Obama den Ausdruck „Hacker" verwendet, sei „abfällig" zu verstehen. Laut Duden[30] ist „Hacker" die Bezeichnung für jemanden, der „durch geschicktes Ausprobieren und Anwenden verschiedener Computerprogramme mithilfe eines Rechners unberechtigt in andere Computersysteme eindringen" kann. Im Kontext der Späh-Affäre wäre Snowden damit jemand, der unberechtigt in die Computersysteme eingedrungen ist, mit denen er doch selbst im Rahmen seiner Arbeit zu tun hatte. Obama, so die Deutung des Artikels, versucht aus Snowden dann nicht nur „einen kleinen Sachbearbeiter" zu machen, sondern eben auch einen Externen, jemanden, der unbefugt in *andere* Computersysteme eindringt, um diesen zu *schaden,* womit Obama Snowden mit einem geringeren sozialen Status positioniert.

Der kategorisierende Ausdruck, der für Snowden in 281 Dokumenten 989 Mal verwendet wird und der zunächst der neutralste und unproblematischste Ausdruck zu sein scheint, ist „Whistleblower". Whistleblower_innen „enthüllen" und „decken auf". Im Englischen bedeutet „Whistleblower" „A person who informs on a person or organization engaged in an illicit activity."[31] In dieser Definition ist damit die moralische Qualität der Handlung bereits impliziert: Wer über die ungesetzlichen Aktivitäten einer Person oder Organisation berichtet, tut etwas Gutes. Er hilft zumindest dabei, dass die Öffentlichkeit Kenntnis von etwas erhält, das bereits als „ungesetzlich" interpretiert wird. Die Herkunft des Wortes ist dabei nicht gänzlich sicher. Stefanowitsch (2011) führt an, dass erst seit den 1970er Jahren die Bedeutung „verpfeifen" oder „verraten" relevant wird. Stefanowitsch bildet auf der Grundlage des Datenkorpus „Cosmas" des Instituts für Deutsche Sprache die Entwicklung des Begriffs in den deutschen Zeitungen ab. Erwähnenswert für den Zusammenhang hier ist, dass der Ausdruck dort 1997 zum ersten Mal dokumentiert und bis 2010 noch relativ selten verwendet wird, bis er 2010 sehr häufig für Chelsea Manning verwendet wird, die 2010 der Plattform WikiLeaks Geheimdokumte der US-Streitkräfte zuspielte. Der Ausdruck „Whistleblower" wird damit erst im Kontext der digitalen Daten bedeutsam und zeigt eine neue wichtige Identitätskategorie an. Zu einem großen Teil wird die Bedeutung des Ausdrucks in den Texten des Korpus allerdings nicht reflektiert. Bereits am 9. 6. 2013 titelt Zeit.de: „US-Whistleblower gibt sich zu erkennen".[32] Der Ausdruck wird in dem Artikel nicht erläutert, es wird auch nicht deutlich Stellung dazu bezogen, ob Snowdens Tat richtig oder falsch war. Anders dagegen einen Tag später bei Spiegel.de:

---

30 Duden online: „Hacker", zuletzt abgerufen am 12. 9. 2017.
31 Oxford Living Dictionaries Online, (https://en.oxforddictionaries.com/definition/us/whistle-blower), zuletzt abgerufen am 12. 9. 2017.
32 (https://www.zeit.de/digital/datenschutz/2013-06/usa-nsa-prism-whistleblower), zuletzt abgerufen am 22. 6. 2018.

> Sie setzen ihre Existenz aufs Spiel, obwohl sie aus ihrem Handeln keinen persönlichen
> Profit ziehen. Sogenannte Whistleblower wie Edward Snowden und Bradley Manning **de-**
> **cken Skandale in US-Militär und Geheimdiensten auf** – weil sie sich von der Politik
> im Stich gelassen fühlen. (Spiegel.de, 10.6.2013, „Die neuen Weltverbesserer", meine
> Hervorhebungen, P.S.)[33]

Es wird klar gesagt, dass Whistleblower_innen Skandale aufdecken, der Skandal also schon vor ihnen da war, ursächlich bedingt durch „US-Militär und Geheimdienste", wodurch das Handeln der Whistleblower_innen moralisch legitimiert wird, erst recht, da sie „keinen persönlichen Profit" aus ihrem Handeln
ziehen. Sie werden als die „neuen Weltverbesserer" bezeichnet. Im weiteren
chronologischen Verlauf der im Korpus befindlichen Texte wird „Whistleblower" als nicht weiter zu hinterfragende Kategorie auf Snowden angewendet,
wenngleich in den meisten Texten selbst nicht Stellung bezogen wird, ob Snowdens Tat legitim war. Im diskursiven Gebrauch, so lässt sich vorsichtig (ohne
diesbezügliche hintergründige Diskursanalyse) formulieren, wird der Ausdruck
für jemanden verwendet, der Informationen weitergibt, wenn er selbst davon
überzeugt ist, dass etwas Unrechtmäßiges geschieht – dies ist eine subjektive
Perspektivierung, die es den Medien leicht macht, den Ausdruck typisierend auf
Snowden anzuwenden, ohne dabei bereits Position gegen die USA zu beziehen.

Die Kategorisierungen Snowdens als ‚IT-Experte' (1), ‚Geheimdienstmitar-
beiter/Spion' (2), ‚Hacker' (3), ‚Whistleblower' (4) drücken somit unterschiedliche Diskurspositionen aus, denn einmal wird Snowden neutral einer Berufskategorie zugeordnet und in dieser als Experte; dann wird dieser berufliche Status
aufgewertet, da er ‚nicht nur' Sachbearbeiter ist, sondern diesen Dienst für den
Geheimdienst erledigt; dann negativ evaluiert und quasi einer gesellschaftlich
nicht legitimierten Aktivistenkategorie zugeordnet; und zuletzt gehört er zur
Gruppe von eher positiv evaluierten Aktivist_innen, die zumindest aus guter
Überzeugung handeln. Während die Kategorien 1, 2 und 4 sowie 1 und 3 im
Diskurs ohne Widersprüche nebeneinander stehen können, können es 3 und 4
nicht, da sie jeweils unterschiedliche Intentionen der Person implizieren (scha-
den vs. aufklären), ebenso wenig 2 und 3, da sie unterschiedliche soziale Kon-
texte implizieren (gruppenintern vs. -extern). In diesem Deutungskampf um die
Bedeutung ‚der Person Snowden' erhält auch Snowden selbst eine Stimme im
Diskurs:

> Als ‚computer wizzard' finde er überall einen Job, offenbare er einmal. (27.6.2013, Tages-
> spiegel.de, „Einer musste es tun")[34]

---

33 (http://www.spiegel.de/politik/ausland/whistleblower-edward-snowden-und-bradley-
manning-decken-skandale-auf-a-904815.html), zuletzt abgerufen am 22.6.2018.
34 (https://www.tagesspiegel.de/politik/us-informant-edward-snowden-im-portraet-einer-
musste-es-tun/8410814.html), zuletzt abgerufen am 22.6.2018.

Dadurch, dass eine bereits ältere Aussage Snowdens zitiert wird, die er nicht im aktuellen Kontext getätigt hat, wird Snowden in erster Linie fremdpositioniert. Ein ‚Computer-Zauberer' ist gewissermaßen jemand, der mit anderen Fähigkeiten ausgestattet ist als andere, und diese Fähigkeiten ermöglichen es ihm, gesellschaftliche Anerkennung zu erhalten. Im aktuellen Kontext spielt Snowden seine eigene gesellschaftliche Bedeutung herunter:

> Dabei ist er nur ein gebildeter junger Mann mit blassem Gesicht, der von sich behauptet, ‚ich unterscheide mich nicht von anderen Amerikanern'. (27.6.2013, Tagesspiegel.de, „Einer musste es tun")[35]

Snowdens Selbstpositionierung als ‚unbedeutend' wird durch die fremdpositionierende Beschreibung seines Äußeren unterstützt. Diese Aussage macht quasi die Kategorien 3 und 4 unschädlich, da sich Snowden überhaupt nicht in eine bestimmte Kategorie mit gesellschaftlicher Bedeutung eingeordnet sehen will. Sein Status als IT-Experte bleibt von dieser Selbstpositionierung unberührt. Dieser Status steht im Diskurs auch nicht zur Disposition. Anders sieht es mit Kategorie 2 aus, die mit Kategorie 3 kollidiert:

> Die US-Regierung hatte die Bedeutung Snowdens immer wieder heruntergespielt und ihn als einfachen Sachbearbeiter beschrieben. Selbst US-Präsident Obama hatte ihn im vergangenen Juni als ‚29-jährigen Hacker' bezeichnet. Die Beschreibung sei schlicht irreführend, sagt Snowden in dem Interview. (28.5.2014, Zeit.de, „Snowden bezeichnet sich als High-Tech-Spion") [36]

Snowden wird hier explizit als Diskursakteur positioniert, der sich gegen Fremdkategorisierungen, die seine berufliche Bedeutung schmälern, zur Wehr setzt. Er positioniert sich selbst dezidiert als „Spion":

> In einem Interview mit dem US-Fernsehsender NBC sagte er, er sei ein ‚High-Tech-Spion' gewesen. (28.5.2014, Zeit.de, „Snowden bezeichnet sich als High-Tech-Spion")[37]

Diese neue, zur Selbstbeschreibung konstruierte Kategorie, die Snowden in Form des Determinativkompositums „High-Tech-Spion" ausdrückt,[38] ist dabei

---

35 (https://www.tagesspiegel.de/politik/us-informant-edward-snowden-im-portraet-einer-musste-es-tun/8410814.html), zuletzt abgerufen am 22.6.2018.
36 (https://www.zeit.de/digital/datenschutz/2014-05/snowden-interview-nbc), zuletzt abgerufen am 22.6.2018.
37 (https://www.zeit.de/digital/datenschutz/2014-05/snowden-interview-nbc), zuletzt abgerufen am 22.6.2018.
38 Ein kurzer Blick in die Suchmaschine „Google" bestätigt (abgerufen am 12.9.2017), dass der Ausdruck vorrangig auf Snowden angewendet wird, es jedoch auch mit Kameras ausgerüs-

eine semantische Blend aus den mentalen Räumen IT (1) und Geheimdienst (2), die zuvor im diskursiven Kontext aufgerufen wurden. Beide Wissensdomänen werden miteinander vermischt, wodurch emergente Wissensaspekte entstehen, die erst aus dem Kontext ihren Sinn beziehen (vgl. Ziem 2013: 234; Fauconnier 1997). Ein Spion, der auf High-Tech spezialisiert ist, impliziert eine neue Form von Gefahr. Ein solcher Typus Spion verfügt über andere Fähigkeiten als ein ‚einfacher' Spion. Das mit diesem Expertentum verbundene Wissen besitzt eine generelle gesellschaftliche Relevanz, denn von der Reichweite dieses Wissens lässt sich mittlerweile sagen, dass ‚High Tech' auf sehr vieles im Leben eines durchschnittlichen Bürgers/einer Bürgerin in den Industrienationen zutrifft. Snowden konstruiert sich als ein ‚Experte' in einem „Spezialsystem", der weiß,

> daß nur ein anderer Experte alle technischen Details und Implikationen eines Problems auf seinem Gebiet verstehen wird, und er wird niemals einen Laien oder einen Dilettanten als kompetenten Richter seiner Leistungen anerkennen. (Schütz 1972: 88)

Die Laien oder Dilettanten sind hier die Vertreter_innen der US-Regierung, die seine Arbeit nicht richtig einschätzen wollen, sowie die Öffentlichkeit, die es nicht kann. Das Expertenwissen des „High-Tech-Spions" kann gut als USP, als unique selling proposition, herhalten (vgl. Fasel 2001: 64) und wird so zum Teilaspekt des ‚Ideen-Charismas' um ‚Big Data'. Snowdens Persönlichkeit hingegen trägt im Diskurs wenig dazu bei. In den Medien wurde er eher als zurückhaltende Person konstruiert, die sich nicht auf die Bühne stellen will:

> Er weiß, dass Medien gern personalisieren, aber nicht er möchte im Mittelpunkt stehen, sondern die Schlagzeilen sollen dem gelten, was er der Welt zu sagen hat. Bei vielen würde man das für ein Kokettieren halten. Nicht bei ihm. Er ist ein Gegenentwurf für unsere Zeit, in der der Drang zum Starsein desto stärker wird, je schwächer es um Fähigkeit und Wissen bestellt ist. (Welt.de, 16.10.2014, „Von einem, der auszog, kein Star zu werden")[39]

Statt Snowden also ein postmodernes ‚Medien-Charisma' zuzuschreiben, das sich auf Rhetorik und Ausstrahlung der Person stützt, wird in dieser Hinsicht sprachlich eher Zurückhaltung geübt, die sich wiederum aus Snowdens eigener Zurückhaltung ableiten lässt. Snowden sei gerade kein „Star" in „unserer Zeit", weil er es nicht nötig habe, im Mittelpunkt zu stehen, denn seine „Fähigkeit und Wissen" seien echt, so der Umkehrschluss der obigen Aussage. Und so wird

---

tete Schaufenster- und Babypuppen in diese Kategorie schaffen sowie ein elektronischer Spionage-Käfer.

39 (https://www.welt.de/kultur/kino/article133355046/Von-einem-der-auszog-kein-Star-zu-werden.html), zuletzt abgerufen am 22.6.2018.

im Korpus auch nur einmal der Ausdruck „Charisma" explizit mit Referenz auf
Snowden verwendet und ihm dabei gerade aufgrund seines Expertentums die-
ses abgeschrieben. Der Tagesspiegel interviewte Snowdens Anwalt Wolfgang
Kaleck:

> Die ARD zeigte kürzlich ein Interview, in dem Snowden ungeheuer besonnen wirkte, so-
> gar mit einem Hauch Selbstironie, überhaupt nicht wie ein **politischer Eiferer**. Wie ha-
> ben Sie ihn erlebt? – Ich traf eine beeindruckende Person. **Ein scheinbar unscheinbarer
> Mensch, der auf den ersten Blick nicht den Charme und das Charisma eines Volks-
> redners hat, der sich dann als sehr wach entpuppt, wissbegierig, engagiert.** Ein
> **scharfsinniger** und **kluger** Beobachter. Man merkte in jedem Moment der Gespräche, **es
> geht ihm nicht um sich selbst als Person**, nicht um seine Interessen, seine Bedürfnisse,
> sein Ego. **Es geht ihm um die Sache**, er kritisiert die unkontrollierte und illegale Überwa-
> chung durch die Geheimdienste. Punkt. **Darin ist er kundig**, und diese Kritik möchte er
> unter die Leute bringen, in der Hoffnung, dass sich dadurch die Zustände verbessern.
> (8. 2. 2014, Tagesspiegel.de, „Edward Snowden hat nichts verkauft, nichts gewonnen. Er
> verdient Respekt.", meine Hervorhebungen, P. S.)[40]

Interessanterweise gibt hier ein Akteur Auskunft über Snowden, der ihn persönlich getroffen hat, wodurch seine Einschätzung über Snowden authentifiziert
wird. Wenn der Anwalt Kaleck Snowden ‚Charisma' abspricht, dann, um ihn
zu rationalisieren: An Snowdens Person ist nichts Magisches, nichts Geheimes,
Mystisches. „Charme und Charisma" gehören zu einem „Volksredner", nicht zu
einem „scheinbar unscheinbaren Menschen" wie Snowden. Auch in diesem
Textausschnitt wird Snowdens Expertentum und der dazugehörige Sachver-
stand über die Adjektive „sehr wach", „wissbegierig", „engagiert", „scharfsin-
nig", „klug", „kundig" konstruiert. Auch hier wird seine Zurückhaltung gelobt,
denn es gehe „ihm um die Sache", nicht um sich selbst. Die Sache wird aufgewertet, die Person rückt dagegen eher in den Hintergrund. Dabei ist der blasse,
selbstlose und uncharismatische Computernerd ein Typus, den Süddeutsche.de
bereits 2011 hinsichtlich der Mitglieder der Piratenpartei konstruierte:

> Die Alten suchen unterbewusst bei den Piraten nach einem zweiten Joschka Fischer –
> und sind enttäuscht, dass da stattdessen **freundliche, blasse, etwas naive Computer-
> freaks** sind, die niemals außerhalb der virtuellen Welt Steine werfen würden. ‚**Wo ist da
> das Charisma?**', fragen die Alten – und kapieren nicht, dass die Jungen genug haben
> von Berufsrevolutionären, denen es nur um ihr eigenes Ego geht. (6. 11. 2011, SZ.de, „End-
> lich haben wir unseren Generationenkonflikt", meine Hervorhebungen, P. S.)[41]

---

40 (https://www.tagesspiegel.de/politik/interview-mit-dem-berliner-anwalt-des-whistleblowers-
edward-snowden-hat-nichts-verkauft-nichts-gewonnen-er-verdient-respekt/9450244.html), zuletzt abgerufen am 22. 6. 2018.
41 (http://www.sueddeutsche.de/politik/erfolg-der-piratenpartei-netzwaerts-1.1181574), zuletzt abgerufen am 22. 6. 2018.

Blasse Computerfreaks, denen es nicht um ihr eigenes Ego geht und die selbst gar nicht charismatisch erscheinen wollen, lassen sich nur schwer im Sinne des postmodernen Charismas konzeptualisieren und zu „Stars der Medienwelt" (Lenze 2002: 145) machen. Stattdessen wird in Bezug auf Snowden das Konzept der universalen Heldenfigur (vgl. Campbell 2011, Lipp 1985) bemüht, die gerade dadurch, dass sie der Schurken/Verräter-Figur polarisierend gegenübergestellt wird, zur Charismatisierung eines ‚uncharismatischen' Nerds führt: „Männer können aussehen wie Edward Snowden und trotzdem die Welt retten." (27. 3. 2014, Zeit.de[42]).

3.2 Helden-Verräter-Patrioten-Narrativ

Bei der ersten Durchsicht der Artikel im Korpus war auffällig, dass der Ausdruck „Held" sehr häufig verwendet wird. Es wurde daher eine weitere eingrenzende Suchabfrage vorgenommen, mit der alle Artikel aufgerufen wurden, in denen der Ausdruck vorkommt. „Held" wird in immerhin 69 von 404 Dokumenten 131 Mal verwendet, dabei insgesamt 116 Mal in Bezug auf Snowden. Es stellen sich damit die weiteren Fragen, welcher *Art* ‚Held' Snowden sein soll, *wer* ihn als „Helden" bezeichnet bzw. *für wen* Snowden ein ‚Held' ist, wie die Helden*tat* konstruiert wird. Noch häufiger als „Held" wurde die Kategorie des „Verräters" verwendet; der Ausdruck erscheint in 73 Dokumenten insgesamt 147 Mal. Die Kollokation „Held"/„Verräter" wurde in 30 Artikeln gefunden. Snowden selbst erklärte sich zum „Patrioten"; dieser Ausdruck wird insgesamt 97 Mal verwendet. Heldenkonstruktionen sind nun im Hinblick auf Charismatisierungen so etwas wie ‚weiße Kaninchen', denen man folgen muss. Bei Weber heißt es:

> Über die Geltung des Charisma entscheidet die durch Bewährung – ursprünglich stets: durch Wunder – gesicherte freie, aus Hingabe an Offenbarung, **Heldenverehrung**, Vertrauen zum Führer geborene, Anerkennung durch die Beherrschten." (Weber 1976: 140, meine Hervorhebung, P. S.).

Und an anderer Stelle:

> Trotz der Götter, nicht durch die Götter, oft gegen sie, behauptet der Held seine überalltägliche Stellung. (Weber 1976: 299)

Mit anderen Worten: Der Held muss sich durchsetzen gegen eine Übermacht. Aber ein Mensch wird nur zum charismatischen Helden, indem andere ihn/sie

---

42 (https://www.zeit.de/2014/14/held-edward-snowden), zuletzt abgerufen am 22. 6. 2018.

als Held/Heldin verehren und dadurch dem vermeintlichen Charisma Geltung verschaffen. Snowden scheint dabei eher der „traditionalistische Held" zu sein:

> „Die handelnde Person leistet zwar Besonderes, jedoch nicht aus einer ihr zugeschriebenen, ‚übernatürlichen Gabe' heraus, sondern lediglich aufgrund ihres, zwar nicht ordinären, aber auch nicht einer magischen Quelle entspringenden Wagnisses. (Lenze 2002: 146)

Insofern darf man dem ‚weißen Kaninchen' hier nicht zu tief in seinen Bau folgen, ist die Heldenkonstruktion bezüglich Snowden zwar wichtig, um zu verstehen, wie diese mit einem ‚Ideen-Charisma' in Verbindung steht, Snowden selbst ist jedoch auch als Held kein genuiner Charismaträger. Nicht das Numinose, sondern das Rationale (das Wissen über technische Zusammenhänge) an ihm und das Auflehnen gegen sehr irdische Instanzen ist die Grundlage für diese Heldenkonstruktion. Aber die technischen Zusammenhänge und auch die ‚dunklen Machenschaften der Geheimdienste' erscheinen in einem zweiten Schritt mystifiziert, da nur wenige sie nachvollziehen können.

Die Konstruktion der Identitätskategorie ‚Held' im Korpus wird nun zunächst über Diskurspositionierungen ergründet, über die akteursrelationale Frage: Für wen ist der Held ein Held (vgl. Jentges 2010: 71)? So ist mit der Konstruktion von Snowden als ‚Held' eine weitere Fremd-Positionierung des Zuschreibenden verbunden, es sei denn, der Autor/die Autorin selbst nimmt diese Kategorisierung als Ausdruck der eigenen Überzeugung und Selbstpositionierung vor.

(1) Snowden ist der ‚Held' zum einen für *indefinite Akteure und Akteurinnen*, wie mittels Indefinitpronomen in den Aussagen „für die einen ist er ein Held" (11. 6. 2013, Zeit.de, „Ein Held, ein Staatsfeind, ein Mann voller Rätsel"[43]) und „ist er auch nur ein Held für viele" (1. 7. 2013, Spiegel.de, „Grenzenloser Informant"[44]) deutlich wird. Auch Nomina Collectiva werden verwendet, wie in: „ich kenne eigentlich nur Menschen, für die er ein Held ist." (1. 12. 2013, Spiegel.de, „Im neuen Spiegel"[45]). Quasi ein tautologischer Akteursbezug wird hergestellt, wenn Snowden „der Held" für „seine Anhänger" oder für „Snowden-Unterstützer" ist (18. 4. 2014, Tagesspiegel.de, „Als der Whistleblower besser geschwiegen hätte";[46] 11. 6. 2013, Spiegel.de, „Obama jagt die Geheimnisverräter"[47]).

---

43 (https://www.zeit.de/digital/datenschutz/2013-06/prism-leak-edward-snowden), zuletzt abgerufen am 23. 6. 2018.

44 (http://www.spiegel.de/spiegel/print/d-101368239.html), zuletzt abgerufen am 23. 6. 2018.

45 (http://www.spiegel.de/spiegel/alexander-kuehn-was-man-diese-woche-lesen-muss-a-936502.html), zuletzt abgerufen am 23. 6. 2018.

46 (https://www.tagesspiegel.de/politik/edward-snowden-bei-putin-als-der-whistleblower-besser-geschwiegen-haette/9780766.html), zuletzt abgerufen am 23. 6. 2018.

47 (http://www.spiegel.de/politik/ausland/nsa-spitzeleien-us-praesident-obama-jagt-geheimnisverraeter-a-904931.html), zuletzt abgerufen am 23. 6. 2018.

Abstrakta ohne konkreten Akteursbezug sind „die öffentliche Meinung" (26. 6. 2013, Zeit.de, „Snowden wird zum Verräter"[48]) sowie „die Mehrheit" (7. 11. 2013, Spiegel.de, „Bürger trauen Obama und den USA nicht mehr"[49]). Mit Konstruktionen wie „wird er in der Blogosphäre und auf Twitter als „nationaler Held" gefeiert" (11. 6. 2013, Zeit.de, „Ein Held, ein Staatsfeind, ein Mann voller Geheimnisse[50]) entsteht durch die virtuelle Verortung eine Akteurs-Anonymität. Bis auf die Benennung der Mehrheit der Amerikaner, die sich auf konkrete Zahlen stützt, bleibt die Heldenzuschreibung diffus und anonym.

(2) Auch *konkrete Akteursgruppen* werden genannt: es sind die „Piraten" (10. 7. 2013, Spiegel.de, „Nicht mal Snowden nützt den Piraten"[51]), Hacker auf „abgelegenen niederländischen Wiesen" (3. 8. 2013, Spiegel.de, „Ausbildungscamp für Whistleblower"[52]) sowie all jene, die in Berlin, Madrid, London Busse in die Luft sprengen wollen." (BILD-Chef-Reporter Julian Reichelt wird zitiert am 8. 11. 2013, in Spiegel.de, „Geliebter Whistleblower"[53]). Die konkreten Gruppen sind, das lässt sich leicht erkennen, eher linke, autonome oder anarchistische Gruppierungen, jedoch keine Akteure und Akteurinnen aus der Mitte der Gesellschaft.

(3) An den *konkreten Akteuren und Akteurinnen*, die zitiert werden, lässt sich ebenso bemessen, dass es sich um Sympathisant_innen handelt, die contra USA eingestellt sind, wie der damalige ecuadorianische Präsident Rafael Correa (24. 6. 2013, Tagesspiegel.de, „Spionage-Thriller um Edward Snowden. Zoff zwischen den Großmächten"[54]) und der Wikileaksgründer Julian Assange (1. 7. 2013, Der Spiegel, „Grenzenloser Informant"[55]). Daneben ist es der sozialdemokratische Politiker Axel Schäfer (4. 11. 2013, Spiegel.de, „Ein Manifest für

---

48 (https://www.zeit.de/politik/ausland/2013-06/edward-snowden-zweifel-usa-medien-moskau), zuletzt abgerufen am 23. 6. 2018.
49 (http://www.spiegel.de/politik/deutschland/ard-deutschlandtrend-mehrheit-der-deutschen-ist-mit-obama-unzufrieden-a-932455.html), zuletzt abgerufen am 23. 6. 2018.
50 (https://www.zeit.de/digital/datenschutz/2013-06/prism-leak-edward-snowden), zuletzt abgerufen am 23. 6. 2018.
51 (https://www.spiegel.de/politik/deutschland/nsa-affaere-auch-snowden-hild-piraten-nicht-a-910157.html), zuletzt abgerufen am 23. 6. 2018.
52 (http://www.spiegel.de/netzwelt/web/hackertreffen-ohm-ausbildungscamp-fuer-whistleblower-a-914688.html), zuletzt abgerufen am 23. 6. 2018.
53 (http://www.spiegel.de/kultur/tv/nsa-affaere-bei-beckmann-a-932467.html), zuletzt abgerufen am 23. 6. 2018.
54 (https://www.tagesspiegel.de/politik/die-flucht-des-whistleblowers-spionage-thriller-um-edward-snowden-zoff-zwischen-den-grossmaechten-/8400154.html), zuletzt abgerufen am 23. 6. 2018.
55 Der Spiegel, „Grenzenloser Informant", 27 (2013: 74), (http://www.spiegel.de/spiegel/print/d-101368239.html), zuletzt abgerufen am 23. 6. 2018.

die Wahrheit"[56]), der Snowden offen als Helden bezeichnet, sowie der Enthüllungsjournalist Günter Wallraff, der selbst häufig gegen das Establishment recherchiert (4. 11. 2013, Spiegel.de, „Die Mutprobe"[57]).

(4) Eine *Selbstpositionierung des Autors/der Autorin* lässt sich im Korpus insgesamt nur fünf Mal finden. Unter den konkreten Positionierungen der Autor_innen stammen zwei aus Kolumnen im Spiegel, die die eigene Meinung der Autor_innen textsortengestützt rahmen. Insgesamt fällt auf, dass die Positionierung ‚Snowden ist (für mich) ein Held' jeweils legitimiert wird, entweder durch die Meinung der Allgemeinheit, d. h. über bekannte Personen:

> Politiker und Prominente fordern im SPIEGEL Asyl für Edward Snowden. Tatsächlich liegt das Schicksal dieses modernen Helden jetzt in Merkels Hand. [Kolumne: Jakob Augstein] (Spiegel.de, 4. 11. 2013, „Gewähren Sie Asyl, Frau Bundeskanzlerin!") [58]

oder über den generalisierten Anderen (vgl. Mead 1978):

> Einer landläufigen Definition zufolge ist so jemand kein Feigling, sondern ein Held. (Spiegel.de, 3. 6. 2014, „Machtloser Held, schamlos Mächtige")[59]

Mit figurativen Konstruktionen distanzieren sich die Autor_innen:

> Und binnen weniger Tage saßen der gefallene und der neue Held scheinbar in einem Boot. (Zeit.de, 6. 7. 2013, „Große und kleine Geheimnisdiebe")[60]

Eine weitere Distanzierung ist gegeben, wenn der Held explizit dem Bereich der ausgewiesenen Phantasie übergeben wird:

> Wir wissen nicht viel über Snowden. Er taucht ja nur durch einzelne kurze Videoschnipsel auf. Der Rest ist Fantasie: ein echter Held. (Zeit.de, 27. 3. 2014, „Männer können aussehen wie Edward Snowden und trotzdem die Welt retten").[61]

Implizit wird Snowden als ‚Held' konstruiert, indem seine persönliche Entwicklung nachgezeichnet wird: Erst ist er nur ein „Kind des Internets", dann „Va-

---

56 (http://www.spiegel.de/spiegel/print/d-119402581.html), zuletzt abgerufen am 23. 6. 2018.
57 (http://www.spiegel.de/spiegel/print/d-119402580.html), zuletzt abgerufen am 23. 6. 2018.
58 (http://www.spiegel.de/politik/deutschland/jakob-augstein-fordert-asyl-fuer-snowden-in-deutschland-a-931572.html), zuletzt abgerufen am 23. 6. 2018.
59 (http://www.spiegel.de/netzwelt/netzpolitik/edward-snowden-ein-jahr-nsa-enthuellungen-a-972415.html), zuletzt abgerufen am 23. 6. 2018.
60 (https://www.zeit.de/kultur/film/2013-07/dokumentation-we-steal-secrets-wikileaks), zuletzt abgerufen am 23. 6. 2018.
61 (https://www.zeit.de/2014/14/held-edward-snowden), zuletzt abgerufen am 22. 6. 2018.

salle der Big-Data-Behörden", dann „Abgefallener" (27.6.2013, Tagesspiegel.de, „Einer musste es tun"[62]); der „bald 30-jährige Computerspezialist Snowden" wird „eines Tages zum Staatsfeind" (13.6.2013, Zeit.de, „der neue Staatsfeind"[63]); „Snowden wandelte sich aus Gewissensnot vom braven amerikanischen Patrioten zum bewunderten Whistleblower, um der Welt die Wahrheit zu bringen", „Wandlung vom Softwareexperten zum Kämpfer gegen die universale Bespitzelung" (6.7.2013, Zeit.de, „Große und kleine Geheimnisdiebe"[64]). Für Wulff gehört zum Heldischen eben jene „Transitionalität". Damit sind Gestalt- und Identitätswechsel, Metamorphose und Übergänge unterschiedlicher Art gemeint (vgl. Wulff 2002: 433). Im Falle Snowdens ist es die konstruierte Entwicklung vom Nobody zum Computerspezialisten, der abtrünnig wird, als er seine Heldentat begeht. Dass zwar durchaus ein explizites Bekenntnis zu Snowdens Tat erfolgt, eine explizite Heroisierung aber eher anderen Diskursakteuren und -akteurinnen zugeschrieben wird, ist durchaus nicht unbedingt die Regel. Immer wieder werden bekannte Persönlichkeiten offen heroisiert und auch charismatisiert, wie im Fall von Barack Obama, wovon dieser metadiskursive Beitrag zeugt:

> Ach, Obama. Ihm ist gelungen, was sonst nur Fußball-Weltmeister oder Friedensnobelpreisträger schaffen: **das publizistische Deutschland zu einen. Er ist ein moderner Held, einer, den man von taz bis FAZ einfach gut findet.** Allenfalls halbironisch nennt die linksalternative taz Obama eine ‚Sehnsuchtsfigur', ein ‚Gegenbild zu dem aggressiven Provinzialismus des George W. Bush'. Ganz ähnlich argumentiert das liberale Wirtschaftsblatt aus Frankfurt, wenn es schreibt, dass Obama ‚ein anderes, ein neues, ein besseres Amerika' verkörpere als der amtierende Präsident. (Zeit.de, 25.7.2008, „Obama, Europas bester Kumpel", meine Hervorhebungen, P. S.)[65]

Im Vergleich mit dieser Aussage, die explizit macht, dass sich die Journalist_innen quer durch alle Blätter eindeutig in Bezug auf Obama als ‚Held' positionieren, ist die Frage relevant, warum dies hinsichtlich Snowden nicht in der gleichen Weise geschieht oder geschehen kann. Obamas ‚Helden-Charisma' war argumentativ durch ‚Amtscharisma' gestützt. Es waren aber auch seine Reden, seine Performanz, die den Glauben an seine Führung weckten, wie der Sammelband „Barack Obama und die Macht der Worte" (Weibler 2010) nachzeichnet.

---

62 (https://www.tagesspiegel.de/politik/us-informant-edward-snowden-im-portraet-einer-musste-es-tun/8410814.html), zuletzt abgerufen am 23.6.2018.

63 (https://www.zeit.de/2013/25/edward-snowden-staatsfeind), zuletzt abgerufen am 23.6.2018.

64 (https://www.zeit.de/kultur/film/2013-07/dokumentation-we-steal-secrets-wikileaks), zuletzt abgerufen am 23.6.2018.

65 (http://www.zeit.de/online/2008/31/obama-presseschau), zuletzt abgerufen am 23.6.2018.

Snowden aber, so wird gesagt, will kein Führer sein, und er überlässt die Interpretation seiner Tat weitgehend den Medien. Die Informationen, die er über ‚die Daten' bzw. deren Missbrauch weitergegeben hat, sollen für sich sprechen. Er wird damit nicht zu einer Figur, die man verehren kann, weil sie etwas schafft, was andere nicht schaffen, sondern zu einem individuellen Vorbild für jeden: einem Stellvertreter. Der Typus des Stellvertreters spielt gerade bei traditionalistischen Heldenkonstruktionen eine wichtige Rolle: „ein Held ist jemand, der etwas erreicht, was man selbst nicht glaubt, erreichen zu können", sodass der Held stellvertretend für andere handelt, „für jene, die von seiner Tat profitieren, für jene, die sich durch sie ermutigt fühlen, für jene, die Hoffnung schöpfen können" (Jentges 2010: 73). Dementsprechend kann Snowden im Diskurs nur für diejenigen zu einem Helden werden, die gegen eine Übermacht der US-Regierung eingestellt sind bzw. daran glauben, dass diese durch das Prism-Programm gegeben ist. Snowden wird dabei auf zweierlei Weise zum Stellvertreter gemacht, wie die folgenden Belege verdeutlichen:

> Seit die USA ihren Sicherheitsapparat nach den Anschlägen vom 11. September immer weiter aufblähen, seit sie die Erde mit Methoden der Rasterfahndung nach möglichen Bedrohungen durchkämmen, sind **die Snowdens dieser Welt** gefragter denn je. (27.6.2013, Tagesspiegel.de, „Einer musste es tun", meine Hervorhebungen, P. S.)[66]

> wie viele **potentielle Edwards Snowdens** darunter sind, lässt sich nur ahnen (3.8.2013, Spiegel.de, „Ausbildungscamp für Whistleblower", meine Hervorhebungen, P. S.)[67]

Während in der ersten Diskursaussage der Eigenname „Snowden" pars pro toto für alle fähigen ‚IT-Expert_innen' (Kategorie 1) verwendet wird, die die US-Regierung so dringend für ihre Spähpraktiken benötigt, wird der Eigenname im zweiten Beispiel synonym für die Kategorie ‚neue Whistleblower_innen' (Kategorie 4) verwendet und zum Nomen Appellativum. Beide Male wird die konstruierte Person ‚Snowden' in einer metonymischen Konstruktion als Stellvertreter eingesetzt, um an seinem Beispiel zu verdeutlichen, dass es noch mehr von seiner Art gibt und vielleicht in Zukunft geben wird. Oder anders ausgedrückt: ‚Snowden' ist der Aufhänger, um zu verstehen, was bereits geschehen ist (Computer-Expert_innen werden benötigt) und was geschehen wird (Whistleblower_innen werden benötigt). In beiden Fällen kommt es mit ‚Snowden' als Stellvertreter „zu einer kollektiven Neujustierung der Wirklichkeit" (Jentges 2010: 79) – retrospektiv und prospektiv. Dies ist dann nicht die Charismatisie-

---

66 (https://www.tagesspiegel.de/politik/us-informant-edward-snowden-im-portraet-einer-musste-es-tun/8410814.html), zuletzt abgerufen am 23.6.2018.
67 (http://www.spiegel.de/netzwelt/web/hackertreffen-ohm-ausbildungscamp-fuer-whistleblower-a-914688.html), zuletzt abgerufen am 23.6.2018.

rung der Person Snowden, die ja als ,Nerd' so schwer charismatisierbar ist, sondern die Konstruktion eines ,Daten-Ideen-Charismas'. Snowden wird zum „Vor-
kämpfer einer Sache oder Avantgarde einer Weltanschauung" (Kraemer 2002:
178), die digitales Expertentum und einen verantwortungsvollen bis heroischen
Umgang bedeutet. Dass „die Snowdens dieser Welt" sowohl stellvertretend für
die Regierungen überwachen als auch stellvertretend für die Bürger_innen diese Überwachung anprangern können, macht sie so schwer greifbar. Und deshalb changiert in dem untersuchten Korpus die Einordnung ,Snowdens' zwischen ,Held' und ,Verräter', was an einer Stelle explizit mit der Komplexität der
Prism-Affäre und dem Unverständnis in Bezug auf die Auswirkungen von Big
Data begründet wird:

> Die hochkomplexen Folgewirkungen weltweit explosionsartig ansteigender Datenbestän-
> de sind verwirrend. Die möglichen Auswirkungen ihres Missbrauchs für das Schicksal
> jedes Einzelnen erscheinen sehr abstrakt. So ist es nur allzu verständlich, dass sich im
> hochkomplexen Fall des NSA-Enthüllers Snowden ein schlichtes Narrativ verstetigt hat.
> Es ist das einfache Schema von Loyalität und Verrat. (13. 1. 2014, Welt.de, „Gnade für NSA-
> Enthüller Edward Snowden!")[68]

Das Narrativ, das „einfache Schema von Loyalität und Verrat", ist jedoch gar
nicht so einfach, sondern weist in den Belegen einige semantische Widersprüche auf. Es kann mit Kienpointner (1992: 306) zunächst als Gegensatzschema
verifiziert werden. Dabei scheinen die Aussagen „Snowden ist ein Held" vs.
„Snowden ist ein Verräter" miteinander inkompatibel zu sein, wie die Konjunk-
tion „oder" vielfach in den Aussagen signalisiert:

> Ist Edward Snowden ein Held oder ein Verräter? (29. 4. 2014, Welt.de, „Verfassungsschutz-
> Chef hält Snowden für ,Verräter'")[69]

> packende Einblicke in die Seele dieses weltberühmtesten ,Leakers', den man bisher nur
> als ,Held' oder ,Verräter' kannte – zwei Klischees, auf die ihn die Fans, die Medien und
> die Machthaber in Washington reduziert haben. (11. 10. 2014, Spiegel.de, „Der Mann hin-
> ter der Maske")[70]

Dass beide Kategorien allerdings nicht inkompatibel sind, macht allein schon
die Logik des Helden/der Heldin deutlich: Er/sie muss gegen Widerstände an-
kämpfen, sein/ihr Gewinn ist der Verlust des Gegners/der Gegnerin. Aus der
Perspektive der US-Regierung muss Snowden daher als Verräter erscheinen,

---

68 (https://www.welt.de/debatte/kommentare/article123806003/Gnade-fuer-NSA-Enthueller-
Edward-Snowden.html), zuletzt abgerufen am 23. 6. 2018.
69 (https://www.welt.de/politik/deutschland/article127424097/Verfassungsschutz-Chef-haelt-
Snowden-fuer-Verraeter.html), zuletzt abgerufen am 23. 6. 2018.
70 (http://www.spiegel.de/kultur/gesellschaft/snowden-film-citizenfour-premiere-der-poitras-
doku-in-new-york-a-996608.htm), zuletzt abgerufen am 15. 6. 2017.

selbst wenn er für andere ein Held ist. Die entscheidende Frage ist: Wenn Snowden von deutschen oder US-Bürger_innen als Verräter angesehen wird, welche Argumente haben diese dann für ihre Position?

> ‚Er ist vielleicht ein Held der Freiheit. Das schützt aber nicht vor den rechtlichen Konsequenzen.' Snowden werde für seine Taten geradestehen müssen. Hätte er in Deutschland Geheimnisverrat begangen, würde das genauso gelten. (Dieter Wiefelspütz, 3.7.2013, Spiegel.de, „Union und SPD verteidigen Absage an Snowden")[71]

Häufig wird, wie in obiger Aussage, das geltende Gesetz herangezogen, nach diesem wäre Snowden auch in Deutschland ein Geheimnisverräter. Dabei spielt es keine Rolle, ob er der Gesellschaft oder der Idee der Freiheit genützt hat. An anderer Stelle im Korpus wird ersichtlich, dass die Kategorie ‚Verräter' nicht unbedingt negativ evaluiert ist, sondern in einer digtialen Welt zunehmend als unausweichliche Identitätsfacette (für ‚IT-Expert_innen') verstanden wird:

> Neu ist die Umwertung des Verrats. Von Judas und Brutus an ist der Verräter eine dunkle Figur, die dem Verderben den Weg bahnt. Im Zeitalter unbegrenzter Speicherkapazitäten werden wir noch manchen Snowden sehen. Der Experte, der an seiner Expertise irre wird, ist seit der Erfindung der Atombombe aus der Welt nicht mehr wegzudenken. (17.6.2013, Welt.de, „Warum die ganze Welt einen Verräter verehrt")[72]

Auch hier wird der Eigenname „Snowden" verwendet, um stellvertretend eine eigene, eine neue Kategorie von „Verräter_innen" zu konstruieren: Es ist der zur Vernunft gekommene IT-Experte, der notgedrungen zum Verräter wird. Schreibt Campbell (2011 [1949]: 414) noch über den modernen Helden, dass dieser „im Schweigen seiner einsamen Verzweiflung" das „Kreuz des Erlösers" trägt, so gilt dies für den postmodernen nicht mehr. In einer Welt mit Big Data wird erwartet, dass der IT-Erlöser/die Erlöserin sein/ihr Leiden öffentlich macht.

An anderer Stelle wird ein graduelles Schema zugrundegelegt, das der obigen Aussage jedoch nicht widerspricht:

> Sie verraten Geheimnisse, weil sie das Richtige tun wollen. Dafür werden Whistleblower gefeiert und belohnt, aber auch gekündigt, gejagt und angeklagt. Miroslaw Strecker weiß, wie es sich lebt **zwischen Helden- und Verrätertum**. (25.8.2013, Tagesspiegel.de, „Das Dilemma des Whistleblowers", meine Hervorhebungen, P.S.)[73]

---

71 (http://www.spiegel.de/politik/deutschland/union-und-spd-verteidigen-ablehnung-von-snowdens-asylantrag-a-909122.html), zuletzt abgerufen am 23.6.2018.
72 (https://www.welt.de/kultur/article117190077/Warum-die-ganze-Welt-einen-Verraeter-verehrt.html), zuletzt abgerufen am 23.6.2018.
73 (https://www.tagesspiegel.de/politik/zwischen-helden-und-verraetertum-das-dilemma-des-whistleblowers/8686118.html), zuletzt abgerufen am 23.6.2018.

Auch Aussagen, die eine Entwicklung behaupten, lassen sich finden:

> Erst Held, jetzt Kollaborateur: Die öffentliche Meinung zu Edward Snowden in den USA kippt, Medien greifen ihn wegen seiner Flucht nach Russland an. (26.6.2013, Zeit.de, „Snowden wird zum Verräter")[74]

Es wird Snowden übel genommen, dass er Asyl in Russland gesucht und gefunden hat, weshalb sich nun die öffentliche Meinung über ihn verändert. Der Ausdruck „Kollaborateur" wird hier etwa zum Argument für die Einordnung in die Kategorie ‚Verräter'. Auch die Beschreibung der umgekehrten Entwicklung ist auffindbar:

> Aus dem Verräter könnte ein Held werden. (27.10.2013, Welt.de)[75]

Zur Begründung dieser Aussage wird in dem Artikel die gesellschaftliche Bewertung seiner Tat in der Form des deskriptiven Vergleichschemas (vgl. Kienpointner 1992: 284) mit den Entwicklungen bei Ray Charles, Abraham Lincoln und Martin Luther King verglichen. Wer heute noch als Verräter/Verräterin angesehen wird, kann, so sich erst das allgemeine Bewusstsein ändert, später als Held/Heldin verehrt werden. Die polarisierende, zugleich graduelle und integrierende Verwendung der genannten Schlagwörter im Zeitraum 2013 bis 2015 zeigt, dass zumindest im Diskurs-Korpus eine starke Unsicherheit hinsichtlich der gesellschaftlichen Einordnung der Enthüllung besteht. Gleichzeitig, das machen das Hochwertwort „Held" und das Unwertwort „Verräter" ebenso deutlich, hat das Thema eine starke Relevanz, sind daran Hoffnungen und Befürchtungen geknüpft. Diese Emphase wird gleichsam heruntergestutzt, wenn beide Schlagwörter zwar als Grundlage für die Argumentation erwähnt, ihre Sinnhaftigkeit dann aber doch suspendiert wird:

> **Edward Snowden ist weder Held noch Verräter – er ist schlicht ein Bürger,** der getan hat, was getan werden musste. Seine Enthüllungen waren Notwehr angesichts einer Abwärtsspirale demokratischer Legitimität. (6.6.2014, Spiegel.de, „Bürger im absoluten Staat", meine Hervorhebungen, P. S.)[76]

Das Notwehr-Argument, das sich auch in der obigen Aussage zur Notwehr im Verrätertum findet, eröffnet eine neue Perspektive und eine neue Kategorie,

---

74 (https://www.zeit.de/politik/ausland/2013-06/edward-snowden-zweifel-usa-medien-moskau), zuletzt abgerufen am 23.6.2018.
75 (https://www.welt.de/debatte/article121246570/Aus-dem-Verraeter-Snowden-koennte-ein-Held-werden.html), zuletzt abgerufen am 23.6.2018.
76 (http://www.spiegel.de/kultur/gesellschaft/edward-snowden-und-die-demokratie-kolumne-von-georg-diez-a-973830.html), zuletzt abgerufen am 23.6.2018.

‚den schlichten Bürger, der tut, was getan werden muss', der also scheinbar objektiv richtig handelt und jenseits von Verehrung oder Verunglimpfung steht. Diese dritte, unabhängige Kategorie wählt auch Snowden für sich selbst, um sich explizit der Polarisierung zu entziehen:

> Demnach habe sich der ehemalige Geheimdienstler patriotisch gegeben: ‚**Ich bin weder Verräter noch Held. Ich bin Amerikaner'**, zitiert ihn das Blatt. (12. 6. 2016, Spiegel.de, „Ich bin weder Verräter noch Held", meine Hervorhebungen, P. S.)[77]

Durch das Aufrufen der Kategorien ‚Verräter' und ‚Held' kontextualisiert der zitierte Snowden die Fremdpositionierung durch die Medien. Beide Kategorien umschreiben „Metabilder", also „das Selbstbild in den Augen des Feindes" (Feistner 2003) oder auch des Freundes – und erst mit diesen wird eine Selbstkategorisierung als ‚Amerikaner' notwendig, die wiederum die persönlichen Gefahren, die Snowden eingegangen ist, irrelevant machen.[78] Diese Aussage macht Snowden aber nicht weniger zum ‚Helden'. Denn der Amerikaner, der tut, was er tun muss, ist der Inbegriff des *amerikanischen* Helden, des Patrioten:

> **Der Patriot und Verräter Snowden bleibt in beidem US-Amerikaner**, in seinem Patriotismus wie im Verrat. Was den Patriotismus angeht, muss das nicht weiter ausgeführt werden; er ist schier selbstverständlich in diesem Land. Aber auch die einsame Tat eines einzelnen aufrechten Mannes ist uramerikanisch. Hollywoods Archive sind voll von diesen Geschichten. Und oft sind es Geschichten vom Kampf des Einzelnen gegen einen übermächtigen, alles kontrollierenden Staat. **Staatsfurcht und Staatsfeindschaft**, auch sie sind in Amerika heimisch. **Dass sich beides widerspricht, die Liebe zum eigenen Land und die Liebe zum Außenseiter, zum Outlaw**, schwächt aber nicht etwa den amerikanischen Mythos. Es stärkt ihn. (17. 6. 2013, Welt.de, „Warum die ganze Welt einen Verräter verehrt", meine Hervorhebungen, P. S.)[79]

Nach dieser Deutung wäre Snowden der „Außenseiter", der „Outlaw", der typische Antiheld, der, wie Wulff (2002: 442) ihn beschreibt, „unter der Geschichte" leidet, der „keine Kontrolle über irgendein Geschehen" hat, der meist zufällig „in die Mühlen der großen und offiziellen Geschichte gerät". Antihelden „zerbrechen am Anspruch des vorgeblich wertgebenden Kollektivs, sind erst wieder sicherer, wenn sie dem hegemonalen Zwang des großen Geschehens entkommen." (Wulff 2002: 442) Diese Antihelden, so Wulff, sind deshalb so gefährlich,

---

77 (http://www.spiegel.de/netzwelt/netzpolitik/edward-snowden-gibt-der-south-china-morning-post-ein-interview-a-905397.html), zuletzt abgerufen am 23. 6. 2018.
78 Vgl. zum Zusammenhang von Selbst- und Fremdpositionierungen im Hinblick auf Heldennarrationen: Steen (2015a).
79 (https://www.welt.de/kultur/article117190077/Warum-die-ganze-Welt-einen-Verraeter-verehrt.html), zuletzt abgerufen am 23. 6. 2018.

weil sie „das Wertesystem von innen her als sinnlos ausleuchten." (Wulff 2002: 442). Wulff führt den amerikanischen Patrioten explizit als Typus des Antihelden auf:

> Oft stehen diese Antihelden für die Wertvorstellungen des amerikanischen Projekts. Unbegrenzte Freizügigkeit, Selbstbestimmung, Mobilität stehen dann gegen die Enge und Selbstgerechtigkeit eines anderen Amerika, das intolerant und gewaltbereit ist. Es ist das Paradox und die Widersprüchlichkeit dieser Figuren, dass sie die guten Amerikaner sind und den Wertehorizont der Gesellschaft, in der sie zu Außenseitern gestempelt werden, ideologisch eigentlich nie verlassen. (Wulff 2002: 442)

Die These „Snowden ist ein Held" und die Antithese „Snowden ist ein Verräter" gehen letztlich in der Synthese „Snowden ist ein Patriot" auf. Der ‚Patriot' vereint beide Kategorien, das ist sein innerer Zwiespalt. Charismatisiert wird daher nicht die Person Snowden, sondern der Typus des patriotischen Whistleblowers in ihm. Dieser steht gewissermaßen als „Fixstern" für eine Zeit am gesellschaftlichen Himmel und dient als Orientierung (vgl. Jentges 2010: 80). Anders als bei einem ‚charismatischen' und legitimierten Führer wie Obama kommt es im Falle von Whistleblower_innen jedoch nicht zu einer ‚Einigung der Blicke', zu einer Einheit der Interpretationsgemeinschaft. Zu unsicher ist die Faktengrundlage im Falle von Big Data. Whistleblower_innen sind möglicherweise derzeit im Diskurs noch prädestiniert dazu, „agonale Zentren" (Felder 2013)[80] zu bilden, zumindest was die Ereignisdeutung (war die Handlung notwendig?), die Handlungsoptionen (was sollte mit Whistleblower_innen geschehen?), das Orientierungswissen (was hat wer überhaupt mit Big Data getan?) und die Werte (moralisch oder unmoralisch?) betrifft. Snowden selbst gibt die Verantwortung ab, verweist weg von sich selbst auf die sachlichen Zusammenhänge:

> Und noch einmal, jetzt in der ersten Person Singular, die keine Ausflucht duldet, aber auch Helden macht: ‚Ich sage: Das ist die Wahrheit. Das ist, was geschieht. Entscheidet ihr, ob wir das tun müssen.' (17.6.2013, Welt.de, „Warum die ganze Welt einen Verräter verehrt")[81]

Es wird deutlich, dass sich Snowden zwar zurückhaltend geben kann, aus ihm aber gerade deshalb ein ‚Held' gemacht wird, da es eben nicht um seine Person

---

80 Felder definiert agonale Zentren im Diskurs folgendermaßen: „Unter agonalen Zentren verstehe ich einen sich in Sprachspielen manifestierenden Wettkampf um strittige Akzeptanz von Ereignisdeutungen, Handlungsoptionen, Geltungsansprüchen, Orientierungswissen und Werten in Gesellschaften. Im Fokus der Aufmerksamkeit stehen kompetitive Sprachspiele zwischen verschiedenen gesellschaftlichen Diskursakteuren". (Felder 2013: 21).
81 (https://www.welt.de/kultur/article117190077/Warum-die-ganze-Welt-einen-Verraeter-verehrt.html), zuletzt abgerufen am 23.6.2018.

geht, sondern um das, was aus seiner Perspektive objektiv „geschieht", und zu dem er sich positioniert.

3.3 Die „neue Ära" der „Aufklärer" wie im „Spionage-Thriller"

Das, „was geschieht", wie Snowden schreibt, ist jedoch vor allem für den Laien, für „den Mann von der Straße", der nur vages Wissen besitzt, das aber „immer noch genügend präzise für den praktischen und vorhandenen Zweck" (Schütz 1972: 87) ist, das Unbegreifliche. Wir benutzen täglich das Internet, hinterlassen dort unsere Datenspuren, indem wir nur etwas bei Facebook „liken" und wissen nicht, wie diese Information weiterverwendet wird. Wir Internet-Nutzer_innen passen erstaunlich und erschreckend gut in das Bild, das Schütz für den Jedermann in genereller Hinsicht malt:

> Die Tatsache, daß wir nicht das Warum und das Wie der Wirkung verstehen und daß wir nichts von ihrem Ursprung wissen, hindert uns nicht daran, uns mit Situationen, Dingen und Personen ungestört zu beschäftigen. Wir nützen die kompliziertesten Erfindungen, die eine weit fortgeschrittene Technologie uns bereithält, ohne zu wissen, wie die einzelnen Vorrichtungen funktionieren. (Schütz 1972: 85)

Dass Snowden, der „IT-Experte", geheime Informationen über Big Data-Praktiken der US-Regierung weitergegeben hat, markiert eine Zeitenwende. Denn es wird etwas diskursiv ‚offengelegt': „Es sind die IT-Experten, durch die aus den kryptischen Befehlsketten des Digitalen eine Jedermannwelt wird." (27.6.2013, Tagesspiegel.de, „Einer musste es tun"[82]) Nur die ‚Expert_innen' wissen, was ‚hinter' der digitalen Oberfläche geschieht. Daraus entspringt das Charisma der Idee, dass wir zu einem neuen Bewusstsein über Big Data gelangen müssen. Der Mann von der Straße und auch der gut informierte Bürger ist dabei auf den Experten angewiesen, dem er vertrauen muss, der aber auch die Fähigkeiten besitzt, seine Daten zu missbrauchen. Schon Schütz wies darauf hin, dass die Struktur der sozialen Verteilung des Wissens mit dem Entstehen von Charisma in Verbindung steht (vgl. Schütz 1972: 89). In Bezug auf digitale Daten zeigt sich eine konstruierte neue soziale Abhängigkeit des Jedermann vom Experten: Das Wissen, das sonst nur für den Experten relevant war, wird nun auch für den Jedermann allumfassend bedeutsam. Diese Zeitenwende manifestiert sich sprachlich als *symbolische Demarkation*, als neues Zeitalter, in dem Snowden

---

[82] (https://www.tagesspiegel.de/politik/us-informant-edward-snowden-im-portraet-einer-musste-es-tun/8410814.html), zuletzt abgerufen am 23.6.2018.

als *Ikone, Autorität und Aufklärer* fungiert, in einer Welt, deren reale und *fiktionale* Grenzen verschwimmen.

(1) *Symbolische Demarkation*: Mit dem Eigennamen „Snowden" findet eine symbolische Übertragung auf den Sinnbereich *Zeit* statt. In folgenden Konstruktionen wird das Diskursereignis in Konstruktionen verdichtet, die das Abstraktum *Zeit* mit einem Anfangspunkt markieren:

> Einige Wochen **nach Snowden, der großen Stunde null**, habe ich mein Facebook-Profil gelöscht. (8. 4. 2014., Zeit.de, „Mein Jahr nach Snowden", meine Hervorhebungen, P. S.)[83]

> Für die Freiheit war das Jahr eins **nach Snowden** ein verlorenes Jahr. Aber es gibt Hoffnung. (3. 6. 2014, Spiegel.de, „Machtloser Held, schamlose Mächtige", meine Hervorhebungen, P. S.)[84]

Es wird auch mit einem Zeitraum dargestellt:

> **Das Jahr Snowden** (7. 6. 2014, Spiegel.de, meine Hervorhebungen, P. S.)[85]

> Das erste Spiel für die **Post-Snowden-Ära** (9. 6. 2014, Spiegel.de, meine Hervorhebungen, P. S.)[86]

In allen Fällen fungiert der Eigenname „Snowden" als symbolischer Stellvertreter für einen gesellschaftlichen Wandel, der bereits durch Personen und ihre Taten wie Assange oder Manning in Gang gekommen war. Aber erst das Auftreten von Snowden markiert die „große Stunde Null", nach der sich alles verändert.

(2) *Autorität und Einfluss:* Wenn dieser Zeitenwandel (erst) mit Snowden als solcher konstruiert wird, so ist dies möglicherweise ein Zeichen dafür, dass es diesem Akteur gelungen ist, seine „voice"[87] im Diskurs über Big Data in einer

---

83 (https://www.zeit.de/campus/2014/03/nsa-ueberwachung-snowden), zuletzt abgerufen am 23. 6. 2018.
84 (http://www.spiegel.de/netzwelt/netzpolitik/edward-snowden-ein-jahr-nsa-enthuellungen-a-972415.html), zuletzt abgerufen am 23. 6. 2018.
85 Juli Zeh: "Das Jahr Snowden", Der Spiegel 24 (2014: 17), (http://www.spiegel.de/spiegel/print/d-127396596.html), zuletzt abgerufen am 23. 6. 2018.
86 (http://www.spiegel.de/netzwelt/games/watch-dogs-im-game-test-spiel-fuer-die-post-snowden-aera-a-973859.html), zuletzt abgerufen am 23. 6. 2018.
87 Vgl. Hymes (1996): Die „Fähigkeit eines Sprechers, sich unter spezifischen sozialen Bedingungen ‚Gehör‘ zu verschaffen, seinen Standpunkt klarzumachen, sein kommunikatives Ziel zu erreichen" (Warnke & Spitzmüller 2008: 35) sowie das Konzept nach Blommaert (2005: 68): „in general as the ways in which people manage to make themselves understood or fail to do so. This capacity to make oneselves understood [...] is a capacity to generate an uptake of one's words as close as possible to one's desired contextualisation. It is, in other words, the capacity to accomplish desired functions through language. More accurately, it is the capacity to create favourable conditions for a desired uptake [...]."

Weise hörbar zu machen, dass manche Diskursteilnehmer_innen sie als welt-
verändernd konstruieren. Folgende Aussage mit metapragmatischer/metaphori-
scher Konstruktion verdeutlicht Snowdens (stimmlichen) Einfluss:

> Wie also wollen wir leben? **Das ist die Frage, die Edward Snowden an uns stellt**, am
> 5. Juni und auch an allen anderen Tagen des Jahres. (6.6.2014, Spiegel.de, „Bürger im
> absoluten Staat", meine Hervorhebungen, P. S.)[88]

Nicht nur das Enthüllungsereignis, auch Snowdens Stimme ist zu einem Symbol
geworden. Wenn er „eine Frage an uns stellt" muss er dies nicht mehr im wort-
wörtlichen Sinne tun. Seine Botschaft hat sich im Diskurs manifestiert und ver-
selbständigt. Snowden erscheint im Diskurs über Big Data als „ideology bro-
ker"; das sind nach Blommaert „categories of actors who, for reasons we set
out to investigate, can claim authority in the field of the debate." (Blommaert
1999: 9). Im Korpus gibt es verschiedene Aussagen, die Snowden eine solche
Autorität beimessen.

Er erhält diese Autorität durch Lenken von Aufmerksamkeit in einem
medial-strukturellen Sinne:

> Snowden ist eine internationale Social-Media-Größe, **jemand, der Aufmerksamkeits-
> ströme lenkt,** Debatten anzetteln und Webserver mit einem einzigen Tweet in die Knie
> zwingen kann. (13.10.2015, Spiegel.de, „Edward Snowden Superstar", meine Hervorhe-
> bungen, P. S.)[89]

Zudem wird Snowden als Impulsgeber in einem inhaltlichen Sinne konstruiert:

> Eines Tages aber, **wenn man in den Geschichtsbüchern nach den Impulsgebern un-
> serer Zeit sucht,** wird man dort Snowdens schmales, zweifelndes Konterfei wohl ebenso
> finden wie das breite Grinsen des 44. Präsidenten. (27.10.2013, Welt.de, „Aus dem Verrä-
> ter Snowden könnte ein Held werden", meine Hervorhebungen, P. S.)[90]

Snowdens Impulse lösen Kettenreaktionen aus. Sie führen zu emotionalen Reaktionen, die zu Verhaltensveränderungen führen:

---

88 (http://www.spiegel.de/kultur/gesellschaft/edward-snowden-und-die-demokratie-
kolumne-von-georg-diez-a-973830.html), zuletzt abgerufen am 23.6.2018.
89 (http://www.spiegel.de/netzwelt/netzpolitik/edward-snowden-auf-twitter-ploetzlich-
superstar-a-1057427.html), zuletzt abgerufen am 23.6.2018.
90 (https://www.welt.de/debatte/article121246570/Aus-dem-Verraeter-Snowden-koennte-ein-
Held-werden.html), zuletzt abgerufen am 23.6.2018.

Gleich an dem Tag, an dem Snowden weltberühmt wurde, **habe ich die Kamera meines Laptops zugeklebt.** (8. 4. 2014, Zeit.de, „Mein Jahr nach Snowden", meine Hervorhebungen, P. S.)[91]

An der Welle von Angst und Empörung, die Snowdens Enthüllungen auslösten, habe ich erst verstanden, **dass man das dringend offen aussprechen musste.** (4. 11. 2013, Spiegel.de, „Unbedingt Asyl für Edward Snowden!", meine Hervorhebungen, P. S.) [92]

Die Veränderungen, die Snowden bewirkt, führen zu einem neuen Bewusstsein im Zeitalter der „Digitalen Aufklärung". Zentral an den folgenden Aussagen ist, dass Snowden in einer neuen Epoche, dem „Internetzeitalter", als Sehender, Wissender und Vermittelnder in Erscheinung tritt:

Snowden fungiert als **Aufklärer** von Sachverhalten, von denen sich die meisten Menschen zuvor keinen Begriff machen konnten. (13. 1. 2014, Welt.de, „Gnade für NSA-Enthüller Edward Snowden", meine Hervorhebungen, P. S.)[93]

Snowden werde mit der Ehrendoktorwürde **vor allem als Aufklärer gewürdigt,** der seine eigene bürgerliche Existenz geopfert hat, um auf gravierende gesellschaftliche Missstände aufmerksam zu machen, hieß es zur Begründung. Damit stehe Snowden **in der Tradition amerikanischer Bürgerrechtler.** [...] Er sei ein ‚**bedeutender Aufklärer unserer Zeit'**. (9. 4. 2014, Zeit.de, „Uni Rostock will Snowden Ehrendoktorwürde verleihen", meine Hervorhebungen, P. S.)[94]

Dass zur Konstruktion des ‚Aufklärers' Snowden religiöse Metaphern verwendet und Vergleiche mit religiösen Aufklärern der Neuzeit gezogen werden, ist ein weiteres Indiz für die symbolische Aufladung im Sinne eines ‚Ideen-Charismas':

Die beiden Menschen, denen wir **Aufklärung über Fluch und Segen des Internetzeitalters** verdanken wie kaum jemand anderem, fristen ein Schicksal wie Aussätzige. (18. 8. 2014, Welt.de, „Vom Fall Assange für den Fall Snowden lernen", meine Hervorhebungen, P. S.)[95]

Edward Snowden glaubt, es zu können. Er wähnt sich offenbar auf einem **Kreuzzug der Transparenz und Aufklärung,** und **nicht wenige feiern ihn als Martin Luther der**

---

91 (https://www.zeit.de/campus/2014/03/nsa-ueberwachung-snowden), zuletzt abgerufen am 23. 6. 2018.
92 (http://www.spiegel.de/spiegel/prominente-fordern-asyl-fuer-edward-snowden-a-931877.html), zuletzt abgerufen am 23. 6. 2018.
93 (https://www.welt.de/debatte/kommentare/article123806003/Gnade-fuer-NSA-Enthueller-Edward-Snowden.html), zuletzt abgerufen am 23. 6. 2018.
94 (https://www.zeit.de/studium/hochschule/2014-04/universitaet-rostock-edward-snowden-ehrendoktor), zuletzt abgerufen am 23. 6. 2018.
95 (https://www.welt.de/debatte/kommentare/article131341650/Vom-Fall-Assange-fuer-den-Fall-Snowden-lernen.html), zuletzt abgerufen am 23. 6. 2018.

Moderne. (2.11.2013, Welt.de, „Der Mann, der Hawaii fürs russische Exil eintauschte", meine Hervorhebungen, P. S.)[96]

Hier von einem „quasi-religiösen Sendungseifer" (Kraemer 2002: 179) Charisma-gläubiger zu sprechen, wie es Kraemer mit Bezug auf moderne Weltanschau-ungsparteien konstatiert, wäre unangemessen, dennoch ist der metaphorische religiöse Sinnbezirk ein weiteres Indiz für die charismatische Aufladung der Idee, dass das Wissen und Aufklären über Big Data tiefgreifende Bedeutung für den Menschen hat: Die Grundbedeutung des Wortes „Aufklärung" wurde in der gleichnamigen Epoche schon früh auf geistige Erkenntnisprozesse übertragen, auf das „Aufhellen von Sachverhalten, die bisher im Dunkeln lagen." (Müller 2002: 1). Und die Vernunft war das Mittel, um ein „göttliches Reich auf Erden zu errichten" (Gebhardt 1994: 91). Gebhardt spricht in diesem Sinne auch von einem „Charisma der Vernunft" (Gebhardt 1994: 91) und einer Entwicklung von einem Charisma der individuellen zur kollektiven Vernunft. Es geht auch im Falle des ‚Daten-Charismas' um Vernunft: um das Verstehen des Unbegreifba-ren, um Bewusstseinsänderungen, die das alltägliche Leben betreffen, und um einen neuen Blick auf die Welt, die Snowden verändert hat:

> **Snowden stellt entscheidende Fragen unserer Gegenwart zum ersten Mal so, dass die ganze Welt sie verstehen kann. Er macht greifbar,** was die Speicherung von Daten für das Individuum bedeuten kann. Das ist ein enormes Verdienst. (15.7.2013, Spiegel.de, „Um Snowden herum tobt die Welt", meine Hervorhebungen, P. S.)[97]

> Asyl für **Cyber Jesus!** Er verhilft uns mit seinen Enthüllungen **zu einem neuen Bewusst-sein** über den herrschenden Kontrollwahn. (4.11.2013, Spiegel.de, „Unbedingt Asyl für Edward Snowden!", meine Hervorhebungen, P. S.)[98]

> Der Mann hat **für die Menschheit** viel getan, **er hat uns allen die Augen geöffnet.** (4.11.2013, Spiegel.de, „Unbedingt Asyl für Edward Snowden!", meine Hervorhebungen, P. S.)[99]

> **Er hat die Welt ehrlicher gemacht.** Durch ihn weiß man jetzt, was man immer geahnt hat. (4.11.2013, Spiegel.de, „Unbedingt Asyl für Edward Snowden!", meine Hervorhebun-gen, P. S.)[100]

---

96 (https://www.welt.de/politik/ausland/article121468114/Der-Mann-der-Hawaii-fuers-russische-Exil-eintauschte.html), zuletzt abgerufen am 23.6.2018.
97 (http://www.spiegel.de/spiegel/print/d-103361777.html), zuletzt abgerufen am 23.6.2018.
98 (http://www.spiegel.de/spiegel/prominente-fordern-asyl-fuer-edward-snowden-a-931877.html), zuletzt abgerufen am 23.6.2018.
99 (http://www.spiegel.de/spiegel/prominente-fordern-asyl-fuer-edward-snowden-a-931877.html), zuletzt abgerufen am 23.6.2018.
100 (http://www.spiegel.de/spiegel/prominente-fordern-asyl-fuer-edward-snowden-a-931877.html), zuletzt abgerufen am 23.6.2018.

An diesen Diskursaussagen wird besonders sichtbar, wie sich der Fokus weg von dem konkreten Diskursereignis hin zu einer allgemeinen Relevanz für die „ganze Welt" verschiebt. Dies ist ein wesentlicher Aspekt des ‚Daten-Charismas'. Snowden hat uns sozusagen gezeigt, wie allumfassend die Auswirkungen für den Jedermann sind, sie betreffen die ganze „Menschheit". Wieder wird jedoch nicht gesagt, was man denn jetzt genau weiß, welche Auswirkungen die Speicherung der Daten für ein Individuum in einem konkreten Kontext haben kann. Die Generalisierungen bewirken hingegen, dass sich ein Gefühl von Erleichterung einstellt, nun sicherer zu sein, auch wenn man nichts konkret an seinem Verhalten ändert.

(3) *Ikonisierung*: Einige Diskursakteure und -akteurinnen kommen früh zu der Einschätzung, Snowden sei bereits zur einer Ikone geworden.

> Snowden ist schon jetzt eine historische Persönlichkeit, die Kinder seiner Altersgenossen werden seinen Namen eines Tages in der Schule lernen, **sein unscheinbares Jungmännergesicht ist binnen Monaten zu einer Ikone unserer Zeit geworden**. (3.6.2014, Spiegel.de, „Machtloser Held, schamlose Mächtige", meine Hervorhebungen, P.S.)[101]

> Snowden ist nicht nur Staatsfeind, **er ist auch zur Ikone geworden**. (10.6.2014, Tagesspiegel.de, „Er ist nicht allein", meine Hervorhebungen, P.S.)[102]

Wer zur Ikone wird, wird unsterblich. Ihr symbolischer Gehalt hat sich ‚für immer' in die Köpfe der Interpretationsgemeinschaft eingebrannt. Eine Ikone ohne Charisma ist ein Widerspruch in sich. Doch die bisherigen Ausführungen haben gezeigt, dass eine Ikonisierung Snowdens weniger mit seiner schwer greifbaren Person als vielmehr mit der konstruierten Relevanz für die „Menschheit" zu tun hat.

(4) *Fiktionale Rahmungen*: Ein diskursives Mittel, das die Idee hinter Snowdens Tat charismatisiert, sind fiktionale Rahmungen, die in erster Linie der Komplexitätsreduktion dienen. Sie treten im Korpus sehr häufig und auf verschiedenen Ebenen auf. Sie liefern ein spezifisches Interpretationsschema, das sich folgendermaßen paraphrasieren lässt: Die Affäre ist zwar neu, und wir verstehen nicht, was genau vor sich geht, aber das kennen wir schon aus Büchern und Filmen, also wissen wir, was passiert. Der Sachverhalt wird mit *Genre-Bezeichnungen* typisiert:

---

101 (http://www.spiegel.de/netzwelt/netzpolitik/edward-snowden-ein-jahr-nsa-enthuellungen-a-972415.html), zuletzt abgerufen am 23.6.2018.
102 (https://www.tagesspiegel.de/politik/edward-snowden-er-ist-nicht-allein/10007710.html), zuletzt abgerufen am 23.6.2018.

Spionage-Thriller um Edward Snowden (24. 6. 2013, Tagesspiegel.de, „Spionage-Thriller um Edward Snowden: Zoff zwischen den Großmächten."))[103]

Die Snowden-Saga ist zu einem internationalen Spionagethriller mit Anleihen an den Kalten Krieg geworden (26. 6. 2013, Zeit.de, „Snowden wird zum Verräter")[104]

Die Geschichte der Enthüllung ist selbst ein Krimi (16. 10. 2014, Welt.de, „Von einem der auszog, kein Star zu werden")[105]

Es werden *Vergleiche* mit Genres und konkreten Filmen und Büchern gezogen:

Aber auch die einsame Tat eines einzelnen aufrechten Mannes ist uramerikanisch. **Hollywoods Archive** sind voll von **diesen Geschichten**. (17. 6. 2013, Welt.de, „Warum die ganze Welt einen Verräter verehrt", meine Hervorhebungen, P. S.)[106]

In den Nachrichten geht es momentan zu wie in einem **Agenten-Krimi**. (12. 7. 2013, Tagesspiegel.de, „Ist Edward Snowden ein Held oder Verräter?", meine Hervorhebungen, P. S.)[107]

Der Film aus dem Jahre 1998 [**Der Staatsfeind Nr. 1**, Anm. P. S.] kommt der Wirklichkeit des Jahres 2013 offensichtlich sehr nahe. (12. 7. 2013, Welt.de, „Wer ist glaubwürdiger – Snowden oder Google?", meine Hervorhebungen, P. S.)[108]

Es ist eine Geschichte über Macht und Moral, eine Art umgedrehte Version von ‚**Dr. Seltsam oder Wie ich lernte, die Bombe zu lieben'**. (15. 7. 2013, Spiegel.de, „Um Snowden herum tobt die Welt", meine Hervorhebungen, P. S.)[109]

Der Nerd hatte als Heldenfigur bislang nicht viel hergegeben. In den achtziger Jahren lief die Serie **Riptide (Trio mit vier Fäusten)**. Da sorgen die aufrechten Vietnam-Veteranen Cody und Nick für Gerechtigkeit, während ihr Freund Murray den liebenswerten schmächtigen Computerfreak gibt. Heute sind Cody und Nick auf der anderen Seite, denn wir fühlen uns von amerikanischen Institutionen verfolgt, die keine Hemmungen zeigen, uns bis in die letzten Winkel unserer Computer auszuspionieren. (27. 3. 2014, Zeit.de, „Männer

103 (https://www.tagesspiegel.de/politik/die-flucht-des-whistleblowers-spionage-thriller-um-edward-snowden-zoff-zwischen-den-grossmaechten-/8400154.html), zuletzt abgerufen am 23. 6. 2018.

104 (https://www.zeit.de/politik/ausland/2013-06/edward-snowden-zweifel-usa-medien-moskau), zuletzt abgerufen am 23. 6. 2018.

105 (https://www.welt.de/kultur/kino/article133355046/Von-einem-der-auszog-kein-Star-zu-werden.html), zuletzt abgerufen am 23. 6. 2018.

106 (https://www.welt.de/kultur/article117190077/Warum-die-ganze-Welt-einen-Verraeter-verehrt.html), zuletzt abgerufen am 23. 6. 2018.

107 (https://www.tagesspiegel.de/politik/der-kinderspiegel-ist-edward-snowden-ein-held-oder-ein-verraeter/8489994.html), zuletzt abgerufen am 23. 6. 2018.

108 (https://www.welt.de/kultur/article117983463/Wer-ist-glaubwuerdiger-Snowden-oder-Google.html), zuletzt abgerufen am 23. 6. 2018.

109 (http://www.spiegel.de/spiegel/print/d-103361777.html), zuletzt abgerufen am 23. 6. 2018.

können aussehen wie Edward Snowden und trotzdem den Welt retten", meine Hervorhebungen, P. S.)[110]

Edward Snowden – **Der Spion, der in die Kälte will** (12.7.2013, Welt.de – Anspielung auf einen Romantitel von John le Carré, meine Hervorhebungen, P. S.)[111]

Der Sachverhalt wird in eine *Geschichte* mit typischen *narrativen Bausteinen* überführt, wie sie für das Genre „*Thriller*" bekannt sind:

> Ein Geheimdienstler der US-Armee schätzt: ‚Ich denke, wenn wir die Chance hätten, würden wir es sehr schnell beenden.' Weiter beschrieb er, wie das idealerweise aus seiner Sicht aussehen würde: ‚Er geht ganz gemütlich auf den Straßen Moskaus, hat gerade seine Einkäufe erledigt. Er geht zu seiner Wohnung und wird von einem Passanten angerempelt. Er denkt sich nichts dabei, fängt an, sich etwas schwindlig zu fühlen, und denkt, es sei ein Parasit aus dem Leitungswasser. Er geht nach Hause, ohne sich was zu denken, und dann stirbt er unter der Dusche.' (18.1.2014, Welt.de, „Ich würde ihm liebend gern in den Kopf schießen")[112]

Die Ausführungen des „Geheimdienstlers" lesen sich wie der Auszug aus einem Spionage-Thriller, in dem Snowden aus der Perspektive des allwissenden Erzählers als Protagonist dargestellt wird, der dem übermächtigen US-amerikanischen Geheimdienst nicht entkommen kann und schließlich von diesem eliminiert wird. Es wird die Perspektive des Protagonisten eingenommen („er denkt sich nichts dabei"), um Spannung zu erzeugen. Die Narration klingt fast wie Fiktion und wird dadurch legitimiert: Snowden ist nur noch Protagonist, dem zwar unwohl ist, der im nächsten Schritt bereits „unter der Dusche" stirbt, überraschend und schmerzfrei, denn Details des Todes werden nicht erzählt. Der Tod der ‚Romanfigur' Snowden ist wesentlich weniger emotionalisierend als der Tod des echten Snowden. Den Tod der Romanfigur kann man erzählen, den geplanten Tod des echten Snowden nicht.

Noch 2013 wurde darüber diskutiert, wie Snowden als tatsächliche Roman- oder Filmfigur beschaffen sein müsste. *Der Spiegel* befragt dazu den Filmproduzenten Nico Hofmann:

> ‚Herr Hofmann, wie würde ein Film über Edward Snowden anfangen?' – Hofmann: ‚In Moskau, im Transitbereich des Flughafens. Snowden sitzt da, mutterseelenallein, schlafend, wachend, unsicher, wie es weitergeht. Dagegengeschnitten: eine Collage aus Bildern von Regierungsvertretern und Geheimdienstleuten, die über seine Zukunft verhan-

---

110 (https://www.zeit.de/2014/14/held-edward-snowden), zuletzt abgerufen am 22.6.2018.
111 (https://www.welt.de/politik/ausland/article118003039/Edward-Snowden-Der-Spion-der-in-die-Kaelte-will.html), zuletzt abgerufen am 23.6.2018.
112 (https://www.welt.de/politik/ausland/article123980655/Ich-wuerde-ihm-liebend-gerne-in-den-Kopf-schiessen.html), zuletzt abgerufen am 23.6.2018.

deln. Er ist das Zentrum, um ihn herum tobt die Welt.' (12.7.2013, Spiegel.de, „Um Snowden herum tobt die Welt")[113]

Die Ähnlichkeiten zum narrativen Entwurf des Geheimdienstlers sind auffallend, es entsteht in beiden Narrationen ein Gefühl von Bedrohung und Unwissenheit: Snowden ist „mutterseelenallein" und er entscheidet nicht selbst über seine Zukunft. Diese Szene erinnert an die Figur, die Will Smith in „Der Staatsfeind Nr. 1" spielt. Weil es nur wenige Fotos von Snowden in Moskau gibt, wird die Fantasie bemüht, um näher ,bei ihm' zu sein. Ein fiktionalisierter Snowden ist ein verstehbarer Snowden. Mit „Citizenfour", „Snowden" und dem Kurzfilm „Verax" erschienen in den vergangenen Jahren (mehr oder weniger) biografische Filme. Auch einige Bücher (z. B. „Die globale Überwachung", „The Snowden Files", „Der NSA-Komplex") und Comics (z. B. „Beyond Snowden") gibt es. Das Computerspiel über Snowden wird in der Frankfurter Rundschau, ein Zufallsfund, in ironischer Modalität rezensiert:

> Du bist Edward Snowden, Super-Ed, der Snowman, Fast Eddie, der Unbesiegbare, der Held. Und du rennst. Und während du rennst, schnappst du dir einen USB-Stick nach dem anderen, grapscht ein Laptop nach dem anderen. Denn du brauchst ja die ,Sensitive Information', **mit der du zur Lichtgestalt aller aufgeklärt kritischen Bürger wie auch aller voll verstrahlten Paranoiker wirst.** Während du dem bösen ,Agent Jack' entkommst. [...] Alle Anderen können sich alternativ einen x-beliebigen Roman von John le Carré kaufen, in dem die NSA-Affäre viel früher, viel besser und viel spannender beschrieben worden ist. (FR-online.de, 6.8.2013, „Edward Snowden als Egoshooter", meine Hervorhebungen, P. S.)[114]

Die Rezension zeigt mit der direkten Adressierung der Rezipient_innen und der Kopulakonstruktion („Du bist Edward Snowden"), dass man dem Helden nicht näher kommen kann als dadurch, dass man mit Hilfe des Egoshooters zu Snowden wird. Der fiktionale Rahmen umfasst im Spiel nicht mehr nur die Identität Snowdens (so wie im Buch oder Film), sondern auch die Identität des Jedermann, der nun zu seinem eigenen digitalen Stellvertreter werden kann. Die Überführung der Snowden-Geschichte in genretypische Erzählmuster sowie die Rahmung der Wirklichkeit als „Krimi" oder „Spionage-Thriller" bewirken eine Relevanzheraufstufung. Die Menschen lieben spannende Geschichten, sie dürften sich daher aufgrund der fiktionalisierenden Rahmung eher für den Fall Snowden interessieren. Die Rahmungen machen aber auch deutlich, was in der folgenden Diskursaussage explizit gesagt wird:

---

113 (http://www.spiegel.de/spiegel/print/d-103361777.html), zuletzt abgerufen am 23.6.2018.
114 (http://www.fr.de/politik/whistleblower-edward-snowden-edward-snowden-als-egoshooter-a-681223), zuletzt abgerufen am 23.6.2018.

> Diese Mischung aus Überrascht- und Empörtsein kennzeichnet auch die deutschen Reaktionen im Falle Snowden. Geheimdienste arbeiten im Geheimen! Sie spionieren, und sie hören sich gegenseitig ab! **Wer hätte das gedacht? Wir haben noch nie einen Roman von John le Carré gelesen, und alles, was wir über das Treiben von Agenten wissen, ist, dass James Bond seinen Wodka-Martini lieber geschüttelt als gerührt zu sich nimmt.** (13. 7. 2013, Welt.de, „Snowden und die spezielle deutsche Schadefreude", meine Hervorhebungen, P. S.)[115]

Die ironischen Aussagen, „wir haben noch nie einen Roman von John le Carré gelesen (...)" usw. verdeutlichen, dass das fiktionale Auslegungsschema dazu dient, die Wirklichkeit einzuordnen. Es ist also anders herum, als wir es normalerweise kennen: Nicht die Wirklichkeit ist das Vorbild für die Fiktion, sondern die Fiktion für die Wirklichkeit. Dabei wird jedoch implizit gesagt, dass bereits in der Fiktion eines Carré-Romans genug glaubhafte Wirklichkeit steckt, um wissen zu können, dass die Geschichte, die Snowden erzählt, keine Lüge sein kann. Hier zeigt sich, dass jegliche Weltwahrnehmung bereits auf speziellen Auslegungsschemata beruht, und dazu gehören zu einem großen Teil die fiktionalen, wie dies Frisch in seinem Roman „Stiller" so anschaulich beschreibt:

> Wir leben in einem Zeitalter der Reproduktion. Das allermeiste in unserem persönlichen Weltbild haben wir nie mit eigenen Augen erfahren, genauer: wohl mit eigenen Augen, doch nicht an Ort und Stelle; **wir sind Fernseher, Fernhörer, Fernwisser.** [...] Daß ich meine Mordinstinkte nicht durch C. G. Jung kenne, die Eifersucht nicht durch Marcel Proust, Spanien nicht durch Hemingway, Paris nicht durch Ernst Jünger, die Schweiz nicht durch Mark Twain, Mexiko nicht durch Graham Greene, meine Todesangst nicht durch Bernanos und mein Nie-Ankommen nicht durch Kafka und allerlei Sonstiges nicht durch Thomas Mann, zum Teufel, wie soll ich es meinem Verteidiger beweisen? (Frisch 1954: 185, meine Hervorhebungen, P. S.)

Frisch konstruiert hier ‚Sachverhalte' (Mordinstinkte, Eifersucht, Spanien als ein erlebtes Spanien...), „an denen Wille, Ziel und steuerndes Eingreifen einer Intelligenz, eines Lebewesens, in erster Linie des Menschen beteiligt sind" (Goffman 1980: 32). Diese Art von Sachverhalten werden in der Erfahrung durch „soziale Rahmen" (Goffman 1980) gesteuert. Insofern ist das ‚Diskursereignis' von Snowdens Enthüllung im soziologischen Sinne kein Ereignis, sondern eine Verkettung sozialer Handlungen. Der Handelnde kann in besondere Welten mit besonderen Regeln verwickelt werden (vgl. Goffman 1980: 33–34). Wenn nun ein Journalist Snowdens Anwalt fragt: „Verläuft so ein Treffen [mit Snowden, Anmerkung: P. S.] wie im Spionage-Thriller?" (2. 8. 2013, Tagesspiegel.de, „Ed-

---

115 (https://www.welt.de/debatte/henryk-m-broder/article118003882/Snowden-und-die-spezielle-deutsche-Schadenfreude.html), zuletzt abgerufen am 23. 6. 2018.

ward Snowden hat nichts verkauft, nichts gewonnen. Er verdient Respekt"[116]),
so legt er die sozialen Regeln zugrunde, die er aus der Fiktion über Treffen mit
Spionen kennt, denn reale sind ihm offenbar nicht bekannt. Doch die Geschichte, die Snowden erzählt und die in den Medien über ihn erzählt wird, erhebt
einen Anspruch auf Wahrheit, nicht auf Plausibilität. Sie gehört der Alltagswelt
an, mit einer für das Jedermannsbewusstsein selbstverständlichen zwingenden
Faktizität (vgl. Berger & Luckmann 2009 [1980]: 26), auch wenn die sozialen
Handlungen nicht ‚alltäglich' für Jedermann sind. Adamzik nennt diese Welt
„Standardwelt" (2004: 63). Die Standardwelt, so normal sie uns erscheint, umfasst auch vieles, „was dem Verstand des gesellschaftlichen Normalverbrau-
chers" (Berger & Luckmann 2009 [1980]: 21) nicht zugänglich ist, „insbesondere
das Wissen um das Funktionieren diverser gesellschaftlicher Institutionen und
die (inzwischen sehr komplexe) Organisation der Gesellschaft insgesamt."
(Adamzik 2004: 63) Dazu zählt zweifelsohne auch die Organisation der Geheimdienste, über die man zwar Fakten in den Zeitungen liest, die man aber selbst
nicht überprüfen kann und die immer mit Leerstellen konstruiert werden. Das
Funktionieren der digitalen Sphäre zählt ebenso dazu. Wie Schütz betont auch
Adamzik, dass die Menschen auch ihnen unbekannte Bereiche der Standard-
welt nicht ständig hinterfragen (vgl. Adamzik 2004: 63). Für die „Welt des
Spiels", unter die Adamzik jegliche Form von Fiktionalität subsummiert, ist die
Bedingung der fraglosen Gegebenheit aufgehoben. Romane von John le Carré
gehören in diese Text-Welt, sie erheben keinen Anspruch auf Wahrheit oder
Faktizität, sie wollen nur plausibel, vor allem spannend sein. Das diskursive
Überblenden der Relevanzsysteme der Standard- und der Spielwelt, des realen
und des fiktionalen Rahmens führt jedoch nicht unbedingt zu einem besseren
Verständnis der ‚besonderen Welt der Geheimdienste mit ihren Regeln', die
‚Fakten' verlieren eher an Schärfe, gewinnen aber an Charisma, wenn jeder
Edward Snowden zu einem „George Smiley" wird (von le Carré als bebrillter
Antiheld konstruiert).

4 Zusammenfassung

Am Beispiel der Prism-Affäre (im Zeitraum 2013–2015), anhand des „Whistleblowers" Edward Snowden wurde gezeigt, wie das Thema der digitalen Massen-

---

116 (https://www.tagesspiegel.de/politik/interview-mit-dem-berliner-anwalt-des-
whistleblowers-edward-snowden-hat-nichts-verkauft-nichts-gewonnen-er-verdient-respekt/
9450244.html), zuletzt abgerufen am 23.6.2018.

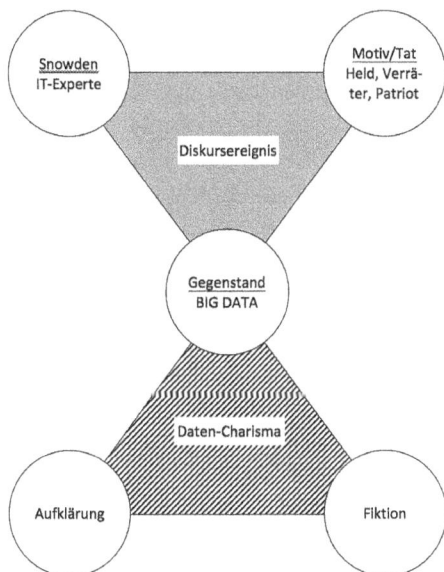

Abb. 1: ‚Diskursdreiecke' der Prism-Affäre.

daten und der Möglichkeit ihrer Manipulation diskursiv aufbereitet wurde. Mit Snowden und seiner Enthüllungstat tritt ein Handlungsträger auf die Weltbühne, mit dem ein Diskursereignis konstruiert wird, das über mehrere Ebenen der personalen Typisierung und Charismatisierung zur Konstruktion eines ‚Daten-Charismas' beiträgt. Das diskursive Konzept ‚Daten-Charisma' wurde hier als ein spezielles Ideen-Charisma konzeptualisiert, das u. a. durch Generalisierungen, Symbolisierungen und durch ein Verschwimmen der Trennschärfe von Fakt und Fiktion entsteht. Der Gegenstand, um den es im Diskurs geht – Big Data –, erhält damit mehr einen Ideen-Status, der von diffusen Gefahren, Geheimnissen und Heilsverkündungen geprägt ist, als einen Fakten-Status mit konkreten Gefahren und Handlungsanweisen – „Rezepten" (vgl. Schütz 1972) für jedermann.

Der Gegenstand Big Data steht, wie in Abbildung 1 erkennbar, im Zentrum des Diskursereignisses und seiner Charismatisierung. Die beiden Sphären sind über den Gegenstand miteinander verbunden. *Edward Snowden, der IT-Experte*, der mit seinen Fähigkeiten und seinem Wissen Massendaten ausspähen und dieses Vorgehen publik machen kann, wird zu einem wichtigen Stein des Anstoßes. Seine Enthüllungstat löst weltweite Aufmerksamkeit aus sowie die Frage nach dem moralischen Status seines Handelns, nach dem *Helden- oder Verrätertum*. Mit diesem teils widersprüchlichen Ordnungs-Schema, das im Korpus dominant auftritt, löst sich ‚der Diskurs' weiter von der singulären Tat Snowdens ab, denn diese erhält mit der Frage nach der Moral und Schuldigkeit eine allgemeine gesellschaftliche Relevanz. Es steht die Frage im Zentrum: Ob IT-Experten, die für Geheimdienste arbeiten, dazu verpflichtet sind, eine solche selbstlose Heldentat zu begehen, zwangsweise zum Verräter zu werden, um dem Allgemeinwohl zu dienen. Mit dem Aspekt der *Aufklärung* löst sich das Diskursereignis schließlich so weit vom singulären Ereignis ab, als nun von einer neuen Ära gesprochen wird, die eine digitale Aufklärung mit der Konsequenz eines neuen Bewusstseins „für die Menschheit" notwendig macht. Der Datenskandal, den Snowden publik machte, ist somit Teil eines totalen Relevanzsystems, weil die Digitalisierung ein globales Phänomen ist und weil Snowdens Enthüllungen für den ‚Jedermann', der im Internet surft, der einen digitalen Personal- oder Krankenkassenausweis besitzt, der mit Kreditkarte einkauft usw., relevant sind. Durch den Datenskandal ist der Jedermann jedoch nicht klüger geworden. Er surft noch genauso im Internet, benutzt seinen digitalen Personalausweis oder kauft mit Kreditkarte ein. Was er jetzt jedoch weiß, ist, dass die Bedrohung, die er bisher nur für *Fiktion* gehalten hat, die er bislang aus Agenten-Thrillern und Krimis kannte, Wirklichkeit geworden ist. Fernsehserien wie jüngst „You are wanted" oder „Mister Robot", in denen Hacker so viel Macht haben, einzelne Identitäten zu zerstören oder das globale Finanzsystem lahmzulegen, haben Konjunktur; der reale Hacker, der im Mai 2017 dabei half, den Erpresservirus „Wannacry" abzuschalten, steht unter Verdacht, den Virus selbst verbreitet zu haben, und schon titeln die Zeitungen wieder: „Vom Held zum Schurken" (4. 8. 2017, Taz.de[117]). Die Spirale aus Fiktion und Realität hat sich längst weitergedreht. Das ‚Charisma der Daten' lebt nicht zuletzt von der Idee, dass irgendwo im Geheimen gerade „bestimmte" Daten von uns zu einem „bestimmten" Zweck von einer „bestimmten" Organisation missbraucht werden. Aber nicht die Intransparenz, sondern, wie Schneider (2008: 131) es für jegliche Art von konstruiertem Charisma schreibt, ihr *„Bekanntsein als Intransparenz* und die Möglichkeit der Verwandlung in Transparenz" – scheinbar die Aufgabe des Diskurses – macht hier maßgeblich das Ideen-Charisma ‚der Daten' aus.

Literaturverzeichnis

Adamzik, Kirsten (2004): *Textlinguistik. Eine einführende Darstellung.* Tübingen: Max Niemeyer.
Bär, Jochen A. (2016): Text- und Diskurshermeneutik. *Muttersprache.* Vierteljahresschrift für deutsche Sprache 126, 281–301.

---

117 (http://www.taz.de/!5438584/), zuletzt abgerufen am 23. 6. 2018.

Bechdolf, Ute (2001): Weibliches Charisma? Marlene, Marilyn und Madonna als Heldinnen der Popkultur. In Jürg Häusermann (Hrsg.), *Inszeniertes Charisma. Medien und Persönlichkeit*, 31–44. Tübingen: Niemeyer.

Berger, Peter L. & Thomas Luckmann (2009 [1980]): *Die gesellschaftliche Konstruktion der Wirklichkeit. Eine Theorie der Wissenssoziologie.* Frankfurt a. M.: Fischer.

Bergmann, Jörg R., Thomas Luckmann & Hans-Georg Soeffner (1993): Erscheinungsformen von Charisma – Zwei Päpste. In Winfried Gebhardt, Arnold Zingerle & Michael N. Ebertz (Hrsg.), *Charisma. Theorie – Religion – Politik*, 121–155. Berlin, New York: de Gruyter.

Bliesemann de Guevara, Berit & Tatjana Reiber (2011): Popstars der Macht: Charisma und Politik. In Berit Bliesemann de Guevara & Tatjana Reiber (Hrsg.), *Charisma und Herrschaft. Führung Verführung in der Politik*, 15–52. Frankfurt a. M., New York: Campus.

Blommaert, Jan (1999): The debate is open. In Jan Blommaert (Hrsg.), *Language Ideological Debates*, 1–38. Berlin, New York: de Gruyter.

Blommaert, Jan (2005): *Discourse. A critical introduction.* Cambridge: University Press.

Campbell, Joseph (2011 [1949]): *Der Heros in tausend Gestalten.* Berlin: Insel.

Dinzelbacher, Peter (1993): Zur Theorie und Praxis der Mentalitätsgeschichte. In Peter Dinzelbacher (Hrsg.), *Europäische Mentalitätsgeschichte. Hauptthemen in Einzeldarstellungen*, XV–XXXVII. Stuttgart: Kröner.

Fasel, Christoph (2001): Die Nase ist die Nachricht. Wie Menschen Medienereignisse machen. In Jürg Häusermann (Hrsg.), *Inszeniertes Charisma. Medien und Persönlichkeit*, 55–66. Tübingen: Niemeyer.

Fauconnier, Gilles (1997): *Mappings in Thoughts and Language.* Cambridge: Cambridge University Press.

Felder, Ekkehard (2013): Der diskursive Wettkampf um Geltungsansprüche. In Ekkehard Felder (Hrsg.), *Faktizitätsherstellung in Diskursen. Die Macht des Deklarativen*, 13–28. Berlin, Boston: de Gruyter.

Frisch, Max (1954): *Stiller.* Frankfurt a. M.: Suhrkamp.

Gebhardt, Winfried (1994): *Charisma als Lebensform. Zur Soziologie des alternativen Lebens.* Berlin: Dietrich Reimer.

Geiselberger, Heinrich & Tobias Moorstedt (Hrsg.) (2013): *Big Data – Das neue Versprechen der Allwissenheit.* Berlin: Suhrkamp.

Goffman, Erving (1980): *Rahmen-Analyse. Ein Versuch über die Organisation von Alltagserfahrungen.* Frankfurt a. M.: Suhrkamp.

Haferkamp, Hans (1973): *Die Struktur elementarer sozialer Prozesse. Logik und Gehalt eines Forschungsleitfadens zur soziologischen Analyse und Erklärung.* Stuttgart: Ferdinand Enke.

Harré, Rom & Luk van Langenhove (1999): *Positioning Theory. Moral Contexts of Intentional Action.* Oxford: Basil Blackwell.

Hausendorf, Heiko (2000): Zuordnen, Zuschreiben, Bewerten. Die Konstruktion kollektiver Identität in Alltagsgesprächen. In Eva Reichmann (Hrsg.), *Narrative Konstruktion nationaler Identität*, 242–362. St. Ingbert: Röhrig.

Hymes, Dell (1996): *Ethnography, Linguistics, Narrative Inequality: Towards an Understanding of Voice.* London: Taylor & Francis.

Jentges, Erik (2010): *Die soziale Magie politischer Repräsentation. Charisma und Anerkennung in der Zivilgesellschaft.* Bielefeld: transcript.

Keupp, Heiner et al. (1999): *Identitätskonstruktionen. Das Patchwork der Identitäten in der Spätmoderne.* Reinbek bei Hamburg: Rowohlt.

Kienpointner, Manfred (1992): *Alltagslogik: Struktur und Funktion von Argumentations-mustern*. Stuttgart-Bad Cannstatt: Friedrich Frommann.

Kraemer, Klaus (2002). Charismatischer Habitus. Zur sozialen Konstruktion symbolischer Macht. *Berliner Journal für Soziologie* 12(2), 173–187.

Kraemer, Klaus (2008): Charisma im ökonomischen Feld. In Andrea Maurer & Uwe Schimank (Hrsg.), *Die Gesellschaft der Unternehmen – die Unternehmen der Gesellschaft. Gesellschaftstheoretische Zugänge zum Wirtschaftsgeschehen*, 63–77. Wiesbaden: VS Verlag für Sozialwissenschaften.

Krech, Volkhard (2006): Charisma. In Christoph Auffahrth, Hans G. Kippenberg & Axel Michaels (Hrsg.), *Wörterbuch der Religionen*, 91–92. Stuttgart: Kröner.

Lenze, Malte (2002): *Postmodernes Charisma. Marken und Stars statt Religion und Vernunft*. Wiesbaden: Deutscher Universitätsverlag.

Leypoldt, Günter (2015): Acquired Taste (Toni Morrison on Oprah). In Winfried Fluck, Günter Leypoldt & Philipp Löffler (Hrsg), *REAL. Yearbook of Research in Englisch and American Literature* 31, 45–64. Tübingen: Narr Francke Attempto.

Link, Jürgen (1983): Kollektivsymbolik und Mediendiskurse. *kultuRRevolution* 1, 6–21.

Lipp, Wolfgang (1985): *Stigma und Charisma. Über soziales Grenzverhalten*. Berlin: Dietrich Reimer Verlag.

Marschall, Christoph von (2011): Charisma und politische Führung in den USA. Barack Obama – ein schwarzer Kennedy? In Berit Bliesemann de Guevara & Tatjana Reiber (Hrsg.), *Charisma und Herrschaft. Führung und Verführung in der Politik*, 53–76. Frankfurt a. M., New York: Campus.

Mead, George Herbert (1978): *Geist, Identität und Gesellschaft*. Frankfurt a. M.: Suhrkamp.

Müller, Winfried (2002): *Die Aufklärung. Enzyklopädie deutscher Geschichte*. Bd. 61. München: Oldenbourg.

Reichert, Ramón (2014): Einführung. In Ramón Reichert (Hrsg.), *BIG DATA. Analysen zum digitalen Wandel von Wissen, Macht und Ökonomie*, 9–31. Bielefeld: transcript.

Schmitt, Reinhold (1992): *Die Schwellensteher. Sprachliche Präsenz und sozialer Austausch in einem Kiosk*. Tübingen: Narr.

Schneider, Christoph (2008): Sinnproduktion durch Reflexionsanästhesie. In Pavlína Rychterová, Stefan Seit & Raphaela Veit (Hrsg.), *Das Charisma. Funktionen und symbolische Repräsentationen*, 129–153. Berlin: Akademie Verlag.

Schütz, Alfred (1972): Der gut informierte Bürger. In Alfred Schütz, *Gesammelte Aufsätze*. Bd. 2, Hrsg. von Arvid Brodersen, 85–101. Den Haag: Nijhoff.

Spitzmüller, Jürgen & Ingo H. Warnke (2011): *Diskurslinguistik. Eine Einführung in Theorien und Methoden der transtextuellen Sprachanalyse*. Berlin, Boston: de Gruyter.

Sennett, Richard (2004): *Verfall und Ende des öffentlichen Lebens. Die Tyrannei der Intimität*. Frankfurt a. M.: Fischer.

Soeffner, Hans-Georg (1993): Geborgtes Charisma. Populistische Inszenierungen. In Winfried Gebhardt, Arnold Zingerle & Michael N. Ebertz (Hrsg.): *Charisma. Theorie – Religion – Politik*, 201–219. Berlin, New York: de Gruyter.

Steen, Pamela (2015a): „Männliche (Maul-)Helden". Archetypische Identitätskonstruktion in Alltagserzählungen. In Jochen A. Bär, Jana-Katharina Mende & Pamela Steen (Hrsg.), *Literaturlinguistik – philologische Brückenschläge*, 193–223. Frankfurt a. M. u. a.: Peter Lang.

Steen, Pamela (2017): Charisma. In Alexander Lasch & Wolf-Andreas Liebert (Hrsg.), *Handbuch Sprache in der Religion*, 288–311. Berlin, Boston: de Gruyter.

Warnke, Ingo H. & Jürgen Spitzmüller (2008): Methoden und Methodologie der Diskurslinguistik – Grundlagen und Verfahren einer Sprachwissenschaft jenseits textueller
Grenzen. In Ingo H. Warnke & Jürgen Spitzmüller (Hrsg.), *Methoden der Diskurslinguistik. Sprachwissenschaftliche Zugänge zur transtextuellen Ebene*, 3–54. Berlin,
New York: de Gruyter.

Weber, Max (1976): *Wirtschaft und Gesellschaft. Grundriss der verstehenden Soziologie.*
5., revidierte Aufl. Tübingen: J. C. B. Mohr.

Weibler, Jürgen (Hrsg.) (2010): *Barack Obama und die Macht der Worte.* Wiesbaden: VS
Verlag.

Wulff, Hans J. (2002): Held und Antiheld, Pro- und Antagonist. Zur Kommunikations- und
Texttheorie eines komplizierten Begriffsfeldes. Ein enzyklopädischer Aufriss. In Hans
Krah & Claus-Michael Ort (Hrsg.), *Weltentwürfe in Literatur und Medien. Phantastische
Wirklichkeiten – realistische Imaginationen*, 431–448. Kiel: Ludwig.

Ziem, Alexander (2013): Wozu Kognitive Semantik? In Dietrich Busse & Wolfgang Teubert
(Hrsg.), *Linguistische Diskursanalyse: neue Perspektiven*, 217–240. Wiesbaden:
Springer.

Onlinequellen

Duden online: http://www.duden.de/woerterbuch.

Lucius-Hoene, Gabriele & Arnulf Deppermann (2004): Narrative Identität und Positionierung.
Gesprächsforschung. Online-Zeitschrift zur verbalen Interaktion 5, 166–183. (http://
www.gespraechsforschung-online.de/heft2004/ga-lucius.pdf), zuletzt abgerufen am
23. 6. 2018.

Oxford Living Dictionaries Online: Whistleblower. (https://en.oxforddictionaries.com/
definition/us/whistle-blower), zuletzt abgerufen am 12. 9. 2017.

Steen, Pamela (2015b): „Charisma macht müde Demokratien munter" – Zum diskursiven
Zusammenhang von Charisma und Demokratie. In Clemens Knobloch & Friedemann
Vogel (Hrsg.), *Sprache und Demokratie.* 73, 4. (https://bop.unibe.ch/linguistik-online/
article/view/2198/3369), zuletzt abgerufen am 12. 9. 2017.

Stefanowitsch, Anatol (2011): Sprachlog. „Whistleblower". (https://scilogs.spektrum.de/
sprachlog/whistleblower), zuletzt abgerufen am 4. 8. 2017.

Joan Kristin Bleicher

Grenzgänge zwischen Fakten und Fiktion bei der Inszenierung virtueller Figuren am Beispiel von Online-Omi *Renate Bergmann*

Das spezifische Dispositiv des Social Webs erweitert nicht nur die Möglichkeiten der Empfangbarkeit von Inhalten etwa via Smartphone, es ersetzt auch die traditionell passive Rezeption durch vielfältige Formen der Partizipation und Interaktion (vgl. Schmidt 2009). Damit potenzieren sich nicht nur Möglichkeiten der Produktion und Rezeption, es multiplizieren sich auch Angebote und Diskurse. Aktuelle Diskussionen um Produktionstechniken, Verbreitung, Verwendung und Wirkung digitaler Massendaten blenden mit ihrem Fokus auf gesellschaftspolitische Diskussionen zu Datensicherheit und -schutz Gegenbewegungen durch vielfältige Erscheinungsformen datenbasierter Personalisierung und Interaktion aus (vgl. Hurrelbrink & Voss 2016). Hier reduziert sich die Komplexität durch Personalisierung. Häufig treten in diesem Kontext auch erfahrungsorientierte Vermittlungs- und Diskursformen an die Seite der Faktenvermittlung. Blogs etwa beinhalten meiner Beobachtung nach häufig Simulationen der direkten Erfahrung von Alltagswirklichkeit.

Twitter Literatur, etabliert hat sich mittlerweile der Begriff Twitteratur, ist durch ihre kommunikative Struktur ein Bestandteil des Online-Diskursraumes. Jan Drees und Sandra Anika Meyer definieren Twitteratur als „plattformgebundene digitale Kürzestliteratur im Netz" (Drees & Meyer 2013: 18). In Anlehnung an allgemeine Charakteristika des Social Web bezieht Twittereratur Kommentare und Dialoge mit den UserInnen mit ein. Stephan Porombka verwendet die Bezeichnung „nächste Literatur":

> Was getwittert wird, ist nächste Literatur, weil hier lesend und schreibend mit Geräten experimentiert wird, die zu den Leitmedien der Gegenwart geworden sind. Die sind auf eigenartige Weise auf das ‚Nächste' verpflichtet. Sie sind die Treibsätze einer Kultur, die sich immer mehr für das nächste große Ding interessiert, die Vergangenheit entwertet und dabei vor der Gegenwart nicht Halt macht. (Porombka 2014: 52–53)

Die seit 2005 zu beobachtende Ausweitung des Social Webs zum Kommunikations- und Lebensraum für eine Vielzahl von Menschen (vgl. Bleicher 2010) resultiert in wissenschaftlichen Diagnosen der Virtualisierung von Privatheit. Kommunikative Praxen werden auch als Lebensform gewertet und die Besonderheiten der computervermittelten Kommunikation untersucht. Michaela Ott beispielsweise konstatiert als Spezifik der Computerkommunikation:

https://doi.org/10.1515/9783110609103-010

Nicht nur affizieren (verändern, Anm. JOB) die Medien und werden Subjektivierungen von den Medien auf vielfache Weise mitgestaltet. Auch die medienbedingten Formen globaler und lokaler Interaktion, affektgeleiteter Vermeutung oder gefühlsbasierter E-Community-bildung zeugen von neuen Arten der Affizierung. Diese weisen einen zunehmend komplexen Charakter auf, insofern sie aus dem Zusammenspiel kultur- und individualspezifischer Affizierungspotenzen der Akteure, aus deren vorauslaufender Erwartung und antizipatorischem Engagement entstehen, sich aus Wahrnehmungs- und Kommunikationsprozessen, zu denen die Selbstaffizierung der elektronischen Gemeinschaft gehört, und aus imaginären und realen Verbindungs- und Austauschmöglichkeiten, aus elektronischen Handlungsalternativen und deren realen Umsetzbarkeit speisen und sich je nach zeitlicher Dauer und mitgeteilter oder erlebter Affektartikulation rückkoppeln, potenzieren oder minimieren. (Ott 2010: 487)

Reale und virtuelle BewohnerInnen des Social Webs befriedigen darüber hinaus Bedürfnisse nach Empathie, Freundschaft, Bestätigung, Verständnis und Zugehörigkeit. Selbstinszenierungen und kommunikative Beiträge vieler UserInnen bewegen sich zwischen Fakten und Fiktion. Diese Phänomene und Grenzgänge des Social Webs lassen sowohl kultur- als auch medienhistorische Einflüsse erkennen, die im Folgenden am Beispiel der virtuellen Figur Renate Bergmann und ihrer narrativen Konstruktionsmuster vorgestellt werden sollen. Diese Kunstfigur ist gekennzeichnet durch eine Verdichtung von Stereotypen etwa hinsichtlich der Silverhair-UserInnen des Internet auf eine idealtypische Person.

Die auch als Online-Omi bekannte Renate Bergmann (83) begleitet schon seit Jahren meinen Twitter-Alltag. Sie begrüßt mich am frühen Morgen mit guten Wünschen, macht mich mit der Planung ihrer Friedhofs- und Arztbesuche vertraut, versorgt mich mit hilfreichen Gesundheitstipps wie „Korn drückt den Zucker", erklärt mir die Konflikte mit ihren NachbarInnen etwa beim Schneeschippen um 4 Uhr morgens und erzählt mir von den Fahrabenteuern mit dem orientierungslosen, sehbehinderten Kurt in seinem „Koyota". Kurt ist aber auch Retter in alltäglichen Notsituationen, etwa bei Beerdigungsfeiern: „Kurt muss uns nachher abholen. Mit den vielen Tupperdosen, die Ilse und ich am Büffet gefüllt haben, können wir nicht in den Bus." (Bergmann Tweet) Ihre Tweets fungieren als humoristische, kritische Auseinandersetzungen mit Alltags- und Onlinephänomenen, wirken aber auch als Selbstparodie.

1 Kulturelle Traditionslinie der Fake-Biographien virtueller Figuren

Willst gelangen Du zum Ziele
Wohlverdienten Preis gewinnen,
Muß der Schweiß herunter rinnen
Von der Decke bis zur Diele!

oder

Du sähest herrliche Gesichte
In finstrer Nacht,
Ein ganzes Blatt der Weltgeschichte:
Du hast es vollgemacht!

Friederike Kempner, „Der schlesische Schwan" (1828–1904)

Die hier zitierten Beispiele aus dem lyrischen Werk von Friederike Kempner und ihrer schon zu Lebzeiten einsetzenden Parodien stehen exemplarisch für kultur- und medienhistorische Vorbilder für den humoristischen Sprachgebrauch der Social Web-Kunstfigur Renate Bergmann. Sie setzt eine lange Traditionslinie kultureller und medialer Fake-Biographien fort. So rühmte sich einst ein deutscher Literaturkritiker in der FAZ dafür, alle Texte von Marbot gelesen zu haben. Die Biographie des berühmten Schriftstellers und Zeitgenossen Goethes, Marbot, war jedoch 1981 ein Geniestreich des Schriftstellers Wolfgang Hildesheimer (vgl. hierzu Hirsch 1997).

Auch das viel beweinte Holocaustschicksal des jungen Binjamin Wilkomirski (Pseudonym von Bruno Bösseker) „Bruchstücke. Aus einer Kindheit 1939– 1948" erwies sich als freie Erfindung eines Schweizers. Die Protagonisten beider Texte kennzeichnet eine Verknüpfung von Stereotypen, etablierten Rollenmustern und dem Authentizitätssignal des Ich-Erzählers und seiner Lebenswirklichkeit. VertreterInnen des New Journalism wie etwa Marc Fischer versuchten Fakten mit den Mitteln der Fiktion zu veranschaulichen (vgl. Bleicher & Pörksen 2004). Der Schweizer Journalist Tom Kummer wiederum sorgte mit seiner faktualen Vermittlung von Fiktion in seinen berühmten Starinterviews etwa mit Sharon Stone oder Mike Tyson für einen Medienskandal (vgl. Minkmar 2000).

Im Kinospielfilm war Woody Allens Protagonist „Zelig" (1983) ein Zeitgenosse vieler berühmter Persönlichkeiten, was seine digitale Einbindung in historische Bildwelten im Stil der Pressefotografie illustrierte. Schlüsselbilder wie Gruppenfotos von Politikern fungieren als Authentisierungssignale. Der neuseeländische Regisseur Peter Jackson (u. a. „Herr der Ringe") dokumentierte in seiner Mockumentary „Forgotten Silver" (1995) die Biographie des aus seiner Sicht wahren Erfinders des Films, dem Neuseeländer Colin McKenzie, und lieferte auch empirische Belege wie Statistiken von McKenzies Materialverbrauch etwa bei der Produktion von Eierfarben für die Filmkolorierung (vgl. Roscoe & Hight 2006; Roscoe 2001). Diese Beispiele zeigen nicht nur die lange Traditionslinie, sondern auch die Vielfalt der Grenzgänge von Fakten und Fiktion sowohl in den etablierten kulturellen Ausdrucksformen als auch in den Medien.

2 Spezifika von Online-Fakes

Mit ihren Social Web-Auftritten bewegt sich Frau Bergmann nicht nur in dieser Traditionslinie, sondern auch in einer ganzen Reihe von Avataren, die als Kunstfiguren Online-Welten bevölkern. Bereits 2007 konstatierte Spiegelautor Stefan Schultz:

> Das Internet lebt. Millionen Avatare bevölkern es. Die Pixelwesen tummeln sich überall: in 3D-Welten wie ‚There', ‚Virtual Hills' und ‚Second Life', in Online-Rollenspielen wie ‚Everquest', ‚Archlord' und ‚World Of Warcraft'. In Chatprogrammen und Mail-Accounts. (Schultz 2007)[1]

Ein wesentlicher Aspekt der Kommunikation mit Avataren und virtuellen Figuren ist die emotionale Wirkung, die sich von den Begrenzungen der passiven Rezeption löst. Es zeigt sich ein hohes Empathiepotenzial der Interaktion mit virtuellen Figuren. Gleichzeitig verschwimmen durch diese Interaktionen bisherige Grenzen zwischen Erzählwelten und den Alltagswelten der RezipientInnen.

Auch JournalistInnen versuchen in Fake-Blogs scheinbar realer Personen Grenzgänge von Fakten und Fiktionen zu nutzen. Ihre scheinbar realen Figuren fungieren u. a. als Augenzeugen in militärischen Konflikten. Besonders bekannt und umstritten ist die Geschichte des US-Bloggers Tom MacMaster, wohnhaft in Edinburgh,

> who went by the name of Gay Girl in Damascus in 2011. This blogger claimed to be a teenager named Amina, struggling to live her life under the Assad regime. The blog drew interest from people around the world, among them human-rights activists who wanted to support the young blogger. French-Canadian lesbian, gay, bisexual and transgender activist Sandra Bagaria began writing to Amina, to offer help. Their exchanges became personal, even romantic. (Brown 2015)[2]

---

1 Spiegel online, 09. Juli 2007, 14:25, (http://www.spiegel.de/netzwelt/web/0,1518,491275,00. html), zuletzt abgerufen am 24. 6. 2018.

2 (http://www.jpost.com/Israel-News/Culture/Fake-bloggers-tough-women-and-feuding-couples-436166), zuletzt abgerufen am 24. 6. 2018.

Ein Wikipedia-Autor beschreibt die strategische Konzeption MacMasters wie folgt:

> MacMaster created the character Amina Abdallah as a fictional persona or alias; MacMaster said in an interview with National Public Radio (NPR) that he could not recall when he created the character. NPR stated that it found posts from Amina at the Yahoo! group ,alternate-history' dating to February 2006. MacMaster said that he created the Amina character so he could more easily participate in discussions about the Middle East. MacMaster believed that if he used his real name, people would have presumed that he was too closely tied to the United States, but as Amina he would have more credibility.

Selbst fiktive Serienfiguren etwa aus pseudorealistischen Daily Soaps wie „Berlin – Tag & Nacht" (RTL II) besitzen einen eigenen Facebook-Auftritt, der auch Interaktionen mit Fan-Communities beinhaltet. Social Web-RedakteurInnen twittern im Rahmen ihrer prominenten AuftraggeberInnen. Das Social Web avanciert auf diese Weise im Ensemble des transmedialen Erzählens zum Kommunikationsraum mit virtuellen Figuren und als Forum für kommunikative Selbstinszenierungen von Prominenten.

Online-Fakes unterscheiden sich von ihren literarischen Vorläufern durch Möglichkeiten der fortlaufenden direkten Interaktion mit den Rezipienten in Realzeit. Frau Bergmann zeigt sich via Twitter dankbar für meine Gesundheits- und Haushaltstipps ebenso wie für meine Erläuterung, warum es sich bei ihr um einen Avatar handelt.

Diese verbale Interaktion lässt trotz der allgemeinen Technisierung datenbasierter Kommunikation den Eindruck von Nähe und Vertrautheit entstehen. Sie entspricht der allgemeinen Many to Many-Kommunikationsstruktur des Internets. Jedoch bleibt diese Form der Kommunikation im Social Web nur eine reduzierte Form des sonstigen interaktiven Umgangs mit Avataren in Online-Spielen, der auch Handlungen umfasst. Die spezifische Diegese des Social Webs ist durch eine Vielzahl individualisierter Perspektiven auf öffentliche Diskurse gekennzeichnet. Gleichzeitig lassen Renate Bergmanns Tweets auf ihrer Darstellungsebene das für die Amateurkultur des Social Webs typische Assemblage-Prinzip der Kombination unterschiedlicher Materialien erkennen. Texte und Kommentare beziehen sich häufig auf Amateuraufnahmen, deren Herkunft unklar ist. Typische Motive wie Familienfeiern oder Porträts werden als Fotos Teil der individuellen Timeline.

Aktuelle Diskussionen um Erzeugung, Verbreitung, Verwendung und Wirkung digitaler Massendaten blenden mit ihrem Fokus auf gesellschaftspolitische Diskussionen der Sicherheit und des Datenschutzes aus meiner Sicht vielfältige kulturelle Erscheinungsformen datenbasierter Personalisierung und Interaktion aus. Im spezifischen Dispositiv des Social Webs bleiben technische Aspekte der Datenkonstruktion und -vermittlung für die meisten NutzerInnen unsichtbar. Die ihnen zugewandte Seite des Dispositivs besteht vielmehr auf Interaktionen zu Themen oder Personen. Nicht alle Facebook-Freunde oder Twitter-Follower sind jedoch real existierende Personen, sondern Teil einer in Bezug auf Sprecherrollen, Figuren, Dramaturgien, Inszenierungsmuster und Inhalten sehr komplexen virtuellen Social Web-Diegese.

3 Virtuelle Figuren und Spezifika des Social Webs

Virtuelle Figuren des Social Webs lassen sich als personalisierte Formen von Grenzgängen aus Fakten und Fiktion in Kultur und Medien werten. Parasoziale Interaktionen mit Avataren bilden dabei eine aktuelle, digitale Form der Medialisierung menschlicher Beziehungen (vgl. Hickethier 2010). Als Avatare[3] bezeichnen VertreterInnen der Game Studies verschiedene Formen grafisch gestalteter Stellvertreter des Spielers (etwa Benjamin Beil in seiner Studie: Avatarbilder zur Bildlichkeit des zeitgenössischen Computerspiels). Jedoch lässt sich dieser Begriff auch auf weitere virtuelle Figuren etwa im Bereich des Social Webs erweitern. Dort zählt Renate Bergmann zu den beliebtesten virtuellen Figuren der deutschen Twitter- und Facebook-Szene.

Sowohl bei Twitter als auch bei Facebook zählt das Nebeneinander realer und virtueller Figuren zu den Charakteristika des vernetzten Angebots. Bereits die Wahl von Pseudonymen oder Fantasienamen ist ein wesentlicher Faktor der virtualisierten Kommunikation. Renate Bergmann erweitert als Kunstfigur diese spezifische Kommunikationsform durch Hybridisierungen aus Narration von Alltagsereignissen und Interaktion mit ihren FollowerInnen etwa in den Kommentarleisten. Sie vermittelt auch konservative Bewertungen innerhalb aktueller Diskurse im Social Web. Traditionelle Dialoge literarischer Narrationen verlassen im Social Web die Grenzen des Illusionsraums und werden Teil des allgemeinen virtuellen Interaktionsraums der UserInnen.

Die Kommentierung der Aktivitäten und Meinungen von Renate Bergmann entsprechen den üblichen Kommentierungen der Tweets real existierender UserInnen. Hier zeigt sich exemplarisch die Bedeutung von Analogien zwischen technischer Struktur und den spezifischen literarischen Angeboten:

,Die Plattform schafft Literatur in einer durch und durch entkontextualisierten Form', schreiben Drees und Meyer irrigerweise. Sie meinen damit den fehlenden Rahmen eines

---

3 Der Begriff stammt, so Benjamin Beil, ursprünglich aus dem Sanskrit und beschreibt die Inkarnation einer Gottheit auf Erden.

Buchanfangs und -endes. Dabei ist der Kontext gerade auf Twitter Nährboden und Existenzvoraussetzung: Nur dass dieser Kontext nicht linear und eindeutig ist, sondern unendlich vernetzt. Die Plattform selbst ist der Kontext, in dem diese Art der Literatur entsteht und funktioniert – und nur in diesem. (Meinert 2013)[4]

Einige besorgte MedienpädagogInnen kritisieren die Kommunikation mit virtuellen Personen als Entfremdung sozialer Beziehungen. Man könnte diese Form der Kommunikation jedoch auch als Erweiterung des sozialen Lebens und der narrativen Diegese werten.

4 Die Lebens- und Internetz-Geschichte(n) von Renate Bergmann und ihr Autor

Renate Bergmanns transmediale Erzählwelten umfassen nicht nur Twitter und Facebook, sondern auch diverse Buchausgaben des Rowohlt Verlages. Eine wachsende Zahl von Erzählungen vermittelt den LeserInnen ihre bisherige Lebens- (immerhin war sie mit vier Männern verheiratet, die sie alle überlebte) und Onlinegeschichte.

Ihre erste Suche in dem für sie neuen Internet etwa galt, so erklärt sie in „Ich bin nicht süß, ich hab nur Zucker" (Bergmann 2014), ihrem Idol Prinzessin Diana. Schöne Fotos ihres Abendkleides führten Renate Bergmann auf eine Seite mit dem Buchstaben E und endeten mit einer unfreiwilligen Bestellung des Kleides in Höhe von 5000 €. Der Rowohlt Verlag weiß in seinen Paratexten noch mehr über seine Erfolgsautorin:

Renate Bergmann, geb. Strelemann, wohnhaft in Berlin. Trümmerfrau, Reichsbahnerin, Haushaltsprofi und vierfach verwitwet: Seit Anfang 2013 erobert sie Twitter mit ihren absolut treffsicheren An- und Einsichten – und mit ihren Büchern die ganze analoge Welt.

Wie bisherige Kunstfiguren ist auch Renate Bergmann durchaus glaubwürdig gestaltet und entspricht stereotypen Tendenzen des Auftretens und Kommunikationsverhaltens realer Personen im Social Web.

So habe auch ich etwa ein Jahr lang an die Existenz meiner Online-Omi geglaubt und ihren Alltagsgeschichten vertraut. Doch der Rowohlt Verlag verdeutlichte mir in seiner Verlagsankündigung, dass meine Beziehung zu Renate Bergmann leider nur eine parasoziale Interaktion ist. Denn Renate Bergmann

---

4 (http://www.welt.de/kultur/literarischewelt/article123331985/Twitter-als-Literatur-total-genial-oder-nur-banal.html), zuletzt abgerufen am 24. 6. 2018.

ist die betagte virtuelle Figur eines im Vergleich zu seiner Kunstfigur sehr jungen Autors.

> Torsten Rohde, Jahrgang 1974, hat in Brandenburg/Havel Betriebswirtschaft studiert und als Controller gearbeitet. Sein Twitter-Account @RenateBergmann, der vom Leben einer Online-Omi erzählt, entwickelte sich zum Internet-Phänomen. (Verlagsankündigung Rowohlt)

Als Autor passt Rohde aus meiner Sicht nicht in vorhandene Typologien der Twitter-Autoren wie sie etwa Christiane Frohmann konzipierte:

> ,Es gibt drei Arten von Twitteraten', sagt Christiane Frohmann. ,Es gibt die klassischen Autoren, die Twitter als Medium für sich entdeckt haben. Zweitens die Werbetexter-Typen, die auf Twitter ihre poetische Ader ausleben.' Der dritte Twitteraten-Typus laut Frohmann: ,Früher wären das junge Mädchen gewesen, die Gedichte schreiben, und sie in die Schublade legen: verhinderte Autoren, die erst durch die positive Rückmeldung in der Twitter-Community merken, dass sie etwas können.' (Meinert 2013)[5]

Rohdes emphatische Verknüpfung mit seiner Figur bildet eine enge Fusion aus Autor, Erzähler, Figur und Diegese. Torsten Rohde selbst beschreibt die Geburtsstunde seiner Online-Omi als virtuelle Fortsetzung traditioneller Kontaktanzeigen:

> Einmal nutzte er das Soziale Netzwerk, ,um einen Freund zu veräppeln', sagt der 39-Jährige. Unter dem Eindruck ,geballter weiblicher Lebensweisheit' am Weihnachtsabend 2012 legte Rohde das Twitter-Profil einer alten Dame an. Ihre erste Nachricht im Januar:
>
> ,Guten Tag. Ich heiße Renate Bergmann und bin neu hier. Ich suche nette Damen oder Herren für gemeinsame Unternehmungen. Bitte schreiben Sie.' (Greiner 2014)[6]

Renate Bergmann jedoch erklärt die Ursprünge ihrer Online-Existenz mit ihrem privaten Umfeld: Eines Tages schenkte der Neffe ihr ein Handy, weil er sich Sorgen um seine alte Tante machte.

> Es hatte keine Wählscheibe und keine Tasten. Vorn war eine Glasscheibe und hinten eine angebissene Tomate. Könnte aber auch ein Apfel sein. Sie glauben es nicht; man kann mit dem Apparat fotografieren, einkaufen, Nachrichten schreiben, Briefe schicken und lesen und Vögel mit einer Steinschleuder abschießen. Es macht auch Musik und hilft einem, den Weg zu finden.

---

5 (http://www.welt.de/kultur/literarischewelt/article123331985/Twitter-als-Literatur-total-genial-oder-nur-banal.html), zuletzt abgerufen am 24. 6. 2018.
6 (http://www.tagesspiegel.de/berlin/20-000-follower-auf-twitter-das-outing-der-twitter-omi/10128912.html), zuletzt abgerufen am 24. 6. 2018.

Mit Hilfe des Neffen hat Oma Bergmann ihr neues Handy eingerichtet:

> Fäßbuck, eBay und eine Apotheken-App.

Am meisten Freude bereitet der agilen Witwe aber offensichtlich Twitter:

> Ich habe mich da mit dem Tomatentelefon angemeldet, damit die Leute sehen, wie ich im Internetz so bin.

In maximal 140 Zeichen berichtet Renate Bergmann seither mehrfach am Tag auf Twitter zumeist humorvolle Episoden aus ihrem Alltag als Seniorin. Ein Fokus liegt dabei auf Online-Phänomenen, die sie kritisch ironisch kommentiert. So verweist der Literaturwissenschaftler Stephan Porombka auf die Selbstreferentialität ihrer Tweets:

> Die Selbstreflexion des Mediums gehört zur Twitteratur wie zu moderner Kunst. Für Stephan Porombka, Professor für Texttheorie und Textgestaltung an der Universität der Künste Berlin, ist eine ältere Dame die Königin dieser Selbstreflexion: Renate Bergmann. [...] Für ihn ist Literatur im Netz Performancekunst – und das Twitter-Profil @RenateBergmann eines der besten Beispiele für neue Literatur im Netz. Die Tweets aus dem Alltagsleben einer Rentnerin sind für Porombka ‚immersive storytelling‘, eine Art der Erzählung, die unmittelbar wirkt, indem sie Realität vorgaukelt. ‚Renate Bergmann erzählt mir keine Story – ich lebe mit ihr.‘ (Meinert 2013)[7]

Der Kommunikationsraum Twitter avanciert im immersive Storytelling zum gemeinsamen „Lebensraum" von Figur und LeserInnen. In Renate Bergmans Version des immersiven Storytellings verknüpfen sich humoristisch ausgerichtete Thematisierungen des Alltags mit dem Alltag ihrer Follower. Die stetig wachsenden Followerzahlen, aber auch die vielfältigen kommunikativen Reaktionen auf die Tweets von Renate Bergmann, belegen das Attraktionspotenzial dieser Literatur- und Diskursform.

Der geistige Vater von Renate Bergmann, Torsten Rohde, hat mit diesem Erfolg seiner Tweets nicht gerechnet.

> Über Nacht gewinnt der Account hunderte Follower, wenige Tage später sind es Tausend, heute über 21.000. (Über 37000 Twitter-Nutzer verfolgen derzeit ihre Kurznachrichten. Stand 1.5.2017, Anm. JOB) ‚Weiß gar nicht, wie das passieren konnte‘, wundert sie sich. (Blochwitz 2014)[8]

---

7 (http://www.welt.de/kultur/literarischewelt/article123331985/Twitter-als-Literatur-total-genial-oder- nur-banal.html), zuletzt abgerufen am 24. 6. 2018.
8 (http://www.mz-web.de/nachrichten/ein-jerichower-ist-deutschlands-bekannteste-twitter-oma-,20641290,28642386,item,0.html#plx1281747571), zuletzt abgerufen am 24. 6. 2018.

Einen wesentlichen Faktor dieses Erfolgs des immersiven Storytellings bilden die Kommentare der Follower, die Teil der spezifischen Diegese der Twitteratur werden.

4.1 Zur spezifischen Struktur der Twitter-Narrationen Renate Bergmanns

Zentral für die literarische Bedeutungskonstruktion ist traditionell die Erzählperspektive. Die Plattform Twitter erzwinge die Ich-Erzählperspektive: „Weil jeder Tweet technisch gesehen der Tastatur eines tippenden Subjekts entspringt, braucht jedes Twitteratur-Werk per se einen Ich-Erzähler." (Drees & Meyer 2013: 24) Auch die Gegenwart als Erzählzeit wird technisch festgelegt, da die Erzählung zeitlich an die Follower übermittelt wird (vgl. Porombka 2012: 6). Die Tweets von Renate Bergmann werden zwar linear erzählt, enthalten aber immer auch Rückblenden in Form von Erinnerungen. Diese Erinnerungen werden häufig als Fotos an die Tweets angehängt. Die Ikonographie dieser Fotos entspricht traditionellen Familienaufnahmen, etwa von Feiern oder Freizeitaktivitäten. Der humoristisch zugespitzte Alltagsrealismus ihrer Tweets adressiert vergleichbare Erfahrungen der Follower. Es schließen sich an die Tweets häufig eigene themenbezogene Diskurse an: sei es zum Thema Esoterik, Frisuren oder Einkaufserlebnisse.

Autor Torsten Rohde betont die besondere Herausforderung der Begrenzung Twitters auf Tweets mit 140 Zeichen: „In einem solchen Tweet ‚eine Geschichte zu erzählen, eine Situation zu beschreiben und noch eine Pointe zu setzen – das ist die große Kunst', sagt Rohde." Teil dieser Pointenstruktur sind häufig auch an die Tweets angehängte Fotos. Am 24. September berichtete Renate Bergmann zunächst von ihrem Plan, Eierlikör herzustellen. Begleitet wurden ihre Tweets von einer Reihe von Fotos, die mit dem parodistischen Stilmittel der Übertreibung operierte. Sind auf einem Foto zunächst 7 Flaschen Korn und drei Packungen Eier zu sehen, zeigt ein weiteres Foto schließlich das Ergebnis 5 Liter frischen Likörs, was wohl nicht ganz dem Eigenbedarf einer alleinlebenden Rentnerin entsprechen dürfte. Fotos dienen somit nicht nur der Illustration der sprachlichen Kommunikation, sondern werden für die Wirkungssteigerung instrumentalisiert.

Eine Herausforderung sei es auch, so Rohde weiter, die Lebenswelt der Renate Bergmann in ihrer Komplexität glaubwürdig zu erhalten. Schließlich beobachtet sie ein breites Spektrum von NachbarInnen und anderen Menschen ihres Lebensumfelds. Ihre Diagnosen sind scharf, präzise, ungewöhnlich und erinnern in ihrer Aussagekraft auch manchmal an traditionelle Aphorismen:

Wenn Hilde Pauschert so grinst, dann hatte sie entweder Stuhlgang oder sie hat wieder ihr Testament geändert. – Renate Bergmann (@RenateBergmann) 3. Oktober 2014. (Blochwitz 2014)[9]

Eine wesentliche Quelle des Humors bildet der Kontrast zwischen vorhandener Anwendungskompetenz und dem fehlenden Verständnis für technische Grundlagen, Zusammenhänge und den Fachtermini.

,Es kann sich wohl jeder ein bisschen mit dieser Oma identifizieren, die man trotz ihrer Schrullen und Eigenheiten eben lieb hat', versucht Rohde den Erfolg zu erklären, den er selbst nicht erwartet hat. ,Es war ja nur eine Laune. Ich hatte mir nichts überlegt, habe auf Twitter einfach angefangen, aufzuschreiben, was ich von meinen Urgroßeltern, Oma, Opa, Eltern ständig hörte.' (Kütemeyer 2014)[10]

Renate Bergmann fungiert auf diese Weise als Verdichtung der Erfahrungen und Ausdrucksformen vieler Silverhair-UserInnen des Social Webs, die offensichtlich bei vielen jungen UserInnen den Eindruck von Aliens hinterlassen. Eine vergleichbare Verdichtung kennzeichnet neben ihren Tweets und Posts auch ihr Profilfoto, was in idealtypischer Weise den etablierten Darstellungskonventionen und der Kleidung alter Frauen entspricht. Auch weitere von ihr in Tweets verwendete Fotos sind typisch für Amateurfotografien etwa von Familienfeiern, was sich als Teil der Authentisierungsstrategien von Rohde interpretieren lässt.

Als eine besondere Wirkungsdimension der Twitteratur beschreibt Stephan Porombka die „Ambient Intimacy": „Jemanden zu folgen bedeutet, kleinteilige Einblicke in eine ganz persönliche Lebens-, Erlebnis-, Gedanken- und Gefühlswelt zu bekommen." (Porombka 2012: 5) Die Dauerhaftigkeit und Regelmäßigkeit dieser kleinteiligen Einblicke ist dabei wesentlich für die intime Beziehung zwischen Kunstfigur und LeserIn.

4.2 Humoristische Elemente der Bergmann Tweets

Renate Bergmanns Tweets zählen für mich zu den literarischen und humoristischen Highlights des Kommunikationsraums Twitter. Es werden kulturhistorisch etablierte Darstellungsformen des Komischen eingesetzt. In Anlehnung an Traditionslinien des sprachbasierten Humors hat es Frau Bergmann nicht so mit der Rechtschreibung neudeutscher Wörter wie „Händie" oder „Börnout", wenn sie etwas nicht kennt, informiert sie sich bei „Gockel" (vgl. etwa Bergmann

---

9 (http://www.mz-web.de/nachrichten/ein-jerichower-ist-deutschlands-bekannteste-twitter-oma-,20641290,28642386,item,0.html#plx1955315538), zuletzt abgerufen am 24.6.2018.
10 (https://www.stern.de/kultur/buecher/renate-bergmann-der-kopf-hinter-deutschlands-bekanntester-twitter-oma-3944876.html), zuletzt abgerufen am 24.6.2018.

2014). Gleichzeitig kommen ihr skurrile Einfälle, zum Beispiel, wenn sie „beim Harken auf dem Friedhof, den Männern die Haare kämmt".[11]

Ihre freiwillig unfreiwillige Komik beinhaltet nicht nur eine implizite Kritik an der technisierten Kommunikation. Die Komik erinnert mich oft an den verunglückten Sprach- und Ausdrucksstil des berüchtigten schlesischen Schwans Friederike Kempner, orientiert sich aber, so Torsten Rohde, an der Kommunikation älterer InternetnutzerInnen.

> Und je web-affiner die Rentnerin aus Spandau wird, desto mehr entwickelt sie neben den Anekdotenerzählungen auch eine eigene Sprache: ‚Wissen Se', ‚nich?' und ‚Ach, entschuldigen Sie' gehören ebenso zu ihren Markenzeichen wie die eingedeutschten Anglizismen. ‚Da wird der Burnout mit ö geschrieben und der ESC zum Jurogrongprie. So, wie es ältere Menschen mit wenigen Sprachkenntnissen aussprechen', sagt Rohde. (Kütemeyer 2014)[12]

Ihr gezielt auf die Verwendung von Fehlern setzender Sprachgebrauch ist ein wesentliches Unterhaltungselement der Social Web-Präsenz von Renate Bergmann.

5 Realzeit-Erzählprojekte der digitalen Literatur

Renate Bergmann lässt sich im Verhältnis zu anderen Konzepten und Erscheinungsformen der digitalen Literatur als Realzeit-Erzählprojekt auf Twitter bewerten. Bisherige Realzeit-Projekte der digitalen Literatur kennzeichnet eine kurze Distanz zwischen Ereignis und Ich-Erzählung. Rainald Goetz' „Abfall für alle. Roman eines Jahres" (Goetz 1999) ist ein exemplarisches Beispiel für vielfältige Grenzgänge aus Blogs und Literatur. Goetz sieht in der Gegenwartsorientierung seines Schreibens eine besondere Herausforderung, die er an vielen Stellen seines Buches thematisiert.

> ganz am Anfang
> trete also ein in diese Institution – siehe Foucault –
> alles bisher Gesagten – und dann gleich aber natürlich das ABREISSEN sofort – loslegen – irgendwas von außen intervenieren lassen –
> bloß nicht rumsuhlen im Alten
> PRAXIS
> (Goetz 1999: 13)

---

11 (http://www.tagesspiegel.de/berlin/20-000-follower-auf-twitter-das-outing-der-twitteromi/10128912.html), zuletzt abgerufen am 24. 6. 2018.
12 (https://www.stern.de/kultur/buecher/renate-bergmann-der-kopf-hinter-deutschlands-bekanntester-twitter-oma-3944876.html), zuletzt abgerufen am 24. 6. 2018.

Gleichzeitig verändert sich bei Renate Bergmann wie auch bei anderen Twitter Erzählprojekten das Verhältnis zwischen Autor, Figur und NutzerIn durch wechselseitige Interaktion. Die Literaturwissenschaftliche Forschung kommt zu folgendem Zwischenfazit:

> ‚Twitteratur ist immer eine Form des Social Readings. Das solitäre Leseerlebnis, das das Lesen von ‚Totholzliteratur‘ noch auszeichnet, ist über Plattformen wie Twitter gar nicht mehr möglich‘, schreiben Jan Drees und Sandra Annika Meyer in ‚Twitteratur. Digitale Kürzestschreibweisen‘, einem der ersten Versuche einer Theorie der Twitteratur (Frohmann, Kindle Edition. 70 S., 2,99€). (Meinert 2013)[13]

Die transmediale Aufteilung der Diegese Renate Bergmanns zwischen Twitter, Facebook und Buchpublikationen des Rowohlt Verlags und öffentlichen Lesungen löst sich von der Realzeitbindung. So vermittelt der Band „Ich bin nicht süß, ich habe Zucker" die „Backstory" Renate Bergmans in einer Kombination aus Lebenserzählungen und der Entwicklung ihrer Internet-Nutzung. Das Buch fungiert auf diese Weise auch als Erklärungsraum für die täglich aktualisierte Twitter-Erzählung.[14]

6 Aspekte der Wirkung

Einen wesentlichen Faktor der Wirkung bildet der für die Dauer der Interaktion geltende Authentizitätspakt zwischen Torsten Rohde und den UserInnen seiner Tweets (vgl. Lejeune 1994). Für die Funktionsfähigkeit dieses Paktes sind verschiedene Realismusstrategien maßgeblich. Renate Bergmann erinnert als fiktive Figur des Social Webs an realitätsnahe Figuren aus der Spielewelt Sims. Sie entzieht sich jedoch im Unterschied zu Avataren von Games dem Einfluss der UserInnen. Ihre Tweets behandeln zumeist den UserInnen vertraute Alltagsthemen etwa aus den Bereichen Gesundheitswesen und Konsum und ergänzen so die auf Twitter üblichen Diskurse der Kurznachrichten und Meinungsäußerungen zu aktuellen Ereignissen oder Diskursthemen. Bei der Rezeption und Kommentierung ihrer Tweets verknüpfen sich somit auch Online- und Alltagserfah-

---

13 (http://www.welt.de/kultur/literarischewelt/article123331985/Twitter-als-Literatur-total-genial-oder-nur-banal.html), zuletzt abgerufen am 24. 6. 2018.
14 Der Erfolg von Renate Bergmanns Buchpublikationen führte zu vergleichbaren Buchpublikationen wie etwa Christian Humbergs „Der alte Mann und das Netz". Hier wird auf ähnliche Weise der kreative Umgang von Senioren mit Online-Fachbegriffen thematisiert, was gleiche Erscheinungsformen der Benennung wie etwa „Gockel" nach sich zieht.

rung. Stefan Schultz betont die Tragweite der Beziehung zwischen Mensch und Avatar:

> Die Beziehung zwischen dem Nutzer und seinem virtuellen Stellvertreter ist durchaus intim: Manche loggen sich über Jahre hinweg mit demselben Avatar in eine virtuelle Welt ein. (Schultz 2007)[15]

Familienserien des Fernsehens vergleichbar kommt es in den Tweets von Renate Bergmann zu Wiederholungen und Variationen gleichbleibender Themen und Konfliktstrukturen (vgl. Bleicher 1995). Dazu zählt u. a. der Streit mit den NachbarInnen über Form und Zeitpunkt der Hausreinigung, die Kindererziehung oder die Pannen bei den Ausflügen und Einkaufsfahrten mit Kurt.

In der Nutzungsdimension des sozialen Vergleichs fühlen sich die UserInnen sowohl in Online- als auch in Alltags- und Sprachkompetenz Renate Bergmann überlegen, was wiederum Identifikationen und Sympathiezuweisungen potenziert. George Gilder konstatiert eine Dezentralisierung und Personalisierung der Computerkommunikation. Individualisierte Kommunikation via Twitter bestätigt seine These. Wenn auch als Avatar, befriedigt Renate Bergmann unser Bedürfnis nach menschlicher Nähe im Social Web. Social Web-Forscher Nicholas Christakis konstatiert in einem Interview:

> Facebook stillt genau das tiefe menschliche Bedürfnis danach, mit anderen Menschen verbunden zu sein, das mich als Forscher so fasziniert. Wir Menschen haben ja eine große Neugierde, was andere Menschen angeht, und der kann man auf ‚Facebook‘ ungeniert nachgeben. Zum ersten Mal können wir verfolgen, was Dutzende oder Hunderte der Menschen in unserem Leben von Tag zu Tag so tun, wo sie sich befinden, wofür sie sich interessieren, mit wem sie in Kontakt stehen. Das kann einen gewissen Suchtcharakter entwickeln. (Christakis 2008)[16]

So bleiben auch meine Kontakte zu Renate Bergmann erhalten, auch wenn ich im Rahmen meines Authentisierungspaktes weiß, dass sie nur ein Avatar ist. Damit entspreche ich der Diagnose, dass Virtualität innerhalb der Twitter-Kommunikation eine nur untergeordnete Rolle spiele.

> ‚Es ist egal, wer es schreibt‘, sagt Christiane Frohmann. ‚Es geht um die Ästhetisierungsleistung. Plausibilität ist die Wahrheitsform im Netz. Es geht um Wahrhaftigkeit statt Wahrheit.‘ (Meinert 2013)[17]

---

15 Spiegel online, 09. Juli 2007, 14:25, (http://www.spiegel.de/netzwelt/web/0,1518,491275,00.html), zuletzt abgerufen am 24. 6. 2018.

16 (http://www.spiegel.de/lebenundlernen/uni/selbstentbloessung-im-internet-tiefes-menschliches-beduerfnis-a-547445.html), zuletzt abgerufen am 24. 6. 2018.

17 (http://www.welt.de/kultur/literarischewelt/article123331985/Twitter-als-Literatur-total-genial-oder-nur-banal.html), zuletzt abgerufen am 24. 6. 2018.

Wahrhaftigkeit erweist sich als Endprodukt einer Vielzahl individualisierter Inszenierungs- und Ästhetisierungsleistungen im Social Web. So zählen zu den wesentlichen Teilelementen der Twitteratur nicht nur die Tweets der Kunstfiguren, sondern auch die Reaktionen der Follower, sei es in Form grafischer Symbole oder eigener Texte. Diese Formen der Interaktion sind maßgeblich für die Diskursräume des Social Web.

P. S.: Via Twitter teilte mir Frau Bergmann am 11. 1. 2016 mit, sie wäre sehr gerne zu meinem Vortrag gekommen. Leider muss sie jedoch zum 80. Geburtstag von Hildchen Prokopp. Ihr Urheber, Herr Rohde, hat sich leider nicht gemeldet. Am 6. 2. bot Frau Bergmann auf Twitter an, während der Tagung entstandene Fragen zu beantworten. Dieses Angebot gilt sicherlich auch für die LeserInnen dieses Beitrags.

Literaturverzeichnis

Beil, Benjamin (2012): *Avatarbilder zur Bildlichkeit des zeitgenössischen Computerspiels.* Bielefeld: transcript.

Bergmann, Renate (2014): *Ich bin nicht süß, ich hab nur Zucker.* Reinbek bei Hamburg: Rowohlt.

Bleicher, Joan Kristin (1995): Die Lindenstraße im Kontext deutscher Familienserien. In Martin Jurga (Hrsg.), *Lindenstraße Produktion und Rezeption einer Erfolgsserie*, 41–53. Wiesbaden: Springer VS.

Bleicher, Joan Kristin (2010): *Internet.* Konstanz: UTB.

Bleicher, Joan Kristin & Bernhard Pörksen (Hrsg.) (2004): *Grenzgänger. Formen des New Journalism.* Wiesbaden: Springer VS.

Drees, Jan & Sandra Annika Meyer (2013): *Twitteratur: Digitale Kürzestschreibweisen.* Berlin: Frohmann.

Goetz, Rainald (1999): *Abfall für alle. Roman eines Jahres.* Frankfurt a. M.: Suhrkamp.

Hickethier, Knut (2010): Mediatisierung und Medialisierung der Kultur. In Maren Hartmann & Andreas Hepp (Hrsg.), *Die Mediatisierung der Alltagswelt*, 85–96. Wiesbaden: Springer VS.

Hirsch, Wolfgang (1997): *Zwischen Wirklichkeit und erfundener Biographie. Zum Künstlerbild bei Wolfgang Hildesheimer.* Münster, Hamburg: LIT.

Humberg, Christian (2015): *Der alte Mann und das Netz.* München: Goldmann.

Hurrelbrink, Peter & Kathrin Voss (Hrsg.) (2015): *Die digitale Öffentlichkeit. Bd. II. Wie das Internet unsere Demokratie verändert.* Hamburg: Friedrich-Ebert-Stiftung.

Lejeune, Philippe (1994): *Der autobiographische Pakt.* Frankfurt am Main: Suhrkamp.

Ott, Michaela (2010): *Affizierung. Zu einer ästhetisch-epistemischen Figur.* München: edition text & kritik.

Porombka, Stephan (2012): *Schreiben unter Strom: Experimentieren mit Twitter, Blogs, Facebook & Co.* Kindle Edition. Mannheim: Duden.

Porombka, Stephan (2014): Die nächste Literatur: Anmerkungen zu Twitter. In Berliner Festspiele/Bundeszentrale für politische Bildung (Hrsg.), *Netzkultur: Freunde des Internets*, 42–49.

Roscoe, Jane (2001): *Faking it: mock-documentary and the subversion of factuality.* Manchester, New York: Manchester University Press.

Roscoe, Jane & Craig Hight (2006): Forgotten Silver: A New Zealand Television Hoax and Its Audience. In Alexandra Juhasz & Jesse Lerner (Hrsg.), *F is for Phony. Fake Documentary and Truth's Undoing*, 171–186. Minneapolis: University of Minnesota Press.

Schmidt, Jan (2009): *Das neue Netz. Merkmale, Praktiken und Folgen des Web 2.0.* Konstanz: UVK.

Onlinequellen

Blochwitz, Michael (2014): Wer steckt hinter „Renate Bergmann"? Deutschlands bekannteste Twitter-Oma ist ein Sachsen-Anhalter (4. 10. 2014). (http://www.mz-web.de/nachrichten/ ein-jerichower-ist-deutschlands-bekannteste-twitter-oma-,20641290, 28642386,item,0.html#plx1955315538), zuletzt abgerufen am 24. 6. 2018.

Brown, Hannah (2015): Fake Bloggers, Tough Women and Feuding Couples (3. 12. 2015). (https://www.jpost.com/Israel-News/Culture/Fake-bloggers-tough-women-and-feuding-couples-436166), zuletzt abgerufen am 2. 8. 2018.

Christakis, Nicholas (2008): Tiefes menschliches Bedürfnis. Interview mit Spiegel online (14. 5. 2008). (http://www.spiegel.de/lebenundlernen/uni/selbstentbloessung-im-internet-tiefes-menschliches-beduerfnis-a-547445.html), zuletzt abgerufen am 2. 8. 2018.

Greiner, Vinzenz (2014): Das Outing der Twitter-Omi. (1. 7. 2014). (http:// www.tagesspiegel.de/berlin/20-000-follower-auf-twitter-das-outing-der-twitter-omi/ 10128912.html), zuletzt abgerufen am 24. 6. 2018.

Kütemeyer, Katharina (2014): Der Kopf hinter Deutschlands bekanntester Twitter-Oma (30. 6. 2014). (https://www.stern.de/kultur/buecher/renate-bergmann-der-kopf-hinter-deutschlands-bekanntester-twitter-oma-3944876.html), zuletzt abgerufen am 2. 8. 2018.

Meinert, Julika (2013): Twitter als Literatur: Total genial oder nur banal? (Die Welt 28. 12. 2013). (http://www.welt.de/kultur/literarischewelt/article123331985/Twitter-als-Literatur-total-genial-oder-nur-banal.html), zuletzt abgerufen am 24. 6. 2018.

Minkmar, Nils (2000): Die Kummer-Fälschungen: Einzelfall oder Symptom? (*DIE ZEIT* 26/ 2000). (https://www.zeit.de/2000/26/200026.m-streitgespraec.xml), zuletzt abgerufen am 24. 6. 2018.

Schultz, Stefan (2007): Ich bin Sponto (9. 7. 2007). (http://www.spiegel.de/netzwelt/web/ 0,1518,491275,00.html), zuletzt abgerufen am 2. 8. 2018.

Wolf-Andreas Liebert
Digitale Empathie

1 Einleitung

Im Folgenden soll es darum gehen, inwiefern Empathie im Digitalen relevant sein kann, d. h. inwiefern sich Digitalisierung möglicherweise auf empathische Praktiken auswirkt, aber auch wie Empathie zum Bestandteil von Digitalem werden kann. Der Bereich des Digitalen soll zunächst sehr allgemein verstanden werden und sämtliche Phänomene digital vermittelter Kommunikation einschließlich der so genannten *Artificial Intelligence (AI)* umfassen. AI-Technologien zeichnen sich insbesondere dadurch aus, dass sie selbst – versteckt oder offen – als mehr oder weniger autonome Kommunikatoren auftreten. Damit gehören also sowohl Interaktionen zwischen Softwareagenten, Robotern und Menschen als auch die zwischenmenschliche Kommunikation mittels digitaler Medien, insbesondere der so genannten sozialen Medien, zum Forschungsfeld. Die angesprochenen Bereiche sollen an einzelnen Beispielen dargestellt werden. Es handelt sich also *nicht* um eine korpusbasierte Interpretation. Auch wenn einige Beispiele authentischer Kommunikation herangezogen werden, bleibt es doch eine essayistische Arbeit, in der einige grundlegende Fragen zu einer Linguistik des Digitalen aufgeworfen werden sollen. Das Ziel liegt darin, das Feld einer Forschung zu Empathie im Digitalen abzustecken und einige – vielleicht interessante – Untersuchungsansätze auszumachen.

Die folgende Untersuchung soll mit einer Arbeitshypothese fokussiert werden, die aus zwei häufig anzutreffenden Behauptungen aus den eben genannten Bereichen der sozialen Medien und der *AI* entwickelt werden soll: nämlich der These vom *Empathieverlust in digital vermittelter Kommunikation* und der These der *Erweiterung der Empathiefähigkeiten autonomer digitaler Systeme (ADS)*. Betrachtet man zunächst den Bereich der digital vermittelten Kommunikation, so findet man sehr häufig die etwa von Manfred Spitzer vertretene kulturkritische These von einem Verlust der Empathiefähigkeit durch digital vermittelte Kommunikation (z. B. in seinem Buch „Digitale Demenz", 2012; vgl. dazu aus anderer Perspektive auch Rosa 2016: 151–164). Daneben wird in der Öffentlichkeit, aber auch in der Forschung unter dem Stichwort ‚Hass im Netz' eine kommunikative Verrohung diskutiert (vgl. dazu auch Marx 2012; 2013; Liebert 2015), zuletzt etwa in der Talkshow „Markus Lanz", in der Sascha Lobo – befragt zur einschneidensten Veränderung der Kommunikation in den sozialen Medien – bekannte: „Das, was ich am verstörendsten finde, ist dieser unfass-

https://doi.org/10.1515/9783110609103-011

bare Mangel an Empathie, an jeder Form von Mitgefühl."[1] Im Gegensatz zum Menschen und seinem anscheinend digital bedingten Empathie-Verlust sind autonome digitalisierte Systeme, also etwa Roboter, *embedded AI*, *Ambient Intelligence*, *Wearables* wie *Smartwatches* oder *Intelligente Persönliche Assistenten* wie *Siri, Alice, Alexa, Homepod* etc., anscheinend immer mehr in der Lage, auf die spezifische Situation von menschlichen Individuen zu reagieren (vgl. Liebert et al. 2014). Damit können diesen auch bestimmte Merkmale empathischen Verhaltens zugeschrieben werden.

Aus beiden Thesen lässt sich nun die folgende Arbeitshypothese kombinieren: *Durch die Einführung und Entwicklung digitaler Techniken verfügen digitale autonome Systeme zunehmend über Handlungskompetenz mit Merkmalen empathischen Verhaltens, während menschliche Wesen diese nach und nach verlieren.*

Zugespitzt formuliert: Maschinen gewinnen, Menschen verlieren an Empathiefähigkeit.

Im Folgenden sollen mit dieser Arbeitshypothese nun einige Phänomene aus den angesprochenen Bereichen untersucht werden. Zunächst soll aber der Empathiebegriff geklärt werden, mit dem die Untersuchung der Arbeitshypothese durchgeführt werden soll.

2 Zum Begriff der Empathie

2.1 Das Erstaunliche der Empathie

Unter Empathie soll an dieser Stelle zunächst einfach eine (unbewusste oder bewusste) Praktik des Verstehens eines Anderen aus dessen Position heraus verstanden werden.[2]

Empathie setzt somit die Fähigkeit voraus, eine andere als die eigene Position überhaupt einzunehmen. Grundsätzlich ist diese Möglichkeit von Thomas Nagel (2007) in Frage gestellt worden. Nagel argumentiert anhand seines berühmten Beispiels „Wie ist es, eine Fledermaus zu sein", dass es bei allen Versuchen der Empathie nie gelingen werde zu erkennen, wie es sich für eine Fledermaus anfühle, eine Fledermaus zu sein, sondern höchstens, wie es sich für

---

1 „Markus Lanz", Sendung vom 4. 2. 2016, 15:02–15:09.
2 Was hier Position heißen mag, soll an anderer Stelle erörtert werden; zur Abgrenzung von Sympathie und Empathie vgl. Sennett (2012: 37–39).

mich anfühle, eine Fledermaus zu sein. Nagel geht von einem totalen Verstehensbegriff aus, der dazu verleiten kann, anzunehmen, Empathie bzw. Verstehen sei überhaupt nicht möglich.[3] Bei genauem Lesen gibt Nagel allerdings eine bestimmte Form des Fremdverstehens auch zu, die allerdings einen deutlich abgewerteten Status erhält:

> Insoweit ich mir dies vorstellen kann (was nicht sehr weit ist), sagt es mir nur, wie es für mich wäre, mich so zu verhalten, wie sich eine Fledermaus verhält. Das aber ist nicht die Frage. Ich möchte wissen, wie es für eine Fledermaus ist, eine Fledermaus zu sein. Wenn ich mir jedoch dies nur vorzustellen versuche, bin ich auf die Ressourcen meines eigenen Bewußtseins eingeschränkt, und diese Ressourcen sind für das Vorhaben unzulänglich. Ich kann es weder ausführen, indem ich mir etwas zu meiner gegenwärtigen Erfahrung hinzu denke, noch indem ich mir vorstelle, Ausschnitte würden davon schrittweise weg genommen, noch indem ich mir Kombinationen aus Hinzufügungen, Wegnahmen und Veränderungen ausmale. (Nagel 2007: 264)

Dabei tritt die erstaunliche Fähigkeit, sich *überhaupt* in ein anderes Wesen einzufühlen, in den Hintergrund, so als wäre dies selbstverständlich und kein Problem. Betrachtet man dieses Phänomen genauer, dann scheint diese Fähigkeit, wie es sich *für mich* anfühlt, eine Fledermaus zu sein, nicht nur für das relativ exotische Wesen Fledermaus zu funktionieren, sondern für – ja, anscheinend eine unendliche Formenvielfalt realer oder fantastischer Wesen und Dinge: Wir können nicht nur für einen beliebigen Menschen angeben, wie sich sein Leben für uns anfühlt, wir können dies ebenfalls für fiktionale Gegenstände wie Figuren in Büchern, Filmen und Bildern oder Traumgestalten und für Gegenstände der Natur tun. Auch für nicht Gegenständliches oder Teile von Gegenständen ist dies möglich. Wir können uns in alles hineinversetzen und nicht nur das, wir können ihm eine Stimme geben und aussprechen, was es sagen würde, wenn wir es wären.[4] Es scheint zu gelten: *Solange ich mir vorstellen kann, dass X eine Geschichte hat, kann ich X gegenüber Empathie entwickeln.* Narration ist in der Empathietheorie Fritz Breithaupts (2009) eine zentrale Größe, mit der jegliche Empathie moduliert wird. Neben der eben beschriebenen unbeschränkten Möglichkeit und Potenz zur Empathie verfügen wir danach zu-

---

3 Auch in der postmodernistischen Debatte wird – etwa bei Levinas und Waldenfels – argumentiert, dass der Andere nie völlig verstanden werden könne. Insofern stellt dies sogar eine Radikalisierung dar, da das Nagel-Problem nicht nur für uns Unähnliche (wie beispielsweise Tiere), sondern auch für uns Ähnliche gilt. Diese Diskussion geschieht allerdings vor einem ganz anderen philosophischen Hintergrund und müsste daher eigens behandelt werden. Außerdem spielt es für die folgenden Überlegungen keine Rolle, da ein totales Verstehen in keinem Falle vorausgesetzt wird.
4 Können heißt aber nicht, dass wir dies auch immer tun wollen oder dürfen.

gleich über Praktiken der Einschränkung und Blockade von Empathie, die von kulturellen und persönlichen Faktoren bedingt ist und die eine wichtige Schutzfunktion (z. B. vor der Identifikation mit dem Anderen) einnimmt.

2.2 Empathie als Einfühlung

Wenn wir uns also auf diese Form der Empathie beschränken, die nicht von sich behauptet, andere Lebensformen tatsächlich erreichen, sondern ‚nur' erfassen zu können, wie es *für mich* ist, ein X zu sein, dann stellt sich die Frage nun erneut: *Wie gelingt es, eine andere Position als die eigene einzunehmen?* Wenn wir unseren Blick von der analytischen Philosophie weg und auch auf die philosophische Anthropologie hin gleiten lassen, so sehen wir, dass dort gerade diese in der analytischen Philosophie vernachlässigte, weil anscheinend zu triviale Frage zentral behandelt wird – nun allerdings als zentrales Merkmal des Menschseins überhaupt und Grundlage allen Verstehens und aller Hermeneutik. Nach Helmuth Plessner (1975) zeichnet das Menschsein im Unterschied zum Tier die so genannte „exzentrische Positionalität" aus. Mit dem Begriff der „exzentrischen Positionalität" ist ein Selbstverhältnis als eines Sich-Selbst-Erlebens gemeint, das zugleich die spezifische Möglichkeitsbedingung für das Menschsein formuliert. Dieses Sich-Selbst-Erleben geht damit über Empathieformen des Miterlebens (vgl. Breithaupt 2009; 2017) hinaus, die humane und animalische Empathie gleichermaßen beschreibt. Erst das menschliche Selbstverhältnis des Sich-Selbst-Erlebens ist die Basis für ein Hineinversetzen in ein Anderes, das über das strategische Berechnen von Verhaltenszügen hinausgeht und zu einer *Geschichte* wird. Der Mensch ist also mit diesem Selbstverhältnis zugleich ein narratives Wesen (vgl. Breithaupt 2009; Lüthe 2005). Durch die „exzentrische Positionalität" wird also überhaupt erst so etwas wie das Selbst-Erleben eines Anderen, wie es *für mich* ist, möglich. Für diese, über die nachahmende, animalische Empathie hinausgehende Form wurde auch der Begriff der „Einfühlung" geprägt (vgl. Stein 1980; Curtis & Koch 2008; zur Begriffsgeschichte vgl. auch Hermanns 2007). Diese Begründung der Empathie bzw. Einfühlung erklärt auch, warum sie nicht prinzipiell auf bestimmte Dinge oder Menschen beschränkt ist, sondern nur durch kontingente kulturelle, historische und soziale Einflussgrößen. Nun sind wir also mit der Annahme einer exzentrischen Positionalität in der Lage, Empathie gerade in ihrer spezifisch humanen Variante der Einfühlung zu rechtfertigen und können daher die Frage stellen, ob Maschinen grundsätzlich in der Lage sind, Gleiches oder doch Ähnliches zu tun.

2.3 Können Maschinen empathisch sein?

Wir können die Frage, ob Maschinen empathisch sein können, mit Bezug auf die Überlegungen zur exzentrischen Positionalität insofern beantworten, als Empathie im Sinne einer Einfühlung, d. h. eines Selbst-des-Anderen-Erlebens, immer an Menschen gebunden ist und aus dieser Sicht daher Maschinen zu keiner Empathie fähig sind. Doch wird in der Künstlichen-Intelligenz-Forschung oder generell im Ingenieurstum Autonomer Digitaler Systeme (ADS) dieser Anspruch überhaupt nicht erhoben, da man sich hier damit begnügt, dass Beobachter bzw. Interaktanten die Leistungen (in diesem Fall im Bereich der Empathie) von Mensch und ADS nicht mehr unterscheiden können. D. h. es geht hier weniger um Empathie als Einfühlung, sondern eher um kognitive Empathie, d. h. den Aufbau valider Projektionen über die Welt eines Anderen. Wir müssen daher unseren Empathiebegriff erweitern und können dies mit Bezug auf Hermanns (2007) im Folgenden auch in einfacher Weise tun.

2.4 Empathie als Miterleben

Mit der exzentrischen Positionalität konnte die Unterscheidung einer animalischen von einer spezifischen humanen Empathiefähigkeit (Einfühlung verstanden als das ‚Sich-Selbst-Erleben-eines-Anderen erleben (wie es für mich ist)‘) begründet werden. Animalisch soll wie vorhin eingeführt als weiter Begriff verstanden werden, der auch den Menschen in seinen animalischen Eigenschaften einschließt. Die animalische Empathie wurde in den letzten Jahren insbesondere von den Neurowissenschaften untersucht. Diese nachahmende Form der Empathie ist bei Tieren als eine somatisch-neuronale Resonanzbeziehung nachweisbar und ermöglicht ein einfaches Miterleben. Eine zentrale Voraussetzung ist die Co-Präsenz bzw. allgemeiner die Wahrnehmung von etwas, was dann nachgeahmt werden kann. Sowohl Hermanns (2007) als auch Breithaupt (2009; 2017) greifen die Diskussion um die so genannten „Spiegelneuronen" (Rizzolatti & Sinigaglia 2014) bzw. die „perception action coupling" (vgl. Breithaupt 2017: 34–38) auf. Kurz gefasst ist das Ergebnis dieser Forschungen, dass sich die neuronale Aktivität im Bewegungszentrum nicht nur bei eigenen Bewegungen, sondern auch bei Bewegungen, die bei anderen beobachtet werden, nachweisen lässt. Die Bewegungen des Anderen werden sozusagen im Gehirn des Beobachters ‚gespiegelt'. Daher wird in diesem Zusammenhang auch von den beteiligten Neuronen als so genannte „Spiegelneurone" gesprochen. Auch wenn diese neurowissenschaftlichen Ansätze sich mittlerweile von Affen auf Menschen verlagert haben und statt des Primatenstuhls MRT-Röhren zum Einsatz kommen, bleibt der Empathiebegriff doch auf der Schmalheit der nachahmenden Empathie reduziert, d.h. wenn vor den Augen einer Testperson eine schmerzvolle Situation aufgebaut wird, wird überprüft, ob sich Aktivitäten im Schmerzzentrum nachweisen lassen, um zu beweisen, dass Empathie vorliegt. Wie Hermanns (2007) zeigt, stellt die Nachahmung eines der zentralen Bestimmungsstücke für Empathie sowohl in Wörterbüchern als auch in den ersten philosophischen Arbeiten dar. Auch die spontane Hilfe würde noch unter die nachahmende Empathie fallen, auch wenn es keine Nachahmung im engeren Sinn ist, jedoch auf Nachahmung bzw. Miterleben beruht und daher eine *komplementäre Empathie* (Hermanns 2007: 136–137) darstellt.

Sowohl die geisteswissenschaftlichen als auch die neurowissenschaftlichen Befunde weisen nun darauf hin, dass diese Form der nachahmenden Empathie nicht willentlich getan wird, sondern ständig stattfindet, wir also von einem wechselseitigen empathischen Monitoring ausgehen können. Dieser ständige, wechselseitige Empathieprozess, der schon ab dem 10. Lebensmonat nachweisbar ist (vgl. Striano & Rochat 2000), wird in der Sozialpsychologie „social referencing" genannt (vgl. Staemmler 2009). Diese kulturwissenschaftlich und linguistisch interessanten empathischen Wechselbeziehungen zwischen zwei und mehr Personen kann das neurowissenschaftliche Setting derzeit nicht erfassen. Daher machen insbesondere kultur- und geisteswissenschaftliche Arbeiten deutlich, dass hierbei ein extrem verkürzter Empathiebegriff verwendet wird, mit dem die kulturwissenschaftlich interessanten Empathiephänomene nicht mehr erfasst werden können (vgl. Breithaupt 2017: 38–43).

Wir können also festhalten, dass die neurowissenschaftlich basierten Theorien eine wichtige Dimension der Empathie erschließen, nämlich dass es eine somatisch-neuronale Ebene der Empathie gibt, die nur sehr begrenzt willentlich kontrollierbar ist, und die als ein ständiges, nichtbegriffliches Auf- und Miteinanderreagieren einen wesentlichen Teil unseres Beisammensein und unseres gemeinsamen Kommunizierens ausmacht.

2.5 Kognitive Empathie und Narration

Wie Breithaupt (2009) herausgearbeitet hat, ist auch die nachahmende Empathie durch das Moment der Narration beeinflussbar, d.h. dass die Art der Narration über eine Person den entscheidenden Steuerungsparameter für die Art der Empathie für diese Person darstellt. Neben der somatischen Ebene im engeren Sinn spielt daher nach Hermanns (2007: 136) auch die kognitive Ebene eine wichtige Rolle. Die willentliche Beeinflussung und damit die kognitive Ebene von Empathie wird auch in der Schulbarkeit von empathischem, kommunikativen Handeln bis zur Professionalisierung deutlich, wie wir es von den ‚Empathieberufen' wie Therapeuten, Lehrern, Verkäufern, Schauspielern u.a. kennen.

Durch diese Berufe wird auch sichtbar, dass Empathie zu einem großen Teil schlussfolgernde, projektive Antizipation darstellt, nach Hermanns (2007: 136) also eine „kognitive Empathie" vorliegt. Diese Projektion ist umso genauer, je mehr Wissen über den Anderen vorhanden ist, insbesondere über seine Lebenswelt, seine Gefühlswelt, seine Werte, Wünsche, Hoffnungen und Ängste. Die kognitive Empathie kann nach Hermanns (2007: 139) tief sein oder flach:

> Wenn sie tief ist, besteht sie in einem *intensiven* und gewissermaßen *ausführlichen* Miterleben oder Nacherleben von Gedanken und Gefühlen eines Anderen. Bei den flachen Empathien versetzt man sich etwa nur in dessen Rolle, gemäß den Stereotypen, die man davon hat, so dass ein einfühlsames individualisierendes Empathisieren ausbleibt. (Hermanns 2007: 139; Hervorhebungen i. O.)

Selbst bei stark stereotypisierenden Projektionen findet nach Hermanns ein ‚Mitvollziehen und Antizipieren' statt (Hermanns 2007: 139). Antizipation erfordert kommunikativ aber Ratifikation/Bestätigung, d. h. der Andere kann uns kommunikativ zu erkennen geben, ob und auch in welcher Hinsicht unsere Projektion über ihn zutrifft oder auch nicht. Wenn diese Bestätigung ausbleibt, falsch gedeutet oder übergangen wird, gerät der Kommunikationsprozess schnell außer Kontrolle und kann zum Abbruch führen, da dann die Konversationsmaximen der Qualität (Grice 1979: 249) verletzt werden: „Ich erwarte, daß du wirklich etwas beiträgst, und nicht bloß so tust" (Grice 1979: 251). Im Gespräch kann dies explizit durch ratifizierendes Nachfragen erforscht werden, wozu eine Vielzahl von Ressourcen genutzt wird, wie Pfänder & Gülich (2013) und Kupetz (2014; 2015) gezeigt haben. Dabei hat der Andere in normalen Alltagssituationen stets das Recht, eine Frage zu verweigern und so einen Bereich der Privatheit abzugrenzen und zu schützen.

3 Empathie im Digitalen

3.1 Empathische Maschinen

Betrachtet man nun die Kommunikation in sozialen Netzwerken, dann ist es genau die zuletzt genannte Schutzfunktion, die aufgegeben wird. Diese Grenze der Preisgabe von Privatheit ist nun aber Bestandteil jeder AGB, den Allgemeinen Geschäftsbedingungen von sozialen Netzwerken und damit Voraussetzung für deren Nutzung, sodass die Frage auftaucht, warum viele Menschen einen enormen Teil ihrer Privatheit Unternehmen überlassen, obwohl sie dies in Alltagsgesprächen sonst nie tun würden. Wir erhalten somit eine Situation, dass die Anbieter sozialer Medien oder von ADS über private Informationen verfügen, die ein Gesprächsteilnehmer in einer natürlichen Kommunikationssituation gegenüber ihnen fremden Menschen niemals preisgeben würde. Insofern, d. h. im Hinblick auf die kognitive Empathie, ist es daher für ADS ebenso wie für Anbieter von sozialen Netzwerken durchaus möglich, *digitale Empathie als Dienstleistung* anzubieten.

Insofern kann der erste Teil der Arbeitshypothese in modifizierter Weise beantwortet werden: ADS können nicht empathisch im Sinne einer Einfühlung sein, wohl aber empathisches Verhalten im Sinne der somatischen und kognitiven Ebene zeigen, indem sie private, persönliche somatische und Verhaltensdaten aufzeichnen und auf algorithmischer Basis in Bezug auf das erforschte Individuum interpretieren. Diese Formen des Zusammenspiels von menschlichem, kommunikativem Verhalten im Netz und Algorithmen wird derzeit hauptsächlich aus politisch-aktivistischer Ebene, z. B. unter dem Begriff der „Filterblase" (Pariser 2012), diskutiert, empirisch sind sie aber noch kaum aufgearbeitet und damit ein interessantes Forschungsfeld im Bereich Kulturwissenschaft – Informatik. Dabei greift die Metaphorik der Filterblase viel zu kurz, da sie aus dem Bereich der personalisierten Websuche stammt. Der Begriff der digitalen Empathie könnte hier weiter führen.

3.2 Probleme empathischer Kommunikation im Digitalen

Betrachten wir die Kommunikation menschlicher Kommunikationspartner im Digitalen unter dem Blickwinkel des diskutierten Empathiebegriffs, dann fallen gerade in den sozialen Medien zentrale Elemente der Empathie im Alltagsgespräch weg, insbesondere das stetige, wechselseitige, multimodale Monitoring in der Co-Präsenz. Zwar findet eine Art Monitoring statt, jedoch unterscheidet sich dieses deutlich von dem in Alltagsgesprächen:

> Es kann wenig Zweifel daran bestehen, dass Menschen digitale Medien und Bildschirme benutzen, um Kontakte zu anderen Menschen herzustellen und auf diese Weise Weltbeziehungen zu sichern. Wenn wir in unserem E-Mail-Account nach neuen Nachrichten suchen, uns bei Facebook über neue Freunde oder bei Twitter über Follower freuen, wenn wir prüfen, ob unsere letzten Postings oder Blogeinträge zu Reaktionen in Form von Kommentaren oder ‚Likes' geführt haben, ob unsere Homepage angeklickt wurde oder sich unsere Bücher oder Schallplatten verkauft haben, dann geht es uns im Kern immer auch darum, in der Welt gemeint, gesehen, angesprochen, berührt zu werden und in Verbindung zu sein. In diesem Sinne haben digitale Medien ohne Zweifel den Charakter von Resonanzachsen. So ist es kein Wunder, dass wir bei jedem Vibrieren des Smartphones in der Tasche zusammenzucken, denn jede eingehende Nachricht stellt eine ‚Weltanrufung' dar. Erstaunlich ist indessen, dass alle diese großen und kleinen Resonanzsignale keine Nachhaltigkeit zu entfalten scheinen: Wie nahezu jeder Surfer und Blogger und Twitterer, ja jeder PC- oder Smartphone-Nutzer weiß, scheint die Halbwertszeit der digita-

len Resonanzvergewisserung umgekehrt proportional zur wachsenden Menge der einge-
henden Resonanzsignale zu schrumpfen, was zu einem suchtförmigen, steigerungsorien-
tierten Verhalten führt: Wir müssen uns in immer kürzeren Abständen über die Zahl
unserer Freunde, unsere Wahrnehmbarkeit in der Welt und die Intaktheit unserer SMS-
und E-Mail-Kanäle vergewissern, und wir fühlen uns vergessen in einer indifferenten
Welt, wenn der Strom der Resonanzsignale auch nur vorübergehend abebbt oder gar ab-
reißt. (Rosa 2016: 159)

Für den Bereich der sozialen Medien lässt sich Hartmut Rosa sicherlich zustim-
men, jedoch ist das Digitale umfassender. Schließt man digitale Kommunikationsformen wie Videokonferenzen ein, dann ist dies sicher anders zu bewerten.
Die punktuelle Nutzung und die größere Fülle von Empathie ermöglichen den
Ausdrucksressourcen wie Mimik, Gestik oder Prosodie eine ganz andere Art der
Nutzung. In sozialen Medien werden die Verluste dieser Ausdrucksressourcen
durch neue visuelle Mittel teilweise kompensiert, etwa durch das Verwenden
von Emojis.[5] Aber auch ohne Emojis kann der Verlust des Monitorings, ausgegli-
chen werden, denn was in allen sozialen Medien bleibt, ist die kognitive Ebene
und die Narration. Um die verlustig gegangenen Ausdrucksressourcen körperli-
cher Ko-Präsenz auszugleichen, müsste allerdings ein relativ aufwändiger Prozess einsetzen, in dem die Kommunikationsteilnehmer sehr sorgfältig die eigenen Projektionen durch Nachfragen beim Anderen überprüfen: Was will er oder
sie, wer ist das, was motiviert ihn, wie sind seine Äußerungen zu verstehen?
Liege ich mit meinen Vermutungen richtig? etc. Doch genau dies – und darauf
lassen sich die öffentlichen Diskussionen beziehen – wird in der Regel nicht
getan. Vielmehr lässt sich beobachten, dass Konflikte sehr schnell in eine Ste-
reotypenbildung über den Anderen übergehen, und die Diskussion dreht sich
dann darum, wer mit seiner Hypothese über den Anderen Recht hat. Nach Fritz
Breithaupt (2009) liegt hier eine Form der „Empathieblockade" vor, die man in
diesem Fall auch als *trollartiges Kommunikationsverhalten* bezeichnen kann. Ein
‚Troll' ist ein kommunikativ-typisierender Begriff des Alltagswissens über das
Internet und bezeichnet eine (in der Regel anonymisierte) Person in sozialen
Netzwerken, die ihre Kommunikationsbeiträge von vornherein nicht auf eine
ernsthafte Diskussion anlegt, sondern darauf, andere zu provozieren und den
so entstandenen Konflikt möglichst emotional zu intensivieren, um die Diskussion schließlich zum Abbruch zu führen. *Trollartiges Kommunikationsverhalten*
meint dann das Kommunikationsverhalten derjenigen Netz-Interaktanten, die
sich zwar nicht mit der genannten *Absicht* des Kommunikationsabbruchs in
eine solche Diskussion einbringen, deren Verhalten aber genau zu diesem Er-

---

5 Emojis können natürlich nicht auf diese Funktion reduziert werden, da sie auch einen nicht
reduzierbaren Eigenwert besitzen.

gebnis, d. h. zu dem von Grice (1979) beschriebenen Zusammenbruch der Kommunikation führt. Inwiefern sich hier ein *Echokammer-Effekt*, eine meditatisierte Form des Gruppendenkens (vgl. Turner & Pratkanis 1998), bemerkbar macht, wäre ein Feld zukünftiger Forschung. Dabei erscheinen die Echokammern aus der Perspektive digitaler Empathie nicht nur als ein Raum für das Verstärken von Gruppendenken, sondern vor allem für das *Miterleben*, d. h. das *Gruppenerleben*.

3.3 Empathieblockade und Kommunikationsabbruch in sozialen Medien am Beispiel von YouTube-Kommentaren

Ein Beispiel soll diesen Zusammenhang illustrieren. Ausgangspunkt ist der satirische Beitrag, ein ‚Imagefilm' für die katholische Kirche der Kabarettistin Carolin Kebekus, der vom WDR beauftragt, aber nicht ausgestrahlt und schließlich von der Autorin auf der Plattform YouTube veröffentlicht wurde (Kebekus 2013). Auf der YouTube-Plattform können die dort veröffentlichten Filme kommentiert werden, die Kommentare können dann wieder von anderen Nutzern mit Antworten und auch diese wiederum mit weiteren Antworten versehen werden. Es folgt ein Auszug aus dem ‚antwortstärksten' Kommentar-Antworten-Komplex zur Kommentatorin Phryzzle mit insgesamt 127 Antworten. Alle Zitate stammen aus Kebekus (2013, Stand 12. 12. 2015):

Phryzzle nimmt in ihrem Kommentar auf einen bereits laufenden Diskurs Bezug, ob das satirische Video von Kebekus religiöse Gefühle verletzt und nimmt dabei die Position ein, dass man als Christ nicht nur nicht verletzt sein muss, sondern sich sogar darüber amüsieren kann und darf. Es handelt sich um ein Evidenz-Existenz-Argument, bei dem die Autorin auf sich selbst als Beleg für die These verweist und die Schlussfolgerung, die als rhetorische Fragen präsentiert werden, damit plausibel macht:

> Phryzzle vor 1 Jahr:
>
> Bin Christin und kann darüber lachen XD
>
> Hier hat sich sogar jemand richtig Mühe gegeben bei den Texten und bei der Performance. Es werden allgemeine Klischees bedient – wie es eben bei anderen Themen üblich ist. Warum dann nicht auch die katholische Kirche ein bisschen verarschen? Wo ist das Problem? Super gemacht! :D

Darauf antwortet Nutzer OpenGL4ever, indem er zunächst Phryzzles rhetorische Frage „Wo ist das Problem?" als echte Frage interpretiert und in einem Satz beantwortet, um sogleich Phryzzle ad personam zu attackieren und zwar in ihrer Glaubwürdigkeit als Christin. Somit scheint sie Aussagen wie *Ich bin Chris-*

tin. gar nicht machen zu können, da OpenGL4ever eine zweite Kategorie von Christen einführt, die „Papierchristen", die nur scheinbar Christen sind, aber nicht Christen aus der Sicht von OpenGL4ever, welche sich vor allem durch Bibelfestigkeit auszeichnen:

OpenGL4ever vor 1 Jahr (bearbeitet):

Das Problem ist die Sünde aufgrund von Gotteslästerung. Ich denke auch eher, dass du zu den Papierchristen gehörst (sprich Christ oder ähnliches steht im Reisepaß), aber ob du jemals die Bibel gelesen hast, das sollten wir mal prüfen.

Phryzzle bemerkt und thematisiert diese diskriminierende Kategorisierung und springt dabei auf diese Provokation mit einer emotionalisierten Entgegnung („Aha, jetzt wird also schon", „soso") an:

Phryzzle vor 1 Jahr

Aha, jetzt wird also schon zwischen ‚echten' und ‚unechten' Christen unterschieden, soso. Als ob es darauf ankäme, was für ein Christ ich deiner Meinung nach bin ...

Ist es wirklich Gotteslästerung, wenn man die Institution Kirche hinterfragt? Und nein, es steht nicht in meinem Reisepass drin, dass ich Christ bin – ich habe keinen Reisepass :P

Aber ich bin überzeugt, dass

1. es nicht darauf ankommt, ob man die Bibel zu 100 % oder 50 % gelesen hat, um ein guter Christ zu sein (sonst wären alle Kinder ja keine Christen, aber in der Bibel steht da ja, wie du sicher weißt, etwas anderes).
3. es nur auf den Glauben ankommt und nicht darauf, was und wie viel man in der Bibel gelesen hat. Ja, man braucht die Grundkenntnisse, aber die bekommt man auch woanders gelehrt. Außerdem kann jeder Depp die Bibel lesen, aber sie verstehen und mit dem Herzen dabei sein nicht.
3. Gott ein liebender Gott ist und diese ‚Sünde', wenn es denn überhaupt eine ist, vergeben werden kann durch Jesus. Dafür ist er ja schließlich gestorben! Klar, man muss bereuen und dieses Geschenk annehmen, aber das ist eine andere Geschichte.

Dabei hinterfragt sie mehrfach das von OpenGL4ever vorgebrachte Kriterium der Bibelfestigkeit für ‚echte' Christen (z. B. „in der Bibel steht da ja, wie du sicher weißt") und versucht sogar, das Argument gegen OpenGL4ever zu kehren, wobei sie durch die implizite Kategorisierung von OpenGL4ever zur Kategorie der „Deppen", die Bibel lesen, aber sie nicht verstehen („Außerdem kann jeder Depp die Bibel lesen, aber sie verstehen und mit dem Herzen dabei sein nicht.") nun ihrerseits OpenGL4ever durch Abwertung provoziert.

OpenGL4ever vor 1 Jahr:

+Phryzzle

Es wurde schon immer zwischen Menschen die schwach im Glauben sind als auch zwischen Menschen, die stark im Glauben sind unterschieden und es gibt auch Unterschiede darin, wie gut man seine eigene Religion kennt. Es gibt sogar Heuchler, wie in der Bibel nachzulesen ist. Das Problem mit der Unkenntnis bezüglich der Bibel ist, dass man dann nicht genau weiß, was eigentlich der Glaubensinhalt ist und wie man leben soll. Da kommen dann Irrlehren zustande, weil die Menschen ein Fehlverständnis vom christlichen Glauben haben. Die stellen dann ihren eigenen Glauben zusammen, was ihnen gerade beliebt, aber so funktioniert das nicht. Beispiel. Erst Gestern durfte ich mal wieder von solchen uninformierten Menschen die sich Christen nannten lesen, dass man andere Religionen tolerieren solle, weil ja Christ sein Liebe bedeutet. So in etwa nach der Argumentation ging das. Dass es allerdings im 1. Gebot Gottes heißt, dass man keine anderen Götter neben sich haben soll und es nur einen Weg zu Gott gibt und damit Nächstenliebe bedeutet, dass man die anderen aufgrund von falsch verstandener Toleranz nicht das Evangelium vorenthalten solle, das hat von denen keiner verstanden. Die Toleranz gilt also nur gegenüber den Menschen, nicht aber gegenüber den Irrlehren. Wer Nächstenliebe wirklich lebt, der will nicht, dass seine Schwester und sein Bruder in die Hölle kommen, nur weil die einer Irrlehre folgen. Also kann man diese Irrlehre auch nicht tolerieren, sondern man muss Bruder und Schwester darauf hinweisen, dass sie auf dem Irrweg sind. Diesen feinen Unterschied kennt man, wenn man die Bibel kennt, deswegen ist es sehr zu empfehlen, diese auch zu lesen anstatt sich irgendetwas auszudenken, wie es einem gerade so beliebt.

Auch solltest du mal besser auf den Text achten den sie singt, wo sie z. b. sagt „Jesus ist der Shit", zu Deutsch „Jesus ist die Scheiße". Das IST Gotteslästerung und so geht das den ganzen Text durch. Man versündigt sich gegenüber Gott auch schon dadurch, in dem man andere den Glauben sowie die, die den Glauben vermitteln, madig macht.

Hättest du z. b. die Bibel gelesen, dann würdest du z. B. diese Stelle kennen: „Mt 18,7 Wehe der Welt mit ihrer Verführung! Es muss zwar Verführung geben; doch wehe dem Menschen, der sie verschuldet." Und was meinst du, was sie mit ihrem Video macht? Sie bringt mit ihren Hetzvideo tausende Menschen vom Glauben ab.

Aber ich sagte ja bereits, du kennst die Bibel nicht und das ist ein Problem in deiner Urteilsfähigkeit bezüglich dem Video und der Gefahr, zu der dieses Video für viele Menschen führen kann.

Es ist daher auch nicht verwunderlich, dass gerade die, die die Bibel sehr gut kennen, auch die sind, die dieses Video respektlos und schlecht halten. Sie wissen ganz genau warum, im Gegensatz zu denen, bei denen der Glaube und das Wissen hinter dem Glauben nur schwach ist.

Zu 3. Es wird nicht jede Sünde vergeben. Würdest du die Bibel kennen, dann würdest du das wissen.

Die nächste Interaktion ist bereits der Kommunikationsabbruch:

Phryzzle vor 1 Jahr (bearbeitet):

+OpenGL4ever

Ok, DU bist eindeutig auf dem Weg der Irrlehre. Gute Besserung! Möge Gott dir auf deinem schwierigen Weg der Erkenntnis helfen. Amen

OpenGL4ever vor 1 Jahr:

+Phryzzle

Na wenn du nicht mehr zu bieten hast..

In diesem ‚einvernehmlichen Kommunikationsabbruch' findet zwar auf der einen Seite ein Schlagabtausch über Religion und Satire statt, auf der anderen Seite geht es aber hauptsächlich darum, wer überhaupt berechtigt ist, über Religion zu sprechen und die Glaubwürdigkeit des Anderen zu diskreditieren, ohne den Versuch einer Verständnissicherung zu unternehmen.

Empathieblockade, Provokation durch Abwertung und diskriminierende Kategorisierung und Kommunikationsabbruch oder zunehmende beleidigende Eskalation sind häufig anzutreffende kommunikative Praktiken in sozialen Medien. Dies ist jedoch nicht in allen neuen Medien so, denn das Netz bildet ebenfalls den Raum für utopische Gemeinschaftsprojekte.

3.4 Utopie der Empathie

Neben den angesprochenen Problemen von Empathie-Verlust und Hasskommunikation im Netz wird häufig übersehen, dass soziale Medien unter bestimmten Bedingungen die Empathie auch fördern können. Dann kann ein Austauschen und Erweitern im Sinne von McLuhans Metapher vom globalen Dorf entstehen (vgl. McLuhan & Powers 1995). Es handelt sich dann um ein „Weltweitwerden" (Derrida 2001) bei dem auch empathische virtuelle Gemeinschaften entstehen können. Sie scheinen eher zu gelingen, wenn es zu einer Gemeinschaftsbildung kommt, die auch außerhalb des Netzes durch Treffen stattfindet, wie Stegbauer (2005) am Beispiel von Wikipediaaktivisten zeigen konnte. Je mehr diese Eigenschaften fehlen, desto schneller, so könnte man die Arbeitshypothese modifizieren, entstehen aggressive Konflikte, die sich nicht mehr auflösen lassen und einen Zusammenbruch der Kommunikation nach Grice (1979) nach sich ziehen.

Neben den großen Allmendeprojekten wie *Wikipedia*, *Creative Commons* oder *Pixabay* entstehen auch Projekte, die darauf abzielen, empathische Fähigkeiten zu vertiefen. Dazu zählen die Projekte von ImmersiveJornalism (2013) und BeAnotherLab (2013). Im so genannten *immersiven Journalismus* werden Techniken der virtuellen Realität nutzbar gemacht, um sich in verschiedene Perspektiven von Personen, über die journalistisch berichtet wird, buchstäblich hineinversetzen zu können. Im genannten Beispiel wird über den Zusammenbruch eines Mannes in einer Warteschlange in Los Angeles berichtet. Zum O-Ton der journalistischen Quelle wird eine visuelle Welt als virtuelle Realität programmiert, die dann steuerbar ist, indem der Nutzer dieselbe Szene nun aus verschiedenen Perspektiven der beteiligten Personen ‚erleben' kann (vgl. ImmersiveJornalism 2013).

Um das Hineinversetzen geht es ebenfalls im Projekt *Gender Swap* der Künstlergruppe BeAnotherLab (2013). Hier sitzen 2 Personen, ein Mann und eine Frau, Rücken an Rücken, wobei sie entsprechende Kamerahelme tragen.

Dadurch erscheint es nun dem männlichen Teilnehmer so, als habe er den Körper der hinter ihm sitzenden Frau und entsprechend sieht sich die weibliche Teilnehmerin als Person mit Männerkörper. Diese Art von grundsätzlichem Perspektiventausch ist etwas, das unser Alltagsverständnis des Anderen erweitert. Damit bietet das Digitale auch Möglichkeiten, die die menschliche Empathiefähigkeit vertiefen.

3.5 Überwachen und Strafen und die Ökonomie der Empathie

3.5.1 Die Digitalisierung des Privaten

Ein Traum von Warenproduzenten ist es, in die Menschen hineinschauen zu können, was für Bedürfnisse, Ängste und Hoffnungen sie haben, nicht, um diese zu erfüllen, sondern um herauszufinden, welche Produkte hergestellt werden müssen, damit eine möglichst große Gewinnspanne entsteht. Empathie hat daher im Verkauf immer schon eine zentrale Rolle gespielt. Eine in ökonomischer Sicht optimale Empathie wäre es daher, jeden einzelnen Menschen bei seinen alltäglichen Handlungen vom Aufstehen bis zum Zubettgehen, am besten auch beim Schlafen und in seinen Träumen, rund um die Uhr zu beobachten und aufgrund einer Auswertung von sämtlichen Daten möglichst vieler, wenn nicht aller Menschen ‚passende‘ Produkte zu entwickeln. Die Digitalisierung im 21. Jh. setzt eine Reihe von Medien frei, die zu einer Digitalisierung des Privaten führen, d. h. zunächst einer eigenen, lokalen und privaten Speicherung privater Daten. Diese privaten Daten werden nun in vielfacher Weise potenziell oder manifest öffentlich: Zum einen führt der Anschluss an das Internet dazu, dass die privaten, lokal gespeicherten Daten professionalisierten Datenagenten zugänglich werden, zum anderen werden durch das Akzeptieren und Nutzen neuer Äußerungsformate wie Blogs oder soziale Medien etc. private Daten öffentlich gemacht. Die Nutzung dieser neuen Formate ist zumeist an die Bedingung der Verfolgung der Aktivitäten seiner Nutzer in diesem System, teilweise auch außerhalb dieses Systems gebunden, sodass der ökonomische Traum von einer völligen Transparenz der Bürger und damit potenzieller Kunden auch in ihren intimsten Einzelheiten in großen Teilen Wirklichkeit geworden ist. Hier entstehen neue Geschäftszweige, Händler des Begehrens, die das private Wissen der Alltagsmenschen sichern und verkaufen. Das Überwachen wird hier legitimiert mit dem Mythos des guten und ehrlichen Fabrikanten und Unternehmers, der dieses Wissen um das Privatleben der Millionen und Milliarden Bürger nicht ausnutzt, sondern nur dazu verwendet, um Produkte zum Wohl der Allgemeinheit zu entwickeln, damit der Einzelne ein ‚besseres‘ und ‚glücklicheres‘ Leben führen kann. Diese Figur des ‚guten Herrschers' findet sich auch bei der Legitimierung der Einschränkung individueller Freiheit, wie dies bereits bei der Entstehung des modernen Staates bei Thomas Hobbes bekannt ist. Die von Foucault (1994) beschriebene Umstellung des Strafsystems von den peinigenden Strafen zu einem bürgerlichen Strafsystem der Kontrolle, das sich dann in allen Feldern und Aspekten der Gesellschaft wie Schule, Literatur oder Wissenschaft zeigen lässt, erhält durch die Digitalisierung ein neues Momentum, da jede digitale Spur eines Einzelnen, jede Aufzeichnung privater Alltagsregungen Teil eines globalen Aufzeichnungs- und Überwachungssystems werden kann. Die Preisgabe privater Informationen über das private Leben hat somit zur Konsequenz, dass Maschinen-Empathie gegenüber Menschen immer auch deren Beobachtung und Überwachung bedeutet. Dies gilt nicht nur für soziale Netzwerke, sondern gerade auch für die neu entstehenden ‚empathischen Maschinen' wie *Wearables* oder das *Internet der Dinge*. Diese sammeln durch ihre immer ausgeklügelteren Sensoren und Algorithmen immer intimere Daten über privates wie öffentliches Verhalten, Emotionen und Charakter und können menschliche empathische Praktiken nicht nur simulieren, sondern sogar übertreffen, da sie über ‚harte' somatische Daten wie Herzfrequenzen bei Anstrengung, körperliche Fitness und Belastbarkeit etc. verfügen – Empathie geht hier in ein Aushorchen in der Erscheinung von Empathie über. Diese digitalen, empathischen Praktiken sind damit ambivalent, da sie auch Teil eines Überwachungsdispositivs sind, ein, wie Zygmunt Bauman und David Lyon im Anschluss an Michel Foucault (1994) meinen, *‚Panoptikon 2.0'* (vgl. Bauman & Lyon 2014: 70–97). Das so genannte *Internet der Dinge* besitzt also zugleich auch das Potenzial für ein *Panoptikum der Dinge*, also als ein dezentrales, aber allumfassend vernetztes Beobachtungs- und Überwachungssystem. Dieses Potenzial des dezentral im Privaten verteilten Panoptikums 2.0 machte sich der Staat – wie durch die Snowden-Enthüllungen bekannt wurde – bereits früh parasitär zu Nutze. Nach und nach wurde dann mit dem Verweis auf ‚Cyberkriminalität', ‚Terrorismus' und andere als besonders verwerflich angesehene Straftaten der Sicherheitsdiskurs aktiviert und die Überwachung auch offen mit Techniken wie ‚Vorratsdatenspeicherung', ‚Staatstrojanern' oder ‚Keytrackingsoftware' implementiert (vgl. Schirrmacher 2015).

3.5.2 Digitale Selbstempathie als Selbstkontrolle

Die Überwachung und (Selbst-)Kontrolle geht damit von den Produktionsstätten in den Privatbereich über. Besonders interessant sind die Programme („Apps"), die auf eine Steigerung der körperlichen und geistigen Fitness ausgerichtet und damit auf Erhaltung der Arbeitskraft ausgerichtet sind.

So heißt es in der Beschreibung der „Apple Watch" (Apple 2013) für den Bereich „Gesundheit und Fitness":

> Fitness bedeutet nicht nur joggen, Fahrrad fahren oder ins Fitnessstudio gehen. Es geht darum, den ganzen Tag über aktiv zu sein. Deswegen misst die Apple Watch all deine Bewegungen. Egal, ob du mit dem Hund rausgehst, Treppen steigst oder mit deinen Kinder [sic!] spielst. Sie merkt sich sogar jedes Mal, wenn du aufstehst. Und motiviert dich, weiterzumachen. Denn alles zählt. (Apple 2013)

Betrachtet man dieses Statement unter dem Gesichtspunkt der Ambiguität von kognitiver Empathie und Überwachung, dann stellen die Apple Watch und andere Smart Watches einen wesentlichen Teil des eben genannten Panoptikums 2.0 dar. Aus diesen Daten generiert die „Aktivitätsapp" dann nicht nur eine empathische Resonanz in visuell-sprachlicher Form (beschriftet, dynamische Kreise, „Ringe"), sondern auch im Sinne einer komplementären Empathie Rat und Motivation:

> Die Aktivitätsapp zeigt dir deine tägliche Aktivität in einer einfachen Grafik – an drei Ringen kannst du alles ablesen, was du wissen musst. Der Ring ‚Stehen' zeigt dir, wie oft du aufgestanden bist, damit du nicht die ganze Zeit sitzt. Der Ring ‚Bewegen' zeigt, wie viel Kalorien du aktiv verbrannt hast. Und ‚Trainieren' die Minuten, die du dich zügig bewegt hast. Das Ziel? Jeden dieser Ringe jeden Tag schließen. Selbst wenn du tagsüber immer wieder aktiv bist, ist langes Sitzen nicht gut für deine Gesundheit. Die Apple Watch spürt, wenn du aufstehst und dich etwas bewegst – und rechnet dir das an. Wenn du fast eine Stunde gesessen hast, erinnert sie dich daran, mal wieder aufzustehen. Und der Ring schließt sich, wenn du am Tag in 12 verschiedenen Stunden je einmal aufgestanden bist und dich wenigstens eine Minute lang bewegt hast. Das klingt vielleicht nicht nach viel, aber weniger sitzen kann deine Gesundheit entscheidend verbessern. (Apple 2013)

Das Programm tritt wie ein persönlicher Trainer mit Du-Anrede auf, der sich um die Gesundheit und Fitness des Nutzers kümmert:

> Die Apple Watch kann dir jede Woche ein tägliches Bewegungsziel vorschlagen und dir – basierend auf den letzten Werten – empfehlen, wie viele Kalorien du pro Tag aktiv verbrennen solltest. Sobald dein persönliches Ziel für den Tag erreicht ist, schließt sich der Ring. Du kannst die Zielvorgabe auch nach oben oder unten korrigieren, bis es für dich passt. Nimm dir für jede Woche kleine Verbesserungen vor, dann machst du am ehesten Fortschritte. Jede Aktivität, die mindestens zügigem Gehen entspricht, gilt als Training. Und die Apple Watch registriert, wie viel du davon am Tag machst – auch außerhalb des regulären Workouts. Der Ring schließt sich, wenn du das allgemein empfohlene Ziel von 30 Minuten Training pro Tag erreicht hast. Und du musst nicht einmal alles am Stück machen. So ist es einfacher, Bewegung in deinen Tag zu integrieren. Beim Ausdauertraining zeigt dir die Workout App Echtzeitstatistiken zu Dauer, Entfernung, Kalorien, Schritten und Geschwindigkeit für eine Reihe der beliebtesten Indoor- und Outdoor-Aktivitäten. Und weil die Apple Watch wassergeschützt ist, brauchst du dir wegen Schweiß oder Re-

gen keine Gedanken zu machen. Wähl einfach deine Trainingsart aus und die Apple Watch aktiviert die richtigen Sensoren. Wenn du fertig bist, bekommst du eine ausführliche Zusammenfassung, und jedes Training zählt am jeweiligen Tag für deinen Aktivitätsring. Während des Trainings motiviert die Apple Watch dich, indem sie dir mitteilt, dass du z. B. einen weiteren Kilometer oder schon die Hälfte geschafft hast. So bleibst du an deinen Zielen dran. Ob du gehst, läufst, Fahrrad fährst oder Fitnessgeräte benutzt – die Apple Watch weiß, wie sie dich beim Sport motiviert. Sie hilft dir, Ziele zu setzen, verfolgt deinen Fortschritt, sagt dir, wenn du ein Zwischenziel erreicht hast, und zeigt dir nach dem Training eine vollständige Zusammenfassung. So kannst du dein letztes Training schlagen oder deine Bestleistung verbessern.

Eher an die Zeiten der Sowjetunion erinnert das Belohnen, wenn Ziele erreicht sind. Hier wird eine „Medaille" ‚überreicht', die man „mit Freunden teilen" kann:

> Wenn du eine persönliche Bestleistung oder ein großes Ziel erreicht hast, feiert die Apple Watch mit dir. Für jeden Erfolg erhältst du eine personalisierte Medaille, die du mit Freunden teilen kannst. (Apple 2013)

Die Apple Watch speichert aber nicht nur die Bewegungsprofile der Nutzer auf ihren Servern, sondern auch andere gesundheitsrelevante Parameter wie die Herzfrequenz:

> Verfolg deine Herzfrequenz mit dem Herzfrequenzmesser der Apple Watch. Außerdem bekommst du in Echtzeit Daten wie zurückgelegte Strecke, Höhenunterschied und durchschnittliche Geschwindigkeit. [...] Der Herzfrequenzmesser der Apple Watch misst deine Herzfrequenz, während du trainierst, und hilft dir so, die Intensität deines Trainings festzustellen und die Messergebnisse deines aktiven Kalorienverbrauchs zu verbessern. (Apple 2013)

Diese somatisch-physischen Daten werden verschiedentlich genutzt, etwa um das Gewicht der Nutzer zu kontrollieren:

> Der Beschleunigungssensor der Apple Watch misst all deine Körperbewegungen, um die Kalorien zu ermitteln, die du am Tag verbrannt hast. Er registriert physische Bewegungen jeder Art – egal ob du einfach nur aufstehst, im Büro herumläufst oder zum Bus sprintest. Die Apple Watch verwendet nicht nur ihren Beschleunigungssensor, sondern auch das GPS deines iPhone, um bei Outdoor-Trainings wie Walken, Joggen und Radfahren die Entfernung und Geschwindigkeit von Workouts genauer zu messen. (Apple 2013, Unterverz. /healthand-fitness)

Hierzu werden weitere Programme (Apps) angeboten, die die Überwachung nun auf das Ernährungsverhalten und die geistige Gesundheit ausdehnen. So wird zum Programm „Lifesum" ausgeführt:

Behalte ganz einfach den Überblick, wie viel du am Tag gegessen und getrunken hast. Lifesum gibt dir nach dem Essen Feedback, um das richtige Essen und die richtige Menge für die nächste Mahlzeit zu wählen. Die App kann dir sogar sagen, welche Nahrungsmittel du vermeiden solltest. Und im Lauf des Tages kann sie dir Erinnerungen senden, damit du dich bewegst und motiviert bleibst. (Apple 2013, Unterverz. /apps)

Zum Fitnesstrainer gesellt sich nun also noch der Ernährungsberater und mit dem Programm „Pocket Yoga" schließlich noch der Yogalehrer:

Wenn du mit deinem iPhone Yoga machst, zeigt Pocket Yoga dir ein Bild der aktuellen Yoga Position, ihren Namen, wie viel Zeit noch übrig ist und die verbrannten Kalorien. Und du kannst jede Sequenz direkt von deiner Apple Watch anhalten und von vorn abspielen. (Apple 2013, Unterverz. /apps)

Die Überwachung der Arbeitszeiten ist ebenso möglich, etwa mit dem Programm „Invoice2go Plus":

Verwalte deine Arbeitszeit genauer als je zuvor. Wenn du bei der Arbeit ankommst, weist dich Invoice2go dank Geofencing darauf hin, die Zeit mit dem iPhone festzuhalten. Du kannst deine Zeiten auch ändern, eine Rechnung schicken und eine Benachrichtigung erhalten, wenn sie bezahlt wurde. (Apple 2013, Unterverz. /apps)

Insgesamt liest sich diese Produktbewerbung wie eine Anweisung für Fabrikarbeiter des 19. Jahrhunderts, nur werden (Selbst-)Überwachung und (Selbst-)Kontrolle nun ausgedehnt auf den privaten Bereich bis in die kleinsten Bewegungen und jeden einzelnen Herzschlag. Diese empathischen Maschinen sind zwar responsiv, aber in einer großen Ambiguität. Denn sie stellen eine Art ‚Ratgeber ohne Schweigepflicht' dar, die die persönlichen somatischen und geographischen Daten auswerten und weiterleiten, wie nicht zuletzt die „Stasi-Barbie" (von Randow 2015) gezeigt hat. Hier ist die Redeweise vom ‚Schlüpfen in die Haut des Anderen', die für Empathie häufig gewählt wird, *keine Metapher* mehr, da es sich tatsächlich um innersomatische Daten handelt, die auch schon auf das Einpflanzen von Tracking- und Daten-Chips in der Zukunft verweisen.

4 Fazit

Die oben aufgestellte Arbeitshypothese, Maschinen würden immer empathischer, während Menschen im Digitalen ihre Empathie nach und nach verlören, muss nach den eben eingeführten Überlegungen modifiziert werden.

Zum einen stellt sich die Entwicklung von empathischen Maschinen als sehr ambivalent dar. Sie weisen zwar bestimmte Merkmale empathischen Verhaltens auf, insbesondere, da sie über private und individuelle somatische, soziale und geografische Daten verfügen, die bei einem Unternehmen zusammengeführt, interpretiert und verarbeitet werden. Damit sind sie Teil eines Überwachungsdispositivs, dessen Bedrohlichkeit in Kauf genommen wird, da zugleich empathische Dienstleistungen geboten werden.

Auch die These vom Empathieverlust durch Neue Medien muss modifiziert werden. Dort, wo somatische Reziprozität möglich ist, kann Empathie auch in anderem Maße stattfinden. Je nachdem entstehen Empathieverlust oder sogar neue, utopische Formen der Empathie.

Digitale Empathie in allen hier diskutierten Facetten zeigt sich in einer enormen Ambivalenz von Überwachung, Preisgabe von Privatem und damit verbunden einer neuen Form von Kriminalität und Strafbarkeit. Sie zeigt sich aber auch in einem Ausagieren von Aggression, die auch in Gemeinschaftsprojekten nur aufgehoben werden kann, wenn die Resonanz persönlicher Begegnung genutzt wird.

5 Konsequenzen

Für eine Linguistik des Digitalen ergeben sich eine Reihe von Konsequenzen:

1. Diskurslinguistik: Der Diskurs der Daten ist unmittelbar an den Diskurs im Anschluss an *Überwachen und Strafen* gekoppelt; diskurslinguistische Arbeiten müssen daher an die Untersuchungen der genannten Überwachungsdispositive (Panoptikum 2.0) anschließen.
2. Rechtslinguistik: Die ‚freiwillige Knechtschaft‘ kommt zumeist durch Vertragsverhältnisse zustande, die entgegen sonstiger vertragliche Gepflogenheiten, kaum wahrgenommen werden (können). Rechtslinguistische Untersuchungen müssen also eine zentrale Stellung im Rahmen einer Linguistik des Digitalen einnehmen.
3. Utopische Potenziale: Eine Linguistik des Digitalen muss auch auf die utopischen Potenziale des Digitalen abzielen, auch wenn es sich um keine Massenphänomene handelt. Denn dabei kann der Eigenwert des Digitalen stärker hervortreten, da solche Projekte häufig nicht mehr auf andere kommunikative Verfahren reduziert werden können.
4. Interaktion und Organisation: Der komplexe Zusammenhang von Interaktionen zwischen unterschiedlichen Akteuren (Menschen, Maschinen, soziale Medien, Medienunternehmen) sollte auf der Basis interaktionaler und organisationaler Linguistik empirisch untersucht werden.
5. Empathie im Digitalen: Der Begriff der Digitalen Empathie muss weiter differenziert werden. Dabei sollte das gesamte Spektrum des Digitalen von den

sozialen Medien, Autonomen Digitalen System, virtueller Realität, Robotern u. a. einbezogen werden.

6. Filterblase und Echokammer: Die Begriffe der Filterblase oder der Echo-kammer können die Erlebensdimension, die mit dem Begriff der digitalen Empathie verbunden ist, nicht erfassen. Echokammern erscheinen aus der Perspektive digitaler Empathie nicht nur als Raum für das Verstärken von Gruppendenken, sondern vor allem als gemeinsamer, kommunikativer Erlebens- und Handlungsraum.

Literaturverzeichnis

Bauman, Zygmunt & David Lyon (2014): *Daten, Drohnen, Disziplin. Ein Gespräch über flüchtige Überwachung*. 3. Aufl. Berlin: Suhrkamp.

Breithaupt, Fritz (2009): *Kulturen der Empathie*. Frankfurt a. M.: Suhrkamp.

Breithaupt, Fritz (2017): *Die dunklen Seiten der Empathie*. Berlin: Suhrkamp.

Curtis, Robin & Gertrud Koch (Hrsg.) (2008): *Einfühlung. Zu Geschichte und Gegenwart eines ästhetischen Konzepts*. München: Fink.

Derrida, Jacques (2001): *Die unbedingte Universität*. Frankfurt a. M.: Suhrkamp.

Foucault, Michel (1994): *Überwachen und Strafen. Die Geburt des Gefängnisses*. Frankfurt a. M.: Suhrkamp.

Grice, Herbert Paul (1979): Logik und Konversation. In Georg Meggle (Hrsg.), *Handlung, Kommunikation, Bedeutung*, 243–265. Frankfurt a. M.: Suhrkamp.

Hermanns, Fritz (2007): Empathie. Zu einem Grundbegriff der Hermeneutik. In Fritz Hermanns & Werner Holly (Hrsg.), *Linguistische Hermeneutik. Theorie und Praxis des Verstehens und Interpretierens*, 127–172. Tübingen: Niemeyer.

Kupetz, Maxi (2014): ‚Mitfühlend sprechen': Zur Rolle der Prosodie in Empathie-darstellungen. In Dagmar Barth-Weingarten & Beatrice Szczepek Reed (Hrsg.), *Prosodie und Phonetik in der Interaktion*, 87–114. Mannheim: Verlag für Gesprächsforschung.

Kupetz, Maxi (2015): *Empathie im Gespräch. Eine interaktionslinguistische Perspektive*. Tübingen: Stauffenburg.

Liebert, Wolf-Andreas et al. (Hrsg.) (2014): *Künstliche Menschen. Transgressionen zwischen Körper, Kultur und Technik*. Würzburg: Königshausen & Neumann.

Lüthe, Rudolf (2005): Homo narrans – der Mensch als erzählendes Wesen: Narrative Selbstartikulation als ein anthropologisches und als ein kulturhistorisches Phänomen. In Magnus Schlette & Matthias Jung (Hrsg.), *Anthropologie der Artikulation. Begriffliche Grundlagen und transdisziplinäre Perspektiven*, 291–306. Würzburg: Königshausen & Neumann.

Marx, Konstanze (2012): Virtueller Rufmord – Offene Fragen aus linguistischer Perspektive. In Konstanze Marx & Monika Schwarz-Friesel (Hrsg.), *Sprache und Kommunikation im technischen Zeitalter. Wieviel Internet (v)erträgt unsere Gesellschaft?*, 237–266. Berlin, Boston: de Gruyter.

McLuhan, Marshall & Bruce R. Powers (1995): *The global village. Der Weg der Mediengesellschaft in das 21. Jahrhundert*. Paderborn: Junfermann.

Nagel, Thomas (2007): Wie ist es, eine Fledermaus zu sein? In Peter Bieri (Hrsg.), *Analytische Philosophie des Geistes*, 4., neu ausgestattete Aufl., 261–275. Weinheim, Basel: Beltz.

Pariser, Eli (2012): *Filter Bubble. Wie wir im Internet entmündigt werden*. München: Hanser.

Pfänder, Stefan & Elisabeth Gülich (2013): Zur interaktiven Konstitution von Empathie im Gesprächsverlauf. Ein Beitrag aus Sicht der linguistischen Gesprächsforschung. In Thiemo Breyer (Hrsg.), *Grenzen der Empathie. Philosophische, psychologische und anthropologische Perspektiven*, 433–457. München: Fink.

Plessner, Helmuth (1975): *Die Stufen des Organischen und der Mensch. Einleitung in die philosophische Anthropologie*. 3. unv. Aufl. Berlin, New York: de Gruyter.

Rizzolatti, Giacomo & Corrado Sinigaglia (2014): *Empathie und Spiegelneurone. Die biologische Basis des Mitgefühls*. 5. Aufl. Frankfurt a. M.: Suhrkamp.

Rosa, Hartmut (2016): *Resonanz. Eine Soziologie der Weltbeziehung*. Berlin: Suhrkamp.

Schirrmacher, Frank (Hrsg.) (2015): *Technologischer Totalitarismus. Eine Debatte*. Berlin: Suhrkamp.

Sennett, Richard (2012): *Zusammenarbeit. Was unsere Gesellschaft zusammenhält*. München: Hanser.

Spitzer, Manfred (2012): *Digitale Demenz. Wie wir uns und unsere Kinder um den Verstand bringen*. München: Droemer.

Staemmler, Frank-M. (2009): *Das Geheimnis des Anderen – Empathie in der Psychotherapie. Wie Therapeuten und Klienten einander verstehen*. Stuttgart: Klett-Cotta.

Stegbauer, Christian (2009): *Wikipedia. Über das Rätsel der Kooperation*. Wiesbaden: VS.

Stein, Edith (1980): *Zum Problem der Einfühlung*. München: Kaffke.

Striano, Tricia & Philippe Rochat (2000): Emergence of Selective Social Referencing in Infancy. *Infancy* 1 (2), 253–264.

Turner, Marlene E. & Anthony R. Pratkanis (1998): Twenty-Five Years of Groupthink Theory and Research: Lessons from the Evaluation of a Theory. *Organizational Behavior and Human Decision Processes* 73, 2/3, 105–115.

Onlinequellen

Liebert, Wolf-Andreas (2015): Selbstgerechtigkeit. Selbstermächtigte Status-Degradierungszeremonien von Online-Petitionen bis zum Lynchen 2.0. *Linguistik Online*. Themenheft: Sprache und Demokratie 73 (4), (31.12.2015). (https://bop.unibe.ch/linguistik-online/article/view/2199), zuletzt abgerufen am 25.7.2017.

Marx, Konstanze (2013): Denn sie wissen nicht, was sie da reden? Diskriminierung im Cybermobbing-Diskurs als Impuls für eine sprachkritische Diskussion. *Aptum* 9, 2, 103–122. (https://ids-pub.bsz- bw.de/frontdoor/index/index/docId/5562), zuletzt abgerufen am 25.7.2017.

Onlinequellen der Fallbeispiele

Apple (2013): Apple Watch. (http://www.apple.com/de/watch/), zuletzt abgerufen am 8.2.2016.

BeAnotherLab (2013): Gender Swap – Experiment with The Machine to Be Another. (Vimeo, 12/2013). (https://vimeo.com/84150219), zuletzt abgerufen am 6.7.2018.

ImmersiveJournalism (2013): Hunger in Los Angeles – ImmersiveJournalism (YouTube, 9.1.2013). (https://youtu.be/SSLG8auUZKc), zuletzt abgerufen am 6.7.2018.

Kebekus, Carolin (2013): Dunk den Herrn! Kebekus! Feat. Mc Rene, Sister Mary Minaj, DJ Mess-Dee-Naa (Youtube). (https://youtu.be/4Y3IWFLFHbk), zuletzt abgerufen am 6.7.2018.

Randow, Gero von (2015): IM Barbie. Die Killer-Applikation im Kinderzimmer ist blond. (http://www.zeit.de/2015/12/kuenstliche-intelligenz-barbie-puppe-abhoeren), zuletzt abgerufen am 18. 8. 2017.

Steffen Pappert und Kersten Sven Roth

Digitale Öffentlichkeiten und ihre sprachlich-interaktionalen Manifestationen am Beispiel von Kommentarforen

1 Einleitung

Digitale Öffentlichkeiten sind geprägt durch ihre Interaktivität und Vernetzung, sodass die Grenzen zwischen „kleinen" (persönlichen) und „großen" (massen-medialen) Öffentlichkeiten vor allem im Social Web zunehmend verschwim-men. Eine Kommunikationsform, in der beide Öffentlichkeiten sich gleichsam treffen, sind Kommentarforen. Vorgestellt wird in diesem Beitrag ein diskurs-pragmatischer Ansatz für die linguistische Analyse empirischer Daten aus eben solchen Kommentarforen, der die Lücke zwischen klassischen Modellierungen von Öffentlichkeiten bzw. Öffentlichkeitsebenen und der Analyse der Primärda-ten zu schließen erlaubt. Am Beispiel eines Kommentarforums wird gezeigt, in-wieweit die konkreten Realisationsbedingungen spezifische thematische und strukturelle Charakteristika hervorrufen, deren Erfassung und Beschreibung in Relation sowohl zur Face-to-face- als auch zur massenmedialen Kommunikati-on es ermöglicht, die verschwommenen Öffentlichkeitsgrenzen empirisch sicht-bar zu machen.

2 Öffentlichkeitsebenen

Öffentlichkeit lässt sich als „Netzwerk von Kommunikationsflüssen" (Imhof 2005: 275) konzipieren, die auf unterschiedlichen Ebenen zusammenfließen.[1] Vor diesem Hintergrund haben Gerhards & Neidhardt (1990) ein Drei-Ebenen-Modell entwickelt, das nicht nur die unterschiedlichen Dimensionen von Öf-fentlichkeit berücksichtigt, sondern auch die verschiedenen kommunikativen Rollen der jeweils maßgeblichen Akteure auf und zwischen den Ebenen im Blick hat (vgl. Abb. 1).

Die untere Ebene ist die sogenannte *Encounter-Ebene*. Charakteristisch für diese Ebene ist „der fließende Übergang zwischen privater Kommunikation mit

1 Die folgenden Überlegungen zu den Öffentlichkeitsebenen finden sich in vergleichbarer Form in Pappert & Roth (im Druck).

https://doi.org/10.1515/9783110609103-012

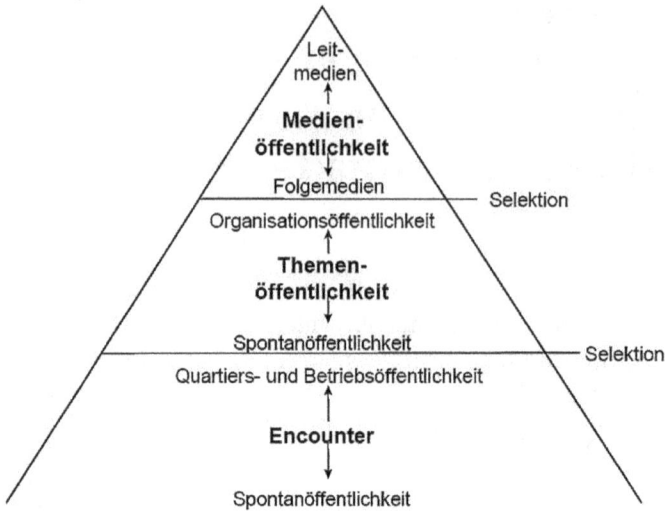

Abb. 1: Öffentlichkeitsebenen (Jarren & Donges 2011: 105).

wechselseitig hoch selektiven Publikumsbezügen und öffentlicher Kommunikation gegenüber einem prinzipiell unbegrenzten Publikum" (Jarren & Donges 2011: 104). Es handelt sich demzufolge um die vielen zufälligen Kommunikationsereignisse in unserem Alltag, so vor allem die Gespräche von zwei oder mehreren Personen in öffentlichen Verkehrsmitteln, in gastronomischen Einrichtungen, am Arbeitsplatz oder in vergleichbaren Situationen über öffentlich belangreiche Themen oder Einstellungen. Derlei Gespräche weisen kaum Strukturen auf, zumindest bezüglich der Sprecher-Hörer-Rollen, die nicht von vornherein festgelegt sind. Auch die behandelten Themen ändern sich mitunter sprunghaft, und mit hinzukommenden TeilnehmerInnen ändert sich bisweilen auch die eine oder andere Meinung. Die Rolle des Vermittlers wird im Unterschied zur Massenkommunikation nicht gebraucht. Die unterste Stufe von Öffentlichkeit ist sehr offen, flexibel und diskontinuierlich, infolgedessen auf ihr „weder eine Verarbeitung von Themen noch die Synthetisierung von Meinungen" (Fraas et al. 2012: 33) stattfindet. Des Weiteren sind die verschiedenen parallel stattfindenden Kommunikationsereignisse untereinander nicht vernetzt und sie sind auf die jeweils Anwesenden beschränkt. Die räumlichen, zeitlichen und sozialen Begrenztheiten dieser Ebene führen in der Konsequenz dazu, dass die Möglichkeiten zur Beeinflussung der öffentlichen Meinung auf dieser Ebene als marginal zu kennzeichnen sind.

Die zweite Ebene ist die der *Themen- oder Versammlungsöffentlichkeit*. Kommunikationen auf dieser Ebene sind orts- und zeitgebunden, d. h. wie auf der

Encounter-Ebene ist die Anwesenheit der Beteiligten erforderlich. Im Unterschied zu letzterer sind die Interaktionen hier jedoch thematisch eher zentriert, und auch die Rollenverteilung ist meist von vornherein festgelegt, sodass in der Regel eine asymmetrische Sprecher-Hörer-Verteilung vorliegt. Dies trifft vor allem für Veranstaltungen zu, die einen hohen Organisationsgrad aufweisen wie beispielsweise Versammlungen, Tagungen oder Podiumsdiskussionen zu einem oder mehreren vorher bestimmten Themen. Daneben zählen aber auch spontane Demonstrationen zu dieser Ebene, die sich freilich auch in den meisten Fällen infolge eines ganz bestimmten Anlasses resp. Themas bilden. Unabhängig davon finden wir auf solchen Veranstaltungen meist eine organisierte Rollendifferenzierung, die der jeweiligen Veranstaltung ihre Struktur verleiht (Leitungsrollen übernehmen beispielsweise ModeratorInnen (Vermittler) und RednerInnen (Sprecher), die Publikumsrolle übernehmen die TeilnehmerInnen).[2] Die Äußerungsmöglichkeiten letzterer sind eher beschränkt, aber unter Umständen durchaus wirksam (Beifall, Ausrufe und/oder Gesten des Missfallens, mitunter das ostentative Verlassen der Veranstaltung). Auch wird in vielen Veranstaltungen das Recht auf Diskussion eingeräumt, die sich dann jedoch – im Normalfall – auf den jeweiligen Redebeitrag zu beziehen hat, und somit thematischen Restriktionen unterliegt. Aufgrund ihrer größeren Stabilität ist die Chance, dass die Interaktionen auf dieser Ebene eine über die Veranstaltung hinausgehende Aufmerksamkeit erlangen, zumindest eher gegeben als auf der Encounter-Ebene. Voraussetzung dafür ist zweifelsfrei die gesellschaftliche Relevanz bzw. Brisanz der behandelten Themen, die das Interesse der Massenmedien wecken. Werden die Themen Gegenstand der journalistischen Berichterstattung, handelt es sich um Interaktionsereignisse der dritten Ebene.

Die Ebene der *Medienöffentlichkeit* ist die Ebene, auf der die Kommunikation am weitesten funktional ausdifferenziert, strukturiert und institutionalisiert ist. Medienöffentlichkeit ist dauerhaft stabil und arbeitsteilig organisiert, sie verstetigt öffentliche Kommunikation und macht diese gesellschaftsweit wahrnehmbar. Die Produktion von Medieninhalten obliegt ausschließlich den dafür speziell ausgebildeten und nach bestimmten Selektionsregeln (Nachrichtenwert von Themen) arbeitenden JournalistInnen. Gleichsam auf der anderen Seite verfügt die Medienöffentlichkeit über ein mehr oder weniger konstantes, vom Produktionsprozess ausgeschlossenes Publikum, das mit zunehmender Reichweite der einzelnen Medien quantitativ zunimmt, aber auch abstrakter und diffuser wird. Die Interaktionsrollen sind also prinzipiell festgelegt und somit auch die wechselseitigen Erwartungen. Zur Abbildung dieses Verhältnisses

---

2 Zur Differenzierung zwischen Akteuren und Rollen in der Öffentlichkeit vgl. Jarren & Donges (2011: 106–107); ausführlich zu Interaktionsrollen Adamzik (2002).

zwischen Kommunikatoren und Publikum wird häufig die Arena-Galerie-Metapher verwendet, die eine passive Rolle des Publikums vorsieht. Dies muss zumindest insofern relativiert werden, als das Publikum auf der Galerie den Erfolg der Arenenakteure immer auch mitbestimmt. Hektische Betriebsamkeit und Relaunches als Reaktionen auf sinkende Abo- und Leserzahlen sind sicherlich ein Hinweis auf solche Zusammenhänge. Für uns aber bedeutender sind die Handlungen des Publikums, die aus Unzufriedenheit oder sonstigen Gründen resultieren, mit denen unter Umständen alternative Öffentlichkeiten konstituiert werden, denn

> während die durch die journalistischen Routinen strukturierte massenmediale Arena Themen und Informationen der gesellschaftlichen Kommunikation bereit stellt, werden in den kleinen Öffentlichkeiten auf der Galerie Bewertungen und Interpretationen vorgenommen. Dabei kommt den sozialen Netzwerken der Nutzer eine wichtige Rolle zu. (Katzenbach 2008: 59)

Angesprochen wird hier die Rolle der interpersonalen Anschlusskommunikation im Prozess der Massenkommunikation, die in hohem Maße Einstellungen und Meinungen prägt (vgl. Fraas et al. 2012: 34–35). Diese findet traditionell auf der Encounter-Ebene statt, die – wie oben gezeigt – durch ihre zeitliche, räumliche und soziale Begrenztheit eher als eine Anhäufung zusammenhangsloser Episoden zu charakterisieren ist, die jeweils an dem Punkt enden, an dem die Kommunizierenden die gemeinsame Gesprächssituation verlassen. Um eine (nachhaltige) Wirkung auf die anderen Ebenen oder gar die öffentliche Meinung ausüben zu können, müsste diese – und jede andere – Art der Kommunikation verstetigt und vernetzt werden. Mit dem Web 2.0 steht seit einiger Zeit eine Medientechnologie zur Verfügung, die nicht nur beides realisierbar macht, sondern darüber hinausgehend neue Formen von Öffentlichkeiten ermöglicht, auf die im Folgenden näher eingegangen wird.

3 Digitale Öffentlichkeiten

Das Internet, lange Zeit ein Medium zur ausgedehnten, aber meist unidirektionalen Informationsvermittlung, entwickelte sich zunehmend zu einem Ort komplexer Kommunikation, der sich nun durch eine Vielzahl von Anwendungen auszeichnet, die es den NutzerInnen erlauben, Informationen nicht nur zu empfangen, sondern darüber hinaus auch zu produzieren und sich mit Anderen darüber auszutauschen.

> Keine andere Erfindung hat es ermöglicht, derart viele Menschen an einen Tisch zu bringen – potentiell über 7 Milliarden [...] Menschen. Im Internet können sie gleichzeitig

initiieren, kommentieren, korrigieren, kritisieren, bewerten, inserieren, belehren, taggen, bookmarken, empfehlen, liken, pinnen, weiterleiten und anderes mehr. Unter http:// meta.tagesschau.de beispielsweise ist Vieles von dem versammelt, was unter dem Begriff *Web 2.0* verstanden wird; es enthält vermeintliches und sicherlich auch reales Expertenwissen, anonymes Glossieren, Pöbeln und Bewerten. (Siever 2014: 200)

Öffentlichkeit spielt in der auf diese Weise vernetzten Kommunikation eine, vielleicht sogar die zentrale Rolle, denn sie ist der Grundkonzeption der Social Media gleichsam eingeschrieben. Die traditionelle interpersonale Kommunikation wird abgelöst von einer Kommunikation, die davon geprägt ist, dass der/ die Einzelne „aus seiner Rolle als Teilnehmer einer Individualkommunikation herausgelöst wird" (Runkehl 2014: 242). Aktive Teilhabe am Web 2.0, in welcher Form auch immer, fuhrt zu – bewussten oder unbewussten – Grenzübertritten zwischen den Öffentlichkeitsebenen, bisweilen einhergehend mit der Konstituierung bisher weitgehend unbekannter Öffentlichkeiten, die als neuartige Dimension zwischen massenmedialer und interpersonaler Kommunikation aufscheinen. Hinsichtlich der Spezifik und der Reichweite der auf dieser Grundkonstellation basierenden Online-Öffentlichkeiten und deren Potenzialen für die Herstellung einer alternativen oder einer neuen Öffentlichkeit bieten die Öffentlichkeitsebenen einen vielversprechenden Zugang. Im vorgestellten Modell können jeder Ebene charakteristische Kommunikationsformen bzw. Medien zugeordnet werden,[3] die auf den anderen Ebenen nur eine untergeordnete Rolle spielen. Im „Hybridmedium" Internet (Höflich 1997) nun werden all die ebenenspezifischen Kommunikationsformen in einem Medium vereint. Das Spektrum der Möglichkeiten reicht dabei von der klassischen Massenkommunikation bis hin zu synchronen dialogischen Interaktionen. Dazwischen finden wir eine Vielzahl von anderen Kommunikationsformen, die sich in manchen Eigenschaften unterscheiden, die aber im Normalfall eines vereit: Sie sind miteinander vernetzt. Diese Vernetzungen eröffnen weitreichende Optionen, die es nicht nur erlauben, die Offline-Öffentlichkeit um einfache und komplexe Öffentlichkeiten zu erweitern, sondern sie können die gesellschaftliche Öffentlichkeit auch nachhaltig verändern (vgl. Schmidt 2013a: 36–37). Zwei Aspekte sind dabei hervorzuheben: Einerseits die Ausweitung und Ergänzung professionell hergestellter Öffentlichkeiten (politische Kommunikation und Journalismus) und andererseits die Hervorbringung persönlicher Öffentlichkeiten, die aufgrund ihrer medialen Distribution und Verflechtung im Internet nicht nur eine bis dahin unabsehbare Reichweite, sondern auch eine andere Qualität insofern aufwei-

---

3 Zu den Kategorien *Kommunikationsform* und *Medium* vgl. Dürscheid (2005), Holly (2011), Pappert (2016); zu Kommunikationsmodi- bzw. Kommunikationsformen der Online-Kommunikation vgl. Fraas et al. (2012: 19–29).

sen, als sie dem Persönlichen eine neue Bedeutung einschreiben (ausführlich zu beiden Öffentlichkeiten: Schmidt 2009).

3.1 Modifikationen professionell hergestellter Öffentlichkeit im Bereich Journalismus

Das Web 2.0 hat durch neu geschaffene Zugangsmöglichkeiten die Ebene der Medienöffentlichkeit nachhaltig verändert. Zu verzeichnen ist ein Übergang vom „Gatekeeping zum Gatewatching" (Bruns 2009a),[4] „dem Journalismus [wird] nun die Funktion eines Navigators in der Informationsflut zugewiesen" (Bucher & Schumacher 2008: 479). Dieser Transformationsprozess ist dadurch gekennzeichnet, dass die bisherige Praxis der Massenmedien, in der den Redaktionen eine Monopolstellung hinsichtlich Auswahl, Verarbeitung und Vermittlung von Inhalten zukam, insofern revidiert wird, als neue Akteure die Bühne der Informationsbeschaffung und -vermarktung betreten und auf diese Weise das Spektrum der Öffentlichkeiten erweitern.

> Mit dem skizzierten medialen Wandel und den damit einhergehenden netzbasierten Beteiligungsformen verändern sich allerdings auch die Strukturen von Öffentlichkeit. Eine neu entstehende Netzöffentlichkeit ist nicht nur als ein intermediäres Geflecht zwischen Gesellschaft, politischem System und Organisationen anzusehen, sondern als ein interdependentes System unterschiedlicher Teil- und Gegenöffentlichkeiten. [...] Vor allem das Social Web ermöglicht eine Modifikation und Ausweitung von Öffentlichkeit (Schmidt 2008: 29). Obwohl die Traditionsmedien wie Zeitungen, Radio und Fernsehen nach wie vor eine zentrale Stellung im Nachrichtenmix einnehmen – ihre Monopolstellung als Vermittler zwischen den politischen AkteurInnen der Zivilgesellschaft haben sie verloren. (Thimm & Bürger 2013: 288)

Voraussetzung für diese Entwicklung ist der durch das Internet vereinfachte kommunikative Zugang zur Öffentlichkeit, d. h. „technische, ökonomische, kognitive und rechtliche Barrieren für das Publizieren" (Neuberger 2009: 37), die der Logik herkömmlicher Massenmedien inhärent sind, können relativ problemlos umgangen werden (zur Zugänglichkeit vgl. Siever 2013). So wird nicht nur einer vermehrten Partizipation Vorschub geleistet. Vielmehr verschiebt sich im Rahmen dieser alternativen Öffentlichkeit auch das Verhältnis von Leistungs-

---

4 „Statt einer *Bewachung* der eigenen Eingangs- und Ausgangstore, die auf eine Beschränkung des Informationsflusses abzielt (also Gatekeeping im konventionellen Sinne), beschreibt Gatewatching die *Beobachtung* der Ausgangstore von externen Nachrichten- und anderen Quellen mit der Absicht, wichtiges Material zu identifizieren, sobald es verfügbar wird." (Bruns 2009a: 113, Hervorhebung i. O.).

und Publikumsrollen: „Aus dem (aus der Sicht der Massenmedien!) distanzierten, passiven, dispersen und anonymen Publikum werden aktive Nutzer, die Inhalte individuell zusammenstellen, verändern und gestalten können" (Passoth, Sutter & Wehner 2013: 141; zur Rollenverschiebung vgl. auch Neuberger 2008: 256–258). Prinzipiell kann im Internet jede/r seine Inhalte mühelos veröffentlichen und dabei kann er/sie oftmals zwischen einer Vielzahl von Angeboten wählen. Die Palette an Möglichkeiten reicht über den Beitrag im Kommentarforum über das Verfassen von Tweets auf Twitter bis hin zur Einrichtung eines eigenen Weblogs. Durch derlei partizipative Formen der Informationsaufbereitung verändert sich die Herstellung von Öffentlichkeit von einer „sozial selektiven, linearen und einseitigen zu einer *partizipativen, netzartigen und interaktiven Kommunikation*" (Neuberger 2009: 39, Hervorhebung i. O.).[5] Im Einzelnen ist diese Ausprägung digitaler Öffentlichkeit gekennzeichnet vor allem durch folgende Eigenschaften (vgl. Neuberger 2009: 39–40):

- Individuelle wie kollektive Akteure können ohne Umweg über Redaktionen Inhalte veröffentlichen oder mit ihren Bezugsgruppen (PolitikerInnen, Verbände etc.) direkt interagieren. Es kommt zu einer sogenannten Disintermediation, d. h. Vermittler verlieren an Bedeutung, die Filterung, Selektion und Verbreitung der Inhalte obliegt nicht mehr ausschließlich den Massenmedien; die spezifischen Vermittlungsleistungen im Internet basieren dabei „oft auf partizipativer (*folksonomies*, *social bookmarking*, Rankings auf sozialen Netzwerkplattformen) oder schlicht technischer Vermittlung (*PageRank* bei Google)" (Fraas et al. 2012: 36, Hervorhebungen i. O.; vgl. Neuberger 2008: 262–263);
- Das (traditionell) passive disperse Publikum beobachtet das Mediengeschehen, stößt suchend oder zufällig auf bestimmte Themen und vernetzt diese beispielsweise durch Verlinkungen, d. h. die Anzahl und die Bedeutung individueller sowie kollaborativer Nachrichtenangebote steigt;
- Die Grenzen zwischen Produzenten und Rezipienten verschwimmen, da die NutzerInnen immer auch die Möglichkeit haben, selbstständig Beiträge zu verfassen, und zwar unabhängig davon, ob sie als Experten oder Laien an der Kommunikation teilnehmen – durch Bezeichnungen wie „Produsage" (Bruns 2008) bzw. „Produtzung" (Bruns 2009b) wird dieses aktive Nutzerverhalten auf den Nenner gebracht;
- Die Kommunikation in der Netzöffentlichkeit ist potenziell reflexiv, d. h. durch die Möglichkeit der Veröffentlichung der Anschlusskommunikation

---

5 Neben diesen Formen des *personal publishing* gibt es aber auch technisch unterstützte Anwendungen der Selektion und Aggregation von Informationen, z. B. Google News oder Social-News-Plattformen (vgl. Fraas et al. 2012: 39–40).

wird der Journalismus u. U. in die Empfängerrolle gedrängt und darüber hinaus in Zugzwang gesetzt.

Die Unterschiede zwischen herkömmlicher und netzbasierter (alternativer) Öffentlichkeit verdeutlichen die folgenden Abbildungen:

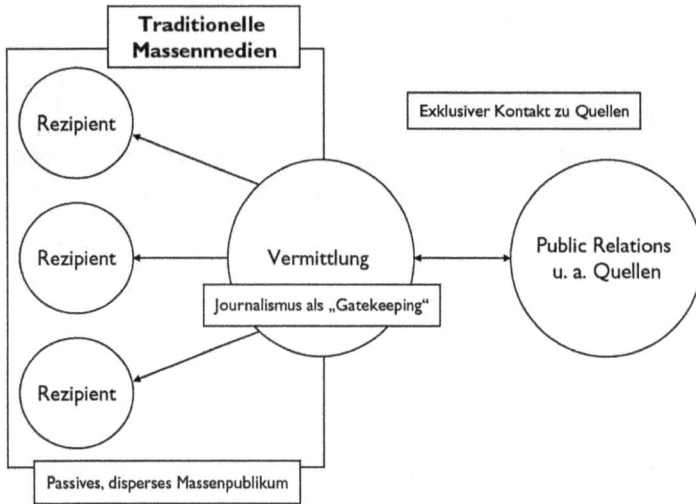

Abb. 2: Aktuelle Öffentlichkeit unter den Bedingungen traditioneller Massenmedien (Neuberger 2009: 38).

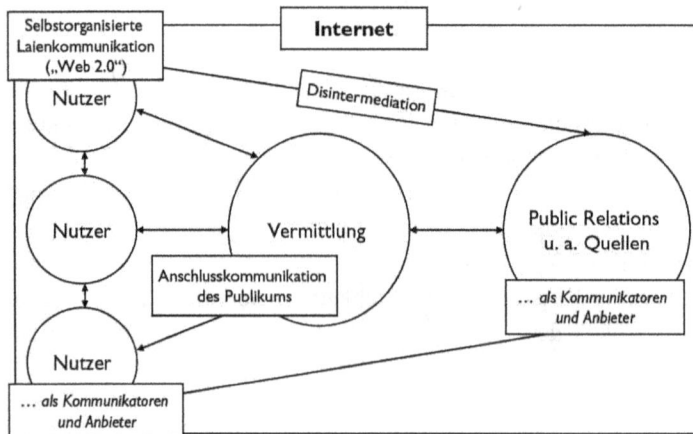

Abb. 3: Aktuelle Öffentlichkeit unter den Bedingungen des Internets (Neuberger 2009: 41).

Die partizipativen Formen der Präsentation und Veröffentlichung von Informationen (*personal publishing*) haben neben den technisch unterstützten Formen des Informationsmanagements (vgl. hierzu Fraas et al. 2012: 40; Schmidt 2009: 26–27) einen nicht zu unterschätzenden Einfluss auf bestehende (massenmediale) Öffentlichkeiten. Das zeigt sich zum einen darin, dass die meisten massenmedialen (Online-)Angebote neue Publikationsformen integrieren: „Medienkonvergenz und Crossmedialität sind zum Normalfall oder gar zum Normfall geworden" (Klemm & Michel 2014a: 4). Zum anderen werden die im Netz bereitgestellten Inhalte auch sehr aufmerksam von den Massenmedien wahrgenommen und kommentiert (vgl. http://www.fr.de/kultur/netz-tv-kritik-medien/netz/klimapolitik-von-donald-trump-inoffizielle-twitter-accounts-proben-aufstand-a-742330, zuletzt abgerufen am 28.11.2018).

Indes beziehen die im Netz umherstöbernden ProdutzerInnen ihre Themen immer noch vorrangig aus den Angeboten der Massenmedien. Das Verhältnis von Massenmedien und partizipativen Formen ist also geprägt von gegenseitigen Beobachtungen, Bezugnahmen und Verwertungen.

Vor diesem Hintergrund lässt sich bezogen auf das Ebenenmodell konstatieren, dass Diskurse im Internet zunehmend zwischen den verschiedenen Öffentlichkeits-Ebenen verlaufen, wobei die Richtung keineswegs festgelegt ist. Darüber hinaus können sich Themenkarrieren natürlich immer auch zwischen Offline- und Online-Öffentlichkeiten entfalten.[6] Die verschiedenen Öffentlichkeiten einschließlich ihrer Ebenen konstituieren auf diese Weise ein vielschichtiges Kommunikationsnetzwerk, dessen Bestandteile sich hochgradig komplementär zueinander verhalten.

> Tatsächlich wird online auf allen drei Ebenen von Öffentlichkeit über Themen und Meinungen kommuniziert, die auch in der Face-to-face- und der traditionellen Medienkommunikation kommuniziert werden. Und umgekehrt gilt: Auch die Themen und Meinungen, die online auf der Encounter- und der Versammlungsebene kommuniziert werden, können zum Gegenstand der Medienöffentlichkeit außerhalb des Netzes werden. Denkbar ist auch, dass Themen und Meinungen, die online auf der Ebene der Medienöffentlichkeit verhandelt werden, den „Sprung" vom Online-Journalismus in die traditionelle Medienöffentlichkeit, die Face-to-face-Kommunikation oder die Themenöffentlichkeit schaffen. (Beck 2006: 228)

---

6 Keineswegs abwegig ist daher die freilich zugespitzte These des Bloggers Lobo: „Niemand bestreitet mehr, dass soziale Medien von entscheidender Bedeutung für die gesellschaftliche Debatte und die Wahlen selbst sind. Man könnte sagen: Aus Netzdiskussionen bekannte Phänomene haben die gesamte Gesellschaft geprägt. Die Welt scheint zum Onlineforum geworden zu sein." (http://www.spiegel.de/netzwelt/web/martin-schulz-donald-trump-und-die-polarisierung-im-netz-kolumne-a-1134714.html), zuletzt abgerufen am 17.02.2017.

3.2 Persönliche Öffentlichkeiten

Neben den neuen Spielarten der Vermittlung öffentlicher Kommunikation „sind Kommunikationsräume im Internet entstanden, die eine andere Logik der Auswahl und Aufbereitung von Informationen unterstützen" (Schmidt 2013b: 25–26) und auf diese Weise den NutzerInnen ermöglichen, ihre eigenen persönlichen Öffentlichkeiten hervorzubringen. Auch diese werden in erster Linie durch die niedrigen Zugangsschranken und die mannigfaltigen Möglichkeiten zur Vernetzung begünstigt. Persönliche Öffentlichkeiten unterscheiden sich von der Medienöffentlichkeit vor allem darin, dass für die Verbreitung von Informationen andere Auswahlkriterien gelten. Im Vordergrund steht die persönliche Relevanz der zugänglich gemachten Mitteilungen verschiedenster Ausprägung. Diese können sich beispielsweise auf die eigene Person beziehen oder sie werden nach subjektiver Bedeutsamkeit ausgewählt. Dabei geht es den Beteiligten weniger „um den Anschluss an Themen und Prozesse von gesellschaftlicher Relevanz, sondern um Öffentlichkeit im Sinne von öffentlich sichtbarem und zugänglichem Identitäts- und Beziehungsmanagement sowie um das Veröffentlichen selbst erstellter Medienprodukte (Texte, Bilder, Videos, Musik usw.)" (Fraas et al. 2012: 43). Damit einher geht ein zweites Merkmal, das persönliche von den journalistisch-publizistischen Öffentlichkeiten der Massenmedien unterscheidet: die Größe des anvisierten Publikums. Im Fall der persönlichen Öffentlichkeiten konstituiert sich dieses aus einem mehr oder weniger überschaubaren, mehr oder weniger bekannten Adressatenkreis. Innerhalb der so fundierten Netzwerke werden persönliche Einstellungen, Erfahrungen, Erlebnisse, aber auch Ergebnisse ausgedehnter Netzrecherchen bereitgestellt, geteilt und diskutiert. In Abhängigkeit von den benutzen Kommunikationsformen geschieht dies gruppenbezogen aber auch interpersonal, daneben mitunter auch in Form des klassischen Publizierens. Sprecher- und Publikumsrollen sind dabei kaum voneinander zu trennen, d. h. es findet normalerweise ein wiederkehrender Wechsel zwischen den Rollen statt: Informationen werden gewöhnlich (im Netz) gesammelt *und* veröffentlicht. Die bekanntesten Kommunikationsmodi sind Plattformen, also Angebote, „die einer Vielzahl von Nutzern eine gemeinsame Infrastruktur für Kommunikation oder Interaktion bieten" (Schmidt 2009: 22), wie *Facebook, YouTube, Instagram* und *MySpace*. Neben diesen dienen aber auch Weblogs oder Microblogging-Dienste wie *Twitter* der Hervorbringung persönlicher Öffentlichkeiten.[7] Schmidt definiert jene als „Geflecht von

---

7 Dass Donald Trump via Twitter regiert, zeigt aber auch, dass die Ausprägung der hervorgebrachten Öffentlichkeit nicht notwendigerweise von den Rahmenbedingungen der genutzten Kommunikationsform abhängt, sondern vielmehr eine Frage der jeweils verwendeten kommunikativen Praktiken ist.

online zugänglichen kommunikativen Äußerungen zu Themen von überwiegend persönlicher Relevanz [...], mit deren Hilfe Nutzer Aspekte ihres Selbst ausdrücken und sich ihrer Position innerhalb sozialer Netzwerke vergewissern." (Schmidt 2009: 105).

Als Sonderform online-basierter, vernetzter Öffentlichkeit weisen persönliche Öffentlichkeiten eine charakteristische Struktur auf, die sie vor allem von Face-to-face-Kommunikationen unterscheidet. Gekennzeichnet ist diese durch folgende Merkmale (Schmidt 2009: 107–108):

- sie sind *persistent*, d. h. Informationen, die im Internet veröffentlicht werden, sind nicht flüchtig, sondern mehr oder weniger dauerhaft gespeichert;
- sie sind *duplizierbar*, weil die Informationen digital gespeichert sind und können somit 1:1 kopiert, übertragen, modifiziert aber auch dekontextualisiert werden, was unter anderem zum Missbrauch der Inhalte führen kann, wenn z. B. Fotos oder persönliche Daten aus Profilen zum Cybermobbing oder Cyberbullying verwendet werden;
- sie sind *skalierbar*, denn trotz überschaubarer Adressatenkreise, die oftmals persönlich bekannt sind, ist die Reichweite prinzipiell nicht eingeschränkt; wenn ein Beitrag (bspw. auf YouTube) besondere Beachtung findet, kann eine große Zahl von Zugriffen und Verlinkungen die Folge sein;
- sie sind *durchsuchbar*, denn im Internet veröffentlichte Informationen sind über Suchmaschinen auffindbar, persönliche Identitäten lassen sich gezielt recherchieren und bspw. vergleichen, wenn sie aus unterschiedlichen Datenquellen stammen.

Nicht zuletzt aufgrund dieser Merkmale wird die Grenze zwischen Privatheit und Öffentlichkeit nicht eindeutig bestimmbar, denn die offengelegten persönlichen Öffentlichkeiten sind vor dem Zugriff unintendierter Publika nur in wenigen Fällen gefeit. So ist wohl kaum zu entscheiden, ob persönliche Öffentlichkeiten zur Privatsphäre (worauf viele der publizierten Inhalte und Bilder deuten) gehören oder, vor allem hinsichtlich ihrer Merkmale, eben nicht. Diese Unschärfe führt – nun wieder bezogen auf das Ebenenmodell – dazu, dass die persönlichen Öffentlichkeiten zwar prinzipiell ein Phänomen der Encounter-Ebene darstellen, jedoch die dort behandelten Inhalte ohne weiteres ebenso in die Themen- und bisweilen auch in die Medienöffentlichkeit mäandern können. Das liegt vor allem an dem breiten Spektrum solcher Öffentlichkeiten, „das von den persönlichen Öffentlichkeiten einzelner Privatpersonen über semi-professionell betriebene Angebote bis hin zu den Profilen von Musikern, Politikern, Sportlern oder anderen Prominenten reicht" (Schmidt 2013b: 28). Vor allem letztere Auftritte werden von den Massenmedien durchaus beobachtet und verarbeitet. In der Regel werden jedoch Informationen aus der Medienöffentlichkeit gewonnen, die anschließend auf den anderen Ebenen verhandelt werden, auf der sie als Wissensressource zur Begründung privater Meinungen und Einstellungen dienen.[8] Inwieweit Fragen zu den Grenzen und deren Überschreitung relevant werden, hängt darüber hinaus mit den jeweils vorfindbaren strukturellen Merkmalen persönlicher Öffentlichkeiten zusammen. So lassen sich diese sowohl nach „Größe und Zusammensetzung des Publikums" als auch „in zeitlicher, räumlicher sowie sozialer Hinsicht" differenzieren (Schmidt 2009: 111). Sind erstere Kriterien selbsterklärend, ist zu den anderen folgendes anzumerken: Zeitlich können persönliche Öffentlichkeiten über teils sehr lange Zeiträume stabile Merkmale aufweisen. So ändern sich beispielsweise die allgemeinen Angaben zur Person auf einer Plattform oder in einem eigenen Weblog nur ausnahmsweise. Daneben gibt es aber auch stark dynamische Varianten wie Status-Updates (Motto: was mache ich gerade?) oder Twittereinträge. Die räumliche Dimension bezieht sich darauf, „dass die persönliche Öffentlichkeit einer Person an unterschiedlichen Stellen im Internet verortet sein kann" (Schmidt 2009: 112). In sozialer Hinsicht gibt dagegen die unterschiedliche Intensität der in den Öffentlichkeiten mehr oder weniger gepflegten Beziehungen den Ausschlag für entsprechende Differenzierungen (enge Freunde, Freunde, Bekannte etc.).

4 Digitale Anschlusskommunikation

Wie die vorangehenden Ausführungen gezeigt haben, ist die digitale Öffentlichkeit als ein Prozess zu konzipieren, in dem sich netzwerkartige Strukturen ausbreiten, die die Grenzen der herkömmlichen Öffentlichkeitsebenen auf unterschiedliche Weise weitgehend durchdringen (können) (vgl. Runkehl 2013). Vielleicht am deutlichsten wird das an der Anschlusskommunikation, die in ihrer herkömmlichen Ausprägung interpersonal ausgerichtet und lokal begrenzt war. Zudem fand sie traditionell immer abseits des veröffentlichenden Massenmediums statt, auf das sie Bezug nahm. Durch die von den Social Media bereitgestellten neuen Vermittlungs- und Vernetzungstechnologien stehen nun aber digitale Kommunikationsformen zur Verfügung, die den Einfluss „von unten" (Klemm & Michel 2014a: 4) über alle Öffentlichkeitsebenen hinweg ermöglichen. In der Sprachwissenschaft und der Medienlinguistik gibt es mittlerweile eine ganze Reihe von Untersuchungen, die sich entweder einzelnen – für die

---

8 Das hier angesprochene Wissen wird in unserem Projekt durch die Interferenzanalyse systematisch erfasst und beschrieben.

Anschlusskommunikation prädestinierten – Kommunikationsformen gewidmet und diese umfassend beschrieben haben (zur Twitterkommunikation bspw. die Gruppe um Caja Thimm; u. a. Thimm, Dang-Anh & Einspänner 2011; Dang-Anh, Einspänner & Thimm 2013) oder die sich mit (politischer) Anschlusskommunikation zwischen den Öffentlichkeitsebenen in unterschiedlichen Kommunikationsformen auseinandersetzten (u. a. Diekmannshenke 2013; Klemm 2016; Klemm & Michel 2013; 2014a; Niehr 2010; Pappert 2017). In unserem Zusammenhang besonders aufschlussreich sind dabei die Untersuchungen zur „Mediatisierung von Anschlusskommunikation" (Androutsopoulos 2016: 344), also zu Formen der Anschlusskommunikation mit direktem Bezug auf massenmediale Angebote und Sendeformate, die Gemeinsamkeiten und Unterschiede „analoger" und „digitaler" Aneignungspraktiken herausarbeiten. Ausgehend vom Befund, dass digitale Medien Praktiken der Anschlusskommunikation maßgeblich verändern (vgl. Androutsopoulos 2016: 344) wird beispielsweise im Anschluss an einschlägige Forschungen zur fernsehbegleitenden Interaktion (u. a. Holly, Püschel & Bergmann 2001) danach gefragt, „wie unter den Rahmenbedingungen der gesellschaftlichen Digitalisierung ‚alte' Praktiken umstrukturiert werden und ‚neue' Praktiken entstehen" (Androutsopoulos 2016: 338). Als eine typische, von den Massenmedien mit großer Aufmerksamkeit beobachtete Kommunikationsform zur Aneignung von Medienangeboten (v. a. von TV-Angeboten) ist die Twitter-Kommunikation anzusehen. Die Unterschiede zwischen ihr und fernsehbegleitender Wohnzimmerkommunikation sollen an dieser Stelle kurz dargestellt werden (Abb. 4).

Die strukturellen Unterschiede zwischen den Kommunikationsformen geben erste Hinweise auf die (möglichen) Öffentlichkeitsebenen, auf die die digitale Kommunikation ausstrahlen kann. Die schriftbasierte, translokale und öffentlich-anonyme (die Beteiligten kennen sich in der Regel nicht) Twitter-Kommunikation wird „für bzw. mit einer räumlich dislozierten Öffentlichkeit" (Androutsopoulos & Weidenhöffer 2015: 28) geführt, und zwar unabhängig davon, ob die einzelnen Tweets an persönlichen Öffentlichkeiten orientiert sind, denn letztlich sind sie „Bausteine eines unendlichen flüchtigen öffentlichen Kommunikationsflusses" (Klemm & Michel 2014a: 14). Die sozio-medialen Rahmenbedingungen des Kommunikationsmittels bestimmen dabei den Sprach- und u. U. Bildgebrauch und führen zur Ausbildung prototypischer Handlungsmuster bzw. Praktiken, die den traditionellen Gebrauchsweisen teilweise ähneln, sich aber auch von diesen unterscheiden. Strukturelle Gemeinsamkeiten zwischen direkter und mediatisierter Twitter-Kommunikation konstatieren sowohl Klemm & Michel (2014a) als auch Androutsopoulos & Weidenhöffer (2015) dahingehend, dass es sich bei beiden Realisationsformen um eine Art „Häppchenkommunikation" (Baldauf & Klemm 1997) handelt, die vor allem „gekenn-

Wohnzimmer/Family TV	Twittersphere/Social TV
– physische Kopräsenz	– virtuelle Kopräsenz
– private Konstellation	– (potenzielle) öffentliche Konstellation
– direkte wechselseitige Kommunikation (Gruppenkommunikation)	– indirekte monologische Kommunikation (eine/r zu viele)
– nichtmediale Kommunikation	– intermediale Kommunikation
– rudimentäre Kommunikationsverpflichtung (Open State of Talk)	– keine Kommunikationsverpflichtung (Eigeninitiative)
– Synchronie (spontan, Blurtings)	– Quasi-Synchronie (reflektiert)
– kontextualisierte Kommunikation	– dekontextualisierte Kommunikation
– flüchtige Kommunikation	– gespeicherte Kommunikation
– im Kern Aushandlungen (Wissen, Interpretationen, Meinungen)	– im Kern subjektive Mitteilungen und Selbstdarstellungen
– Ziel: Zustimmung/Abgleich in der Interpretationsgemeinschaft	– Ziel: Aufmerksamkeit und Distribution (durch Re-Tweets)
– Diskurserweiterung durch sekundäre Thematisierung	– Diskurserweiterung durch primäre Thematisierung
– rudimentäre Diskursmacht	– bescheidene Diskursmacht

Abb. 4: Wohnzimmer-Aneignung vs. Social TV (Klemm & Michel 2014a: 17).

zeichnet ist durch diskontinuierliche Kommunikation mit fehlendem Interaktionszwang" (Androutsopoulos & Weidenhöffer 2015: 27). Hauptunterschiede resultieren aus den „sozio-medialen Rahmenbedingungen des Diskurssystems Twitter und der dadurch ermöglichten Partizipationsstruktur" (Androutsopoulos & Weidenhöffer 2015: 28). Anders als beim fernsehbegleitenden Sprechen fehlt beim schriftlich-medialen Twittern der für die Encounter-Ebene typische gemeinsame lebensweltliche Kontext. Zwar wird bisweilen der öffentliche Raum als „quasi-privater Raum umgedeutet" (Klemm & Michel 2014a: 30), was aber nichts daran ändert, dass die Beiträge in der Regel für eine unüberschaubare heterogene Öffentlichkeit bestimmt sind, die zwischen Themen- und Medienöffentlichkeit changiert. So liefert politische Anschlusskommunikation via Twitter „eine Fülle an politischen Deutungs- und Bewertungsangeboten zu aktuellen Diskursen" (Klemm & Michel 2014b: 95), die von den Massenmedien durchaus beobachtet und aufgenommen werden. Eine Positionierung auf den angesprochenen Öffentlichkeitsebenen steht mitunter auch im Zusammenhang mit der verwendeten Kommunikationsform. So konstatieren Klemm & Michel (2013), dass die meist impulsiven und wertenden Äußerungen in kurzen Tweets eher zu den persönlichen Öffentlichkeiten tendieren, Facebookeinträge hingegen zu „Dauerherhaftigkeit und Öffentlichkeit" (Klemm & Michel 2013: 131), wobei klare Zuweisungen eingedenk der in Kapitel 3 dargelegten Diffusionstendenzen der digitalen Öffentlichkeiten sowie aufgrund der Heterogenität der Beiträge in beiden Kommunikationsformen sicherlich schwierig sind.

Anknüpfend an die genannten Untersuchungen widmen wir uns einer Kommunikationsform, die in der bisherigen Forschung zu Social Media nur randständig beachtet wurde: das Kommentarforum. Kommentarforen zählen nicht nur zu den für das Web 2.0 typischen Kommunikationsformen, sondern sind als privilegierter Ort der Anschlusskommunikation aus unserer Sicht eine Schnittstelle par excellence zwischen den Öffentlichkeiten und Öffentlichkeitsebenen. Genutzt werden sie in der Regel zur Be- und Verarbeitung massenmedialer Angebote (Medienöffentlichkeit) und bilden auf diese Weise ein wesentliches Bindeglied zwischen den verschiedenen Ebenen der digitalen Öffentlichkeiten, wobei Übergänge zu den Offline-Öffentlichkeiten keine Seltenheit darstellen. Aus dieser Perspektive fungieren sie als „Resonanzraum" (Lorenz-Meyer 2005: 47), in dem „massenmedial hergestellte Meinungen und Informationen aufgegriffen und verstärkt werden" (Schmidt 2006: 136).

Foren-Kommunikation[9] ist unabhängig von ihrer spezifischen Ausprägung als schriftliche, asynchrone Kommunikation im Distanzbereich zu bestimmen, die sowohl aus one-to-many-conversations als auch aus one-to-one-conversations besteht (vgl. Schuegraf & Meier 2005). Asynchrone Kommunikation, wie sie in Foren anzutreffen ist, liegt vor, weil Produktion und Rezeption eines Beitrages zeitlich versetzt erfolgen. Schriftliche Distanzkommunikation in Foren erlaubt keine Wahrnehmungswahrnehmung (vgl. Dürscheid 2016: 444), worin auch der fundamentale Unterschied zu Face-to-face-Interaktionen besteht, denn die einzelnen Beiträge werden eben nicht unter den Beteiligten interaktiv ausgehandelt und kollaborativ produziert, sondern sie sind immer erst nach dem Übermitteln für den Rezipienten sichtbar. Hinzu tritt der Umstand, dass die Beteiligten mehr oder weniger anonym sind, d. h. sich selbst Namen geben oder eine Rolle einnehmen (können) (vgl. Pappert & Roth 2016: 43–44). In Kommentarforen geht es also selbst dort, wo dialogische Sequenzen auftreten, in der Regel „nicht um Beziehungen zwischen konkreten Personen, die sich als Personen wahrnehmen und identifizieren, sondern um Intertextualität" (Sutter 2010: 95).

Abhängig vom Foren-Typ (zu den Forentypen vgl. Pappert & Roth im Druck) lassen sich Foren nach ihrem Zweck und ihrer Themengebundenheit – zumin-

---

9 „Webforen sind auf Webseiten vorgehaltene Plattformen der Diskussion, die in der Regel nicht in Echtzeit erfolgt (wie der Chat und MUD's), sondern asynchron. Es werden Beiträge (Postings) hinterlassen, die von Lesern frei kommentiert und beantwortet werden können. In der Regel ergeben sich nach Themen angeordnete Beitragscluster (Threads, Topics), die hierarchisch oder linear dargestellt werden." (Leggewie & Bieber 2008: 96).

dest prinzipiell – verschiedenen Öffentlichkeitsebenen zuordnen. Freie Foren, die zu jedem nur denkbaren Thema i. w. S. gegründet und gepflegt werden und u. U. eine hierarchische Struktur ausbilden können (Administratoren- oder Moderatorenrollen), operieren auf der Ebene der Themen- bzw. Versammlungsöffentlichkeit, mit offenen Grenzen nach oben und unten. Charakteristisch für diese Art von Foren ist es, dass es, „temporär und themenbezogen, zu einer virtuellen Vergemeinschaftung" kommt, die ortsgebundene Kommunikation über Themen jeglicher Art „verdichten und global erweitern kann, indem sie physisch nicht-anwesende, jedoch betroffene und interessierte Personengruppen einbezieht und eine Netzarchitektur bereitstellt, die verschiedene Grade von Information, dauerhaftem Interesse und Kompetenz kombiniert" (Leggewie & Bieber 2008: 93).

Die von uns fokussierten Kommentarforen hingegen fluktuieren zwischen der Ebene der Medienöffentlichkeit, an die sie ja explizit, und zwar sowohl technisch als auch thematisch gebunden sind, sowie der Encounter-Ebene. Gegen eine Verortung auf der Themenebene spricht – trotz der thematischen Gebundenheit – vorrangig die fehlende Hierarchie bei der Rollenverteilung. Die Redaktionen haben zwar das Recht und die Mittel, Beiträge infolge grober Verstöße gegen Mindeststandards zu entfernen, greifen aber abseits von solchen Fällen in das Kommunikationsgeschehen nicht ein. Unabhängig davon, auf welche Ebene die konkrete Kommunikation im jeweiligen Forum hindeutet, kann als sicher gelten, dass Forenkommunikation zur Hervorbringung von (alternativen) Öffentlichkeiten beitragen kann, zumindest insofern, als Teilen des bisher passiv konsumierenden Publikums ein Handlungsraum zur Rückkopplung eröffnet wird, in dem Fakten und Meinungen komplementär zur massenmedialen Berichterstattung generiert werden können. Foren bieten genau einen solchen, wenn auch virtuellen, Ort, an dem Wissen vermittelt und zur Disposition gestellt wird, darüber hinaus aber eben auch Einstellungen und Meinungen eine nicht zu vernachlässigende Größe darstellen. Somit übernimmt der/die Einzelne „eine aktive Rolle bei der Produktion typisch massenmedialer Inhalte" (Ridder & Engel 2010: 531). Ob dabei persönliche oder andere Öffentlichkeiten entstehen, ist zum einen eine Frage der Art, der Zusammensetzung und der Reichweite des Forums und hängt im Wesentlichen vom jeweils zur Debatte stehenden Thema ab. Zum anderen sind es die konkret verwendeten kommunikativen Praktiken der Beitragenden, die der Kommunikation die spezifische Art von Öffentlichkeitscharakter einschreiben. Die Praktiken sind vergleichbar mit den für die Twitter-Kommunikation herausgearbeiteten. Zum einen sind sie abhängig von den spezifischen pragmatischen Rahmenbedingungen der digitalen Kommunikationsform. Zum anderen ist auch in der Forenkommunikation von einer „digitalen Rekontextualisierung" (Androutsopoulos 2016: 351) auszugehen, d. h. auch die Kommunikation in Kommentarforen knüpft mitunter an traditionelle Praktiken an, die es herauszuarbeiten gilt (Roth 2017). Vor diesem Hintergrund haben wir an anderer Stelle (Pappert & Roth 2016) ein Modell vorgeschlagen, dessen Anspruch es nicht nur ist, empirisch fundiert sowohl die Unterschiede zwischen direkter interpersonaler, digital vermittelter interpersonaler und massenmedialer Kommunikation im Hinblick auf ihre pragmatischen Rahmenbedingungen als auch ihre Wechselbeziehungen zu erfassen und zu beschreiben. Vielmehr wird darüber hinaus ein Ansatz entwickelt, der es erlaubt, die unterschiedlichen, aber doch weitgehend diffusen Öffentlichkeiten bzw. Öffentlichkeitsebenen am konkreten Material zu substanziieren. Als hermeneutisches Raster orientieren wir uns dabei an drei vorausgesetzten Achsen, mit denen Spezifika in den pragmatischen Basisbedingungen von Foren-Realisationen in Relation zu denen von „teilnahmeorientierten", prototypisch im Face-to-face-Gespräch produzierten Realisationen (TOR) einerseits und massenmedialen Realisationen (MMR) andererseits (vgl. hierzu Roth 2015) erfasst werden können:[10]

1. *Grad an lokaler Interaktionalität*:[11] Man kann auch massenmediale Kommunikate als interaktiv aufeinander bezogen betrachten, indem man den Gedanken der Intertextualität so interpretiert, dass einzelne mediale Texte gewissermaßen aufeinander antworten (vgl. zu dieser Sichtweise auf mediale Diskurse als „Gesellschaftsgespräch" u. a. Wichter 1999). In der Regel ist das einzelne Kommunikat aber nicht das kollaborative Produkt mehrerer Sprachproduzenten im Rahmen eines interaktionalen Geschehens, wie das bei TOR typisch ist, deren Prototyp eben der Gesprächs-Interaktion entstammt. Stehen also auf einer Achse der Interaktionalität TOR und MMR an den beiden Polen, ist aufgrund der erwähnten Eigenschaft der strikten Sequentialität für die Foren-Realisationen anzunehmen, dass sie sich zwischen beiden befinden. Den Interaktionalitätsgrad von Gesprächen erreichen sie zwar nicht, das Forum als Ganzes wird jedoch aus auf einer Zeitachse aufeinander folgenden Posts konstituiert, die auf diese Weise immer mit einer Vor- und einer Nachgeschichte interagieren.

2. *Grad an Trialogizität*: Ein wichtiger pragmatischer Unterschied zwischen den strukturellen Kommunikationsbedingungen der TOR und denen der MMR besteht darin, dass massenmediale Kommunikation grundsätzlich trialogisch ist:

---

10 Vgl. Pappert & Roth (2016: 46–48).
11 Der Terminus „lokal" kann sich im Falle von Webforen natürlich nur auf den virtuellen Ort beziehen, der durch die jeweilige URL als „Adresse" konstituiert wird. In der Entstehungszeit des Internets schon früh aufgekommene räumlich-metaphorische Ausdrücke wie *Homepage* und *Navigation* verweisen darauf, dass dieses Verständnis einem etablierten kognitiven Muster auch der Produser entspricht.

Auch dort, wo sich massenmediale Äußerungen unmittelbar auf andere beziehen, ist letztlich nicht das dezidiert angesprochene und benannte Gegenüber primärer Adressat, sondern ein anonymes und disperses Publikum, das das Medienprodukt rezipiert und für das es überhaupt produziert wird. Da das bestimmende Merkmal der TOR dagegen gerade die Kontrollierbarkeitsannahme ist, das Sprechen *unter uns*, sind auch auf dieser Achse wieder TOR und MMR an den Polen anzusetzen. Foren-Realisationen werden sich auch hier zwischen ihnen befinden, weil sie zwar einerseits durch eine unbeschränkte Öffentlichkeit rezipierbar sind, andererseits aber nur eine überschaubare Rezeptionschance und -wahrscheinlichkeit haben. Beide Tatsachen zusammen machen den charakteristischen hybridöffentlichen (vgl. Bittner 2003) Charakter des Web 2.0 aus.

3. *Grad an kommunikativer Verantwortlichkeit*: Die Interaktion im Face-to-face-Gespräch, in die TOR eingebettet sind, ist basal geprägt von einem primären lokalen Kooperationsgebot. Dieses wiederum führt den konkret anwesenden Gesprächspartnern gegenüber zu sozialen Rücksichten, die nach Goffman (u. a. 1997) mit dem Konzept des negativen und positiven „Face" (oder auch des „Images", vgl. Holly 1979) beschrieben werden. Die hohe Verpflichtung auf dieses Prinzip ergibt sich unmittelbar aus einer allgemeinen sozialen und im Speziellen kommunikativen Verantwortlichkeit, die der Sprecher als soziales Ich für seine Äußerungen übernimmt. Verletzungen des Images anderer Interaktanten führen zu unmittelbaren Sanktionen und können zum Scheitern der Interaktion als Ganzes beitragen. In MMR ist diese kommunikative Verantwortlichkeit geringer, weil im massenmedialen Kontext Sprecher häufig im Rahmen von Inszenierungen und mit diesen Inszenierungen verbundenen Rollen agieren, was sich wiederum aus der strukturellen Trialogizität ergibt. Das Verhältnis von TOR und MMR auf dieser Achse ist aber nicht polar, sondern das eines Mehr und Weniger. Tatsächlich stehen den TOR am einen Ende der Achse am anderen vielmehr die Foren-Realisationen gegenüber. Diese sind geprägt von einem weitgehenden Fehlen kommunikativer Verantwortlichkeit und es ist gerade dieser Aspekt, der in kritischen Blicken auf die „neue Öffentlichkeit" im Web 2.0 (vgl. Schmidt 2013a) immer wieder im Vordergrund steht: Dadurch, dass Identitäten im Netz letztlich immer virtuell sind, bleiben auch alle denkbaren Sanktionen (etwa der Ausschluss aus einem Forum durch einen Administrator) virtuell. Kommunikativ-soziale Verantwortung gibt es damit letztlich nicht. Zusammengefasst lässt sich das Verhältnis der drei Realisationsbereiche im heuristischen Modell folglich darstellen wie in Abb. 5 gezeigt.[12]

---

12 Für die grafische Realisierung unseres heuristischen Modells danken wir Simone Heekeren.

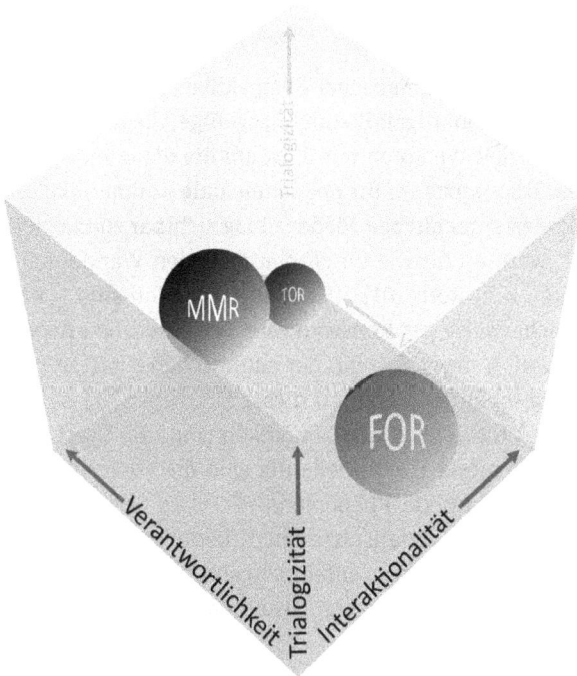

Abb. 5: Heuristisches Modell zu den Achsen diskurspragmatischer Basisbedingungen in Web-Foren.

Die Konsequenz dieser drei Basisbedingungen mit Blick auf die „Neuartigkeit" von Öffentlichkeit im Web lässt sich auf folgende Kernaspekte reduzieren (vgl. ausführlich Pappert & Roth im Druck): 1) Durch das hohe Maß an Interaktionalität wird ein in Medienöffentlichkeiten in der Regel bestehender Zwang zu thematischer Kohärenz in der Themenentwicklung und Argumentation weitgehend überlagert durch mehr oder minder lokal bestimmte interaktional-kommunikative Bedürfnisse der Akteure (beispielsweise auf der Ebene der Statuskommunikation); 2) das im Vergleich zur typischerweise face-to-face realisierten Kommunikation auf der Ebene von Encounter-Öffentlichkeiten höhere Maß an Trialogizität führt mitunter zu einem kommunikativ-interaktionalen Aufwand, der sich funktional nur mit Wirkungsabsichten gegenüber mitlesenden Dritten erklären lässt; und 3) das geringe Maß an kommunikativer Verantwortlichkeit sorgt für eine in allen klassischen Öffentlichkeitsformen dysfunktional konfrontative Anlage der Interaktion, die eine – durch die Kommunikationsform und eben nicht in erster Linie thematisch bedingte – Neigung zu so etwas wie „Eskalationskaskaden" begründet.

5 Exemplarische Analyse

Der Linguistik stellt sich in diskurspragmatischer Perspektive die Aufgabe, die bis hierhin global beschriebenen neuartigen Bedingungsgefüge, die digitale Medien und in unserem Falle speziell Webforen mit Blick auf die digitalen Öffentlichkeit(en) und den neuen Resonanzraum für massenmediale Kommunikation ausmachen, in ihrem konkreten sprachlichen Niederschlag sichtbar zu machen. Gerade wer verstehen will, warum und wie durch den medialen Wandel neue Sagbarkeitsbedingungen (vgl. u. a. Roth 2015: 153–165) entstanden sind – und schließlich auch, wer möglicherweise gar Konsequenzen aus kritischen Aspekten dieses Wandels ziehen will –, muss sich mit der empirischen Analyse konkreter Diskursrealisationen beschäftigen. Erst auf dieser Mikroebene lässt sich erkennen, ob und inwiefern es tatsächlich neue Praktiken sind, die UserInnen im Web anwenden. Die Klärung dieser Frage wiederum wird die Voraussetzung dafür sein, aktuell vehement diskutierte Phänomene wie etwa „Hatespeech" nicht in pauschaler Kulturskepsis als Verfallsphänomene betrachten und dabei einen spezifischen historischen Typus von „Öffentlichkeit", wie die Moderne und ihre Massenmedien sie hervorgebracht haben, absolut setzen und idealisieren zu müssen.

Dabei ist der von uns hier vertretene Analyseansatz weniger auf ein klassisches Sender-Botschaft-Empfänger-Modell ausgerichtet, bei dem die einzelne Realisation für sich genommen und im Sinne eines Textprodukts als Beschreibungsgegenstand ausreicht, sondern fokussiert gemäß der von uns unterstellten drei basalen Bedingungsachsen von Foren-Kommunikation sehr stark interaktionale Aspekte und die sequentielle Entstehung der Diskursrealisationen in den einzelnen Forenbeiträgen. Von daher werden vor allen Dingen komplexere Posting-Sequenzen von Interesse sein, bei denen auf einen initialen (oder auch einen seinerseits bereits responsiven) Beitrag mehrere Repliken erfolgen, sodass sich tatsächlich so etwas wie Interaktion ergibt. Gerade hier werden sich Praktiken und Routinen erkennen lassen, über die UserInnen in Webforen verfügen und die sich im Verhältnis zu den etablierten Praktiken unter den klassischen Bedingungen vor allen Dingen der Encounter- und der massenmedialen Ebene als neuartig beschreiben lassen.

An dieser Stelle beschränken wir uns auf exemplarische Anmerkungen zu einer einzelnen Sequenz. Es geht uns dabei um ein Phänomen, das man als *subjektives Verifizieren* bezeichnen könnte. Es zeichnet sich dadurch aus, dass die Interaktanten einerseits sehr subjektiv und unter explizitem Bezug auf die eigene lebensweltliche Verortung im Sinne einer argumentativ-auktorialen Origo (Roth 2018) wie auch auf die (unterstellte) des Interaktionspartners argumentieren, andererseits dabei aber die eigene Position und die des Gegenübers immer wieder explizit an einer Faktenlage messen, deren methodische Verifizierung sie behaupten und fordern. Während das subjektiv-lebensweltliche Argumentieren dabei als typisch für die Interaktion auf der Ebene der im Alltag verorteten Encounter-Öffentlichkeiten gelten kann und dort aus dem geringen Grad an Trialogizität und damit dem Mangel einer nicht-kontrollierten Prüfungsinstanz abgeleitet werden kann, entspricht das Verifizierungspostulat ganz im Gegenteil den Realisationsbedingungen auf der Ebene der massenmedialen Öffentlichkeit.

Das Beispiel stammt aus einem Forum auf „ZEIT online", das am 26. Juni 2015 geöffnet und zu dem der bei Abfassung dieses Beitrags letzte Post am 24. November 2015 hinzugefügt wurde.[13] Es handelt sich um das Kommentarforum zu einem Essay des ZEIT-Journalisten Götz Hamann mit dem Titel „Journalismus: Wer vertraut uns noch?".[14] Wie schon der Titel deutlich macht, geht es darin um das zunehmend als gestört empfundene Vertrauensverhältnis zwischen professionellem Journalismus einerseits und dessen (intendiertem) Publikum andererseits. Dezidiert fordert Hamann in dem durchaus selbstkritischen Text dabei auch die UserInnen von Facebook, Twitter, Webforen und anderer digitaler Plattformen auf, ihre Verantwortung als „fünfte Gewalt" ernst zu nehmen. Er versteht darunter unter anderem den Verzicht auf Anonymität und die Wahrung eines respektvollen Umgangs bei Härte in der Sache. Mit anderen Worten: Der Journalist fordert dazu auf, auch unter den grundlegend veränderten technisch-medialen Bedingungen der neuen Online-Öffentlichkeiten, die Praktiken und Verfahren der etablierten Medienöffentlichkeit unverändert fortzuführen. Das ist für unsere Frage bedeutsam, weil es nahelegt, dass sich die ForistInnen, die einen (oder mehrere) Beiträge zum Kommentarforum formulieren, eben zumindest implizit immer auch zu dieser Forderung ins Verhältnis setzen – indem sie sie erfüllen, ignorieren, sie bestätigen oder sie ausdrücklich ablehnen. Die Öffnung des Forums am folgenden Tag war von „ZEIT online" gleichzeitig mit der Online-Veröffentlichung des Essays unter Angabe einer konkreten Uhrzeit vorab angekündigt worden, verbunden mit dem Angebot, dort auch mit dem Autor Hamann und einigen seiner Kollegen „live" eine „Diskussion" zu führen. Zwar finden sich im Forenverlauf einige Beiträge auch von Hamann selbst, insgesamt aber dürfte allein schon das Aufkommen an Posts (bis dato 1.018 Beiträge) dafür gesorgt haben, dass sich letztlich die Routine und Eigenlogik der Kommunikationsform „Kommentarforum" ihr Recht verschafft

---

13 (http://www.zeit.de/2015/26/journalismus-medienkritik-luegenpresse-vertrauen-ukraine-krise?sort=desc#comment-form), zuletzt abgerufen am 22. 3. 2017.
14 (http://www.zeit.de/2015/26/journalismus-medienkritik-luegenpresse-vertrauen-ukraine-krise), zuletzt abgerufen am 22. 3. 2017.

hat und der Versuch, eine echte „Diskussion" – eine für reglementierte Ver-
sammlungsöffentlichkeiten typische Kommunikationsform – zu initiieren, in
diesem Fall eher als gescheitert betrachtet werden muss.[15]

In einer späteren Phase des Foren-Verlaufs kommt es zu einer interaktionalen Sequenz von insgesamt 23 Beiträgen. 22 davon sind einem initialen Post
(#446[16]) untergeordnet (#446.1–#446.23). Der initiale Post stammt vom User
„LaLeLutscher", stellt eine explizite Unterstützung der vom Journalisten Hamann formulierten Position dar und kritisiert ausdrücklich ForistInnen, die sich
anmaßen, die Arbeit der professionellen JournalistInnen in Frage stellen zu
können:

> [...] Aber ich frage mich bei den ganzen Tipps, die hier den Redakteuren gegeben werden
> (bessere Recherche, keine Propaganda etc. bla bla): Woher nehmen die Leute ihre Weis-
> heit, wie andere ihren Beruf auszuüben haben? Woher nehmen die Leute sich das Recht,
> über die Qualität der Arbeit zu urteilen? [...]. (LaLeLutscher, #446)[17]

Hervorgehoben werden soll an dieser Stelle vor allen Dingen, dass in diesem
Beitrag ausdrücklich ein prinzipieller und nicht okkasionell aufhebbarer Unterschied postuliert wird zwischen Äußerungen von JournalistInnen (als den professionell sanktionierten Akteuren der Medienöffentlichkeit) und Nicht-Journa-
listInnen.

Die zitierte Frage nach den Quellen der Weisheit, die „LaLeLutscher" dabei
wohl eher rhetorisch formuliert, nimmt in einem ersten Antwortpost der User
„a stranger in a strange world" beim Wort, wobei er sich nun speziell auf die
Berichterstattung über die damals aktuellen Vorgänge in der Ukraine (Annexion
der Krim durch Russland) bezieht:

> Ich rechtfertige diese Impertinenz mit eigener Komepetenz bzw. Berichten aus erster
> Hand: 1. Ich habe familiäre Beziehungen in Ukraine und spreche selber alltagstaugliches

---

15 Man darf dabei wohl unterstellen, dass gerade angesichts des Themas, um das es in
Hamanns Essay geht, es einige der Foristen von Anfang an darauf abgesehen hatten, das Vor-
haben einer „Diskussion" scheitern zu lassen, etwa wenn der geringe Umfang von Posts der
JournalistInnen in einem kommunikationstechnisch zweifelhaften Vergleich beklagt wird: „So,
es ist jetzt 15:30 Uhr. Mehr als 500 Leserkommentare in 3 Stunden. Und wo sind jetzt die
Antworten der Redaktion? Ich habe bis jetzt vielleicht 7 gezählt. Wo ist denn nun die große
Debatte???" (#1.6).
16 Für die hier verwendete Zählung der Beiträge wird die vom technischen System des Forums vergebene und auf der Leseroberfläche jeweils angezeigte Nummerierung übernommen,
bei der jeweils nach dem Muster „#Zahl" (also z. B. #213) chronologisch durchlaufend neu
ansetzende Beiträge und nach dem Muster „#Zahl.Zahl" (z. B. #213.1 und #213.2) replizierende
Beiträge gezählt werden.
17 Die Foreneinträge werden im unveränderten Original, ohne Korrekturen syntaktischer oder
orthographischer Art zitiert.

Russisch. Ich kann die Qualität der Berichterstattung über den Ukraine-Konflikt also deutlich besser beurteilen als der Durchschnittsleser. Ich habe in keiner deutschen Zeitung auch nur einen Hintergrundbericht über die tiefe ethnische, sprachliche und kulturelle Zerrissenheit der Ukraine gefunden. Ohne dieses Wissen sind die Vorgänge auf der Krim und im Donbaz aber überhaupt nicht zu verstehen. Hier hat die deutsche Presse kläglich versagt. [...]. (#446.1)

Er gibt im Folgenden noch zwei weitere Begründungen für seine Kompetenz, die ebenfalls die Form sozial-biographischer Verortungen haben (fachliche Kompetenz als Biologe, der in der Hirnforschung tätig ist, Bekanntschaft zu drei Kolleg(inn)en aus Syrien). Diese spielen aber im weiteren Verlauf der Interaktion und damit auch für unsere Analyse an dieser Stelle eine untergeordnete Rolle. Die zitierte Passage scheint von ihrer argumentativen Basis her typisch für Realisationen auf der Encounter-Ebene zu sein: Die Behauptung von gewissermaßen ‚privaten‘ Kenntnisquellen, die vom Gegenüber kaum überprüft werden können, ist dort angesichts der mangelnden Reichweite teilnahmeorientierter Diskursrealisationen kaum problematisch. Im massenmedialen Kontext dürfte sie als Strategie dagegen eher riskant sein, zumindest wird sie ohne (zumindest scheinbar) objektivierende Zusätze kaum alleine bestehen können. Genau solche Objektivierungsleistungen fordert nun ein weiterer User, „Ergosum15“, ein und eröffnet damit einen längeren Schlagabtausch über die übrigen 21 Posts hinweg, an dem sich nun nur noch „a stranger in a strange world" und „Ergosum15", nicht mehr aber der Verfasser des initialen Posts, „LaLeLutscher", beteiligen. Das oben gegebene Zitat kommentiert „Ergosum15" unter anderem mit der folgenden Nachfrage:

[...] Das ist erst mal nur eine Behauptung. Was heißt ‚tiefe‘? Mehr gegeneinander als Volksgruppen in Russland oder weniger? (Ergosum15, #446.2)

Auch wenn die Replik damit durchaus auf der Sachebene anzusetzen scheint, eröffnet sie für den weiteren Austausch die für Foreninteraktion erwartbare Eskalationsspirale –

Ihr Beitrag ist ein wundervolles Beispiel für die abgrundtiefe Ignoranz über die Ukraine in Deutschland. [...]. (a stranger in a strange world, #446.3)

–, die schließlich in den ausdrücklichen Vorwurf der Lüge mündet, mit dem die Interaktion durch „Ergosum15" auf eine persönliche Ebene geführt wird, wie sie so weder im massenmedialen (wo die Bedingung der Trialogizität dem entgegen steht) noch im teilnahmeorientierten Bedingungsgefüge (wo der hohe Grad an kommunikativer Verantwortlichkeit es in der Regel verhindern würde) zu erwarten ist:

> [...] Wobei wir bei Ihrer lügenhaften Darstellung wären: Informieren Sie sich doch bitte, wenn Sie schon Verbindungen zur Ukraine haben, wie Sie vorgeben, über die genaue Geschichte des Landes. [...] Wenn Sie etwas für die Ukraine tun wollen, schämen Sie sich ob Ihrer durch sowjetische Geschichtsklitterung beeinflusste rückständige Kenntnis der wahren Historie des Landes. [...]. (Ergosum15, #446.4)

Im direkten Anschluss – ohne dass es zu einer Erwiderung durch „a stranger in a strange world" gekommen wäre – fährt „Ergosum15" in den beiden folgenden Posts fort, indem er Statistiken (zu den sprachlichen Verhältnissen und zur Religionszugehörigkeit in der Ukraine) sowie Pressedossiers (u. a. aus der FAZ und vom ORF) verlinkt und diese als Bestätigung der eigenen Position ausweist, bevor er als Fazit formuliert:

> Leider ist es wohl so, dass weder familiäre Verbindungen, noch Sprachkenntnisse helfen, der Wahrheit auf den Grund zu kommen, noch die Wirklichkeit richtig einschätzen zu können. Die genauere Sicht des deutschen Zeitschriftenmarktes, besser noch des englischsprachigen würde unbedingt Linderung versprechen. [...] Ihnen geht es aber in etwa so, meine Mutmaßung, wie den meisten Russen. Die beherrschte Sprache und die Ortsgebundenheit mit TV Berieselung bringen ein Wirklichkeitsbild vor das Bewusstsein, das nur von den Spiegelungen der eigenen vier Wänden her rührt. [...]. (Ergosum15, #446.7)

Dieser kombinierte Mehrfach-Post repräsentiert idealtypisch die Praktik des subjektiven Verifizierens. Aus den zitierten Passagen wird die Doppelgesichtigkeit der damit verbundenen Strategie deutlich, die in dieser Form auf keiner der etablierten Öffentlichkeitsebenen so denkbar wäre: Einerseits zielt „Ergosum15" ganz der Eskalationslogik der Webforen folgend offensichtlich auf die persönliche Dekonstruktion des Images seines Gegenübers (und damit auf einen der potenziellen Trialogizität der Forenkommunikation geschuldeten Effekt der ganz grundsätzlichen Tilgung einer gegnerischen Position). Er bewegt sich damit also nicht auf der Sachebene und bemüht sich mit den Angriffen ad personam auch in keiner Weise darum, eine subjektivierende Ausrichtung der Interaktion zu vermeiden. Er wählt damit eine kommunikative Verhaltensweise, die im klassisch massenmedialen Setting nur unter sehr speziellen Rahmenbedingungen (etwa bestimmter planvoller Konflikt- und „Krawall"-Inszenierungen in politischen Talkshows; vgl. Goebel 2017: 335–348) möglich wären. Gerade Diskursrealisationen dieser Art sind es ohne Frage, die für den zunehmend kritischen Blick auf die Art und Weise der öffentlichen Auseinandersetzung (v. a. über politisch relevante Themen) in den digitalen Medien sorgen. Umso interessanter ist aber, dass „Ergosum15" zur Realisierung dieser Strategie eine Anleihe bei den kommunikativen Bedingungen des klassischen Journalismus macht, indem er dezidiert die quellengestützte Verifizierung behaupteter Aussagen einfordert und vermeintlich auch selbst praktiziert.

Seinerseits in Form einer mehrere Posts langen Erwiderung weist „a stranger in a strange world" zunächst einmal den von „Ergosum15" implizierten Anspruch fundiert-differenzierter Argumentation in den Forenbeiträgen zurück, indem er auf die technischen Restriktionen (Zeichenzahl) der Kommunikationsform verweist – während er selbst mit seinen Kettenposts ebenso wie „Ergosum15" zuvor beweist, dass diese Restriktionen letztlich durchaus zu umgehen sind:

> Ein Kommentar von max. 1500 Zeichen eignet sich wohl kaum für eine umfassende Schilderung der ukrainischen Geschichte. Im übrigen wäre so etwas exakt das, was ich von einer Zeitschrift wie der ZEIT erwartet hätte. [...]. (a stranger in a strange world, #446.8)

Damit versucht „a stranger in astrange world" interessanterweise zunächst einmal, die von „LaLeLutscher" im initialen Post behauptete strikte Unterscheidung von professionell-journalistischer Diskursrealisation und der eines „Laien" wieder stark zu machen, der er selbst mit seiner ersten Replik widersprochen hatte. Gleichzeitig bringt er aber nun seinerseits einigen kommunikativen Aufwand dafür auf, sehr wohl den kommunikationsethischen Anspruch annähernder Objektivität für sich zu reklamieren, der Kern der Praktik des subjektiven Verifizierens ist. Zentrale Strategie dabei ist, die von ihm selbst etablierte Verortung über seine sozialen und biographischen Bezüge zur Ukraine nun zu relativieren und – ganz im Sinne eines klassischen Journalismus-Ideals – die eigene Unabhängigkeit zu behaupten:

> Ich bin einer chauvinistischen Auseinandersetzung Ukraine vs. Russland nicht interessiert. Soweit ich es beurteilen kann, sagt in dieser Sache der eine Hase zum anderen Hasen ‚Langohr'. (a stranger in a strange world, #446.8)

> Wenn ich chauvinistische Tiraden hören möchte, wende ich mich an meinen Schwiegervater. (a stranger in a strange world, #446.9)

> Ich bin kein Russe sondern Deutscher mit britischer Ausbildung (Studium in Cambridge). Verweise auf die englisch-sprachige Presse können sich also meinetwegen rundweg sparen. (a stranger in a strange world, #446.10)

Auch wenn „Ergosum15" in einigen seiner weiteren Beiträge (#446.13, 17, 18, 19, 23) noch einmal zusätzliche Quellen nennt, reagiert „a stranger in a strange world" hierauf nicht mehr und dominiert in den folgenden Posts der beiden User eher die umgekehrte Strategie: Der in jedem einzelnen Fall ad personam gerichtete Vorwurf, zur faktengestützten Argumentation nicht fähig oder willens zu sein, ist zwar noch initiiert von der Praktik der subjektiven Verifikation, entfernt sich aber im interaktionalen Schlagabtausch sehr schnell von dieser und mündet wieder in die für die Kommunikationsform typische und erwartete Eskalationskaskade.

> Sie merken das wohl gar nicht mehr, da Sie durch Diskussionen mit dem Schwiegervater vermutlich verwirrt sind und sich nicht wirklich sachlich auf das Gesamtthema Ukraine einlassen können. [...] Man kann von persönlicher Vorbelastung sprechen [...]. (Ergosum15, #446.11)

> Nö. Meine Frau ist nämlich geistig vollkommen gesund und hat weder für die einen noch für die anderen irgendwelche Sympathien. (a stranger in a strange world, #446.14)

> Der Schwiegervater kann, aber muss da nicht als Quelle ausreichen. Aber auf jeden Fall von mir Gruß an den Schwiegervater [...] (Ergosum15, #446.11)

> Der wird warten müssen. So wie er sich beim letzten Besuch aufgeführt hat, hat meine Frau derzeit Null Interesse ihn wiederzusehen. (a stranger in a strange world, #446.14)

Das Beispiel soll mit Blick auf die digitalen Öffentlichkeiten auf Aspekte wie die folgenden hingewiesen haben, die für die weitere Forschung zu diesem Thema und schließlich auch für zu formulierende Konsequenzen für den weiteren gesellschaftlichen und politischen Umgang mit seinen problematischen Implikationen relevant sein werden:

1. Zur Beantwortung der Frage, ob und inwieweit die digitalen Öffentlichkeiten neue Sagbarkeitsbedingungen schaffen, sind empirische Mikroanalysen zu konkreten Diskursrealisationen in ihrem unmittelbaren Entstehungskontext (im Falle von Foren heißt das: in ihrem sequentiellen Zusammenhang) notwendig. Dabei kann ein heuristisches Raster pragmatischer Basisbedingungen, wie von uns für die Webforen vorgeschlagen, erkenntnisleitend sein. Es muss in seiner Anwendung jedoch offen bleiben für die tatsächliche pragmatische Komplexität, von der die Online-Kommunikationsformen geprägt sind. Gerade der Linguistik mit ihrem methodischen Zugriff auf die tatsächliche sprachliche Realisation kommt hier die wichtige Aufgabe zu, den konkreten kommunikativen Effekt unterstellter oder subjektiv empfundener Veränderungen auf den abstrakten Ebenen der dargestellten Öffentlichkeitsmodelle sichtbar zu machen.

2. In den Blick genommen werden sollten vor allen Dingen solche Phänomene, die systematisch zu Diskursrealisationen führen, die so in anderen pragmatischen Settings auf anderen Öffentlichkeitsebenen nicht zu erwarten sind (was letztlich natürlich vergleichende empirische Untersuchungen erforderlich macht). Dazu wird sich der Fokus im diskurspragmatischen Sinne auf die Interaktion selbst richten müssen, in der Diskursaussagen realisiert werden und kann es hilfreich sein, etwa dem Konzept der mediatisierten Praktiken folgend zu fragen, inwiefern in der digitalen Öffentlichkeit Übertragungen (im Sinne linearer Anlehnung, wie sie etwa im Falle des „Stammtisch-Modus" auch in Webforen beschreibbar ist – vgl. Roth 2017) oder aber Adaptionen, Modifikationen und neuartige Kombinationen eingeübter Praktiken (im Sinne integrativer Praktiken) beschrieben werden kön-

nen. Zu letzteren zählt auch die hier skizzierte „subjektive Verifizierung“. Gerade im Kontext der aktuellen Diskussionen um „Fake News“ und „postfaktische“ Tendenzen auch im institutionell-politischen Kontext könnte sie von hoher Relevanz sein. Schließlich liegt die Frage nahe, ob sich hier nicht inzwischen schon Rück-Rück-Übertragungen bzw. Adaptionen aus der Online- in die Offline-Öffentlichkeiten abzeichnen.

Literaturverzeichnis

Adamzik, Kirsten (2002): Interaktionsrollen. Die Textwelt und ihre Akteure. In Kirsten Adamzik (Hrsg.), *Texte, Diskurse, Interaktionsrollen. Analysen zur Kommunikation im öffentlichen Raum*, 211–255. Tübingen: Stauffenburg.

Androutsopoulos, Jannis (2016): Mediatisierte Praktiken. Zur Rekontextualisierung von Anschlusskommunikation in den Sozialen Medien. In Arnulf Deppermann, Helmut Feilke & Angelika Linke (Hrsg.), *Sprachliche und kommunikative Praktiken*, 337–367. Berlin, Boston: de Gruyter.

Androutsopoulos, Jannis & Jessica Weidenhöffer (2015): Zuschauer-Engagement auf Twitter: Handlungskategorien der rezeptionsbegleitenden Kommunikation am Beispiel von #tatort. *Zeitschrift für Angewandte Linguistik* 62, 23–59.

Baldauf, Heike & Michael Klemm (1997): Häppchenkommunikation. Zur zeitlichen und thematischen Diskontinuität beim fernsehbegleitenden Sprechen. *Zeitschrift für Angewandte Linguistik* 2/1997, 41–69.

Beck, Klaus (2006): *Computervermittelte Kommunikation im Internet*. München, Wien: Oldenbourg.

Bittner, Johannes (2003): *Digitalität, Sprache, Kommunikation. Eine Untersuchung zur Medialität von digitalen Kommunikationsformen und Textsorten und deren varietätenlinguistischer Modellierung*. Berlin: Erich Schmidt.

Bruns, Axel (2008): *Blogs, Wikipedia, Second Life, and beyond: From production to produsage*. New York: Lang.

Bruns, Axel (2009a): Vom Gatekeeping zum Gatewatching. Modelle der journalistischen Vermittlung im Internet. In Christoph Neuberger, Christian Nuernbergk & Melanie Rischke (Hrsg.), *Journalismus im Internet: Profession – Partizipation – Technisierung*, 107–128. Wiesbaden: VS.

Bruns, Axel (2009b): Produtzung: Von medialer zu politischer Partizipation. In Christoph Bieber et al. (Hrsg.), *Soziale Netze in der digitalen Welt: Das Internet zwischen egalitärer Teilhabe und ökonomischer Macht*, 65–85. Frankfurt a. M.: Campus.

Bucher, Hans-Jürgen & Peter Schumacher (2008): Konstante Innovationen. Vom Online-Journalismus zum konvergenten Journalismus. Wie neue Medien und alte Paradoxien die öffentliche Kommunikation verändern. In Bernhard Pörksen, Wiebke Loosen & Armin Scholl (Hrsg.), *Paradoxien des Journalismus. Theorie – Empire – Praxis*, 477–501. Wiesbaden: VS.

Dang-Anh, Mark, Jessica Einspänner & Caja Thimm (2013): Mediatisierung und Medialität in Social Media: Das Diskurssystem „Twitter“. In Konstanze Marx & Monika Schwarz-Friesel (Hrsg), *Sprache und Kommunikation im technischen Zeitalter. Wieviel Internet (v)erträgt unsere Gesellschaft?* 68–91. Berlin, Boston: de Gruyter.

Diekmannshenke, Hajo (2013): Chatten – Bloggen – Twittern. Möglichkeiten der Partizipation an Politik im Internet. In Jörg Kilian & Thomas Niehr (Hrsg.), *Politik als sprachlich gebundenes Wissen. Erwerb, Entwicklung und (Aus-)Wirkung politischer Sprache im lebenslangen Lernen und politischen Handeln*, 251–269. Bremen: Hempen.

Dürscheid, Christa (2005): Medien, Kommunikationsformen, kommunikative Gattungen. *Linguistik online* 22 (1), 3–16.

Dürscheid, Christa (2016): Neue Dialoge – alte Konzepte? Die schriftliche Kommunikation via Smartphone. *Zeitschrift für Germanistische Linguistik* 44 (3), 437–468.

Fraas, Claudia, Stefan Meier & Christian Pentzold (2012): *Online-Kommunikation: Grundlagen, Praxisfelder und Methoden*. München: Oldenbourg.

Gerhards, Jürgen & Friedhelm Neidhardt (1990): *Strukturen und Funktionen moderner Öffentlichkeit. Fragestellungen und Ansätze*. Berlin: Wissenschaftszentrum Berlin für Sozialforschung.

Goebel, Simon (2017): *Politische Talkshows über Flucht. Wirklichkeitskonstruktionen und Diskurse. Eine kritische Analyse*. Bielefeld: transcript.

Goffman, Erving (1997): Self-Presentation. In Charles Lemert & Ann Branaman (Hrsg.), *The Goffman Reader*, 21–25. Malden, Mass.: Blackwell.

Höflich, Joachim R. (1997): Zwischen massenmedialer und technisch vermittelter interpersonaler Kommunikation – der Computer als Hybridmedium und was die Menschen damit machen. In Klaus Beck & Gerhard Vowe (Hrsg.), *Computernetze – ein Medium öffentlicher Kommunikation?* 85–104. Berlin: Spiess.

Holly, Werner (1979): *Imagearbeit in Gesprächen. Zur linguistischen Beschreibung des Beziehungsaspekts*. Tübingen: Niemeyer.

Holly, Werner (2011): Medien, Kommunikationsformen, Textsortenfamilien. In Stephan Habscheid (Hrsg.), *Textsorten, Handlungsmuster, Oberflächen: Linguistische Typologien der Kommunikation*, 144–163. Berlin: de Gruyter.

Holly, Werner, Ulrich Püschel & Jörg Bergmann (Hrsg.) (2001), *Der sprechende Zuschauer. Wie wir uns Fernsehen kommunikativ aneignen*. Wiesbaden: VS.

Imhof, Kurt (2005): Medien und Öffentlichkeit. In Michael Jäckel (Hrsg.), *Mediensoziologie. Grundfragen und Forschungsfelder*, 273–293. Wiesbaden: VS.

Jarren, Otfried & Patrick Donges (2011): *Politische Kommunikation in der Mediengesellschaft: Eine Einführung*. 3., grundl. überarb. u. akt. Aufl. Wiesbaden: VS.

Katzenbach, Christian (2008): *Weblogs und ihre Öffentlichkeiten: Motive und Strukturen der Kommunikation im Web 2.0*. München: Reinhard Fischer.

Klemm, Michael (2016): World Wide Web: Politische Kommunikation online gestalten. In Arne Scheuermann & Francesca Vidal (Hrsg.), *Handbuch Medienrhetorik*, 525–544. Berlin, Boston: de Gruyter.

Klemm, Michael & Sascha Michel (2013): Der Bürger hat das Wort. Politiker im Spiegel von Userkommentaren in Twitter und Facebook. In Hajo Diekmannshenke & Thomas Niehr (Hrsg.), *Öffentliche Wörter*, 113–136. Stuttgart: ibidem.

Klemm, Michael & Sascha Michel (2014a): Social TV und Politikaneignung. Wie Zuschauer die Inhalte politischer Diskussionssendungen via Twitter kommentieren. *Zeitschrift für Angewandte Linguistik* 60, 3–35.

Klemm, Michael & Sascha Michel (2014b): Big Data – Big Problems? Zur Kombination qualitativer und quantitativer Methoden bei der Erforschung politischer Social-Media-Kommunikation. In Heike Ortner et al. (Hrsg.), *Datenflut und Informationskanäle*, 83–98. Innsbruck: Innsbruck University Press.

Leggewie, Claus & Christoph Bieber (2008): Webforum. In Norbert Kersting (Hrsg.), *Politische Beteiligung. Einführung in dialogorientierte Instrumente politischer und gesellschaftlicher Partizipation*, 80–92. Wiesbaden: VS.

Lorenz-Meyer, Lorenz (2005) ResonanzrAUM: digitale Medienszene und klassischer Journalismus. *epd medien* 1, 30–34.

Neuberger, Christoph (2008): Neue Medien als Herausforderung für die Journalismustheorie: Paradigmenwechsel in der Vermittlung öffentlicher Kommunikation. In Carsten Winter, Andreas Hepp & Friedrich Krotz (Hrsg.), *Theorien der Kommunikations- und Medienwissenschaft. Grundlegende Diskussionen, Forschungsfelder und Theorienentwicklungen*, 251–267. Wiesbaden: VS.

Neuberger, Christoph (2009): Internet, Journalismus und Öffentlichkeit. Analyse des Medienumbruchs. In Christoph Neuberger, Christian Nuernbergk & Melanie Rischke (Hrsg.), *Journalismus im Internet. Profession – Partizipation – Technisierung*, 19–105. Wiesbaden: VS.

Niehr, Thomas (2010): „Na, dann pass mal auf den Dienstwagen auf, Frank-Walter". Internetbasierte Wahlkampf-Kommunikation von unten. *Zeitschrift für Angewandte Linguistik* 52, 29–48.

Pappert, Steffen (2016): Zur Konzeptualisierung von Kommunikationsereignissen. In Ulrike Behrens & Olaf Gätje (Hrsg.), *Mündliches und schriftliches Handeln im Deutschunterricht. Wie Themen entfaltet werden*, 15–37. Frankfurt a. M. u. a.: Lang.

Pappert, Steffen (2017): Plakatbusting: Zur Umwandlung von Wahlplakaten in transgressive Sehflächen. In Heidrun Kämper & Martin Wengeler (Hrsg.), *Protest – Parteienschelte – Politikverdrossenheit. Politikkritik in der Demokratie*, 55–75. Bremen: Hempen.

Pappert, Steffen & Kersten Sven Roth (2016): Diskursrealisationen in Online-Foren. *Zeitschrift für Angewandte Linguistik* 64, 37–66.

Pappert, Steffen & Kersten Sven Roth (im Druck): Diskurslinguistische Perspektiven auf neue Öffentlichkeiten in Webforen. In Stefan Hauser, Roman Opilowski & Eva Lia Wyss (Hrsg.), *Alternative Öffentlichkeit(en). Soziale Medien zwischen Partizipation, Sharing und Vergemeinschaftung*. Bielefeld: transcript.

Passoth, Jan, Tilmann Sutter & Josef Wehner (2013): Vernetzungen und Publikumskonstruktionen im Internet. In Barbara Frank-Job, Alexander Mehler & Tilmann Sutter (Hrsg.), *Die Dynamik sozialer und sprachlicher Netzwerke. Konzepte, Methoden und empirische Untersuchungen an Beispielen des WWW*, 139–159. Wiesbaden: Springer VS.

Ridder, Christa-Maria & Bernhard Engel (2010): Massenkommunikation 2010: Mediennutzung im Intermediavergleich. *Media Perspektiven* 2, 523–536.

Roth, Kersten Sven (2015): *Diskursrealisationen. Grundlegung und methodischer Umriss einer pragmatisch-interaktionalen Diskurssemantik*. Berlin: Erich Schmidt.

Roth, Kersten Sven (2017): „Stammtisch 2.0"? Politiker-Kritik als interaktionale Ressource in Webforen. In Heidrun Kämper & Martin Wengeler (Hrsg.), *Protest – Parteienschelte – Politikverdrossenheit. Politikkritik in der Demokratie*, 77–97. Bremen: Hempen.

Roth, Kersten Sven (2018): Verortung. Zur Konstruktion einer argumentativ-auktorialen Origo in laienlinguistisch-sprachkritischen Texten. In: Martin Wengeler & Alexander Ziem (Hrsg.), *Diskurs, Wissen, Sprache*, 295–318. Berlin, Boston: de Gruyter.

Runkehl, Jens (2013): Die Ordnung digitaler Unordnung. In Konstanze Marx & Monika Schwarz-Friesel (Hrsg.), *Sprache und Kommunikation im technischen Zeitalter. Wieviel Internet (v)erträgt unsere Gesellschaft?* 53–67. Berlin, Boston: de Gruyter.

Schmidt, Jan (2006): *Weblogs. Eine kommunikationssoziologische Studie*. Konstanz: UVK.

Schmidt, Jan (2008): Was ist neu am Social Web? Soziologische und kommunikationswissenschaftliche Grundlagen. In Ansgar Zerfaß, Martin Welker & Jan Schmidt (Hrsg.), *Kommunikation, Partizipation und Wirkungen im Social Web. Band 1: Grundlagen und Methoden – Von der Gesellschaft zum Individuum*, 18–40. Köln: Herbert von Halem.

Schmidt, Jan (2009): *Das neue Netz. Merkmale, Praktiken und Folgen des Web 2.0*. Konstanz: UVK.

Schmidt, Jan-Hinrik (2013a): Onlinebasierte Öffentlichkeiten: Praktiken, Arenen und Strukturen. In Claudia Fraas, Stefan Meier & Christian Pentzold (Hrsg.), *Online-Diskurse. Theorien und Methoden transmedialer Online-Diskursforschung*, 35–56. Köln: Herbert von Halem.

Schmidt, Jan-Hinrik (2013b): *Social Media*. Wiesbaden: VS.

Schuegraf, Martina & Stefan Meier (2005): Chat- und Forenanalyse. In Lothar Mikos & Claudia Wegener (Hrsg.), *Qualitative Medienforschung. Ein Handbuch*, 425–435. Konstanz: UVK.

Siever, Torsten (2013): Zugänglichkeitsaspekte zur Kommunikation im technischen Zeitalter. In Konstanze Marx & Monika Schwarz-Friesel (Hrsg.), *Sprache und Kommunikation im technischen Zeitalter. Wieviel Internet (v)erträgt unsere Gesellschaft?* 7–25. Berlin, Boston: de Gruyter.

Sutter, Tilmann (2010): Der Wandel von der Massenkommunikation zur Interaktivität neuer Medien. In Tillmann Sutter & Alexander Mehler (Hrsg.), *Medienwandel als Wandel von Interaktionsformen*, 83–105. Wiesbaden: VS.

Thimm, Caja & Tobias Bürger (2013): Digitale Partizipation im politischen Kontext – „Wutbürger" online. In Mike Friedrichsen & Roland A. Kohn (Hrsg.), *Digitale Politikvermittlung – Chancen und Risiken interaktiver Medien*, 255–272. Wiesbaden: VS.

Thimm, Caja, Mark Dang-Anh & Jessica Einspänner (2011): Diskurssystem Twitter: Semiotische und handlungstheoretische Perspektiven. In Mario Anastasiadis & Caja Thimm (Hrsg.), *Social Media. Theorie und Praxis digitaler Sozialität*, 265–285. Frankfurt a. M. u. a.: Lang.

Wichter, Sigurd (1999): Gespräch, Diskurs und Stereotypie. *Zeitschrift für germanistische Linguistik* 27, 261–284.

Onlinequellen

Runkehl, Jens (2014): Vernetzt – Die Evolution von Kommunikation & Interaktion in der Gegenwart. In Alexa Mathias, Jens Runkehl & Torsten Siever (Hrsg.), *Sprachen? Vielfalt! Sprache und Kommunikation in der Gesellschaft und den Medien. Eine Online-Festschrift zum Jubiläum von Peter Schlobinski*, 235–261. (http://www.mediensprache.net/networx/networx-64.pdf), zuletzt abgerufen am 25. 6. 2018.

Siever, Torsten (2014): Digitale Welt: Kommunikative Folgen und Folgen der Kommunikation. In Alexa Mathias, Jens Runkehl & Torsten Siever (Hrsg.), *Sprachen? Vielfalt! Sprache und Kommunikation in der Gesellschaft und den Medien. Eine Online-Festschrift zum Jubiläum von Peter Schlobinski*, 197–234. (http://www.mediensprache.net/networx/networx-64.pdf), zuletzt abgerufen am 25. 6. 2018.

Thomas Niehr

Von „allgemein zugänglichen Quellen" und „nachrichtendienstlichen Mitteln" – zur Semantik von Verfassungsschutzberichten

1 Einleitung

Der bundesdeutsche Verfassungsschutz steht auf Bundes- wie auf Landesebene nach diversen Skandalen – die einschlägigen Stichwörter lauten: NSU, NSA, Aktenvernichtung, V-Leute und neuerdings die politischen Einlassungen des ehemaligen Präsidenten Hans-Georg Maaßen – in der Öffentlichkeit nicht in besonders gutem Ruf. Insbesondere seine Rolle bei den rechts-terroristischen Morden des NSU sowie beim Einsatz von V-Leuten in der NPD gab immer wieder Anlass zu öffentlicher Kritik. Vor diesem Hintergrund scheint die Frage lohnend, ob und inwieweit der Verfassungsschutz kommunikative Bemühungen erkennen lässt, um sein ramponiertes Image aufzubessern. Sollten derartige Bemühungen erkennbar sein, so ließen sie sich unter dem Aspekt der Unternehmenskommunikation (Mast 2006) bzw. der Krisenkommunikation (vgl. Schwarz & Löffelholz 2014) analysieren. In den folgenden Ausführungen soll daher geprüft werden, inwieweit Veröffentlichungen des Verfassungsschutzes als Instrumente strategischer Krisenkommunikation identifiziert werden können, deren Ziel es ist „den beobachtbaren bzw. zu erwartenden krisenbedingten Reputations- und Vertrauensverlust bei relevanten Anspruchsgruppen zu minimieren und damit den Handlungsspielraum zur Erreichung der strategischen Ziele der Organisation unter den gegebenen Bedingungen zu maximieren" (Schwarz & Löffelholz 2014: 1306). In erster Linie ist hier an die regelmäßig erscheinenden Verfassungsschutzberichte zu denken, in denen der Verfassungsschutz die Öffentlichkeit einerseits über aktuelle verfassungsfeindliche Bestrebungen informiert, andererseits über seine Bemühungen Rechenschaft ablegt, diese Bestrebungen aufzuklären. Die Verfassungsschutzberichte der Jahre 2001 bis 2015 (erschienen in den Jahren 2002 bis 2016[1]) bilden die Grundlage für die folgenden Analysen.

---

[1] Die Verfassungsschutzberichte werden jeweils mit ihrem Erscheinungsdatum zitiert. Eine Angabe wie „VSB (2013: 23)" verweist mithin auf den Verfassungsschutzbericht 2012, erschienen im Jahre 2013.

https://doi.org/10.1515/9783110609103-013

2 Krisenkommunikation I

Krisenkommunikation lässt sich definieren als Kommunikation, die vor, während oder nach einer Krise stattfindet.[2] Findet sie bereits vor einer (mutmaßlichen) Krise statt, so lässt sich auch von *Krisenpräventionskommunikation* sprechen. Sie kann im besten Falle dazu beitragen, das Eintreten einer Krise zu verhindern:

> Professionelle Krisenkommunikation könnte [...] dazu beitragen, einer Krise vorzubeugen, sich optimal vorzubereiten, und sie erhöht die Chance, eingetretene Krisen erfolgreich zu bewältigen. Dies setzt voraus, daß die Krisenkommunikation nicht erst beginnt, wenn die Krise ausgebrochen ist [...]. (Homuth 2000: 5; vgl. Schwarz & Löffelholz 2014: 1306–1307)

Im Mittelpunkt der folgenden Ausführungen steht die Kommunikation während und nach einer Krise, um das geschädigte Image und das Vertrauen in einer von einer Krise betroffenen Organisation zu stabilisieren oder langsam wieder aufzubauen.

Dass sich die grundlegenden Ziele von Krisenkommunikation bei Wirtschaftsunternehmen und Behörden nicht unterscheiden, zeigt die Darstellung des Bundesinnenministeriums (BMI), die sich – wie der Untertitel der 1. Auflage zeigt (vgl. BMI 2008) – vorrangig an Behörden richtet:

> Ein langfristiges und grundlegendes Ziel von Kommunikation ist [...] der Aufbau von Vertrauen in und Glaubwürdigkeit von Behörden bzw. Unternehmen. Krisenkommunikation muss so funktionieren, dass Vertrauen und Glaubwürdigkeit auch in der Krise bestehen bleiben. Erreicht wird dies durch offene Kommunikation mit der Öffentlichkeit, den Medien und allen anderen Zielgruppen, die die Behörde oder das Unternehmen für sich identifiziert haben. [...] So kann ein durch die Krise akut drohender Schaden eventuell vermieden bzw. ein bereits entstandener eingegrenzt und die Gesamtsituation wieder in einen Normalzustand zurückgeführt werden. (BMI 2014: 13)

Krisenkommunikation soll mithin dazu dienen, verlorene Reputation und Vertrauen wieder aufzubauen. Dass der Verlust einmal erlangten Vertrauens weit schneller vonstatten geht als dessen (Wieder-)Aufbau, ist dabei eine Alltagsweisheit:

---

2 An dieser Stelle sei nur am Rande darauf verwiesen, dass Krisen keine „objektiven Tatsachen" darstellen. Bestimmten Ereignissen, Zuständen oder Prozessen wird jedoch diskursiv Krisencharakter zugesprochen; sie werden mithin als Krise interpretiert. Insofern handelt es sich bei Krisen um soziale (und sprachliche) Konstruktionen; vgl. Schwarz & Löffelholz (2014: 1305).

Der Grund für diesen systematischen Negativismus ist unsere grundsätzliche Erwartung, dass das, was die soziale Ordnung stört, das Außeralltägliche verkörpert. Das ist der Grund, warum die Klage über die Erwartungsenttäuschung gegenüber Personen, Organisationen und Institutionen viel mehr Aufmerksamkeit genießt als das erwartete Handeln dieser sozialen Einheiten. (Imhof 2014: 343)

In Bezug auf die hier zur Diskussion stehenden Publikationen des Verfassungsschutzes lässt sich also konkreter fragen: Was unternimmt der Verfassungsschutz, um verloren gegangenes Vertrauen zurückzugewinnen? Die Hypothese, die in den folgenden Ausführungen geprüft werden soll, geht davon aus, dass der Verfassungsschutz mit öffentlich zugänglichen Texten, nämlich den Verfassungsschutzberichten, auch versucht, im Sinne der Krisenkommunikation ein positives Bild von sich selbst zu zeichnen, das der Vertrauensbildung dient.[3] Ob der Verfassungsschutz mit dieser Strategie erfolgreich sein wird, bleibt jedoch abzuwarten.

3 Die Verfassungsschutzberichte – Geschäftsberichte eigener Art?

Einmal jährlich gibt der Bundesverfassungsschutz eine öffentlich zugängliche Information über seine Tätigkeit heraus, den Verfassungsschutzbericht. Dieser ist vergleichbar mit einem Geschäftsbericht.

Vor diesem Hintergrund möchte ich im Folgenden der Frage nachgehen, ob und wie der bundesdeutsche Verfassungsschutz in diesen an die Öffentlichkeit gerichteten Berichten sein eigenes Handeln darstellt, reflektiert und bewertet und ob er auf Kritik eingeht. Zu diesem Zweck wurden die Verfassungsschutzberichte der Jahre 2001 bis 2015 einer quantitativen und qualitativen semantischen Analyse unterzogen.

In den Verfassungsschutzberichten lassen sich traditionell mehrere Textteile deutlich voneinander unterscheiden. Einer dieser Textteile, nämlich das Vorwort, wird vom jeweiligen Bundesinnenminister, dem obersten Vorgesetzen der Verfassungsschützer, unterzeichnet und somit als dessen Text deklariert. Seine Ähnlichkeit mit Aktionärsbriefen in Geschäftsberichten springt dem Leser sofort ins Auge. Das Vorwort steht an prominenter Stelle, ist durch ein Foto des Autors und seiner faksimilierten Unterschrift vergleichsweise persönlich gehalten und

---

3 Zur Bedeutung von Vertrauen in der Unternehmenskommunikation vgl. ausführlich Hubig (2014).

wendet sich direkt an die Leser (vgl. Keller 2006: 147–163). Die Vorworte in den untersuchten Verfassungsschutzberichten unterscheiden sich durchaus in Details, haben allerdings auch einige argumentative Gemeinsamkeiten. Die auffälligste besteht darin, dass diverse Bedrohungen der Demokratie aufgezählt werden, die es nötig machten, dass der Verfassungsschutz weiterhin seiner Arbeit nachgehe. Exemplarisch zitiere ich dazu das Vorwort des Verfassungsschutzberichtes 2005, unterzeichnet von Wolfgang Schäuble:

> Die Stabilität und die Sicherheit Europas und damit auch unseres Landes werden durch den islamistischen Terrorismus seit Jahren bedroht. Diese Bedrohung hält unvermindert an. Deutschland ist Teil eines weltweiten Gefahrenraums, und unser Land liegt im Zielspektrum islamistischer Terroristen. Bis zum heutigen Tag ist es in Deutschland nicht zu Attentaten durch islamistische Terroristen gekommen, wohl aber gegen Deutsche im Ausland. Dass Planungen und Vorbereitungshandlungen rechtzeitig aufgedeckt werden konnten, ist der professionellen und umsichtigen Arbeit der deutschen Sicherheitsbehörden, auch des Bundesamtes für Verfassungsschutz, und der vertrauensvollen Zusammenarbeit mit Partnerdiensten zu danken. Für Entwarnung und Sorglosigkeit besteht kein Anlass. (VSB 2006: 3)

Es ist dies eine Argumentationsfigur, die in zahlreichen Varianten in den Vorworten immer wieder auftaucht. Kurzgefasst lautet das Argument: Die innere Sicherheit der BRD ist nach wie vor durch terroristische Bestrebungen gefährdet. Deshalb bedarf es weiterhin des Verfassungsschutzes, der ein Instrument der wehrhaften Demokratie ist.

Mit diesem Argument wird also die Notwendigkeit des Verfassungsschutzes und seiner Arbeit begründet. Das Argument kann auf zweierlei Weise gestützt werden, die sich auch beide finden. Erstens nämlich durch die Aufzählung von Erfolgen. Dazu das erste Beispiel aus dem Verfassungsschutzbericht des Jahres 2003. Dort schreibt Otto Schily:

> [...] die menschenverachtenden Anschläge vom 11. September 2001 in den USA sind uns allen noch in bestürzender Erinnerung. Nicht erst seit den grauenvollen Ereignissen vom 11. März 2004 in Madrid befindet sich auch Europa im Visier islamistischer Terroristen. Die Bundesrepublik Deutschland ist entgegen mancher Befürchtungen bislang von Anschlägen verschont geblieben. Nicht zuletzt die Aufklärungsarbeit der Verfassungsschutzbehörden mit Blick auf islamistische Gruppierungen, die schon vor dem 11. September 2001 einsetzte, hat zu wichtigen Fahndungserfolgen beigetragen. (VSB 2004: 3)

Neben diesen Erfolgen wird dann häufig betont – und das ist die 2. Rechtfertigungsstrategie –, dass nicht mit einem Nachlassen der Bedrohung zu rechnen sei. Und dementsprechend schließt sich die folgende Passage gleich an das vorherige Zitat an:

> Die grenzüberschreitende Gewalt, die perfide und langfristig angelegte Strategie des Terrors müssen und werden wir weiterhin mit allen rechtsstaatlichen Mitteln zu bekämpfen haben. (VSB 2004: 3)

Insgesamt werben die Vorworte fast alle mit dieser Rechtfertigungs-Argumentation, die bisherige Erfolge und die weiterhin bestehende Bedrohung als Nachweis für die Existenzberechtigung und Notwendigkeit des Verfassungsschutzes nutzt.

Eine derartige Argumentation verliert freilich an Plausibilität, wenn der Verfassungsschutz wegen offensichtlicher Fehlleistungen in die öffentliche Kritik gerät und Vertrauen verspielt. Da das Versagen des Verfassungsschutzes im Zusammenhang mit den NSU-Morden im öffentlichen Diskurs thematisiert wurde, sieht sich Innenminister Friedrich im Vorwort des Berichts 2011 zu folgender Feststellung genötigt.

> Neben etlichen Erfolgen, auf die der Verfassungsschutz verweisen kann, ist es ein schmerzlicher Misserfolg, dass es nicht gelungen ist, die rechtsextremistische Motivation der Gewalttäter frühzeitig zu erkennen, um den Ermittlungsbehörden den richtigen Fahndungsansatz zu liefern. Mögliche Fehler müssen aufgeklärt und ihre Ursachen beseitigt werden. Die Vorgänge im Zusammenhang mit der Mordserie des NSU haben verdeutlicht, dass es Reformbedarf bei den Verfassungsschutzbehörden von Bund und Ländern gibt. Der notwendige Umbau des Verfassungsschutzes muss so schnell wie möglich, aber auch mit der gebotenen Gründlichkeit angegangen werden. (VSB 2012: 3)

Unüberhörbar ist an dieser Stelle die Kritik des Innenministers, die durch die Vokabeln *Fehler* und *Reformbedarf* ausgedrückt wird. Da es auch in der Folgezeit zu eklatanten Fehlleistungen des Verfassungsschutzes kommt, sind weiterhin kritische Töne zu hören. So berichten die Medien bereits im Jahr 2012 im Zusammenhang mit dem NSU-Skandal darüber, dass der Präsident des Bundesamtes für Verfassungsschutz, Heinz Fromm, um Entlassung aus dem Amt bittet, weil in seinem Amt unter ungeklärten Umständen Akten geschreddert worden waren, die für die Aufklärung der NSU-Morde von offensichtlicher Bedeutung waren.[4] Vor diesem Hintergrund sind die Bemerkungen des damaligen Innenministers Thomas de Maizière zur „Neuausrichtung des Verfassungsschutzes" (VSB 2014: 4) sowie zur „umfassenden Binnenreform des Bundesamtes für Verfassungsschutz" zu lesen (VSB 2014: 5). Und auch in den Berichten der Jahre 2014 und 2015 findet der NSU-Skandal noch Widerhall, wenn es im Vorwort heißt:

---

4 (http://www.spiegel.de/panorama/justiz/fromm-ruecktritt-rekonstruktion-des-verfassungssch utz-skandals-a-842138.html), zuletzt abgerufen am 6. 7. 2016.

> Dieser Reformprozess, der nach der Aufdeckung der NSU-Morde begonnen wurde, wird auch in diesem Jahr konsequent fortgesetzt. (VSB 2015: 4)

Auch im Vorwort des letzten Verfassungsschutzberichtes 2015 wird ein „inhaltlicher Reformprozess" angesprochen, der offenbar durch das im Jahre 2015 in Kraft getretene „Gesetz zur Verbesserung der Zusammenarbeit im Bereich des Verfassungsschutzes" (VSB 2016: 4) eine gesetzliche Grundlage erhalten hat.

Soweit zu den Vorworten. Es dürfte deutlich geworden sein, dass sie zwei Funktionen haben, nämlich erstens um Vertrauen in den Verfassungsschutz zu werben und zweitens seine Existenz zu rechtfertigen.

4 Die verwendete Lexik

Im Folgenden möchte ich einen Blick auf die Lexik der Verfassungsschutzberichte werfen. Den folgenden Angaben liegen die Verfassungsschutzberichte der Jahre 2010 bis 2015 (erschienen in den Jahren 2011 bis 2016) zugrunde. Betrachtet man zunächst rein quantitativ die verwendete Lexik, so fällt als Erstes auf, dass das Lexem *Daten* wie auch Komposita mit *Daten* in den letzten 3 Berichten auffällig zurückhaltend verwendet werden (s. Abb. 1).

Deutlich zu sehen ist der Rückgang des Lexems *Daten* seit 2011. Stattdessen spricht der Verfassungsschutz traditionell lieber von *Informationen*. Dafür wie

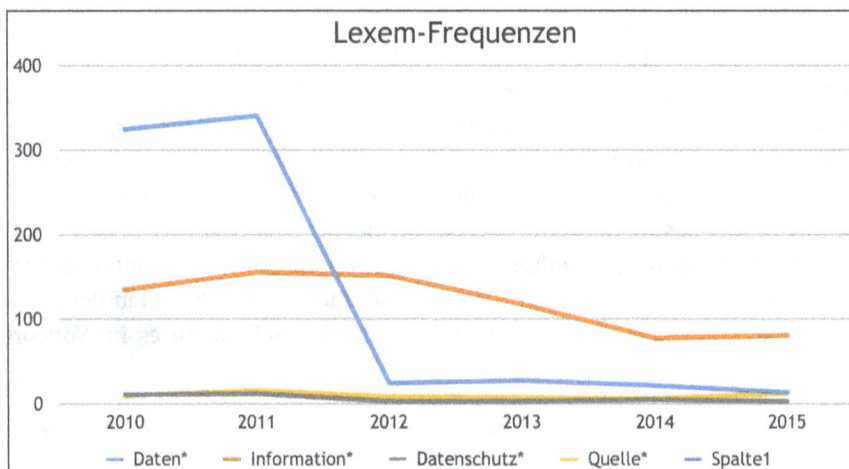

Abb. 1: Das Vorkommen von Lexemen.

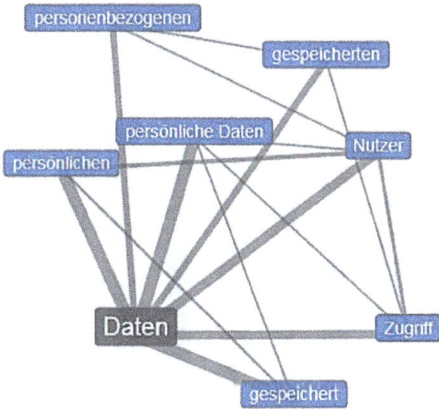

Abb. 2: Kollokationen von *Daten*.[5]

für den Knick in der Kurve gibt es allerdings plausible Erklärungen. Ich beginne mit der Erklärung des Knicks. Verschwörungstheoretiker könnten hier eine Strategie vermuten, die darin besteht, ein heikles Wort gezielt zu umgehen und durch ein anderes zu ersetzen. Von Sprachkritikern wird eine solche semantische Operation gern als euphemistischer Sprachgebrauch gebrandmarkt. Dass es sich bei *Daten* in der Tat um ein heikles bzw. brisantes Wort handelt, zeigt eine einfache Kollokationsabfrage (s. Abb. 2).

Immer nämlich stehen die Speicherung persönlicher Daten und die Zugriffsrechte auf diese Daten zur Diskussion. Die Erklärung für die „Vermeidung" des Lexems *Daten* ab dem Jahr 2012 ist jedoch wesentlich simpler: Bis zum Jahr 2011 wurden in den Verfassungsschutzberichten am Schluss des Textes auch Gesetzestexte wie z. B. das Bundesverfassungsschutzgesetz abgedruckt. Und in diesen Gesetzestexten findet sich das Lexem *Daten* gehäuft, nicht im eigentlichen Text der Berichte. Schaut man sich hingegen im Bundesverfassungsschutzgesetz die Beschreibung der Aufgaben des Verfassungsschutzes an, dann erschließt sich ebenfalls, warum in den Verfassungsschutzberichten eher von *Informationen* die Rede ist. Dort heißt es nämlich unter § 3:

> Aufgabe der Verfassungsschutzbehörden des Bundes und der Länder ist die Sammlung und Auswertung von **Informationen,** insbesondere von sach- und personenbezogenen **Auskünften, Nachrichten und Unterlagen,** über 1. Bestrebungen, die gegen die freiheit-

---

5 (http://corpora.informatik.uni-leipzig.de/de/res?corpusId=deu_newscrawl_2011&word=Daten), zuletzt abgerufen am 26. 6. 2018.

Anzahl Eintragungen am Anfang des Jahres (in Mio Personen)

Abb. 3: Eintragungen in NADIS.[7]

liche demokratische Grundordnung, den Bestand oder die Sicherheit des Bundes oder eines Landes gerichtet sind [...].[6]

Es geht also darum, Informationen, Nachrichten und Unterlagen zu sammeln. Dass eine solche Sammlung freilich darin resultiert, große Datenmengen anzuhäufen, wird nicht erwähnt. Dennoch finden sich Indizien für die stetig steigenden Datenmengen, die der Verfassungsschutz sein Eigen nennt: Diese verstecken sich hinter dem Lexem *Eintragungen,* das in jedem Verfassungsschutzbericht seit 2001 genau zweimal vorkommt, und zwar in einem Textteil, der obligatorisch ist und mit „Strukturdaten" überschrieben wird. Im Verfassungsschutzbericht 2001 lautet die entsprechende Passage:

> Anfang 2002 waren von Bund und Ländern gemeinsam im Nachrichtendienstlichen Informationssystem (NADIS) 925.650 (Anfang 2001: 972.915) personenbezogene Eintragungen enthalten, davon 499.000 Eintragungen (53,9 %) aufgrund von Sicherheitsüberprüfungen (Anfang 2001: 50,1 %). (VSB 2002: 11)

Die Menge der dort gespeicherten personenbezogenen Daten steigt seit 2001 ständig an (s. Abb. 3) und wird für 2015 mit gut 1,8 Mio. angegeben.

---

6 (http://www.gesetze-im-internet.de/bverfschg/__3.html), zuletzt abgerufen am 19. 07. 2016; meine Hervorhebungen, Th. N.

7 (https://de.wikipedia.org/wiki/Nachrichtendienstliches_Informationssystem), zuletzt abgerufen am 26. 6. 2018.

Mithin ergibt sich in den letzten 15 Jahren nahezu eine Verdoppelung der gespeicherten personenbezogenen Daten. Auf die wachsende Quantität dieser Daten wird in den Verfassungsschutzberichten allerdings nicht näher eingegangen. Stattdessen wird – sozusagen als vertrauensbildende Maßnahme – auf die Art der Datenbeschaffung rekurriert, die als gesetzeskonform dargestellt wird. So heißt es beispielsweise im Verfassungsschutzbericht 2015:

> Einen erheblichen Teil ihrer Informationen gewinnen die Verfassungsschutzbehörden aus allgemein zugänglichen Quellen. (VSB 2016: 18)

Dieser Satz findet sich seit dem Verfassungsschutzbericht 2008 in allen Verfassungsschutzberichten. Er gehört also zum Standardrepertoire. Damit wird ein Image evoziert, demzufolge die Verfassungsschützer lediglich intensiv die Massenmedien auswerten, um Informationen zu sammeln. Implizit wird damit ein verfassungswidriges Beschaffen von Daten ausgeschlossen. In den letzten beiden Verfassungsschutzberichten geschieht dies sogar explizit durch eine Gegenüberstellung mit anderen Organisationen:

> Fremde Nachrichtendienste, Extremisten und Terroristen arbeiten indes konspirativ und legen ihre Ziele nicht offen dar (VSB 2015: 16; VSB 2016: 18).

Dass hier Nachrichtendienste anderer Länder, Extremisten und Terroristen in Bezug auf ihre Informationsbeschaffung in einem Atemzug bzw. Satz genannt werden, sei dabei nur am Rande erwähnt. Bemerkenswert ist vor diesem Hintergrund zudem, dass als Antonym zu *offen* nicht *verdeckt* oder *geheim* sondern *konspirativ* gewählt wird. Denn *konspirativ* geht semantisch über *verdeckt* und *geheim* hinaus, indem es den Zweck des verdeckten bzw. geheimen Handelns – eine Verschwörung – fokussiert (vgl. Duden 2015: 1039).

Insgesamt fällt auf, dass in den Verfassungsschutzberichten eine vage Semantik verwendet wird: Ausdrücke wie *Informationen, Auskünfte, Unterlagen, Eintragungen* haben einen weiten Bedeutungsumfang und erhalten erst durch den Kontext „Verfassungsschutzbericht" eine spezifische Bedeutung, die sich nur dem aufmerksamen Leser erschließt.

Doch wie geht eigentlich der Verfassungsschutz vor, wenn die allgemein zugänglichen Quellen doch nicht aussagekräftig genug sind? Natürlich nicht konspirativ. Er bedient sich dann vielmehr „nachrichtendienstlicher Mittel" und setzt beispielsweise „menschliche Quellen" ein. Auch diese Ausdrücke sind wegen ihrer Abstrakt- und Vagheit erklärungsbedürftig.

Beide Ausdrücke haben einen weiten Bedeutungsumfang. Sie entstammen dem Jargon von Nachrichtendiensten. *Nachrichtendienstliche Mittel* steht für die nicht-offene, also geheime, Informationsbeschaffung, die in § 8, 2 des Bundesverfassungsschutzgesetzes wie folgt geregelt ist:

> Das Bundesamt für Verfassungsschutz darf Methoden, Gegenstände und Instrumente zur heimlichen Informationsbeschaffung, wie den Einsatz von Vertrauensleuten und Gewährspersonen, Observationen, Bild- und Tonaufzeichnungen, Tarnpapiere und Tarnkennzeichen anwenden.[8]

Die in diesem etwas holprig formulierten Satz angesprochenen Vertrauensleute werden gerne mit dem Ausdruck *menschliche Quellen* bezeichnet, wenn sie von anderen Diensten eingesetzt werden (Verfassungsschutzberichte 2013; 2014). Auch von *Vertrauensleuten* bzw. *V-Leuten* ist in den Verfassungsschutzberichten nur die Rede, wenn andere Organisationen zitiert werden. So mag man erstaunt sein, dass der Ausdruck *V-Leute* in den Verfassungsschutzberichten 2001–2015 insgesamt nur zwölfmal vorkommt (*Vertrauensleute* kommt 11 mal vor), und zwar fünfmal im Verfassungsschutzbericht 2001, zweimal im Verfassungsschutzbericht 2012 und fünfmal im Verfassungsschutzbericht 2015. In den älteren Verfassungsschutzberichten wird der Ausdruck meist zitierend verwendet, indem z. B. Gerichtsurteile wiedergegeben werden, die zu dem Ergebnis kommen, dass der Einsatz von V-Leuten rechtlich nicht zu beanstanden sei:

> Das OVG hatte nach Rückverweisung durch das BVerwG die Beobachtung des REP-Landesverbands Niedersachsen mit bestimmten nachrichtendienstlichen Mitteln (Sammeln von Informationen durch V-Leute sowie verdeckte Ermittlungen und Befragungen) für zulässig erklärt. (VSB 2001: 113)

Es stellt sich vor diesem Hintergrund und v. a. im Zusammenhang mit dem NPD-Verbotsfahren und dem NSU-Skandal die Frage, inwiefern und in welcher Weise in den Verfassungsschutzberichten offen über den Einsatz eigener V-Leute berichtet wird.

Schaut man zu diesem Zweck in den Verfassungsschutzbericht 2003 (veröffentlicht im Mai 2004), so ist man erstaunt. Denn die Einstellung des NPD-Verbotsverfahrens im Jahr 2003 wird lediglich unkommentiert in einer Fußnote zur Sprache gebracht:

> Mit Beschluss vom 18. März 2003 hat das Bundesverfassungsgericht das Verfahren eingestellt [...]. Drei von sieben Richtern stimmten für die Beendigung. Unter anderem führten diese drei Richter aus, dass die Beobachtung einer Partei durch V-Leute auf Vorstandsebene unmittelbar vor und während eines Verbotsverfahrens in der Regel unvereinbar mit den Anforderungen an ein rechtsstaatliches Verfahren sei. (VSB 2004: 248–249)

Dass es sich um die eigenen V-Leute handelt, deren Einsatz das Verbotsverfahren vereitelt hat, wird mit keinem Wort erwähnt – auch nicht im Vorwort des

---

8 (http://www.gesetze-im-internet.de/bverfschg/__8.html), zuletzt abgerufen am 19. 07. 2016.

Bundesinnenministers Schily. Dieser beendet das Vorwort vielmehr mit einem besonderen Dank an die MitarbeiterInnen des Verfassungsschutzes für ihre „engagierte, professionelle und fundierte Arbeit" (VSB 2004: 4).

Ähnlich verdeckt wird im Verfassungsschutzbericht auf die Tatsache angespielt, dass im Jahre 2012 die Innenminister zahlreicher Bundesländer beschlossen, V-Leute aus der NPD abzuziehen, um die Chancen für ein erneutes NPD-Verbotsverfahren zu erhöhen. Im Verfassungsschutzbericht 2013 (2014: 21) ist in diesem Zusammenhang lediglich die Rede von einer „gemeinsame[n] Datei für Vertrauensleute [...], damit künftig ein besserer Überblick über die Zugangslage bei dem jeweiligen Beobachtungsobjekt besteht". Immerhin steht dieser Passus unter der Überschrift „Reformprozess bei den Verfassungsschutzbehörden". Die Rede ist von „gravierende[n] – auch strukturelle[n] – Mängel[n] in der Zusammenarbeit zwischen den Verfassungsschutzbehörden ebenso wie zwischen Polizei und Nachrichtendiensten" (2014: 21). Und selbstkritisch heißt es: „Eine verstärkte Öffentlichkeitsarbeit des BfV und eine erhöhte Transparenz gegenüber dem Parlament sollen helfen, verloren gegangenes Vertrauen zurückzugewinnen." (2014: 22). Ein böswilliger Leser könnte aus dieser Passage entnehmen, dass Transparenz gegenüber der Öffentlichkeit offenbar nicht als Mittel zur Vertrauensbildung eingesetzt werden soll. Ob die ‚Verstärkung' der Öffentlichkeitsarbeit also rein quantitativ aufgefasst werden bzw. worin sie bestehen soll, bleibt mithin der Phantasie der Leser überlassen.

Im Zusammenhang mit dem mehrjährigen Reformprozess wird auch im letzten Verfassungsschutzbericht noch einmal auf die Problematik der V-Leute eingegangen: Sie werden einerseits als „ein unersetzliches Mittel zur Aufklärung von mitunter hoch konspirativ agierenden extremistischen Gruppierungen" (VSB 2016: 17) charakterisiert. Andererseits wird die gesetzliche Grundlage des Einsatzes von V-Leuten hervorgehoben:

> Auswahl und Führung von V-Leuten haben nunmehr einen klaren transparenten Rahmen. Zudem wurden eindeutige Regelungen zum Einsatzrahmen von V-Leuten – einschließlich der Einsatzbeendigung bei begangenen Straftaten – gesetzlich normiert. (VSB 2016: 17)

Dass in dem besagten Verfassungsschutzbericht auch explizit auf die Notwendigkeit einer sachgerechten Information und die „Anforderungen der Medien wie auch öffentlicher oder zivilgesellschaftlicher Akteure" (VSB 2016: 17) eingegangen wird, mag als die Ankündigung vertrauensbildender Maßnahmen aufgefasst werden.

5 Krisenkommunikation II

Schaut man in die einschlägige Rategeberliteratur zur Krisenkommunikation, so werden dort gerne Rezepte zur kommunikativen Bewältigung von Krisen präsentiert.[9] Auch das Bundesinnenministerium – die Behörde, der der Verfassungsschutz unterstellt ist, – hat dazu bereits im Jahr 2008 eine einschlägige Publikation herausgegeben (BMI 2008). Diese versteht sich ausweislich ihres Untertitels als „Leitfaden für Behörden und Unternehmen". Betrachtet man die dort gegebenen Ratschläge, so unterscheiden sie sich kaum von denen, die Kommunikationsberater für derartige Fälle bereithalten. Ein zentraler Punkt der in den Ratgebern vermittelten Regeln besteht in dem Hinweis auf transparente Kommunikation.

So erfährt der Leser bereits im Vorwort des BMI-Leitfadens:

> In Krisen ist es erforderlich, bei allen Verantwortlichen den gleichen Informations- und Wissensstand sicherzustellen sowie Medien und Bevölkerung möglichst umfassend, aktuell, widerspruchsfrei und wahrheitsgemäß zu informieren. (BMI 2008: 6; vgl. BMI 2014: 15)

Die Kommunikationsberaterin Dr. Kerstin Hoffmann argumentiert in ihrem Leitfaden recht ähnlich, wenn sie in umgangssprachlicher Diktion schreibt:

> **Offen kommunizieren:** Verneinen, rechtfertigten, abstreiten – diese Dinge können Sie getrost vergessen. Wenn das Kind in den Brunnen gefallen ist, hilft nur absolute Offenheit und zwar jeweils nach dem aktuellsten Stand der Dinge.[10]

Diese im Grunde wenig erstaunliche und intuitiv nachvollziehbare Strategie ist bei der zu diesem Zweck kursorisch durchgesehenen Literatur Konsens (vgl. BMI 2008; 2014; Homuth 2000: 29–43); Schwarz & Löffelholz 2014: 1311–1312). Die Literatur zur Krisenkommunikation stimmt hier prinzipiell mit der Vertrauensforschung überein, nach der Glaubwürdigkeit eine notwendige Bedingung für bzw. eine Vorstufe von Vertrauen ist. Das Bundesinnenministerium begründet in seinem Leitfaden die Forderung nach offener Kommunikation in einer Krise mit dem Hinweis, dass es darum gehe, die eigene Glaubwürdigkeit wieder herzustellen:

---

9 Dies ist geradezu ein Kennzeichen der Ratgeber-Literatur, die häufig auf eingeschränktem empirischen Datenmaterial beruht und stattdessen die Erfahrungen sogenannter Praktiker zum Maßstab erhebt; vgl. dazu Schwarz & Löffelholz (2014: 1304).

10 (https://www.kerstin-hoffmann.de/Downloads/Leitfaden_Krisen-PR.pdf), zuletzt abgerufen am 26.6.2018, Hervorhebung i. O.

> Eine ehrliche Darstellung, eine klare Problemanalyse, die Erläuterung der ursächlichen Einzelfaktoren und ein offenes Eingeständnis von Fehlern und Fehleinschätzungen erhöhen die Glaubwürdigkeit. (BMI 2008: 20)

Dies bedeutet, dass zum Aufbau einer Vertrauensbasis zwischen Kommunikationspartnern die gegenseitige Zuschreibung von Glaubwürdigkeit unabdingbare Voraussetzung ist (vgl. Schäfer 2013: 47–59). In Bezug auf Krisenkommunikation lässt sich mithin festhalten: Wenn es darum geht, wie es im Verfassungsschutzbericht 2012 heißt, „verloren gegangenes Vertrauen zurückzugewinnen" (VSB 2013: 22), dann ist eine Strategie, die zur Wiedergewinnung von Glaubwürdigkeit führt, der richtige Weg. Ob und wie der Verfassungsschutz mit seinen Berichten diesen Weg eingeschlagen hat, soll abschließend untersucht werden.

6 Vertrauen in den Verfassungsschutz

Folgt man den Ratgebern für Krisenkommunikation, dann muss das kommunikative Ziel des in der Krise befindlichen Akteurs darin bestehen, von seinen Rezipienten wieder als glaubwürdig eingestuft zu werden (vgl. Homuth 2000: 45–47). Dies ist die notwendige Basis dafür, dass mittel- oder langfristig wieder das Vertrauen der jeweiligen Kommunikationspartner zurückgewonnen werden kann.

Dieser Vertrauensaufbau findet – folgt man auch hier dem Leitfaden des Bundesinnenministeriums – vorwiegend in der Nachbereitung einer Krise statt:

> Das Krisenmanagement hat in dieser Phase eine regenerative Funktion. Destruktive Wirkungen der Krise müssen beseitigt und gegebenenfalls das Vertrauen aller Anspruchsgruppen wiedergewonnen werden. Die konstruktiven Wirkungen der Krise können dazu genutzt werden, die Krise als „Chance zum Wandel", insbesondere auch in der zukünftigen Krisenkommunikation, zu verstehen. Im Rahmen der Zukunftsplanung können somit Strategien zur Vermeidung weiterer Krisen und Bewältigungsmöglichkeiten entwickelt werden. (BMI 2008: 21)

Die bereits zitierten Passagen aus dem Verfassungsschutzbericht 2012 deuten darauf hin, dass auch die Verantwortlichen beim Verfassungsschutz diese Sicht der Dinge teilen. Dass ihre konkrete Kommunikation mit der Öffentlichkeit dazu beitragen kann, Vertrauen zurückzugewinnen, kann jedoch mit guten Gründen bezweifelt werden. Dies liegt daran, dass die selbstkritisch gemeinten Passagen häufig so abstrakt-verquer formuliert werden, dass sie Vertrauensbildung nicht unbedingt fördern, weil sie eindeutig dem Gebot der Transparenz widersprechen. Ein abschließendes Beispiel soll diesen Punkt illustrieren.

Im Zusammenhang mit dem NSU-Skandal wurde in der Öffentlichkeit die Rolle des Verfassungsschutzes in mehrfacher Weise kritisiert: Einerseits hatte er V-Leute im Einsatz, die jedoch keine verwertbaren Informationen lieferten, geschweige denn die Taten des NSU verhindern halfen. Andererseits waren beim Verfassungsschutz im Nachhinein Akten vernichtet worden, die mit großer Wahrscheinlichkeit zur Aufklärung der NSU-Morde hätten beitragen können.[11]

Auf all dies wird im Verfassungsschutzbericht 2012 zwar angespielt, jedoch keineswegs in der erforderlichen Offenheit. Vielmehr sind die entsprechenden Formulierungen recht verklausuliert und lassen nur ahnen, welche konkreten Maßnahmen mit den abstrakten Formulierungen angesprochen werden: So ist die Rede davon, „Konsequenzen aus der Aufarbeitung des Ermittlungskomplexes NSU zu ziehen und die internen Abläufe zu verbessern" (2013: 22). *Verbesserung interner Abläufe* ist eine derart vage Formulierung, dass der Phantasie der Rezipienten nahezu keine Grenzen gesetzt werden. Sie können darunter eine Perfektionierung der bisherigen Handlungsweisen verstehen, um diese zukünftig noch besser vor der Öffentlichkeit geheim halten zu können, oder auch ein Ernstnehmen der Kritik, um die aufgedeckten Missstände ein für allemal abzustellen.

Auch die folgende Formulierung ist nicht dazu angetan, Klarheit über die geplanten Konsequenzen zu schaffen: „Um eine Wiederholung der NSU-Ereignisse zu vermeiden, will sich das BfV künftig stärker als bisher auf die Beobachtung gewaltorientierter Bestrebungen und Personen konzentrieren." (2013: 22) Auch diese Passage ist in mehrfacher Hinsicht unklar. Zunächst fällt der merkwürdige Ausdruck *NSU-Ereignisse* auf: Ob hiermit die durch den NSU verübten Morde gemeint sind oder aber die unzulänglichen Ermittlungstätigkeiten des Verfassungsschutzes und seiner Akteure, bleibt ungewiss und ist auch nicht aus dem Kontext zu erschließen. Weiterhin können die Rezipienten dieser Passage nur erahnen, was die angesprochene Konzentration konkret zu bedeuten hat.

Zwei Jahre später wird im Verfassungsschutzbericht 2014 überdies deutlich, dass der Verfassungsschutz das Problem der V-Leute, das ja in der Öffentlichkeit für einigen Wirbel gesorgt hatte, nicht eigentlich in den eigenen Reihen verorten mag. Vielmehr werden nun fehlende rechtliche Grundlagen für mangelnde Transparenz beim V-Leute-Einsatz verantwortlich gemacht:

> Der Einsatz menschlicher Quellen ist nach wie vor ein wichtiges Instrument der nachrichten-dienstlichen Aufklärung. Die Gewinnung von Vertrauenspersonen (V-Personen) in extremistischen, gewalttätigen und terroristischen Organisationen wird aktuell sowohl

---

11 (http://www.n-tv.de/politik/Aktenvernichtung-sorgt-fuer-Eklat-article6605691.html), zuletzt abgerufen am 19. 07. 2016.

aufgrund medialer Berichterstattung, die bis hin zur Enttarnung und der Gefährdung von Leib und Leben der Personen reichen kann, als auch durch rechtliche Unwägbarkeiten erschwert. Eine ausdrückliche gesetzliche Regelung könnte hier für eine verbesserte Transparenz sorgen. (VSB 2015: 16)

Möchte man die eingangs gestellten Fragen also zusammenfassend beantworten, so ergibt sich ein widersprüchliches Bild: Einerseits versucht der Verfassungsschutz mit den Verfassungsschutzberichten Öffentlichkeit herzustellen und um Vertrauen für die eigene Organisation und ihr Handeln zu werben. Dies geschieht in erster Linie durch die Betonung ständig drohender Gefahren und andererseits durch die Aufzählung eigener Erfolge, insbesondere in den Vorworten.

Die Texte der Verfassungsschutzberichte sind allerdings in Bezug auf das eigene Handeln recht abstrakt formuliert; teilweise gewinnt man den Eindruck, die Abstraktheit diene der Verschleierung von Informationen. Auch die Reaktionen auf die öffentliche Kritik geraten wenig überzeugend: Dies liegt einerseits daran, dass der kritisierte Einsatz von V-Leuten kaum explizit thematisiert wird. Kommt er andererseits jedoch zur Sprache, so wird auf den Kern der öffentlichen Kritik gar nicht eingegangen, sondern der Spieß umgedreht, indem in verklausulierender Weise die störende Berichterstattung oder fehlende gesetzliche Grundlagen beim V-Leute-Einsatz beklagt werden, mithin die Schuld bei anderen gesucht wird. Dies aber steht durchaus im Widerspruch zu der im gleichen Absatz angemahnten „grundlegend veränderten Arbeitskultur" und dem ‚neuen Selbstverständnis', das der Verfassungsschutz sich selbst verordnet (VSB 2012: 22). Weiterhin steht es im Widerspruch zu einer Regel der erfolgreichen Krisenkommunikation, die es untersagt, vom eigenen Fehlverhalten abzulenken, indem die Schwächen der Gegenseite thematisiert werden:

> **Kritik ernstnehmen, Fehler eingestehen**: Sagen Sie, was passiert ist, warum es geschehen ist und was die möglichen Folgen sind. Erläutern Sie, was Sie zu unternehmen gedenken. Wiegeln Sie Kritik nicht ab.[12]

Schaut man daraufhin die Verfassungsschutzberichte an, dann wird man zu der Feststellung genötigt, dass keine dieser Forderungen erfüllt wird.

7 Fazit

Der Verfassungsschutz steht weiterhin unter besonderer Beobachtung der Politiker wie auch der massenmedialen Öffentlichkeit. So sorgten im Jahre 2016 di-

---

12 (https://www.kerstin-hoffmann.de/Downloads/Leitfaden_Krisen-PR.pdf), zuletzt abgerufen am 26.6.2018, Hervorhebung i. O.

verse Enthüllungen über den unprofessionellen Umgang mit einem zunächst nicht auffindbaren Mobiltelefon bzw. der zugehörigen SIM-Karte eines ehemaligen V-Manns namens „Corelli" dafür, dass sich der Präsident des Verfassungsschutzes, Hans-Georg Maaßen, mit Rücktrittsforderungen konfrontiert sah.[13] Derartige Vorfälle sind sicherlich nicht dazu angetan, die Reputation des Verfassungsschutzes und seiner Protagonisten zu stärken. Inwieweit es dem Verfassungsschutz tatsächlich gelingen wird, als eine glaub- und letztlich vertrauenswürdige Organisation wahrgenommen zu werden, kann zum jetzigen Zeitpunkt nicht entschieden werden. Denn – darauf wurde am Anfang dieses Beitrags bereits hingewiesen – Vertrauen muss sich mit der Zeit entwickeln:

> Darüber hinaus ist der Erfolg der Krisenkommunikation auch davon abhängig, ob die Bevölkerung Vertrauen gegenüber der Gesellschaft und zuständigen Organisationen aufbringen kann. Dieses Vertrauen kann nur sukzessiv und über einen langen Zeitraum durch Offenheit und verantwortungsvolles Verhalten aufgebaut werden und muss kontinuierlich bestätigt werden. Offenheit, Ehrlichkeit und leicht verfügbare, korrekte Information sind wichtige Komponenten in der Kommunikation mit der Bevölkerung, nicht nur während einer Krise, sondern auch im alltäglichen Umgang [...]. (BMI 2008: 27)

Ähnlich argumentiert Schäfer in ihrer Dissertation zum Potenzial der Vertrauensförderung, wenn sie betont: „Die Entwicklung und Stabilisierung von Vertrauen braucht jedoch Zeit" (Schäfer 2013: 54). Vertrauen entwickelt sich jedoch keineswegs selbsttätig in der Zeit, es muss vielmehr „langfristig erarbeitet und immer wieder aufs Neue bestätigt werden", wie Hubig (2014: 358) betont. Es ist „das Ergebnis einer gelungenen Interaktionsgeschichte und die Basis für weitere, zukünftig gelingende Interaktionen" (Hubig 2014: 359).

Die dazu notwendige Glaubwürdigkeit ist gekoppelt an Erwartungen an das Handeln anderer: Sprachliches und nichtsprachliches Handeln müssen übereinstimmen, um jemanden Glaubwürdigkeit zuzusprechen (vgl. Schäfer 2013: 52). Gerade dieser Aspekt der Stimmigkeit ist beim Verfassungsschutz bislang jedoch als eher problematisch einzustufen, wenn man der Medienberichterstattung in diesem Punkt Glauben schenken will. Auch der Kabarettist Volker Pispers scheint dies ähnlich einzuschätzen. Mit seiner pointierten Darstellung des Misstrauens gegenüber dem Verfassungsschutz endet dieser Beitrag:

> Auch die Schlapphüte werden vom Kopf her stinken und in meinen Augen gibt's nur 2 Möglichkeiten: Entweder der gesamte Verfassungsschutz steckt bis über beide knallrote Ohren tief im braunen Sumpf. Oder die Führungsebene vom Verfassungsschutz hat 13 Jah-

---

13 (http://www.spiegel.de/politik/deutschland/hans-georg-maassen-politiker-verlangen-wegen-corelli-affaere-ruecktritt-des-verfassungsschuetzers-a-1099224.html), zuletzt abgerufen am 6.7.2016.

re lang in der Nase gebohrt, uns die Popel jedes Jahr als Verfassungsschutzbericht auf den Tisch gelegt – und in den unteren Ebenen haben die Nazi-Fans den braunen Sumpf mit V-Leuten bewässert. Wozu werden sie sich bekennen? Zur Unfähigkeit oder zur Mittäterschaft? Soll ich mal raten? Wissen Sie, was sich rausstellen wird? Die Führungsebene war völlig ahnungslos, die Führungsebene beim Verfassungsschutz war völlig ahnungslos, es war ein unglaublich geschickter Einzeltäter – das ist Tradition in Deutschland [...]. (Volker Pispers bei der Verleihung des Deutschen Kleinkunstpreises am 26. 2. 2012)

Literaturverzeichnis

Bundesministerium des Innern (Hrsg.) (2002–2016): *Verfassungsschutzberichte der Jahre 2001 bis 2015*. Berlin.

Bundesministerium des Innern (Hrsg.) (2008): *Krisenkommunikation. Leitfaden für Behörden und Unternehmen*. Berlin.

Bundesministerium des Innern (Hrsg.) (2014): *Leitfaden Krisenkommunikation*. Berlin.

Duden (2015): Deutsches Universalwörterbuch. 8., überarb. u. erw. Aufl. Berlin: Dudenverlag.

Homuth, Sebastian (2000): *Wirksame Krisenkommunikation. Theorie und Praxis der Public Relations in Imagekrisen*. Norderstedt: Libri – Books on Demand.

Hubig, Christoph (2014): Vertrauen und Glaubwürdigkeit als konstituierende Elemente der Unternehmenskommunikation. In Ansgar Zerfaß & Manfred Piwinger (Hrsg.), *Handbuch Unternehmenskommunikation. Strategie – Management – Wertschöpfung*. 2., vollst. überarb. Aufl., 351–369. Wiesbaden: Springer Gabler.

Imhof, Kurt (2014): Medien und Öffentlichkeit: Krisenanalytik. In Matthias Karmasin, Matthias Rath & Barbara Thomaß (Hrsg.), *Kommunikationswissenschaft als Integrationsdisziplin*, 341–366. Wiesbaden: Springer VS.

Keller, Rudi (2006): *Der Geschäftsbericht. Überzeugende Unternehmenskommunikation durch klare Sprache und gutes Deutsch*. Wiesbaden: Gabler.

Mast, Claudia (2006): *Unternehmenskommunikation. Ein Leitfaden*. 2., neu bearb. und erw. Aufl. Stuttgart: Lucius & Lucius.

Schäfer, Pavla (2013): *Das Potenzial der Vertrauensförderung. Sprachwissenschaftliche Explikation anhand von Texten der Brücke/Most-Stiftung*. Berlin: Erich Schmidt Verlag.

Schwarz, Andreas & Martin Löffelholz (2014): Krisenkommunikation: Vorbereitung, Umsetzung, Erfolgsfaktoren. In Ansgar Zerfaß & Manfred Piwinger (Hrsg.), *Handbuch Unternehmenskommunikation. Strategie – Management – Wertschöpfung*. 2., vollst. überarb. Aufl., 1303–1319. Wiesbaden: Springer Gabler.

Zerfaß, Ansgar & Manfred Piwinger (Hrsg.) (2014): *Handbuch Unternehmenskommunikation. Strategie – Management – Wertschöpfung*. 2., vollst. überarb. Aufl. Wiesbaden: Springer Gabler.

Frank Liedtke

Das Gesicht des Überwachers – Facebook und die Transparenz

1 Flüchtige Überwachung

Folgen wir Zygmunt Bauman, dann befinden wir uns in dem gesellschaftlichen Zustand einer flüchtigen Moderne. Diese besteht darin, dass sich die bis dato festen gesellschaftlichen Verhältnisse und Beziehungen auflösen und sich verflüssigen, sodass viele Bezugspunkte des Individuums, die ihm bisher zur Verfügung standen und Orientierung ermöglichten, in der modernen Gesellschaft nicht mehr gegeben sind (siehe Bauman 2003). Der Soziologe David Lyon leitet aus diesem Szenario den Begriff der flüchtigen Überwachung ab, der sich als äußerst relevant erweist für die hier verhandelte Fragestellung. Überwachung wurde in der einflussreichen Konzeption von Michel Foucault als panoptisch dargestellt, im Sinne einer von Jeremy Bentham entworfenen Gefängnisarchitektur (siehe Foucault 2010). In diesem Arrangement gibt es die zentrale Figur eines Überwachers, der im Zentrum eines Halbkreises sitzt und Einblick in die Zellen hat, die auf diesen zentralen Punkt hin ausgerichtet sind. Er sieht alle, wird aber selbst nicht gesehen. Die Überwachung in der flüchtigen Moderne – dies ist ein zentrales Motiv der Soziologie Zygmunt Baumans – nimmt postpanoptische Züge an, indem sie sich ebenfalls verflüssigt. Der Überwacher wie die Überwachten nehmen keine starren Positionen mehr ein, sondern sie bewegen sich vermeintlich frei in Raum und Zeit.

An dieses Motiv anknüpfend stellt David Lyon fest, dass Überwachung im Konsumbereich zunehmend ‚weicher‘ wird (vgl. Bauman & Lyon 2014: 129). Er schreibt weiter über diese Art der flüchtigen oder weichen Überwachung:

> Sie löst sich aus ihren alten Verankerungen, da sich für einen bestimmten Zweck erhobene Daten immer leichter anderen Zwecken zuführen lassen. Dadurch breitet sich Überwachung in vorher unvorstellbarer Weise aus, wobei sie an der Verflüssigung alles Festen teilnimmt und zugleich zu ihr beiträgt. (Bauman & Lyon 2014: 129)

Etwas später in der Einleitung zu dem Buch, das in wesentlichen Teilen aus einer ausführlichen E-Mail-Korrespondenz zwischen den beiden genannten Autoren besteht, verwendet Lyon den Begriff des ‚Digitalen Double‘. Dies ist eine Kunstfigur, die aus nichts anderem als den Spuren der Aktivitäten besteht, die die nutzende Person im Laufe der Zeit im Netz hinterlassen hat. Diese Daten, so führt Lyon weiter aus, „sind [der] Kontrolle völlig entzogen und nur mehr insofern ‚personenbezogen‘, als sie einmal vom Körper des Betroffenen ausge-

https://doi.org/10.1515/9783110609103-014

gangen sind und seine Chancen und Aussichten sehr massiv zu beeinflussen vermögen." (Bauman & Lyon 2014: 19) Hierbei handelt es sich nicht einfach um eine Verdoppelung im Netz, die zusätzlich zur nutzenden Person entsteht, sondern es ergibt sich innerhalb dieses Prozesses eine deutliche Hierarchisierung. Der/die Betroffene hat keinerlei Einfluss mehr auf das, was mit den erhobenen Daten passiert. Dabei wird, wie Lyon feststellt, dem ‚digitalen Double' oft eine größere Glaubwürdigkeit zugesprochen als dem Menschen, der eigentlich gerne für sich selbst sprechen würde (vgl. Bauman & Lyon 2014: 19). Hinzu kommt ein Prozess der „involuntaristischen Mediatisierung", der von Marian Adolf folgendermaßen beschrieben wird:

> Denn es kommt [...] nicht mehr darauf an, ob man sich der neuen digitalen Technologien aktiv bedient [...]. Die global vernetzte, computervermittelte Kommunikation betrifft so zunehmend auch jene Individuen, die ‚neue Medien' und ihre telematischen Erweiterungen nicht selbst aktiv oder nur in begrenztem Umfang nutzen. (Adolf 2014: 28)

Folgt man den Diagnosen des digitalen Double bzw. der involuntaristischen Mediatisierung und denkt sie bis zur letzten Konsequenz weiter, dann findet innerhalb der flüchtigen Überwachung eine Entmündigung der Nutzer_innen statt. Diese führt dazu, dass ein digitaler ‚Vormund' letztlich die Selbstdarstellung des Individuums im Netz übernimmt, ob es will oder nicht.

Um diese sehr weitgehende Diagnose zu überprüfen, soll die Praxis eines überaus verbreiteten sozialen Mediums betrachtet werden, nämlich der Plattform *Facebook*. Die Statistik-Seite statista.com informiert darüber, dass diese Plattform mittlerweile von 1,3 Milliarden Nutzer_innen (= Monthly Active Users, MAU für den Beispielmonat September 2017) weltweit verwendet wird.[1] Es soll hier nicht um die verschiedenen Funktionen und Ziele dieser Plattform gehen, sondern um das ‚Dahinter', nämlich die Nutzungsbedingungen und die Datenrichtlinie, deren Kenntnis und Akzeptanz von den Nutzer_innen durch ihren Gebrauch von Facebook als bestätigt gilt. Ein Blick in diese Dokumente zeigt, wie zutreffend eine Beobachtung von Heike Ortner und ihren Ko-Autoren ist:

> Die Möglichkeiten zur Manipulation und Ausforschung von Konsumentinnen und Konsumenten oder Bürgerinnen und Bürgern scheinen grenzenlos. Abgesehen von der expliziten Erstellung von Inhaltsdaten sind wir also alle selbst als Mediennutzende und Konsumentinnen bzw. Konsumenten Datenquellen. Diese Daten sind bereits zu einem monetär relevanten, maßgeblichen Bestandteil gezielten Marketings geworden. (Ortner et al. 2014: 8)

Die hier vertretene These ist, dass durch die Nutzung von Facebook und die damit akzeptierten Bedingungen und Richtlinien – wie auch bei weiteren sozia-

---

1 (https://de.statista.com/), zuletzt abgerufen am 18.08.2018.

len Medien oder Suchmaschinen mit ihren jeweiligen Bedingungen – nicht allmählich eine Transformation einer Person zu einem digitalen Double mit seinen Folgeerscheinungen entsteht. Facebook geht einen Schritt weiter: Es kann in einer Analyse der betreffenden Texte gezeigt werden, dass – systemtheoretisch gesprochen – schon die Eintrittsbedingungen für das System Facebook in einer obligatorischen Konstruktion des digitalen Double bestehen. Funktional für die Nutzung ist die Konstruktion eines Werbeadressaten, bestehend aus Präferenzen und Beziehungen, der nichts anderes ist als ein abstrahiertes Cluster aus Konsumdispositionen. Die sozialen Funktionen, die mit ihren Möglichkeiten der Selbstdarstellung von vielen durchaus geschätzt werden, sind unter diesem Gesichtspunkt marginal, und dies gilt auch für die stark apostrophierte ‚Privatsphäre' der Nutzer_Innen untereinander, die durchaus zugesichert wird. Ein Blick in die genannten Bedingungen und Richtlinien belehrt eines Besseren. Es ergibt sich das Bild zweier völlig getrennter Domänen der Nutzung. Auf der Seite der Nutzer_innen stehen die Möglichkeiten der Präsentation ihres Selbst, des Austauschs von Bildern und Botschaften im Vordergrund; auf der Seite des Anbieters steht die Vermarktung dieser Selbstpräsentation und des Austauschs im Vordergrund, ja es ist das alleinige Geschäftsprinzip. Die Grenze zwischen beiden Domänen ist opak, das eine hat mit dem anderen so gut wie nichts zu tun. Dies ist bemerkenswert, denn der von Facebook vertretene Anspruch ist das Gegenteil von Opazität, nämlich Transparenz.

In den folgenden Abschnitten sollen die Nutzungsbedingungen, die Datenrichtlinie sowie die Bedingungen der Teilnahme an dem sozialen Medium, die an eine generelle Zustimmung zur Datennutzung gebunden ist, dargestellt werden. Im Zuge dessen wird zunächst die ‚alte' Fassung vor Inkrafttreten der Datenschutz-Grundverordnung analysiert, woraufhin sie mit der ‚neuen' Fassung verglichen wird. Die Verordnung des Europäischen Parlaments und des Rates vom 27.04.2016, die sich den Schutz natürlicher Personen bei der Verarbeitung personenbezogener Daten sowie den freien Datenverkehr zum Ziel setzt, wurde gut zwei Jahre später – am 23.05.2018 – für ‚anwendbar' erklärt. Ob sich hieraus substanzielle Veränderungen des hinter der Nutzung liegenden Systems ergeben haben, und wenn ja, wo sie liegen, wird in der Analyse zu zeigen sein. Schon jetzt kann gesagt werden, dass die Veränderungen im Duktus und im Stil der Bedingungen und Richtlinien die Veränderungen in der Substanz weit übertreffen.

2 Die Nutzungsbedingungen von Facebook

Liest man sich die leicht zugänglichen Nutzungsbedingungen[2] und die Datenrichtlinie in der ‚alten' Fassung durch – und sie sind in gut lesbarem Stil geschrieben –, dann gewinnt die These der involuntaristischen Mediatisierung einiges an Komplexität. Es entsteht nämlich Erklärungsbedarf, wie es kommt, dass die überwiegende Mehrzahl der Nutzer_innen die hart und klar formulierten Zwecke des sozialen Mediums entweder akzeptieren oder aber ignorieren. Um nicht Spekulationen über eine freiwillige Selbstunterwerfung Nahrung zu geben, soll unterstellt werden, dass diese Texte nicht oder nur oberflächlich gelesen werden – und dass dies vom Anbieter durchaus einkalkuliert wird. Es handelt sich also nur um scheinbare Transparenz, die wechselseitige Opazität der Domäne der Vermarktung und derjenigen der Selbstpräsentation bzw. des Austauschs ist gewahrt.

Bei genauerer Textlektüre wird deutlich, dass die oben genannten Eintrittsbedingungen in das System Facebook darin bestehen, die Nutzer_innen als *homo consumens* zu führen, als Kunstwesen, das nur insofern existiert, als es für Konsumvorschläge adressierbar ist. Schauen wir zunächst auf die Nutzungsbedingungen. Hier erfolgt unter der Rubrik *Erklärung der Rechte und Pflichten* im Punkt *1. Privatsphäre* ein intertextueller Verweis auf die Datenrichtlinie:

> Deine Privatsphäre ist uns sehr wichtig. In unserer Datenrichtlinie machen wir wichtige Angaben dazu, wie du Facebook zum Teilen von Inhalten mit anderen verwenden kannst, und wie wir deine Inhalte und Informationen sammeln und verwenden können. Wir fordern dich auf, die Datenrichtlinie zu lesen und sie zu verwenden, damit du mit ihrer Hilfe fundierte Entscheidungen treffen kannst. (Hervorhebung i. O.)

Zunächst fällt auf, dass die Nutzer_innen mit dem verwendeten Possessivpronomen ‚Deine' geduzt werden. Auch wenn sich das Duzen unbekannter Personen in jüngster Zeit immer stärker etabliert, wie beispielsweise in bestimmten Möbelhäusern oder in Szenecafés, so ist es doch bemerkenswert, dass sich ein soziales Medium mit einer solchen Reichweite, ohne die Adressaten zu fragen, des ‚Du' bedient. Vermutlich soll auf diese Weise ein egalitärer, juveniler Stil praktiziert werden. Dem ‚Du' steht ein ‚Wir' gegenüber, das im zweiten Satz schon einen direktiven Sprechakt ausführt: Das ‚Du' wird vom ‚Wir' aufgefordert, die Datenrichtlinie zu lesen. Während klar ist, wer ‚Du' ist – nämlich die jeweiligen Leser_innen – ist die Identität des ‚Wir' unklar. Es können die Autor_innen des Textes sein, die zuständige Abteilung von Facebook, die Geschäftsführung oder

---

2 (https://de-de.facebook.com/legal/terms), zuletzt abgerufen am 18. 08. 2018.

aber die ganze Firma. Die Verwendung von ‚Wir' in der öffentlichen Kommunikation ist notorisch mehrdeutig und seine Referenz kann innerhalb eines Textes variieren (siehe hierzu Liedtke 2016: 215–217). So ist es auch in den untersuchten Texten, weshalb die Leser_innen letztlich nicht genau wissen, von wem sie adressiert werden.

Gleich das zweite Wort im Text ist ein Lexem, das sich in der Datenschutzdiskussion zu einem Hochwertwort entwickelt hat. Das Lemma „Privatsphäre" im Deutschen Universalwörterbuch des Duden erhält die Bedeutungsangabe ‚private Sphäre, ganz persönlicher Bereich' (2001: 1241), wobei unter dem Lemma „privat" u. a. die Angaben ‚nur die eigene Person angehend' oder ‚nicht für die Öffentlichkeit bestimmt' zu finden sind. (2001: 1240) Diesen vom Duden-Wörterbuch genannten deskriptiven Bedeutungsangaben ist ein deontischer Anteil hinzuzufügen, der im Sinne von: ‚ist zu schützen, zu respektieren' wiedergegeben werden kann. ‚Privatsphäre' lässt sich also paraphrasieren als: ‚Dein ganz persönlicher Bereich, der nur deine eigene Person angeht und nicht für die Öffentlichkeit bestimmt ist, und der zu schützen und zu respektieren ist'. Mit der Aussage, dass die Privatsphäre der nutzenden Person dem/den Textproduzenten ‚sehr wichtig' ist, macht sich Facebook die deskriptiven sowie die deontischen Bedeutungskomponenten zu eigen.

Der erste und der zweite Satz dieses Abschnitts stellen subsidiäre Sprechakte dar, die die im dritten Satz vollzogene Aufforderung, den dominierenden Sprechakt, begründen. Da 1. den Textproduzenten die Privatsphäre sehr wichtig ist und 2. in der Datenrichtlinie ebenfalls wichtige Angaben darüber zu finden sind, wie andere Facebook-Nutzer_innen und auch ‚Wir' die Inhalte und Informationen sammeln und verwenden können, ergeht 3. die Aufforderung, diese Datenrichtlinie zu lesen und zu verwenden. Der Schluss von 1. und 2. auf 3. hat die Form eines praktischen Schlusses. 3. wird allerdings noch auf andere Weise begründet: Durch die Lektüre der Datenrichtlinie ist es dem ‚Du' möglich, fundierte Entscheidungen zu treffen. Der Begriff der Entscheidung, vor allem wenn sie fundiert ist, beinhaltet ebenfalls eine deontisch positive Komponente. Zusammen mit der Privatsphäre ergibt sich das Bild eines freien und autonomen Nutzersubjekts, das die wesentlichen Vorgänge in Bezug auf seine Facebook-Aktivitäten vollständig in der Hand hat.

Unter dem Punkt 2. „Teilen deiner Inhalte und Informationen" wird eine weitreichende Aussage getroffen über die Eigentumsverhältnisse an den eigenen Daten: „Dir gehören alle Inhalte und Informationen, die du auf Facebook postest." Diese Aussage wird zunächst nicht eingeschränkt, sodass die Leser_innen der Meinung sein müssen, dass ihre Daten anderen Personen oder Organisationen tatsächlich nicht gehören. Im weiteren Text findet sich allerdings – nach einem Hinweis auf Einstellungen zur Privatsphäre und Apps – eine Information, die dieser Annahme entgegensteht:

> Für Inhalte, die durch Rechte am geistigen Eigentum geschützt sind, wie Fotos und Videos (IP-Inhalte), erteilst du uns ausdrücklich nachfolgende Genehmigung, vorbehaltlich deiner Einstellungen für <u>Privatsphäre</u> und <u>Apps</u>: Du gewährst uns eine nicht-exklusive, übertragbare, unterlizenzierbare, gebührenfreie, weltweite Lizenz für die Nutzung jedweder IP-Inhalte, die du auf bzw. im Zusammenhang mit Facebook postest (IP-Lizenz). Diese IP-Lizenz endet, wenn du deine IP-Inhalte oder dein Konto löschst; es sei denn, deine Inhalte wurden mit anderen geteilt und diese haben die Inhalte nicht gelöscht. (Hervorhebung i. O.)

Im ersten Satz dieses Abschnitts ist noch einmal von Eigentum die Rede, und zwar im Zusammenhang mit Inhalten, die als geistiges Eigentum gelten. Für diese Inhalte wird ‚ausdrücklich' eine unbegrenzte Lizenz zur Nutzung erteilt, die erst mit dem Ausstieg aus dem System Facebook endet. Hält man die beiden Teile des zweiten Abschnitts gegeneinander, so entsteht ein offenbarer Widerspruch. Inhalte, die von Facebook nicht-exklusiv, übertragbar, unterlizensierbar, gebührenfrei und weltweit genutzt werden können, sind keine Inhalte, die dem Nutzer in irgendeiner Lesart dieses Wortes ‚gehören'. Schauen wir zu diesem Zweck wieder in das Duden-Universalwörterbuch, und zwar dieses Mal unter dem Lemma „gehören": Unter der ersten Lesart findet sich folgende Bedeutungsangabe: *„jmds.* Besitz, jmds. *Eigentum sein*: das Buch gehört mir." (2001: 620) Unter dem Lemma „Besitz" werden „Güter, die jmd. geerbt oder erworben hat, sodass er darüber verfügen kann" (2001: 270), verstanden, unter „Eigentum" u. a. „Sache, über die jmd. die Verfügungs- und Nutzungsgewalt, die rechtliche (aber nicht unbedingt die tatsächliche) Herrschaft hat" (2001: 425). Die Unterscheidung zwischen rechtlicher und tatsächlicher Herrschaft betrifft die Differenzierung zwischen Besitz (tatsächliche) und Eigentum (rechtliche Herrschaft). Aus der Bedeutungsanalyse von „gehören", „Besitz" und „Eigentum" – letzterer Ausdruck enthält ausdrücklich die Komponente der Nutzungsgewalt – folgt, dass die Inhalte und Informationen, die auf Facebook gepostet werden, dem Nutzer eindeutig nicht gehören. Aus diesem Befund kann man zwei Schlüsse ziehen: Entweder verwenden die Betreiber von Facebook den Ausdruck „gehören" nicht im Sinne seiner kodifizierten lexikalischen Bedeutung im Deutschen; oder aber sie tun es und produzieren damit eine Falschaussage. Beides ist nicht trivial: Das erste hieße, dass Facebook bewusst die sprachliche Kompetenz eines Sprechers des Deutschen – genauer das semantische Wissen – ignoriert, ja es in gewisser Weise missbraucht; das zweite, dass eine Lüge vorliegt.

Auf der Suche nach einer Antwort auf diese Frage folgen wir dem Link, der unter ‚Privatsphäre' angeboten wird. Hier wird schnell deutlich, dass es ausschließlich um die Wahrung der Privatsphäre gegenüber anderen Nutzer_innen geht und um Entscheidungen darüber, was sie sehen können und was nicht. In der Anleitung zur Einstellung von entsprechenden Funktionen wird zum Beispiel geklärt, wie man beim Posten eines Beitrags auswählen kann, wer diesen Beitrag sieht, oder auch wie man festlegen kann, wer die Inhalte im angelegten Profil sehen kann etc. Dies sind zweifellos wichtige Funktionen, die in der Tat die Privatsphäre der Nutzer untereinander regeln und wahren, allerdings decken sie nur einen Teil des Problemfeldes ab. Die Privatsphäre ist sozusagen nur ‚horizontal' geschützt, zu den anderen Nutzer_innen hin, nicht aber ‚vertikal', also zum Betreiber Facebook. Hier gibt es keine Privatsphäre. Wie weit der Betreiber dabei geht, kann man an der Fortsetzung der Nutzungsbedingungen ersehen. Im Abschnitt 9 mit der Überschrift „Über Werbeanzeigen und andere kommerzielle Inhalte, die von Facebook zur Verfügung gestellt oder aufgewertet werden" heißt es:

> **i.** Unser Ziel ist es, Werbeanzeigen und andere kommerzielle bzw. gesponserte Inhalte, die für unsere Nutzer und Werbetreibenden wertvoll sind, zur Verfügung zu stellen.

> **ii.** Um uns dabei zu helfen, erklärst du dich mit Folgendem einverstanden: Du erteilst uns deine Erlaubnis zur Nutzung deines Namens, Profilbildes sowie deiner Inhalte und Informationen im Zusammenhang mit kommerziellen, gesponserten oder verwandten Inhalten (z. B. eine Marke, die dir gefällt), die von uns zur Verfügung gestellt oder aufgewertet werden.

> **iii.** Dies bedeutet beispielsweise, dass du einem Unternehmen bzw. einem sonstigen Rechtsträger die Erlaubnis erteilst, uns dafür zu bezahlen, deinen Namen und/oder dein Profilbild zusammen mit deinen Inhalten oder Informationen ohne irgendeine Vergütung für dich anzuzeigen.

> **iv.** Wenn du eine bestimmte Zielgruppe für deine Inhalte oder Informationen ausgewählt hast, werden wir deine Auswahl bei deren Nutzung respektieren. Wir geben deine Inhalte und Informationen nicht ohne deine Zustimmung an Werbetreibende weiter.

> **v.** Dir ist bewusst, dass wir bezahlte Dienste und Kommunikationen möglicherweise nicht immer als solche kennzeichnen.

Dieser Teiltext weist eine geschlossene argumentative Struktur auf. Die einzelnen argumentativen Schritte, die mehr als einen Satz umfassen können, wurden mit Minuskeln nummeriert. Bevor die einzelnen Schritte analysiert werden, sei auf die Häufung von deontisch positiv aufgeladenen Lexemen hingewiesen: „wertvoll", „zur Verfügung stellen" (i.); „helfen", „aufgewertet werden" (ii.); „Erlaubnis" (iii.); „respektieren" (iv.). Durch ihre gleichmäßige Verteilung im Text schaffen sie eine positive Grundstimmung, an der die Nutzer_innen partizipieren können. Das Prädikat „wertvoll sein" macht den Anfang, indem es als Teil des Ziels des generischen ‚Wir' formuliert wird. Da das Ziel zustimmungswürdig ist, indem es dazu beiträgt, wertvolle Informationen zur Verfügung zu stellen, erhalten die nachfolgenden Schritte mit ihrem Status als Weg zum Ziel ebenfalls eine zustimmungswürdige Beurteilung durch die Leser_innen. Der modale Infinitiv zu Beginn von **ii.** thematisiert diese Beziehung deutlich: Die hier formulierte Einverständniserklärung wird als ein Akt der Hilfe gegenüber dem generischen ‚Wir' dargestellt, dem in **i.** dargestellten positiven Ziel ein Stück des Weges näherzukommen. Wesentliche Schritte bestehen darin, die Nutzung des Namens, des Profilbildes und der Inhalte zu kommerziellen Zwecken zu erlauben. Deutlicher wird es in **iii.**, denn hier wird klargestellt, dass die Einnahmen aus der Nutzung der Informationen und Inhalte nicht an denjenigen gehen, dem sie ‚gehören', sondern an das generische ‚Wir'. Dieser Akt der finanziellen Ausbeutung (= **iii.**) wird damit gerechtfertigt, dass es sich immer noch um eine Hilfeleistung handelt (= **ii.**) auf dem Weg zu einem wertvollen Ziel (= **i.**). Schritt **iv.** berücksichtigt den Sonderfall, dass von den Nutzer_innen bestimmte Zielgruppen ausgewählt wurden. Die Zustimmung wird zur Voraussetzung gemacht für die Weitergabe der Informationen an Werbetreibende; worin die Zustimmung besteht, wird deutlich, wenn man den abschließenden Satz dieses Abschnitts liest:

> Mit deiner Nutzung der Facebook-Dienste oder dem Zugriff darauf stimmst du zu, dass wir solche Inhalte und Informationen im Einklang mit der Datenrichtlinie in ihrer jeweils geänderten Fassung sammeln und verwenden können.

Es stellt sich damit das logische Problem, wie man Informationen auf Facebook posten kann, ohne dass man die für ihre Weitergabe notwendige Zustimmung erteilt, denn das Posten auf Facebook gilt bereits als eine solche.

Schritt **v.** schließlich ist als eine Art Disclaimer zu werten, der das nutzerseitige Unwissen über die Verwendung der Inhalte festschreibt.

So edel das Ziel der ganzen Unternehmung also ist, so wird doch in dieser Passage der Nutzungsbedingungen klar, worin es besteht. Es handelt sich um die eingangs erwähnte Transformation der nutzenden Person einschließlich ihres Freundeskreises in den *homo consumens*, das Kunstwesen, das aus Konsumdispositionen besteht oder, anders gesagt, aus Rezeptoren, an die Werbeangebote andocken können. Die Eintrittsbedingung in das System Facebook ist an diese Transformation gebunden. Wie dieses Kunstwesen genauer aussieht, erfährt man, wenn man die Datenrichtlinie liest. In diesem Text ist Facebook sehr explizit, es kann kein Irrtum mehr entstehen hinsichtlich des Ziels, das letztlich verfolgt wird.

Die ‚neue' Fassung der Nutzungsbedingungen tastet dieses Ziel nicht an. Der Aufbau ist übersichtlicher, durchaus leserfreundlicher und im Ton verbindlicher. In einem ersten ausführlichen Teil mit der Überschrift „Unsere Dienste" geht es ums Große und Ganze: „Unsere Mission ist es, den Menschen die Möglichkeit zu geben, Gemeinschaften zu bilden, und die Welt näher zusammenzubringen." Unter dieses globale Ziel, dessen Deontik für sich spricht, werden in der schon erwähnten Wir-Du-Dyade Teilziele formuliert:

> Wir stellen dir ein personalisiertes Erlebnis bereit: Dein Erlebnis auf Facebook unterscheidet sich von dem aller anderen ...

> Wir verbinden dich mit Menschen und Organisationen, die dir wichtig sind:

> Wir helfen dir dabei, Menschen, Gruppen, Unternehmen, Organisationen usw., die dir wichtig sind, auf den von dir genutzten Facebook-Produkten zu finden und dich mit ihnen zu verbinden. [...]

> Wir geben dir die Möglichkeit, dich auszudrücken und über Dinge, die dir wichtig sind, auszutauschen:

> Es gibt viele Möglichkeiten, um dich auf Facebook auszudrücken und mit Freunden, Familienmitgliedern und anderen über die Dinge auszutauschen, die dir wichtig sind [...]

Der folgende Punkt sei etwas ausführlicher zitiert:

> Wir helfen dir, Inhalte, Produkte und Dienste zu entdecken, die dich möglicherweise interessieren:

> Wir zeigen dir Werbeanzeigen, Angebote und sonstige gesponserte Inhalte, um dir dabei zu helfen, Inhalte, Produkte und Dienste zu entdecken, die von den vielen Unternehmen und Organisationen angeboten werden, die Facebook und andere Facebook-Produkte nutzen. Unsere Partner bezahlen uns dafür, dass wir dir ihre Inhalte zeigen. Wir gestalten unsere Dienste so, dass die gesponserten Inhalte, die du siehst, genauso relevant und nützlich für dich sind wie alles andere, das du auf unseren Produkten siehst.

Daraufhin erscheinen Hinweise, die sich auf Missbrauch bzw. auf technische Aspekte beziehen:

> Wir bekämpfen schädliches Verhalten und schützen und unterstützen unsere Gemeinschaft [...]

> Wir nutzen und entwickeln fortschrittliche Technologien, um sichere und funktionsfähige Dienste für alle bereitzustellen [...]

> Wir erforschen Möglichkeiten zur Verbesserung unserer Dienste [...]

> Wir stellen durchgängige und nahtlose Erlebnisse auf allen Produkten der Facebook-Unternehmen bereit [...]

> Wir ermöglichen einen globalen Zugriff auf unsere Dienste [...]

Die ersten drei der erwähnten Punkte beziehen sich darauf, die Nutzer_innen in ihrer Individualität bei der Realisierung ihrer kommunikativen und expressiven Bedürfnisse zu unterstützen – ein altruistisches Projekt, das sich ganz an den jeweiligen Wünschen orientiert. Dabei wird durch den mehrfachen Gebrauch der Wendung „die dir wichtig sind" eine Orientierung an den unterschiedlichen Relevanzsetzungen zugesagt. Diese Textsegmente tragen – über den Sprechakt des Versprechens hinaus – im Wesentlichen einen Begründungscharakter: Eine Orientierung an den Bedürfnissen, Wünschen und Relevanzsetzungen setzt ihre Kenntnis voraus, die wiederum nur durch eine Erhebung des Nutzerverhaltens zu erlangen ist.

In diese altruistisch-empathische Grundstimmung wird der eher weich formulierte Endzweck eingebettet. Auch in der ‚alten' Fassung ging es in einer relativ hart formulierten Bedingung darum, für die Nutzer_innen – aber auch für Werbetreibende – „wertvolle" Inhalte zur Verfügung zu stellen, Die ‚neue' Fassung liest sich demgegenüber als Hilfeleistung bei der Suche nach ‚Entdeckungen', die innerhalb des schon thematisierten nutzerseitigen Horizonts von Relevanzsetzungen liegen. Dass dies bezahlt wird, erscheint unter diesem Gesichtspunkt nur gerecht. Ein Topos der fair vergüteten Leistung im Sinne und Interesse der Nutzer_innen scheint hier auf.

Nach einem Hinweis auf die Datenrichtlinie, die im folgenden Abschnitt analysiert wird, folgt ein dritter Teil mit dem Titel „Deine Verpflichtungen gegenüber Facebook und unserer Gemeinschaft" – wiederum unter Aussparung, welche Gemeinschaft man sich näher vorzustellen hat. Auch hier steht der Topos der Fairness im Vordergrund, wenn es heißt:

> Wir stellen dir und anderen diese Dienste bereit, um unsere Mission voranzubringen. Im Gegenzug ist es notwendig, dass du folgende Verpflichtungen eingehst […]

Hierzu zählen Verhaltensweisen, die man unter der Rubrik der nutzerseitigen Identifizierbarkeit fassen kann: Man soll seinen eigenen Namen verwenden, genaue und zutreffende Informationen über sich selbst geben, nur ein einziges Konto führen und das Passwort nicht weitergeben. Dies dient sicherlich dem berechenbaren Austausch mit anderen Nutzer_innen, aber natürlich ebenso der berechenbaren Adressierbarkeit für Werbetreibende. Neu ist die explizite Erwähnung des Nutzungsverbots für unter 13-Jährige und der elternseitigen Erlaubnis für 13–16-Jährige.

Die in der ‚alten' Fassung relativ prominent platzierte Klausel, dass die Daten den Nutzer_innen in gewisser Hinsicht gehören, in anderer aber nicht, findet sich ebenfalls in diesem dritten Teil. Im Unterschied zur ‚alten' Fassung wird hier der Ansatz zu einer Begründung gegeben („Damit wir unsere Dienste bereitstellen können …" / „Diese Lizenz dient nur dem Zweck …") sowie eine Einschränkung formuliert („… einige rechtliche Genehmigungen …"), ansonsten bleibt – textlinguistisch gesprochen – die Textbasis gleich:

> Die von dir auf Facebook und den anderen von dir genutzten Facebook-Produkten erstellten und geteilten Inhalte gehören dir […]

Damit wir unsere Dienste bereitstellen können, ist es jedoch erforderlich, dass du uns einige rechtliche Genehmigungen zur Verwendung solcher Inhalte erteilst.

Insbesondere wenn du Inhalte, die durch geistige Eigentumsrechte geschützt sind (wie Fotos oder Videos), auf oder in Verbindung mit unseren Produkten teilst, postest oder hochlädst, gewährst du uns eine nicht-exklusive, übertragbare, unterlizenzierbare und weltweite Lizenz, deine Inhalte (gemäß deinen Privatsphäre- und App- Einstellungen) zu hosten, zu verwenden, zu verbreiten, zu modifizieren, auszuführen, zu kopieren, öffentlich vorzuführen oder anzuzeigen, zu übersetzen und abgeleitete Werke davon zu erstellen. Diese Lizenz dient nur dem Zweck, dir unsere Produkte bereitzustellen. […]

Auffallend bei dieser Version ist auch die ausführlichere Schilderung der Nutzung durch Facebook, die im weiteren Text noch konkretisiert wird. Wie der Vergleich beider Versionen allerdings verdeutlicht, bleibt der juristisch relevante Kern erhalten, denn die Rechtslage hat sich ja nicht verändert.

In den der Textanalyse vorgeschalteten Ausführungen war vom *homo consumens* die Rede, einem aus seinen Konsumbedürfnissen konstituierten Wesen. Wie dieses Kunstwesen genauer aussieht, erfährt man, wenn man die Datenrichtlinie in der ‚alten‘ Fassung liest. In diesem Text ist Facebook sehr explizit, es kann kein Irrtum mehr entstehen hinsichtlich des Ziels, das letztlich verfolgt wird. Die ‚neue‘ Fassung steht dem in nichts nach.

3 Die Datenrichtlinie

In diesem Text der ‚alten‘ Fassung wird in einem ersten Abschnitt mit der Überschrift „Welche Arten an Informationen sammeln wir?" deutlich gemacht, welche Daten im Einzelnen über die Nutzer_innen erhoben werden, wenn sie Facebook nutzen.[3] In einem zweiten Teil mit der Überschrift „Wie verwenden wir diese Informationen?" werden die Ziele der Datensammlung erläutert. Kommen wir zunächst zum ersten Teil:

i. Wir sammeln Inhalte und sonstige Informationen, die du bereitstellst, wenn du unsere Dienste nutzt […]. Dies können Informationen über die von dir bereitgestellten Inhalte sein oder solche, die in ihnen enthalten sind, z. B. der Ort, an dem ein Foto aufgenommen wurde, oder das Datum, an dem eine Datei erstellt wurde. Außerdem sammeln wir Informationen darüber, wie du unsere Dienste nutzt, wie beispielsweise die Arten von Inhalten, die du dir ansiehst bzw. mit denen du interagierst, oder die Häufigkeit und Dauer deiner Aktivitäten.

---

3 (https://de-de.facebook.com/policy.php), zuletzt abgerufen am 18. 08. 2018.

ii. Weiterhin sammeln wir Inhalte und Informationen, die andere Personen bereitstellen, wenn sie unsere Dienste nutzen; dazu gehören auch Informationen über dich [...].

iii. Wir sammeln Informationen über die Personen und Gruppen, mit denen du verbunden bist, und darüber, wie du mit ihnen interagierst [...].

iv. Wenn du unsere Dienste für Einkäufe oder finanzielle Transaktionen nutzt (beispielsweise wenn du etwas auf Facebook kaufst, einen Kauf in einem Spiel tätigst oder etwas spendest), sammeln wir Informationen über den Einkauf bzw. die Transaktion. [...].

Bevor die Argumentationsstruktur näher betrachtet wird, soll auf das Verb „bereitstellen" kurz eingegangen werden. Seine Bedeutung ist laut Duden u. a.: *zur Verfügung stellen* (2001: 262). Hier muss man wieder zwischen der horizontalen und der vertikalen Dimension unterscheiden: Die Inhalte und Informationen werden in horizontaler Richtung anderen Nutzer_innen zur Verfügung gestellt; in vertikaler Perspektive werden sie Facebook zur Verfügung gestellt, um sie sich bezahlen zu lassen.

Der weitere Verlauf der Datenrichtlinie stellt im Kern die Konstruktion des *homo consumens* mit all seinen Ingredienzen dar. Es entsteht die geronnene Form der Aktivitäten des Nutzers/der Nutzerin, indem die Orte und Zeiten, an denen der Dienst genutzt wurde, festgehalten werden. Außerdem werden die ‚Inhalte', auf die sich die Aktivitäten richten, sowie ihre Dauer verzeichnet (**i.**). Nicht nur die Eigenperspektive, sondern auch die Fremdperspektive anderer Nutzer_innen kommt dabei zur Geltung (**ii.**). Registriert wird auch das soziale Netz der Nutzer_innen, einschließlich der Art der Beziehung zu den einzelnen Mitgliedern (**iii.**). Schließlich wird das Konsumverhalten sowie das Finanzgebaren aufgezeichnet (**iv.**). Insgesamt entsteht so ein abgerundetes Bild des ‚digitalen Double' mit seiner örtlichen und zeitlichen Präsenz, seinen sozialen Beziehungen sowie seinen Konsumgewohnheiten und seinem Finanzgebaren – wobei über den Konsum auch das Ergebnis, nämlich die letztliche Ausstattung mit Konsumgütern erschlossen werden kann.

Kommen wir zum zweiten Teil der Datenrichtlinie, die Auskunft darüber gibt, was mit den Informationen geschieht. Auch hier gibt es einen Vorspann, der den altruistisch-empathischen Charakter des Angebots in den Vordergrund stellt:

Uns liegt es am Herzen, interessante und individuelle Erlebnisse für Menschen zu schaffen. Wir verwenden alle uns zur Verfügung stehenden Informationen, um unsere Dienste anzubieten und zu unterstützen.

Die angebotenen Dienstleistungen werden als ein authentisches Bedürfnis von Facebook konstruiert, als persönliches Anliegen des generischen ‚Wir'. Das Ziel wird mit positiv konnotiertem lexikalischen Material beschrieben, indem das

Rezipieren von Werbung als interessantes Erlebnis charakterisiert wird, das individuell, das heißt auf die jeweiligen Bedürfnisse zugeschnitten ist. Das Nomen „Mensch" wiederum ist in der öffentlichen Kommunikation ein Hochwertwort; es enthält u. a. die Komponenten ‚Person mit allen Fähigkeiten und Bedürfnissen, die im Alltag oder der Berufswelt entstehen'. Wer Politik für die ‚Menschen' macht, zeigt eine Sensibilität für die Probleme, die bei der Bewältigung des Alltags durch die Individuen entstehen. Die Orientierung am ‚Menschen' ist somit der Gegenpol zu einer Orientierung an einer abstrakten Idee oder einem schematischen Programm. Folgerichtig geht es bei Facebook auch darum, individuelle Erlebnisse für Menschen zu ermöglichen.

Ein – ebenfalls altruistisches – Hauptziel des Dienstes ist es, Hilfe beim Verstehen zu leisten. Man wird dabei unterstützt, die Angebote effizient zu nutzen und/oder mit anderen Nutzer_innen in Kontakt zu treten oder zu bleiben. Dies wird in folgendem Abschnitt deutlich:

> Durch Verwendung dieser Informationen sind wir in der Lage, dir unsere Dienste bereitzustellen, Inhalte für dich zu personalisieren und dir Vorschläge zu unterbreiten, so dass du verstehst, wie du unsere Dienste und die Personen oder Dinge, mit denen du verbunden bzw. an denen du interessiert bist, auf unseren Diensten und außerhalb dieser nutzen und mit ihnen interagieren kannst.

Die Bereitstellung verläuft dieses Mal in anderer Richtung: Es werden Dienste den Nutzer_innen bereitgestellt. Das Prinzip des individuellen Nutzens wird aufgerufen, indem die Verwendung von Informationen mit personalisierten Inhalten begründet wird. Die Entscheidungsfreiheit auf Nutzerseite wird dabei herausgestellt, denn es geht bei allen Vorgängen lediglich darum, Vorschläge zu unterbreiten. Es liegt in der Natur der Sache, dass diese angenommen oder verworfen werden können.

Ein weiteres Hilfsangebot besteht darin, dass Standortinformationen, die etwa bei Benutzung eines Smartphones entstehen, erhoben werden. Diese dienen der besseren Orientierung oder aber einer sozialen Funktion, nämlich dem Zusammenführen von ‚FreundInnen':

> Wenn wir Standortinformationen haben, verwenden wir diese, um unsere Dienste für dich und andere individuell zu gestalten; z. B. indem wir dir beim Besuchen und Auffinden lokaler Veranstaltungen oder von Angeboten in deiner Umgebung helfen oder deinen FreundInnen mitteilen, dass du in der Nähe bist.

Zusätzlich zur Verstehenshilfe und zur sozialen Lebenshilfe bei der Zusammenführung von *peer groups* geht es schließlich auch darum, dass die andere Seite, also die Werbetreibenden, ihre Zielgruppe besser verstehen kann. Zuvor ist es jedoch auch Dienst am Nutzer, wenn die von Facebook erhobenen Daten dazu verwendet werden, um die Relevanz, d. h. die Wichtigkeit von Werbung zu erhöhen. Hierbei spielt der Gesichtspunkt des Individuellen eine große Rolle, er erscheint als Gegenpol zu einer massenhaften oder anonymen Gestaltung von Diensten. Angesichts der überaus großen Anzahl von Nutzer_innen kann es allerdings nur darum gehen, der einen oder anderen – ziemlich großen – Untergruppe von Konsumenten anzugehören, die das gleiche Präferenzcluster teilen.

Über die Eigenschaft des ‚Individuellen' hinaus wird angenommen, dass Werbung grundsätzlich relevant sein kann und damit den gleichen Stellenwert hat wie die „anderen Informationen".

> Wir möchten, dass unsere Werbung genauso relevant und interessant ist, wie die anderen Informationen, die du auf unseren Diensten findest. Vor diesem Hintergrund verwenden wir sämtliche Informationen, die wir über dich haben, um dir relevante Werbeanzeigen anzuzeigen.

Aus dem letzten Abschnitt wird deutlich, dass die Nutzer_innen von Facebook in ein enges Netz von Kontrolle eingebunden sind, das nicht nur ihre Suche nach Informationen, sondern auch ihre Reaktion auf die individuellen Erlebnisse registriert. So wird den Werbetreibenden, also den zahlenden Kunden, unter anderem auch mitgeteilt, wie die Rezipienten auf ihre Werbeanzeigen reagieren, indem sie eine beworbene App installieren. Dies stellt natürlich eine goldene Informationsquelle für jeden Werber dar, und sie ist das Ergebnis eines sogenannten *behavioural targeting* (siehe Zuiderveen Borgesius 2013); für die Konsumenten bedeutet dies eine quasi Orwellsche Überwachung – eine flüchtige obendrein.

> Beispielsweise können wir Werbetreibenden sagen, wie erfolgreich ihre Werbeanzeigen sind oder wie viele Personen ihre Werbeanzeigen aufgerufen oder eine App installiert haben, nachdem sie eine Werbeanzeige gesehen haben oder wir können diesen Partnern nichtpersonenbezogene demografische Informationen (wie z. B. eine 25 Jahre alte Frau in Madrid, die sich für Software Engineering interessiert) bereitstellen, damit sie ihre Zielgruppe bzw. ihre Kunden besser verstehen.

Die ‚alte' Fassung der Datenrichtlinie steht zum Text der ‚neuen' in einem Teil-Ganzes-Verhältnis. Die Schilderung dessen, was mit den Nutzerdaten jeglicher Art geschieht, ist nun tatsächlich umfassend – das fluide Panoptikum wird in eindrucksvoller Offenheit entfaltet. Die Konstruktion des *homo consumens* wird bis ins Detail beschrieben. Eine annähernd vollständige Wiedergabe der Datenrichtlinie würde das Format des vorliegenden Beitrags sprengen, und so können lediglich exemplarisch einige Passagen zitiert werden, die den Konstruktionsplan veranschaulichen.

Mit einem einleitenden Satz wird zunächst allgemein beschrieben, worum es geht:

Von dir bereitgestellte Informationen und Inhalte. Wir erfassen die Inhalte, Kommunikationen und sonstigen Informationen, die du bereitstellst, wenn du unsere Produkte nutzt; dazu gehören auch deine Registrierung für ein Konto, das Erstellen oder Teilen von Inhalten sowie der Nachrichtenaustausch bzw. das Kommunizieren mit anderen.

[...]

Deine Nutzung. Wir erfassen Informationen darüber, wie du unsere Produkte nutzt, beispielsweise über die Arten von Inhalten, die du dir ansiehst bzw. mit denen du interagierst, über die von dir genutzten Funktionen, über die von dir durchgeführten Handlungen, über die Personen oder Konten, mit denen du interagierst, und über die Zeit, Häufigkeit und Dauer deiner Aktivitäten.

[...]

Vorgänge auf dem Gerät: Informationen über die auf dem Gerät durchgeführten Vorgänge und Tätigkeiten, beispielsweise ob sich ein Fenster im Vordergrund oder Hintergrund befindet oder Mausbewegungen (das kann dabei helfen, Menschen von Robotern zu unterscheiden).

Der Beschreibung, welche Informationen erhoben werden, folgt die Angabe dessen, wie diese verwendet werden. Auch hier ist die ‚neue' Fassung wesentlich expliziter als die ‚alte', gemeinsam ist beiden wiederum der altruistisch-empathische Duktus. So heißt es bezüglich standortbezogener Informationen:

Wir verwenden standortbezogene Informationen – wie deinen aktuellen Standort, deinen Wohnort, die Orte, die du gerne besuchst, und die Unternehmen und Personen in deiner Nähe – um dir und anderen unsere Produkte, einschließlich Werbeanzeigen, bereitzustellen und diese zu verbessern.

Schließlich sei noch folgender Abschnitt zitiert:

Bereitstellung von Messungen, Analysen und sonstigen Unternehmens-Services. Wir verwenden die uns zur Verfügung stehenden Informationen (einschließlich deiner Aktivitäten außerhalb unserer Produkte, wie z. B. die von dir besuchten Webseiten und die Werbeanzeigen, die du siehst), um Werbetreibenden und anderen Partnern zu helfen, die Effektivität und Verbreitung ihrer Werbeanzeigen und Dienste zu messen und Aufschluss über die Arten von Personen, die ihre Dienste nutzen, sowie darüber, wie Personen mit ihren Webseiten, Apps und Diensten interagieren, zu erlangen. So teilen wir Informationen mit diesen Partnern.

Die Aussage, Partnern mit dem Ziel der Effektivitätssteigerung zu helfen, ist kaum angreifbar, und Gleiches gilt für die Rede des Teilens von Informationen mit diesen Partnern. Was dies für die Nutzer_innen bedeutet, wird bei aller prätendierten Transparenz nicht erläutert. Zum Abschluss dieses Abschnitts soll noch darauf hingewiesen werden, dass ein expliziter Verweis auf die Datenschutz-Grundverordnung erfolgt, mit den darin enthaltenen Rechten auf Berichtigung oder Löschung der eigenen Daten.

4 Was ist eine Zustimmung?

Oben wurde im Zusammenhang mit der Erörterung der Nutzungsbedingungen auch über den Begriff der Zustimmung nachgedacht. Getreu diesen Regelungen war die Zustimmung zur Sammlung und Verwendung von Informationen durch Facebook in der ‚alten‘ Version dadurch gegeben, dass Facebook einfach genutzt wurde. Anders gesagt: Die Nutzung von Facebook galt (im Sinne einer konstitutiven Regel) als Zustimmung zur Sammlung und Verwendung von Daten. Diese Praxis war von der spanischen Datenschutzbehörde als gesetzeswidrig eingestuft worden. Es wurde wegen Verstoßes gegen Datenschutzbestimmungen eine Strafe von 1,2 Millionen Euro verhängt. Begründet wurde diese Strafe damit, dass Facebook Daten seiner Nutzer_innen ohne deren ‚eindeutige Zustimmung‘ genutzt habe. Der Konzern habe die Nutzer_innen nicht darüber informiert, dass die Daten erhoben und wie sie verwendet werden. Es würden auch Informationen darüber gesammelt, wo sie im Internet unterwegs seien, ebenfalls ohne sie eindeutig darüber zu informieren. Schließlich nutze Facebook die entsprechenden Informationen dazu, personalisierte Werbung zuzustellen, ohne die Erlaubnis dazu einzuholen.[4]

In dem Urteil wurde also bestritten, dass die reine Nutzung von Facebook einen Sprechakt darstellt, der mit ‚Zustimmung‘ gekennzeichnet werden kann. Die Behörde konkretisierte den Sachverhalt dabei im Sinne von ‚eindeutige Zustimmung‘, ‚eindeutiges Informieren‘, ‚Erlaubnis einholen‘ und machte sich somit eine alltagsweltliche Auffassung zu eigen, nach der Sprechakte nicht dadurch ausgeführt werden können, dass man etwas nutzt. Dies ist sicher plausibel; es stellt einfach einen Kategorienfehler dar, denn die gegebene Zustimmung hat sprechakttheoretisch gesehen weder eine schriftliche noch eine mündliche (einen graphetischen oder phonetischen Teilakt) zur Grundlage, der in einer irgendwie gearteten Beziehung zum resultierenden Sprechakt der Zustimmung stünde. Insofern war die Zustimmung in der Tat nicht erteilt.

Das Problem wurde in der ‚neuen‘ Fassung dadurch gelöst, dass nun eine explizite Zustimmung zu den Nutzungsbedingungen und zur Datenrichtlinie erforderlich ist. Der Sprechakt muss also von den Nutzer_innen vollzogen werden. Dies kann natürlich verweigert werden, allerdings hat dies zur Konsequenz, dass dieses soziale Medium nicht weiter genutzt werden kann. Auf diese Weise haben die Nutzungsbedingungen eine weitere Metabedingung: Nur bei Zustimmung kann weiter genutzt werden – zu den geschilderten Bedingungen.

---

4 Vgl. (https://www.augsburger-allgemeine.de/digital/Spanien-ruegt-Facebook-1-2-Millionen-Euro-Strafe-id42634931.html), zuletzt abgerufen am 18. 8. 2018.

Literaturverzeichnis

Adolf, Marian (2014): Involuntaristische Mediatisierung. Big Data als Herausforderung einer informationalisierten Gesellschaft. *EDITED VOLUME SERIES*, 19.

Bauman, Zigmunt (2003): *Flüchtige Moderne*. Frankfurt a. M.: Suhrkamp.

Bauman, Zygmunt & David Lyon (2014): *Daten, Drohnen, Disziplin. Ein Gespräch über flüchtige Überwachung*. Frankfurt a. M.: Suhrkamp.

Duden (2001): *Duden Universalwörterbuch*. Hrsg. von der Dudenredaktion. Mannheim: bibliograph. Institut.

Foucault, Michel (2010): *Überwachen und Strafen. Die Geburt des Gefängnisses*. Frankfurt a. M.: Suhrkamp.

Liedtke, Frank (2016): *Moderne Pragmatik*. Tübingen: Narr.

Ortner, Heike et al. (Hrsg.) (2014): *Datenflut und Informationskanäle*. Innsbruck: iup.

Onlinequellen

Zuiderveen Borgesius, Frederik (2013): Consent to Behavioural Targeting in European Law – What are the Policy Implications of Insights from Behavioural Economics? (27. 7. 2013), *Amsterdam Law School Research Paper*, 2013–2043. (http://dx.doi.org/10.2139/ ssrn.2300969), zuletzt abgerufen am 18. 8. 2018.

Michael Seemann
Informationelle Selbstzertrümmerung

Auf der so genannten ‚Computers, Privacy & Data Protection-Konferenz' (CPDP2016)[1] im Januar 2016 in Brüssel gab Alexander Dix, scheidender Daten-schutzbeauftragter des Landes Berlin, anscheinend Folgendes von sich:

Abb. 1: Tweet, 28.1.2016 – Gabriela Zanfir.

Das klingt erst mal gut, aufrüttelnd und irgendwie moralisch richtig. Bis man sich mit der Frage befasst, was denn das eigentlich sein soll, ein „Data Object".

Dazu ein Beispiel: Das Zitat fand seinen Weg zu mir in Form eines Tweets (vgl. Abb. 1), nicht aber eines Tweets von Alexander Dix. So weit ich weiß, be-nutzt er kein Twitter. Er ist in diesem Fall also selbst kein „Data Subject". Der Tweet stammt vielmehr von Gabriela Zanfir, einer Mitarbeiterin beim EDPS. Sie zitiert Alexander Dix hier namentlich. Die Frage scheint mir also offensichtlich: Ist hier etwa Alexander Dix, ohne überhaupt Data Subject sein zu müssen, zu einem „Data Object" geworden? Und führe ich diese Dataobjektifizierung durch das digitale Zitieren dieses Tweets nicht noch fort und erweitere die Datenob-jektsammlung damit wiederum um Gabriela Zanfir selbst?

Objektifizierung. Überall. Schlimm!

So geht das die ganze Zeit. Die Rhetorik ist alarmistisch, die Geschehnisse ba-nal. Irgendwas stimmt mit diesem ganzen Datenschutz-Diskurs nicht. Wir alle sind in unzähligen Datenbanken verzeichnet und werden dort immer wieder der einen oder anderen Datenverarbeitung unterworfen. Niemand kann von sich

---

1 CPDP (http://www.cpdpconferences.org), zuletzt abgerufen am 26.6.2018.

https://doi.org/10.1515/9783110609103-015

behaupten, kein Datenobjekt zu sein, und dennoch malen wir es als Horrorszenario an die Wand. Was genau ist hier also „at stake"?

Ich glaube, es gibt in der westlichen Welt kaum ein Thema, über das unehrlicher gesprochen wird als über Datenschutz. Und – um an dieser Stelle Alexander Dix auch zu verteidigen (den ich eigentlich sehr schätze) – das liegt nicht einfach an den einzelnen Protagonist/innen dieses Diskurses. Die Lüge besteht aus einem ganzen System unhinterfragter Annahmen und Behauptungen, die sich im Laufe der Zeit zu einer Ideologie sedimentiert und einer kollektiven Illusion tradiert haben. Nur hier und da erkennt man die „Glitches", also die Stellen, wo die Lüge unmissverständlich aufblitzt und in kurzen Momenten mit einer Klarheit droht, das ganze System zum Einsturz zu bringen. Die Aussage von Dix ist so ein Glitch. Es gibt aber ungleich größere.

Der Fall des Safe-Harbor-Abkommens[2] kann gut und gerne als das Ground Zero dieses Systems verstanden werden, und in seinen Trümmern lässt es sich gut studieren. Wir erinnern uns: Das Safe-Harbor-Abkommen bestand im Grunde aus der Behauptung, Unternehmen in den USA würden ihr Handeln dem Niveau europäischer Datenschutzbestimmungen unterwerfen. Dafür mussten sich Unternehmen ungeprüft zertifizieren lassen, und schon war die Behauptung rechtskräftig. Also wahr. Auf so 'ne Art.

Die Episode erinnerte sehr an Hans Christian Andersens bekanntes Märchen: Des Kaisers neue Kleider. Dem Kaiser wird von einem Scharlatan ein Gewand aus dünnstem Stoff aufgeschwatzt, das es in Wirklichkeit gar nicht gibt. Die Leichtigkeit dieses Nichts wurde dem Herrscher alsbald als Tragekomfort angepriesen und die Tatsache, dass er nichts anhatte, schlicht geleugnet. Aufgrund einer sozial induzierten kognitiven Dissonanz traut sich niemand bei Hofe darauf hinzuweisen, dass der Kaiser ja eigentlich nackt ist. Erst als er mit dem nichtvorhandenen Kleid in die Öffentlichkeit tritt, ruft ein Kind die Wahrheit: „Der hat ja gar nichts an!", woraufhin alle anderen sich ebenfalls trauen das Offensichtliche auszusprechen.

Max Schrems hieß das Kind in unserem Fall. Er hatte es in einem Musterprozess gegen Facebook bis zum EuGH geschafft, welches mit Schrems feststellte, dass das Safe Harbor-Abkommen schon immer nackt war, dass die Behauptung die Unwahrheit war und überhaupt alles eine große Lüge. Pfui! Böse, USA!

Schrems wiederum bezog sich in seiner Argumentation auf ein anderes rufendes Kind: Edward Snowden. Der hatte gezeigt, dass US-Unternehmen nicht ohne Kooperation und/oder heimlicher – sogar illegaler – Bespitzelung von den

---

2 Holland, Martin (2015): Datenschutz bei Facebook & Co.: EuGH erklärt Safe Harbor für ungültig, (http://www.heise.de/newsticker/meldung/Datenschutz-bei-Facebook-Co-EuGH-erklaert-Safe-Harbor-fuer-ungueltig-2838025.html), zuletzt abgerufen am 7.7.2018.

dortigen Geheimdiensten arbeiten könnten. Damit war die Nacktheit des Kaisers bewiesen und konnte selbst von noch so rhetorisch geschickten Anwälten nicht mehr bestritten werden.

Weil es aber auch für Selbstverständlichkeiten wie der Tatsache, dass das Internet nun mal bis nach Amerika reicht, eine Rechtsgrundlage braucht, machten sich Juristen und Politiker sogleich daran, einen Safe-Harbor-Nachfolger zu konstruieren. Das neue Kleid heißt nun Privacy Shield, doch jenseits der aufgerüsteten Rhetorik (weg von der weltläufigen Offenheit des Hafens hin zur militaristischen Logik einer Defensivwaffe) hatte sich am Tragekomfort des neuen Kleides verdächtig wenig geändert.

Viele glauben, dass auch das Privacy-Shield einer juristischen Prüfung nicht standhalten werde. Max Schrems selbst hat mehrmals angemerkt, dass ein gültiges Abkommen unter der Prämisse der allgemeinen Geheimdienstüberwachung gar nicht möglich sei.[3] Wie solle denn ein Bürger/eine Bürgerin noch eine „informierte Zustimmung" zur Datenverarbeitung geben, wenn denn prinzipiell unwissbar sei, wer dann auf die Daten Zugriff habe und was dieser Jemand dann damit anstelle? So lange eine solche geheimdienstliche Praxis vorherrsche, könne eigentlich eine rechtliche Grundlage für ein solches Abkommen gar nicht im Bereich des Möglichen liegen.

Interessant wird es, wenn man dieses Argument weiterdenkt. Auch die Frage, ob denn dann in Europa die Rechtsgrundlage für Datenverarbeitung in diesem Sinne nicht ebenfalls fraglich ist, da ja auch hier Geheimdienste nachgewiesenermaßen geheime Dinge mit den hier gespeicherten Daten machen, bejaht Max Schrems durchaus. Glücklicherweise gibt es hier kein Abkommen, das in Frage stehen würde. In den eigenen vier Wänden darf der Kaiser natürlich nackt rumlaufen.

Man kann das noch weiterspinnen, wie ich es ja bereits seit einigen Jahren tue:[4] Wenn wir 1. nicht mehr kontrollieren können, welche Daten über uns an welchen Stellen gesammelt werden, weil wir die ganze Welt mit immer mehr und immer unsichtbareren Sensoren ausstatten; wenn wir 2. die Kapazitäten von Leitungen und Datenträgern immer weiter erhöhen, sodass Daten in immer größerem Umfang immer problemloser von A nach B kopiert werden können; wenn wir 3. immer bessere Methoden und Software zur Datenauswertung bereitstellen, die noch aus den unschuldigsten Daten komplexe Profilbildungen und unvorhergesehene Erkenntnisse erlauben; wenn wir also den informatio-

---

3 Vgl. Armasu, Lucian (2015): Max Schrems Provides In-depth Analysis Of Safe Harbor Ruling, (http://www.tomshardware.com/news/max-schrems-post-safe-harbor,30343.html), zuletzt abgerufen am 7.7.2018.
4 (http://www.michaelseemann.de) oder Seemann (2014: 8).

nellen Kontrollverlust auf den Ebenen der Sammlung, Speicherung und Auswertung erleben, wie können wir dann überhaupt noch – egal wo – von einer „informierten Einwilligung" sprechen, ohne uns in die eigene Tasche zu lügen?

Und hier nähern wir uns endlich dem Kern des Systems aus Lügen: der „Informationellen Selbstbestimmung".[5] Die Idee, dass ich das Recht habe zu kontrollieren, wer etwas über mich weiß und was er mit diesem Wissen anstellt, mag in den 1980er Jahren eine kühne Utopie gewesen sein, heute ist sie ein gefährliches, niemals einzulösendes Versprechen, das – weil es niemals zugeben darf, eine Lüge zu sein – immer weitere Lügen gebiert.

Seien wir das Kind und sprechen es aus: Die Illusion der „Informationellen Selbstbestimmung" konnte nur deswegen funktionieren, weil wir alle mitgelogen haben und auch heute bereit sind, jederzeit zu lügen. Jedesmal, wenn wir „Ok" oder „Ich habe verstanden" bei den unzähligen Terms of Service, Allgemeinen Geschäftsbedingungen und Datenschutzbelehrungen geklickt haben, aber in Wirklichkeit nicht das Gefühl hatten, wirklich zu wissen, was da mit unseren Daten geschieht, haben wir mitgeholfen, diese kollektive Fiktion am Leben zu erhalten. Unsere Lügen haben sich zu einem System der Unehrlichkeit akkumuliert, in der die eine Lüge die andere Lüge deckte und als Wahrheit verifizierte. Und nun stehen wir auf unserem eigenen Lügenberg und übersehen von dort die Trümmer von Safe Harbor, welches doch auch nur eine weitere Lüge war. Und wir lachen. Worüber lachen wir eigentlich?

Ganz konkret: Wem bringt der Fall von Safe Harbor denn jetzt irgendwas? Also mehr Sicherheit? Mehr Schutz? Irgendwelche sonstigen Vorteile?

Die Antwort ist: Niemandem. Irgendetwas. Also bis auf die Deutsche Telekom, für die die Rechtsunsicherheit amerikanischer Serverbetreiber einen riesigen anstrengungslosen Reibach bedeutet.

In Wirklichkeit ist der Fall von Safe Harbor vergleichbar mit dem Platzen der Kreditblase von 2008. Es wird bis heute fälschlicherweise behauptet, damals seien Werte vernichtet worden. Das stimmt nicht. Der Wert war nie da, er war immer nur behauptet. Genauso wie der „Schutz" durch Safe Harbor immer nur behauptet war. Durch den Wegfall von Safe Harbor ist niemand mehr oder weniger geschützt. Und egal, wie das neue Abkommen aussehen wird, der Schutz wird sich nicht wesentlich verschlechtern oder verbessern. All das sind nur Schattenboxkämpfe von Politiker/innen und Jurist/innen.

Mein Eindruck ist mittlerweile, dass die verbissene Verteidigung der Informationellen Selbstbestimmung einer Implementierung von tatsächlichem Schutz für Individuen im Weg steht. Wir sollten aufhören, darüber zu streiten,

---

5 Vgl. Recht auf Informationelle Selbstbestimmung, (http://www.grundrechteschutz.de/gg/recht-auf-informationelle-selbstbestimmung-272), zuletzt abgerufen am 26.6.2018.

wie wir ein fiktives Recht bewerkstelligen können und anfangen zu fragen, welche Probleme sich denn nun aus Datenhaltung und -Verarbeitung konkret für Menschen ergeben.

Unser Motto sollte sein: Schützt die Menschen, nicht die Daten. Und das geht nur, wenn man sich von dem Konzept der Informationellen Selbstbestimmung endlich verabschiedet.

Es gibt da durchaus Ansätze, das zu tun. Hans Peter Bull, erster Bundesdatenschutzbeauftragter Deutschlands, sieht das Konzept der Informationellen Selbstbestimmung ebenfalls am Ende.[6] Niko Härting wirbt mit der Neuausrichtung des Datenschutzes anhand eines risikobasierten Ansatzes.[7]

Ich denke, diese Ansätze gehen in die richtige Richtung. Es gibt unterschiedliche Gefahren durch unterschiedliche Daten für unterschiedliche Menschen. Was für den einen eine Gefahr ist, ist für den anderen kein Problem. Ich will deswegen auf einer etwas abstrakteren Ebene einige der Gefahren aufzeigen:

1. Diskriminierung (institutionelle und auch alltägliche)
2. Manipulation (bishin zu handfester Erpressung)
3. Staatliche Willkür (z. B. Cherrypicking von Daten zur Konstruktion von Evidenz)
4. Kriminalität (Identitätsdiebstahl bis Stalking)
5. Entwürdigende Bloßstellung (Public Shaming)

Wenn wir diese Probleme in den Vordergrund stellen, wird schnell klar, dass Datenschutz oft nur eine sehr schlechte Antwort auf die Herausforderungen der digitalisierten Welt ist. Es gibt bessere Ansätze: Diskriminierungsverbote, demokratische Kontrollinstanzen, Kompetenzbeschneidung von Behörden, mehr Transparenzanforderungen, auch für Unternehmen, etc. Klar. Das sind alles nur Flicken. Das ist nicht ein schön in einem Stück gefertigtes Kleidchen und der Tragekomfort ist nicht so toll, wie bei der luftig leichten Informationellen Selbstbestimmung.

Aber wir könnten alle wieder ein bisschen ehrlicher sein und ich bin fest überzeugt, dass das Schutzniveau unter dem Strich steigen würde.

---

6 Vgl. Bull (2011).
7 Härting, Niko (2013): Vom Verbotsprinzip zur Risikoorientierung, (https://www.haerting.de/neuigkeit/vom-verbotsprinzip-zur-risikoorientierung), zuletzt abgerufen am 26. 6. 2018.

Literaturverzeichnis

Bull, Hans P. (2011): *Informationelle Selbstbestimmung – Vision oder Illusion?* 2. Aufl.
Tübingen: Mohr Siebeck.
Seemann, Michael (2014): *Das Neue Spiel – Strategien für die Welt nach dem digitalen
Kontrollverlust.* Berlin: iRights Media.

Onlinequellen

Armasu, Lucian (2015): Max Schrems Provides In-depth Analysis Of Safe Harbor Ruling
(16. 10. 2015). (http://www.tomshardware.com/news/max-schrems-post-safe-
harbor,30343.html), zuletzt abgerufen am 26. 6. 2018.
CPDP. (http://www.cpdpconferences.org), zuletzt abgerufen am 26. 6. 2018.
Härting, Niko (2013): Vom Verbotsprinzip zur Risikoorientierung (8. 3. 2013). (https://
www.haerting.de/neuigkeit/vom-verbotsprinzip-zur-risikoorientierung), zuletzt
abgerufen am 26. 6. 2018.
Holland, Martin (2015): Datenschutz bei Facebook & Co.: EuGH erklärt Safe Harbor für
ungültig (6. 10. 2015). (http://www.heise.de/newsticker/meldung/Datenschutz-bei-
Facebook-Co-EuGH-erklaert-Safe-Harbor-fuer-ungueltig-2838025.html), zuletzt abgerufen
am 7. 7. 2018.
Recht auf Informationelle Selbstbestimmung. (http://www.grundrechteschutz.de/gg/recht-
auf-informationelle-selbstbestimmung-272), zuletzt abgerufen am 26. 6. 2018.

Register

https://doi.org/10.1515/9783110609103-016

www.ingramcontent.com/pod-product-compliance
Lightning Source LLC
Chambersburg PA
CBHW050337270326
41926CB00016B/3489